R 언어로 짜는 금융프로그래밍

R 언어로 짜는 금융프로그래밍

서울경제경영

서문

학교에서 과제를 하거나 논문을 쓸 때 MATLAB을 사용했다. 학교에서 구매한 사용권(license)이 있기 때문에 학교에 있을 때는 비용 걱정없이 사용했다. 학교를 나와서 개인적 업무를 하거나 연구를 하려고 하니 MATLAB을 사용할 수가 없었다. 구매비용이 부담스러웠기 때문이었다. 그래서 대체재를 찾다가 발견한 것이 R이다. R을 알고 나니 왜 학교에서 MATLAB을 구매해서 학생들에게 가르치는지 모르겠다는 생각이 들었다. 무료인 데다 훌륭하기까지 한 대체제가 있는데도 말이다. 좋은 것을 알리고 함께 쓰자는 생각에서 이 책을 쓰게 되었다.

R을 소개하는 이유는 구체적으로 다음과 같은 장점을 가지고 있기 때문이다.

- 무료이다.
- 패키지가 많다
- 그래픽 기능이 좋다.
- 벡터연산기능이 좋다.

책은 다음 두 가지 목적을 가지고 쓰여졌다.

- R 소개
- 금융에 응용

책의 목적이 이러하므로, 주된 독자층은 금융을 공부하는 대학(원)생과 금융 실무자를 염두에 두었다. 가능한한 다양한 수준의 내용을 다루려고 하였기 때문에 프로그래밍을 처음 접하는 사람부터, 어느 정도 수준에 이른 금융 실무자에 이르기까지 도움이 될 것이라 생각한다.

프로그래밍에 관한 책이므로 가능하면 구체적인 예를 들었다. 직접 따라 하면서 배우는 것이 그냥 눈으로 보는 것보다 훨씬 도움이 될 것이기 때문이다. 예제가 너무 길면 따라하기 어려울 것이므로 가능하면 10줄 내외로 실행할 수 있는 예제들로 구성했다. 본문의 코드 중에는 20~30줄이 넘는 경우도 있으나 거의 드물고, 코드의 실행결과를 포함하기 때문에 길어진 경우가 대부분이다.

책의 목적에 따라 이 책의 구성은 크게 R 소개와 금융프로그래밍으로 구성되어 있다. 1장~4장에서는 R언어에 대해 다루고 있다. 구체적으로 R 소개 및 설치에서부터 프로그래밍 기초, 중고급 활용에 필요한 여러 가지 개념, 그래픽 기능 등을 두루 소개하였다. 5장~6장은 R을 이용하여 주요 금융방법론을 어떻게 적용할 수 있는지에 대해서 살펴본다. 즉, 금융이론을 이해하거나 이를 실무에 적용하기 위해 필요한 미적분(calculus), 최적화(optimization), 시뮬레이션(simulation), 확률 및 통계(probability and statistics) 등의 주요 내용을 R에 기초하여 설명하였다. 7장 이후 부터는 본격적으로 R을 금융에 적용하는 것에 대해 다룬다. 주식 및 포트폴리오, 채권, 파생상품 등에 관한 기초개념에서부터 시작하여 거래전략, 가치평가, 위험관리 등에 이르는 다양한 이슈들을 선별적으로 설명하였다. 아울러 실무적으로 중요한 이색옵션, 구조화상품 등에 관한 고급 내용도 책의 집필 의도를 벗어나지 않는 선에서 최대한 포함하였다.

무언가를 새롭게 만들어 낸다는 것은 거의 불가능에 가깝다(하늘 아래 새로운 것은 없다!). 이 책의 내용 중 일반적으로 널리 알려진 부분은 기존의 다른 책과 인터넷 사이트의 자료를 참조하였음을 밝혀둔다. 하지만 가능하면 저자들 스스로가 이해한 바에 기초하여 현실에 맞게 재구성하려고 노력하였고, 업무나 연구과정에서 새롭게 만들어 낸 내용을 최대한 많이 포함할 수 있도록 노력하였다. 집필 과정에서 많은 도움이 있었지만 이를 일일이 열거하지 못하는 점을 양해하기 바란다.

욕심에 모든 것을 담은 완벽한 한 권의 책을 쓰려고 하지만 현실은 아무것도 완전하지 못한 책이 되고 마는 듯하다. 가능하면 프로그래밍, 통계(이왕이면 수학도 포함해서), 금융을 한 권에 모두 담아 다른 참고서적이 필요없게 만들려고 의도했지만 능력의 한계로 부족한 점이 많다. 저자들의 전공이 프로그래밍이나 통계학이 아니기에 전문 프로그래머나 통계학자들의 기대 수준을 충족시키지 못함은 당연할 것이다. 뿐만 아니라 금융 측면에서도 투자론이나 파생상품 분야의 이슈들에 주된 초점이 맞추어져 있고, 기업재무 등을 거의 다루지 못한 점은 큰 아쉬움으로 남는다.

일을 처리하는 데 중요한 두 가지 기준이 있을 것이다. 속도와 정확성. 보통은 속도로 승부하는 것이 낫다. 100% 정확 하려면 언제 일이 끝날지 모르기 때문이다. 그런 면에서 이 책도 속도에 보다 중점을 둔 편이다. 그런 결과 오류는 필연적으로 있을 것이고, 이 책의 오류는 모두 글쓴이의 탓이다. 잘못된 부분을 너그러이 지적해준다면 감사한 마음으로 받아들여 보다 정확하고 완벽한 책으로 보완하겠다는 다짐으로 변명을 대신하고자 한다.

2015년 12월

장기천과 강병진 씀

차례

1 R 소개 및 설치

1.1

R 소개

1.1.1 개요

R의 역사

R은 통계분석을 위해 만들어졌으며 S언어라는 상용프로그램의 영향을 받았다.

S언어: John Chambers 등이 벨 연구소에서 1976년에 S 언어를 개발했다(S는 통계학(Statistics)의 첫 글자를 딴 것이라고 한다). 초기에는 Fortran 라이브러리의 모음(collection)으로 시작하여 벨 연구소의 내부적 통계분석 용도로 사용되었으며 통계 모델링을 위한 함수가 포함되지 않았다. 1993년에 StatSci(현 Insightful Corp.)사에 매각되고, GUI(Graphic User Interface)가 추가되어 S-Plus로 이름이 변경되었다.

R언어: R은 S의 영향을 받아 개발되었으며 S와 호환성이 높다. 1989년 New Zealand의 Auckland 대학교 통계학과의 Ross Ihaka와 Robert Gentleman가 R언어를 개발했고, 1995년에 GNU General Public License를 사용함으로써 무료 소프트웨어로 되었다. 1997년에 R Core Group이 결성되었고 현재 R 소스코드를 통제하고 있다. 최초의 R 1.0.0 버전이 2000년에 발표되었다.

R의 장점

R은 통계분야의 표준적인 도구(tool)이므로 유능한 통계전문가들의 지원을 받을 수 있다. 물론 무료로 지원 되므로 오류에 대한 궁극적 책임은 최종 사용자에게 있지만, 헌신적이고 신뢰할만한 전문가 집단이 R의 신뢰성을 지탱해준다. 이는 위키(wiki)가 누구나 작성/수정 가능한 지식백과사전이지만 그 신뢰성과 전문성이 항상 유지되는 것과 비슷한 원리이다. 신뢰할 만한 사용자들과 강력한 개방 커뮤니티가 제공하는 다양한 패키지(독립된 프로그램의 모음)는 R의 핵심적 장점 중 하나이다.

R과 금융

금융 특히 계량분석이나 파생상품을 다루는 업무를 한다면 컴퓨터 프로그래밍은 필수적이다. 손으로 계산한다는 것은 불가능하기 때문이다. 프로그래밍 언어로는 MATLAB이나 VBA가 일반적으로 많이 사용되는 듯하다. 하지만 전자는 유료이고 후자는 엑셀에 포함되어 엑셀이 있다면 무료이기는 하나, 프로그램의 크기가 커지거나 계산량이 많을 경우 속도가 느려지는 단점이 있다. R은 이에 대한 대안이다. R은 무료이며 빠른 언어이다.

참고

매틀랩, 엑셀과 비교하여 R에 대해 알아보고 싶다면 다음 사이트를 참고하자.

- Why R is Better Than Excel for Fantasy Football (and most other) Data Analysis [http://www.r-bloggers.com/why-r-is-better-than-excel-for-fantasy-football-and-most-other-data-analysis/]
- What can MATLAB do that R cannot do? [http://stackoverflow.com/questions/1738087/what-can-matlab-do-that-r-cannot-do]
- MATLAB® / R Reference, by David Hiebeler [http://www.math.umaine.edu/~hiebeler/comp/matlabR.html]

R의 특징

(1) 해석언어

기계어로 변환된 뒤 실행되는 경우를 컴파일 언어(compiled language)라고 하고, 변환 없이 바로 실행되는 경우를 해석언어(또는 인터프리트 언어(Interpreted language))라고 한다. C나 Java 같은 언어는 컴파일 언어인 반면 R은 인터프리트 언어이다. 컴파일 언어는 컴파일러가 코드를 프로그램으로 만든 뒤에 사용할 수 있는 반면 R은 코드를 직접 해석해서 실행한다.

(2) 중앙관리

Comprehensive R Archive Network(CRAN)에서 설치파일과 패키지를 관리한다. CRAN은 세계 여러 곳에 미러링 서버를 두고 있다. 예를 들어 http://cran.nexr.com 은 하루에 두 번 이상 r-project의 메인서버와 동기화하고 있다.

(3) 클라이언트/서버 환경 지원

클라이언트/서버 환경으로 설정해두면 서버의 자원(resource)를 원격으로 활용할 수 있다. 이 경우 웹 브라우저가 편집기가 된다. 서버에 작업내용이 저장되므로 웹 브라우저를 닫아도 작업 기록(history)과 환경을 저장할 수 있다. 따라서 웹 브라우저와 인터넷만 있으면 어느 곳에서든지 자신의 작업환경을 그대로 사용할 수 있다.

1.2

설치하기

아래의 R 공식 홈페이지(R project homepage)에서 설치용 파일을 받아 설치할 수 있다.

- http://www.r-project.org/

아래 순서에 따라 R을 설치해보자.

① 우선 R 공식홈페이지로 이동한다. [download R]을 클릭해서 내려받기 페이지로 이동한다.

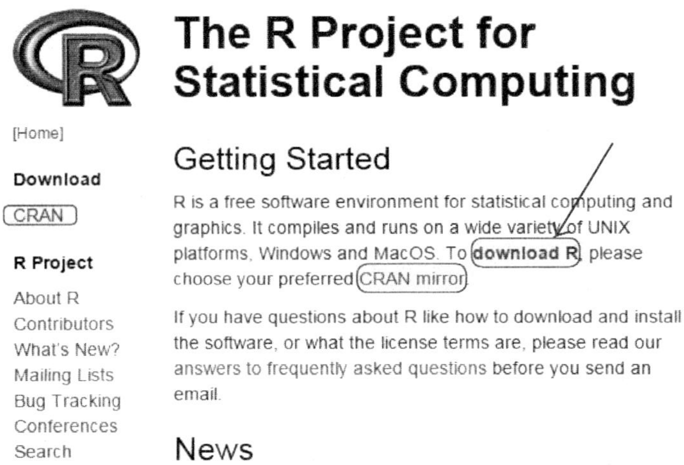

② 내려받기 링크 중에서 Korea>http://cran.nexr.com을 선택한다(다른 링크를 선택해도 된다).

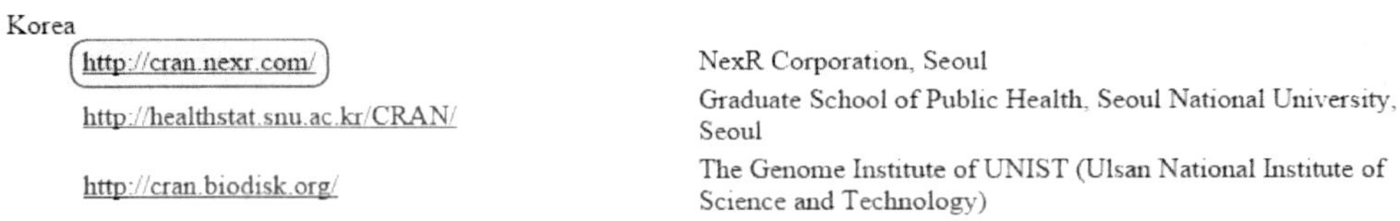

③ [Download R for Windows]를 클릭하고

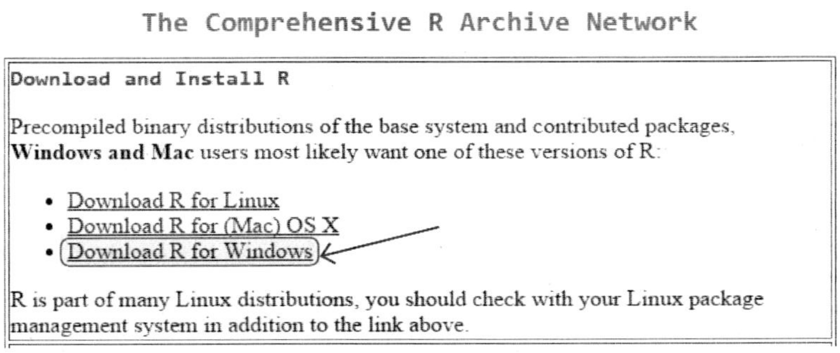

④ 처음 설치용 파일을 받는다. 아래에서 [install R for the first time]을 클릭하면 된다.

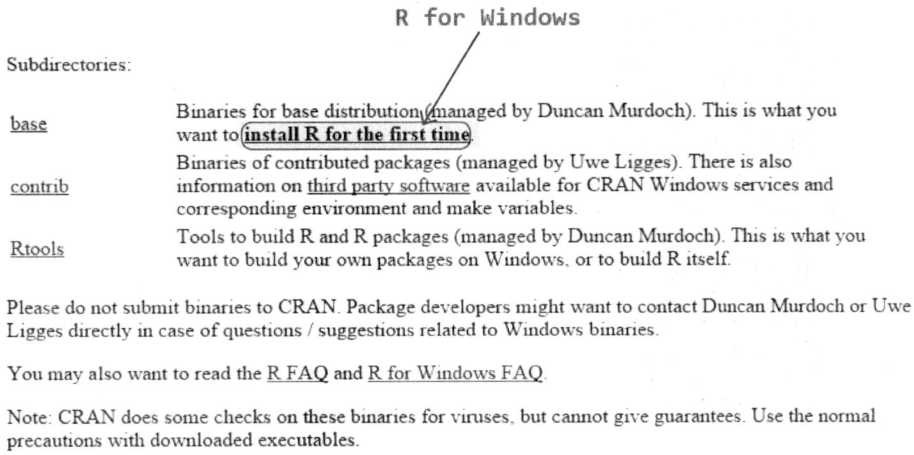

⑤ [Download R 3.2.0 for Wndows]를 선택하고

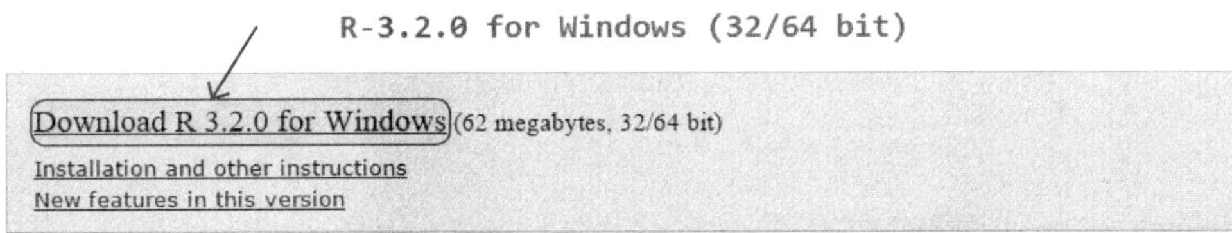

⑥ 파일을 내려받고 실행한다.

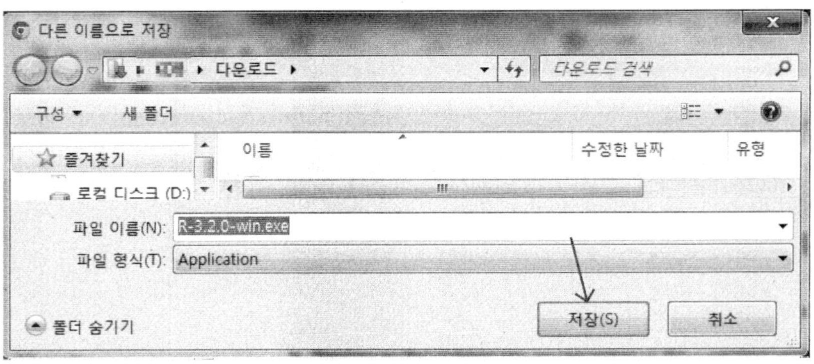

⑦ 설치할 언어를 선택하고

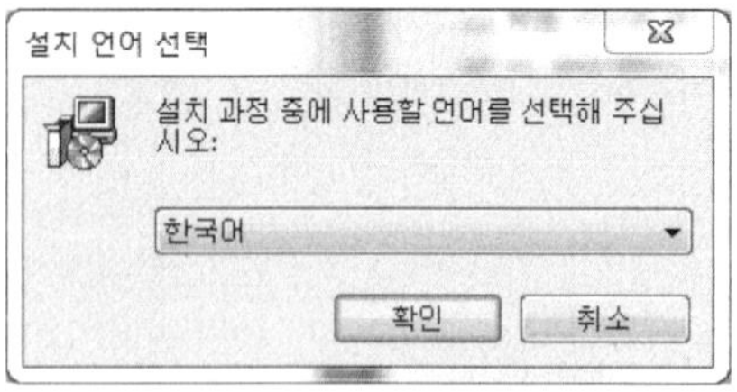

⑧ 설치화면이 나타난다.

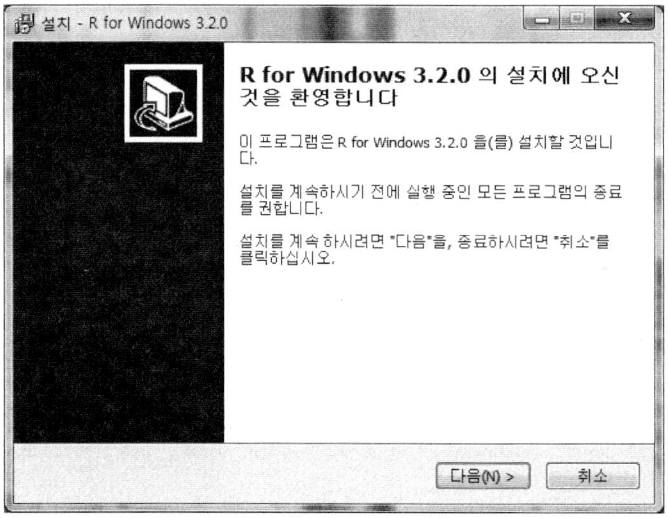

⑨ [다음]을 선택하고

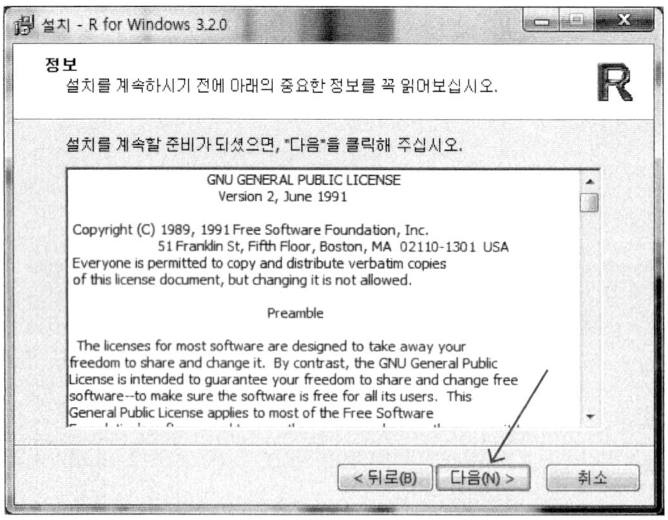

⑩ 설치할 폴더를 선택한다.

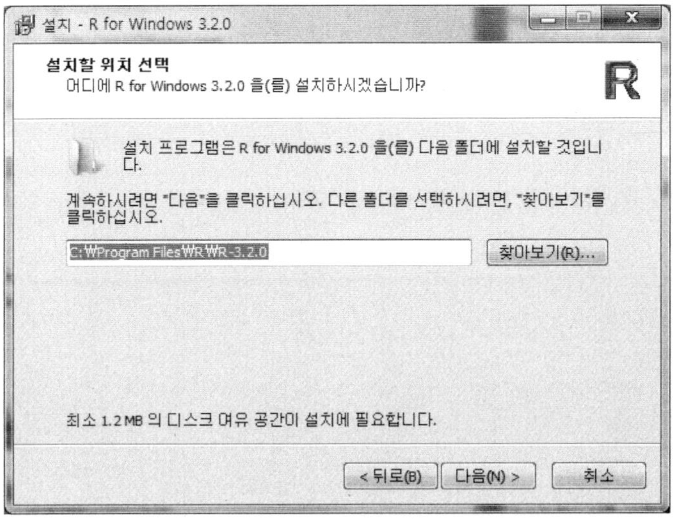

⑪ 기본설정 상태에서 [다음]을 클릭한다.

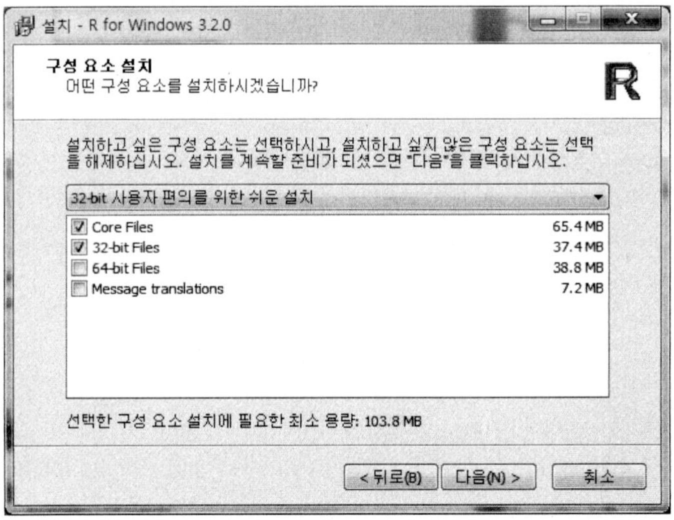

⑫ 역시 기본값을 선택하고 [다음]을 클릭한다.

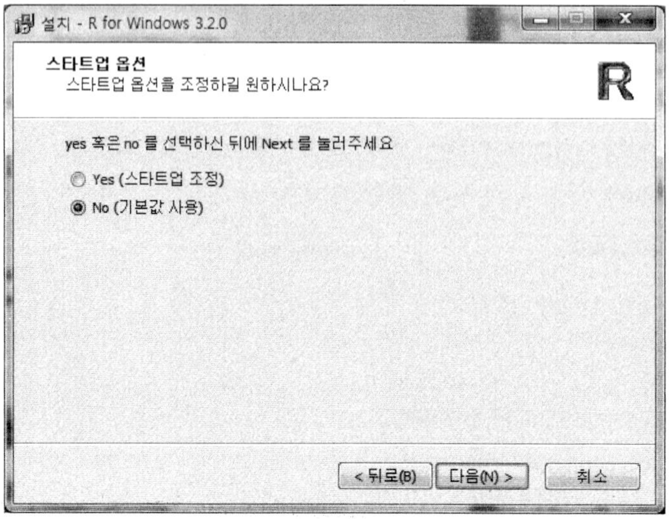

⑬ 시작메뉴도 기본값을 사용하고 [다음]을 클릭한다.

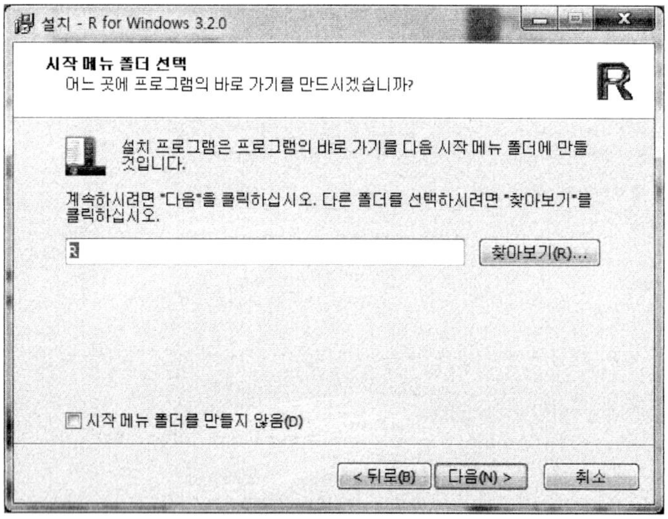

⑭ 바탕화면 아이콘 생성 등을 선택한 뒤 [다음]을 클릭한다.

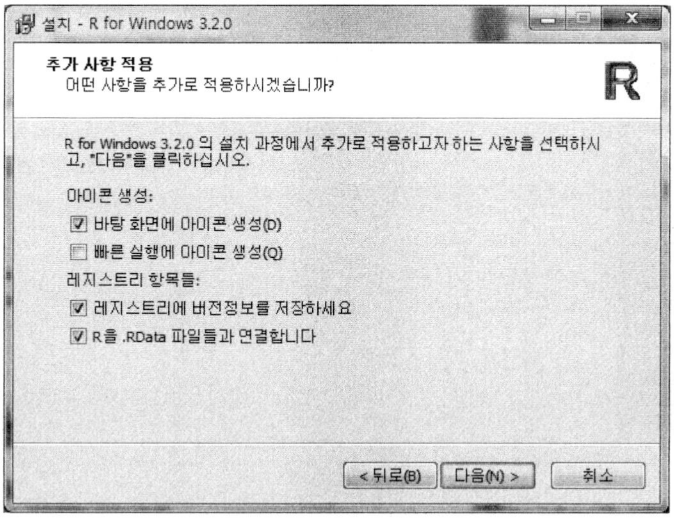

⑮ 설치가 시작된다.

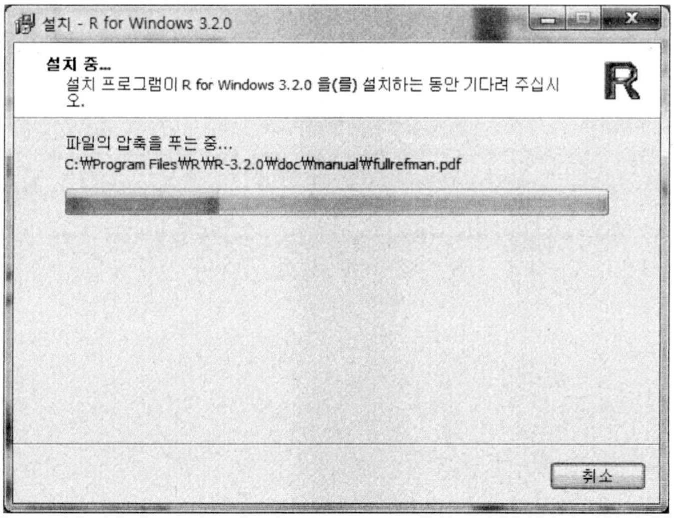

⑯ 설치가 완료되었다.

설치가 완료되면 다음과 같은 아이콘(또는 파일)이 생성되고 더블클릭해서 실행할 수 있다.

아이콘	경로	의미
R.exe	[C:\Program Files\R\R-3.2.0\bin]	R 도스(DOS) 환경
Rgui.exe	[C:\Program Files\R\R-3.2.0\bin\i386]	R Windows 환경

[Rgui.exe]를 실행해보자. 다음과 같은 화면을 볼 수 있다면 이제 R을 사용할 준비가 완료된 것이다.

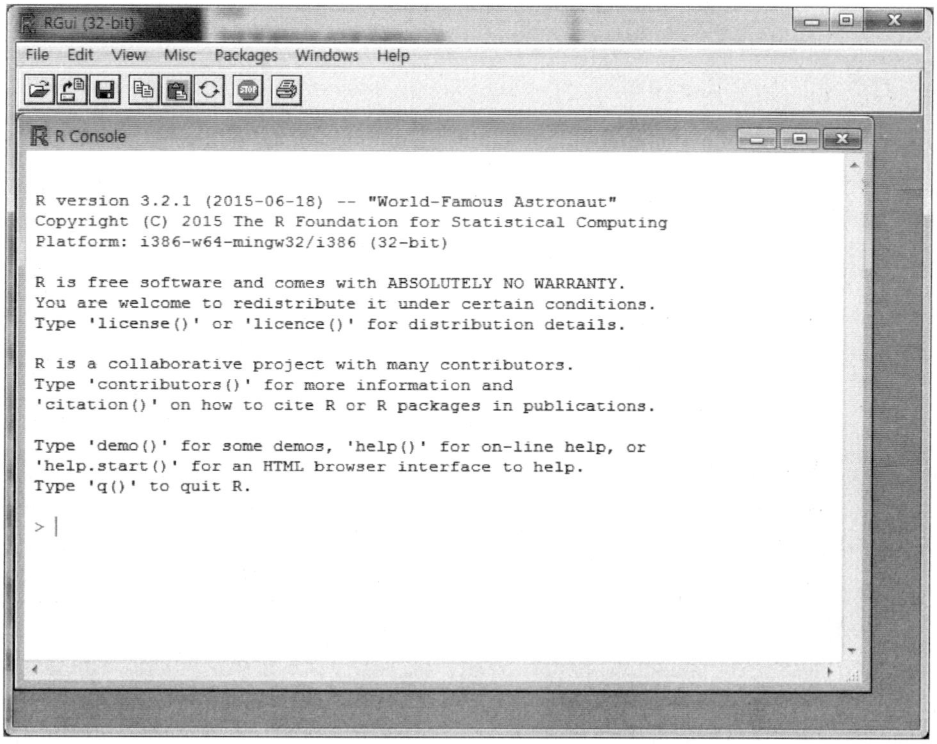
RGui (32-bit)
File Edit View Misc Packages Windows Help
R Console
R version 3.2.1 (2015-06-18) -- "World-Famous Astronaut"
Copyright (C) 2015 The R Foundation for Statistical Computing
Platform: i386-w64-mingw32/i386 (32-bit)
R is free software and comes with ABSOLUTELY NO WARRANTY.
You are welcome to redistribute it under certain conditions.
Type 'license()' or 'licence()' for distribution details.
R is a collaborative project with many contributors.
Type 'contributors()' for more information and
'citation()' on how to cite R or R packages in publications.
Type 'demo()' for some demos, 'help()' for on-line help, or
'help.start()' for an HTML browser interface to help.
Type 'q()' to quit R.
>

1.3 실행하기

R을 실행하는 방법은 크게 R 콘솔(console) 창에 명령어를 입력하고 [Enter]글쇠를 눌러 실행하는 방식(대화형: interactive)과 실행할 명령들을 텍스트 파일(확장자가 .R로 저장된다)로 작성한 뒤 한 번에 실행하는 방법(일괄형: Batch/Script)이 있다.

〈R 실행 방법〉

대화형(Interactive)	콘솔에서 한 줄씩 실행하는 방법
일괄형(Batch/Script)	텍스트 파일에 저장된 명령을 한꺼번에 실행하는 방법

1.3.1 대화형 실행

우선 콘솔을 이용한 대화형 실행방법을 보자. R 실행시 나타나는 [R Console]창에 다음과 같이 입력해보자.

```
01  > x<-1:10
02  > x
03   [1]  1  2  3  4  5  6  7  8  9 10
04  > plot(x)
```

먼저 1줄을 입력하고 [Enter]를 친다. 다음으로 2줄을 입력하고 [Enter]를 치면 3줄의 결과를 볼 수 있다. 마지막으로 4줄을 치고 [Enter]를 치면 다음 그림을 볼 수 있다.

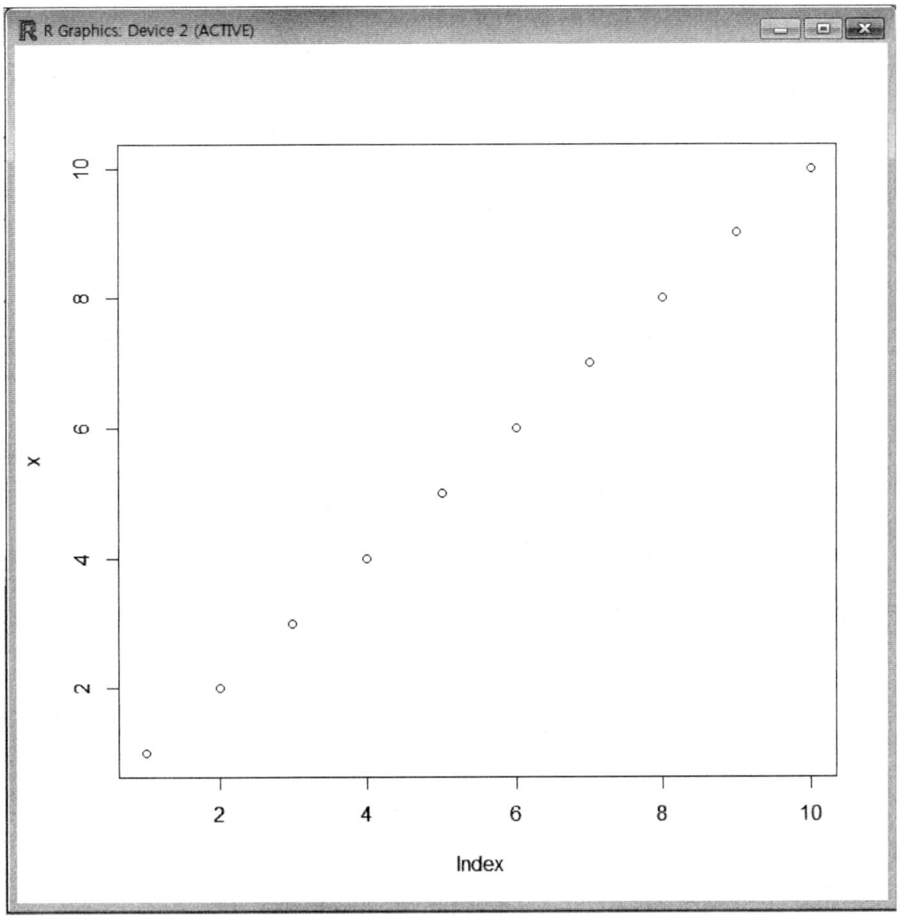

“>”는 프롬프트인데, R이 명령을 받아들일 준비가 되어있다는 것을 의미한다. “>”옆에 실행할 명령을 투입하면 된다. “>”는 콘솔에서 사용되므로 앞으로 만약 코드 예시에서 “>”가 없다면 스크립트로 작성된 코드를 의미한다(반대로 “>”표시가 있으면 콘솔에서 실행된 코드를 의미한다). 만약 명령입력 후 [Enter]를 쳤는데 다음 줄에 “+”표시가 나온다면 명령어가 완성되지 않았음을 의미한다. 따라서 나머지 명령을 추가로 입력하고 [Enter]를 치면 명령이 실행된다.

3줄에서 나오는 “[1]”는 수행된 결과가 벡터로 출력될 경우, 결과벡터의 첫번째 요소부터 보여주고 있음을 의미한다. 만약 결과벡터가 여러줄에 출력된다면 새로 출력되는 줄의 첫 요소가 벡터에서 몇 번째 요소인지를 보여준다. 아래 예에서 두 번째 출력된 결과의 첫 요소는 결과벡터의 7번째 요소이다.

```
01  > rnorm(10)
02   [1]  0.188923  0.243407 -0.162705 -0.096492  0.996921  1.011239
03   [7]  2.625184  0.390966  0.799498 -1.177321
```

1.3.2 일괄형 실행

대화(interactive)형 실행은 실행결과를 바로 확인할 수 있는 점에서 편리하지만, 한꺼번에 여러 줄을 실행할 경우 불편하다. R에서는 여러 개의 명령문을 한꺼번에 실행하는 방법을 지원하는데, 일괄(batch)형 실행이다. 스크립트(scripts)형이라고도 하는데 스크립트라는 텍스트 파일을 작성한 뒤 이를 실행키는 방법이기 때문이다. 스크립트를 작성해 보자.

RGui 메뉴에서 [File>New script]를 선택하여 Editor를 열고 다음과 같이 입력한다.

```
x<--10:10
y<-x^2
plot(x,y)
```

그리고 [temp.R]이라는 이름으로 파일을 저장하자. 이제 스크립트를 실행해보자.

(방법1: RGui 메뉴를 이용하는 방법) RGui의 메뉴를 이용할 경우, [Edit>Run all]을 선택한다. 다음과 같은 결과화면을 볼 수 있다.

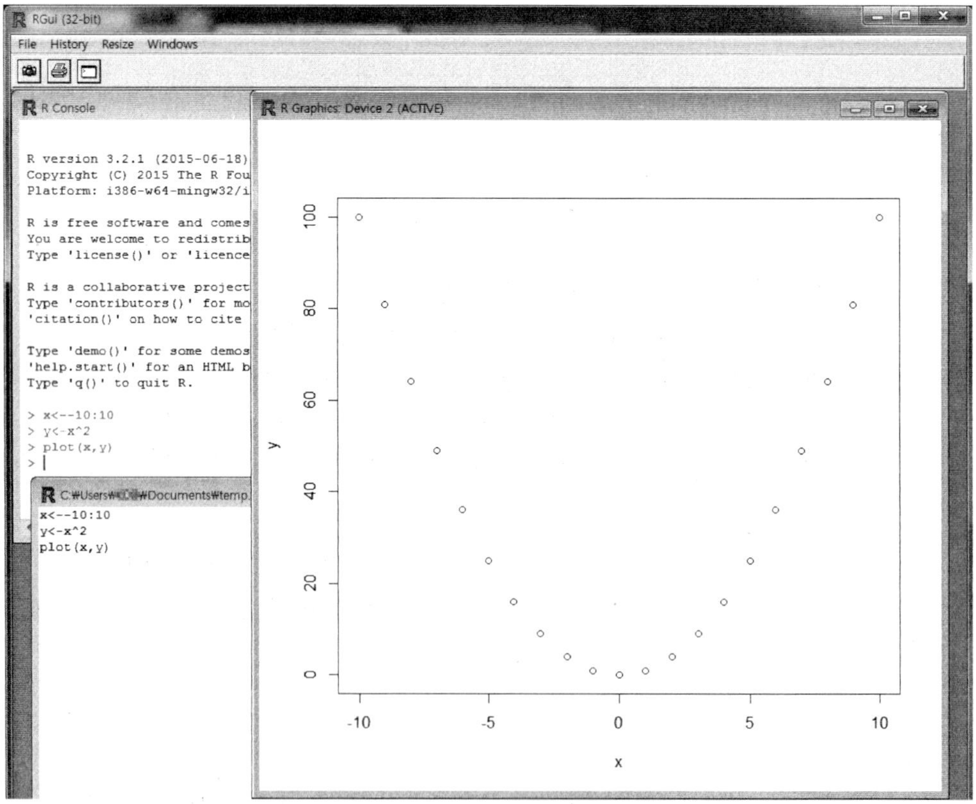

(방법2: R콘솔을 이용하는 방법)R 콘솔에서 다음 명령을 통해 R Script file을 실행시킬 수 있다. 단, 이 때 R Script file이 저장된 디렉토리와 작업 디렉토리가 동일해야만 실행이 가능하며, 이에 대해서는 다음 페이지에서 보다 자세히 설명하기로 한다.

```
> source('temp.R')
```

(방법3: 스크립트를 이용하는 방법) 열려진 스크립트에서 [Ctrl]+A를 누른 뒤(모든 내용이 선택된다), [Ctrl]+R를 누르면 해당 스크립트가 실행된다(만약 특정 부분만 실행하고자 한다면 특정부분을 마우스로 선택한 뒤, [Ctrl]+R를 누르면 된다).

1.4

종료하기

R을 종료하기 위해서는 콘솔에 다음과 같이 입력하고 [Enter]를 치면 된다.

콘솔

```
> q()
```

1.5

도움말

이제 시작하고 종료하는 방법은 익힌 셈이다. 다음으로 무엇을 할 것인지 막막하다면 R의 도움말을 찾아보자.

R을 기본적으로 설치하면 방대한 양의 도움말 문서도 함께 설치된다. 문서를 보고 싶다면 콘솔에서 아래와 같이 입력해보자.

```
> help.start()
```

다음과 같은 결과를 볼 수 있다.

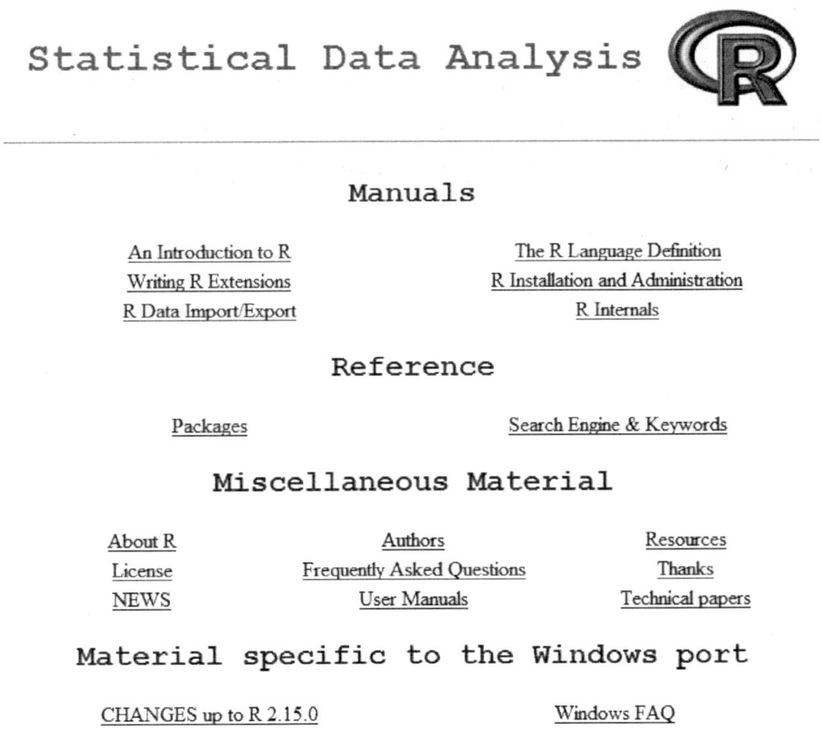

여기서 원하는 문서를 하나씩 선택하면 자세한 내용을 볼 수 있다. 다음으로 특정함수에 대한 도움말이 필요하다면 다음과 같이 입력하면 된다.

```
> help(function_name)
```

help()대신에 ?를 사용해서 다음과 같이 쓸 수도 있다. 이때 괄호는 사용하지 않는다.

```
> ?function_name
```

함수이름에 따옴표를 사용할 필요는 없지만 특수문자와 일부 예약어들은 “”를 사용해야 한다. 다음은 이에 해당하는 사례이다.

```
> ?“<”
> ?”for”
```

R 문서에서 특정 단어를 검색하고자 한다면 help.search함수를 이용하면 된다.

```
help.search(“vector”)
```

또는 help.search()대신 ??를 사용해서 다음과 같이 쓸 수 있다. help함수와 마찬가지로 괄호는 불필요하며, 이때 검색하려는 단어는 따옴표를 생략할 수도 있다.

```
??vector
```

위 결과는 해당 단어가 현재 R help 시스템에 텍스트로 존재해야 검색이 된다. 사용자의 로컬 R 시스템에 해당 패키지 등이 설치되어 있어야 한다. 만약 그렇지 않다면 RSiteSearch() 명령어를 이용해 [http://search.r−project.org]의 검색을 할 수 있다.

```
RSiteSearch(“count”)
```

1.6

환경설정

현재 세션(컴퓨터)에 대한 정보를 알고 싶으면 sessionInfo함수를 실행한다.

```
01  > sessionInfo()
02  R version 3.2.0 (2015-04-16)
03  Platform: i386-w64-mingw32/i386 (32-bit)
04  Running under: Windows 7 (build 7601) Service Pack 1
05
06  locale:
07  [1] LC_COLLATE=Korean_Korea.949  LC_CTYPE=Korean_Korea.949
08  [3] LC_MONETARY=Korean_Korea.949 LC_NUMERIC=C
09  [5] LC_TIME=Korean_Korea.949
10
11  attached base packages:
12  [1] stats     graphics  grDevices utils     datasets  methods   base
```

2줄: 현재 사용중인 R버전을 알려준다.

3줄: 현재 사용중인 시스템 정보를 알려준다.

4줄: 현재 사용중인 OS 정보를 알려준다.

6~9줄 이하: 시스템 설정에 대한 정보를 보여준다.

11줄: 기본적으로 설치되는 R 패키지(패키지에 대한 자세한 정보는 뒷부분을 참조하자) 정보를 보여준다.

작업디렉토리(Working Directories)

모든 데이터는 작업 디렉토리에 있어야 한다. 작업 디렉토리의 위치는 다음 명령으로 확인할 수 있다.

```
>getwd()
```

작업 디렉토리를 변경하고자 한다면 다음 명령을 사용하면 된다.

```
>setwd("new_path")
```

주의할 점은 윈도우 경로 표시는 앞 슬래쉬(forward slash)를 사용해야 한다는 점이다(역 슬래쉬"\"를 사용하면 안 된다).

```
> setwd("c:/Temp")
```

참고

역슬래시는 특별한 역할을 하는 문자이므로 역 슬래쉬를 사용하면 다음과 같은 오류가 발생한다.

```
> x<-'c:\Temp\'
Error: '\T' is an unrecognized escape in character string starting
"'c:\T"
```

만약 굳이 역 슬래쉬를 사용하고자 한다면 이중 역슬래쉬(\\)를 사용해야 한다.

```
> x<-'c:\\Temp'
> setwd(x)
```

위와 같은 명령어의 사용이 불편하다면, 아래와 같이 R 프로그램의 "File -> Change dir…" 메뉴를 이용해서도 작업 디렉토리를 변경할 수 있다.

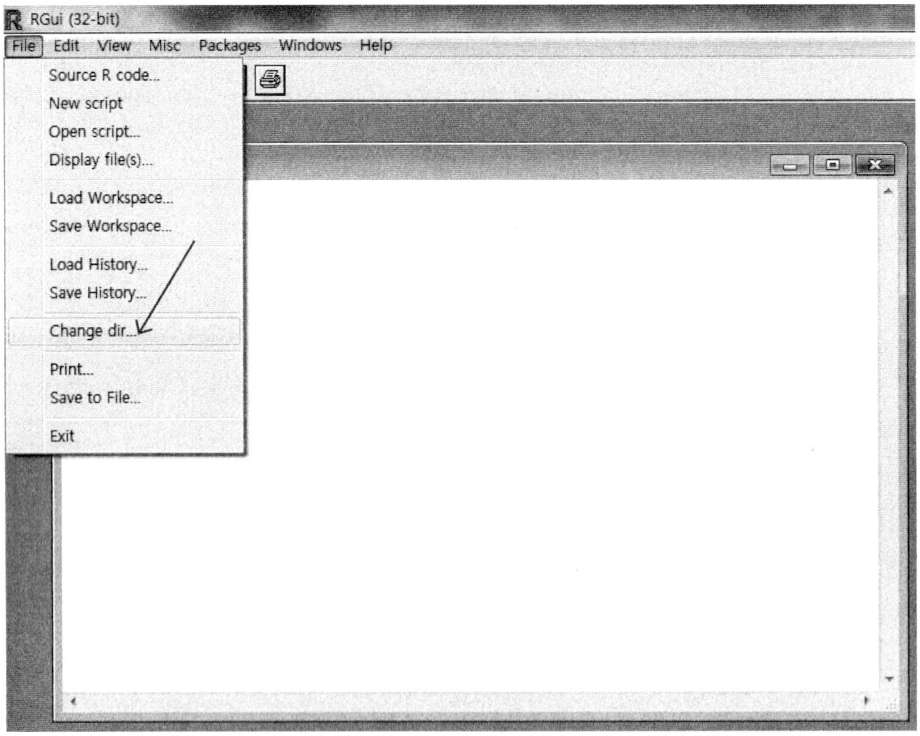

작업공간(Workspaces)

작업공간은 현재 작업중인 환경을 말하는데, 사용자가 정의한 개체(vectors, matrices, data frames, list, function)를 포함하는 개념이다. R을 종료할 때, 사용자는 현재 작업공간의 이미지[1]를 저장할 수 있다. 그러면 다음에 R을 실행할 때 자동으로 작업환경이 로드된다.

다음은 이와 관련된 몇 가지 명령들이다.

```
# view and set options for the session
help(options) # learn about available options
options() # view current option settings
options(digits=3) # number of digits to print on output

# work with your previous commands
history() # display last 25 commands
history(max.show=Inf) # display all previous commands

# save your command history
savehistory(file="myfile") # default is ".Rhistory"

# recall your command history
loadhistory(file="myfile") # default is ".Rhistory"

# save the workspace to the file .RData in the cwd
save.image()

# save specific objects to a file
# if you don't specify the path, the cwd is assumed
save(object list,file="myfile.RData")

# load a workspace into the current session
# if you don't specify the path, the cwd is assumed
load("myfile.RData")
q() # quit R. You will be prompted to save the workspace.
```

참고

각 줄의 코드 앞에 붙은 "#"표시는 해당 줄을 주석으로 처리함을 의미한다. 즉 해당 줄은 코드를 실행함에 있어서 무시된다.

[1]이미지란 현재 작업 상태를 의미한다. 구체적으로는 현재까지 작업한 명령 히스토리, 변수, 함수 등을 모아 놓은 것이다.

유효자리수(significant digits)

R에서 출력되는 유효자리수의 기본값은 7자리인데, 아래와 같이 option함수의 digit인수를 이용해서 변경할 수 있다.

```
> 1/3
[1] 0.3333333
> options(digits=10)
> 1/3
[1] 0.3333333333
```

유효숫자가 위와 같이 설정된다고 해도 실제 계산되는 값은 보이는 것과는 달리 가능한 최대 자리수까지 저장되며 연산결과도 그러하다.

(콘솔 사용하기) 다음은 콘솔 사용에 대한 몇 가지 팁이다.

- 콘솔 지우기: [Ctrl+L]을 치면 콘솔이 지워진다(MATLAB에서 'clear' 비슷한 기능이다.)
- 자동완성기능: 단어 일부를 치고 [Tab]을 치면 자동으로 완성해 준다

여기까지 따라왔다면 이 책에서 필요한 기본적 준비는 완료되었다. 다음에 소개하는 통합개발환경은 반드시 필요한 것은 아니며, 코딩을 좀 더 편하게 하고자 할 경우에 사용하면 된다. 통합개발환경 설치가 귀찮다면 다음 주제는 건너뛰어도 좋다.

1.7

통합개발환경 IDE

R에서 기본으로 제공하는 편집기는 사용하기에 불편하다. 특히 스크립트를 작성할 경우, 블록구분이나, 자동들여쓰기, 명령어 종류에 따른 색깔구분, 괄호 쌍 맞추기 등이 지원되지 않기 때문에 프로그램 작성할 때 실수를 하기가 쉽다. 이 문제를 해결하기 위해서는 통합개발환경(Integrated Development Environment; IDE)을 사용하면 된다.

R에서 많이 쓰는 IDE는 다음 그림과 같다. 기본적으로 제공되는 콘솔을 가장 많이 사용하고 있으며, RStudio가 IDE 중에서는 사용빈도가 가장 높다. 그 다음으로 Eclipse, RapidMiner, Tinn-R 순이다.

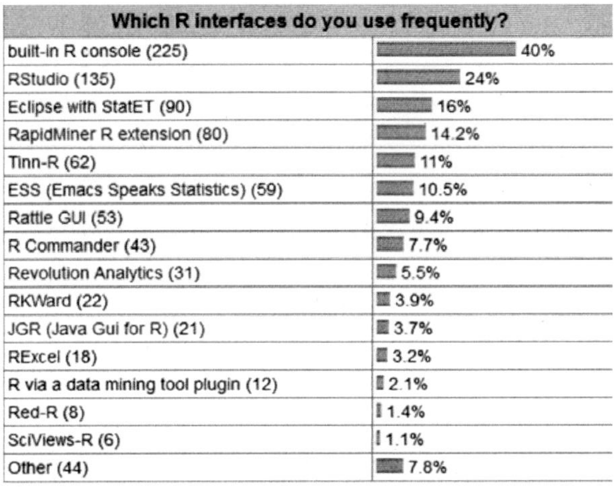

(출처: Which R interfaces do you use frequently? [http://www.kdnuggets.com/polls/2011/r-gui-used.html])

1.8

RStudio

자주 사용하는 IDE 몇가지에 대한 설치 방법은 부록을 참고하기로 하고, 여기서는 가장 많이 사용되는 IDE인 RStudio에 대해 간단히 살펴보자. RStudio는 가장 간편하고, R에 최적화된 IDE이며, 개인이 비영리목적으로 사용할 경우 무료로 사용할 수 있으므로 처음 R을 코딩하는 사람에게는 사용을 추천한다. 만약 MATLAB 사용을 해본 사람이라면 RStudio의 사용자 환경이 MATLAB과 유사하므로 쉽게 익숙해 질 수 있을 것이다.

RStudio의 인터넷 주소는 다음과 같다.

- http://www.rstudio.com/

(1) 설치

RStudio 데스크톱 버전은 [https://www.rstudio.com/products/rstudio/] 에서 내려받을 수 있다. 2015년 현재 두 가지 버전을 제공하고 있는데 무료 사용자일 경우 Open Source Edition을 내려받으면 된다.

RStudio Desktop

RStudio Desktop 0.99.473 버전을 내려받자.

Installers for Supported Platforms

Installers	Size	Date	MD5
RStudio 0.99.473 - Windows Vista/7/8	73.9 MB	2015-08-12	c6c79173ff7ba6486db4c1720b740a95

내려받은 파일을 실행하면 설치가 시작된다. 기본설정(default)을 그대로 사용해서 설치하자. 설치가 완료되면 [시작] 메뉴에서 아래의 아이콘을 선택해서 실행하자.

R이 미리 설치되어 있을 경우, RStudio을 설치하면 가장 최신버전을 자동으로 인식한다

(만약 특정 버전의 R을 사용하고 싶다면 설정 값을 이용하면 다른 버전의 R을 이용할 수 도 있다. 뒤에 나오는 환경설정 부분 참조).

(2) 실행

최초 실행화면은 아래와 같다.

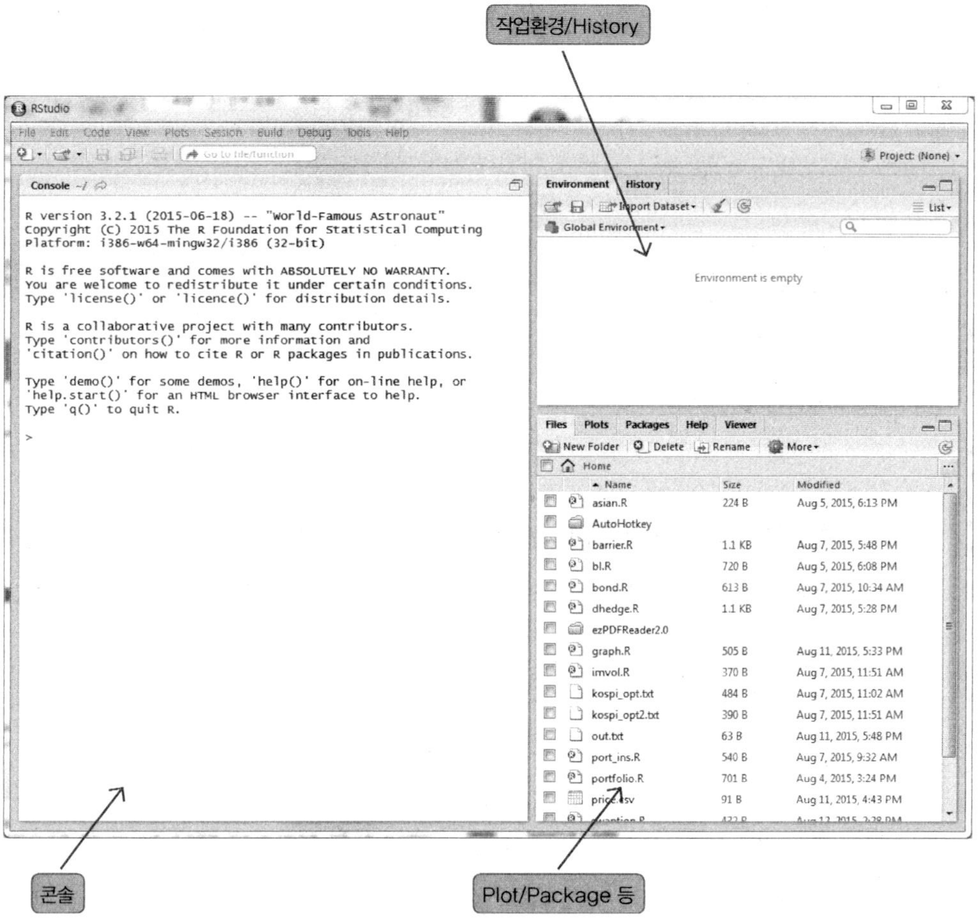

기본적으로 화면은 크게 3개로 구성되어 있으며 좌측이 R콘솔, 우상단이 작업환경 및 기록(history), 우하단이 그래프/패키지 등의 상태를 보여준다.

우리는 스크립트를 작성할 것이므로 스크립트를 추가하자. [파일]메뉴에서 [New File]> [RScript]를 선택해도 되고

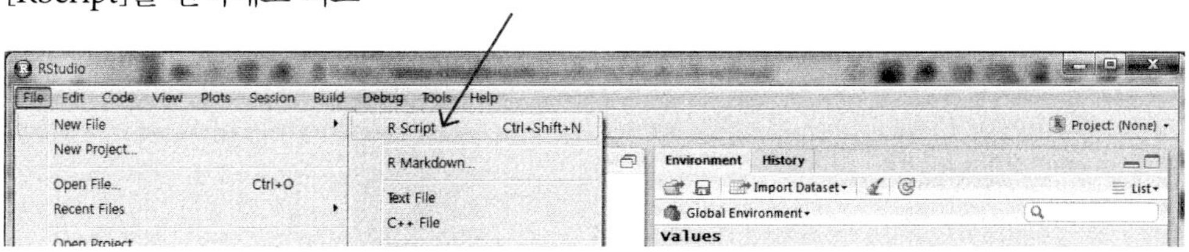

[File]아래에 있는 좌측 첫번째 아이콘을 클릭한뒤 [R Script]를 선택해도 된다.

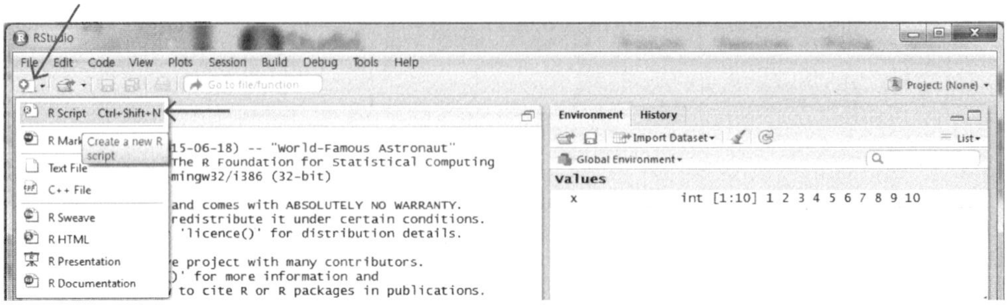

새로운 스크립트가 열리면 RStudio 화면은 자동으로 좌측 상단이 추가되어 4개의 구역으로 바뀌고 그 구성은 다음과 같다.

화면위치	설명
좌상단	소스 편집기와 데이터 뷰
좌하단	R콘솔
우상단	작업영역과 이력
우하단	파일, 플롯, 패키지, 도움말

콘솔에서 실행하기(대화형 실행)

좌하단의 콘솔에 직접 명령어를 입력해서 R을 실행할 수 있다.

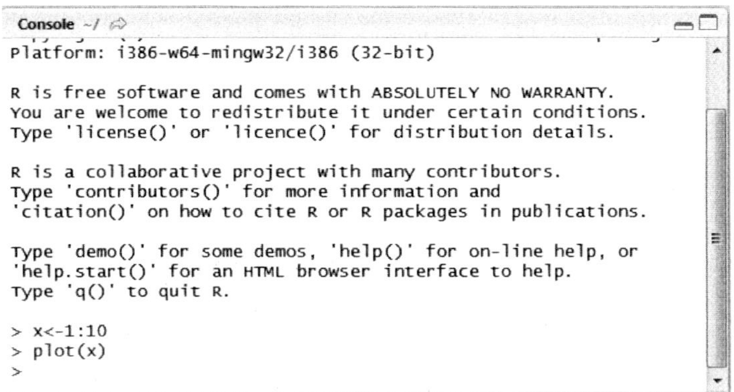

이 작업 결과로 우상단의 환경창에 x라는 변수가 추가로 보이고, 우하단 창에 x의 그래프가 보이게 된다.

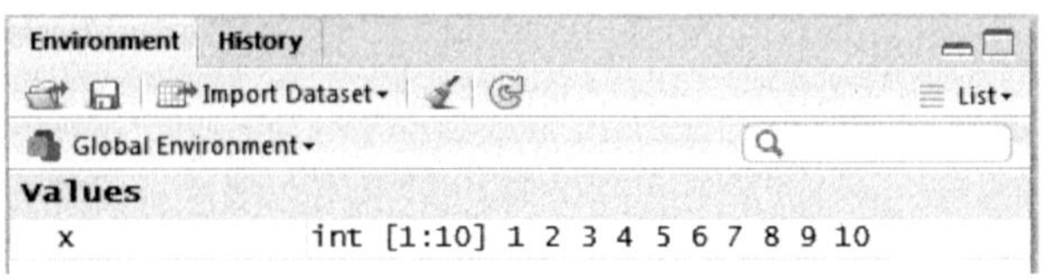

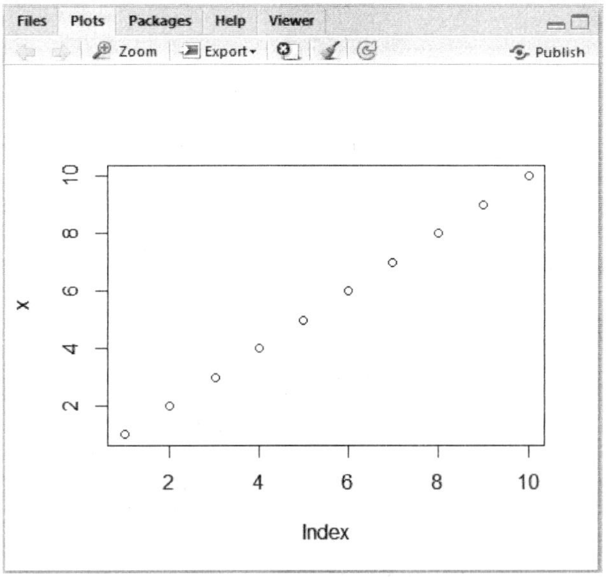

콘솔관련 간단한 팁은 다음과 같다.

- 단어의 일부를 치고 [Ctrl+↑]를 치면 동일한 접두어(prefix)를 가진 단어목록을 보여준다.
- 위쪽 화살표[↑]를 누르면 이전 명령어를 불러온다
- [Ctrl+L]을 누르면 콘솔이 지워진다.

스크립트 실행하기(일괄형 실행)

좌상단의 스크립트 창에 아래와 같이 입력한 뒤 [File]>[Save]를 선택해서 저장하거나 단축키 [Ctrl]+S를 눌러 저장한다.

저장된 스크립트를 실행하려면 메뉴에서 [Code]>[Source]를 선택하면 된다. 단축키는 [Ctrl]+[Shift]+S이다. 만약 이 절차가 번거롭다면 스크립트 창 상단의 아이콘 중에서 [Source on Save]를 체크해두면 해당 스크립트를 저장할 때마다 자동으로 실행된다.

스크립트 편집기(Scource Editor)와 콘솔 사이에 이동할 경우 다음 단축키를 이용하면 편리하다.

단축키	설명
[Ctrl+1]	편집기(Source Editor)로 이동
[Ctrl+2]	콘솔로 이동

(3) RStudio의 제거

혹시 RStudio를 사용하지 않기로 했다면 제거해야 할 수도 있다. RStudio는 데이터의 저장 형태를 변경하지 않는다(다른 IDE에서는 가져온 데이터를 다른 제품에서 열지 못하도록 형식을 바꾸기도 한다). 또한 RStudio 프로젝트는 단순한 폴더에 불과하므로 RStudio을 제거하고 나서도 R을 사용하는데 문제가 없다. 따라서 프로그램제거 명령으로 간단히 제거할 수 있다.

(4) R 환경설정하기

메뉴 중 [Tools]>[Global Option]을 선택하면 R 환경관련 설정을 할 수 있다. 예를 들어 R 버전을 바꾸고 싶다면 [General] 항목에서 [R version] 설정을 변경하면 된다.

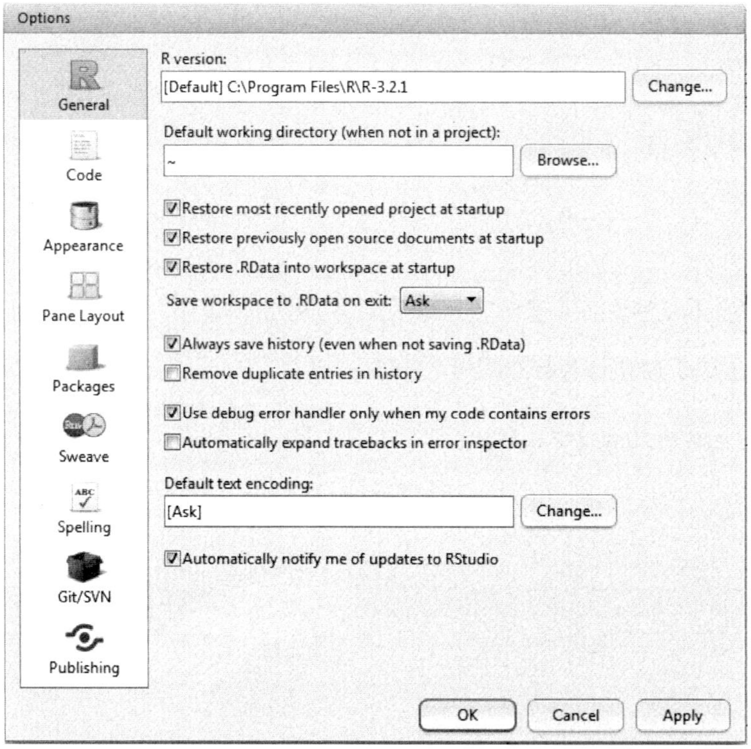

IDE설치

1. Tinn-R

Tinn-R 공식 사이트는 다음과 같다.

- http://nbcgib.uesc.br/lec/software/editores/tinn-r/en

Tinn-R이 겉모양은 다음과 같다.

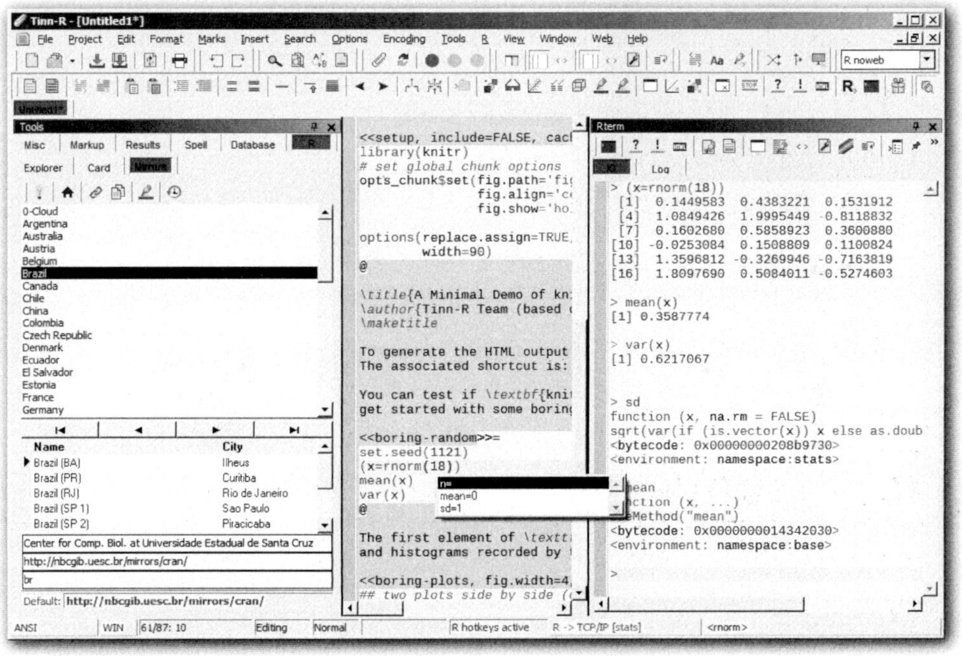

(1) 내려받기

Tinn-R은 다음 사이트에서 내려 받을 수 있다.

- http://nbcgib.uesc.br/lec/software/editores/tinn-r/en#h10-download
- http://sourceforge.net/projects/tinn-r/

가장 최신 버전을 내려받자.

- **Executable**:
    - Latest: Tinn-R_4.0.2.1_setup.exe
    - Penultimate: Tinn-R_4.0.2.0_setup.exe
    - All: SourceForge/Setup

(2) 설치

설치 마법사에 따라가면 쉽게 설치할 수 있다. 다음은 설치 진행화면이다. 우선 설치하기 전에 몇 가지 설정을 물어본다.

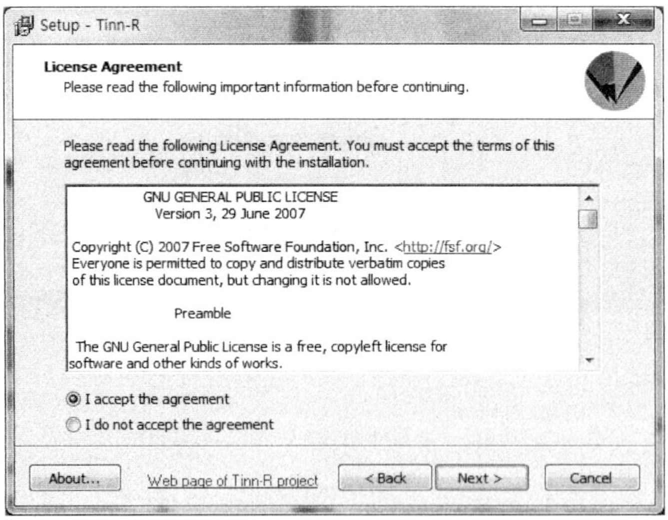

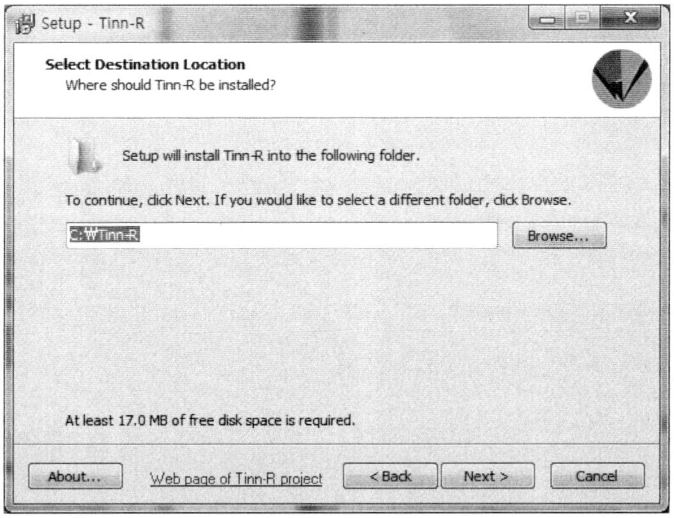
Setup - Tinn-R
Select Destination Location
Where should Tinn-R be installed?
Setup will install Tinn-R into the following folder.
To continue, click Next. If you would like to select a different folder, click Browse.
C:₩Tinn-R
Browse...
At least 17.0 MB of free disk space is required.
About...
Web page of Tinn-R project
< Back
Next >
Cancel

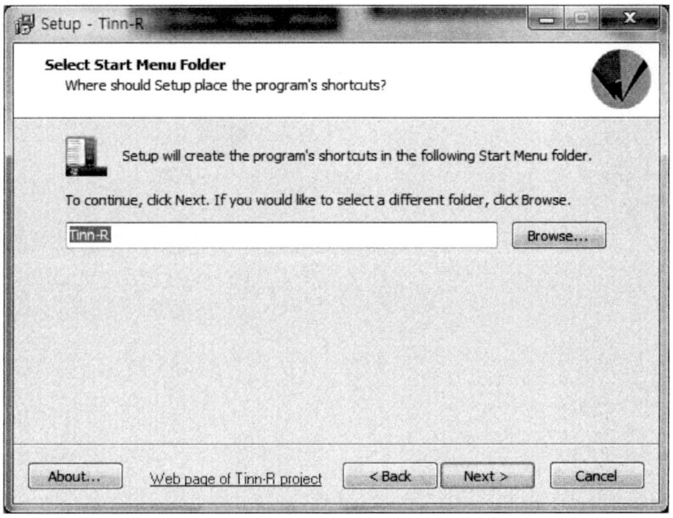
Setup - Tinn-R
Select Start Menu Folder
Where should Setup place the program's shortcuts?
Setup will create the program's shortcuts in the following Start Menu folder.
To continue, click Next. If you would like to select a different folder, click Browse.
Tinn-R
Browse...
About...
Web page of Tinn-R project
< Back
Next >
Cancel

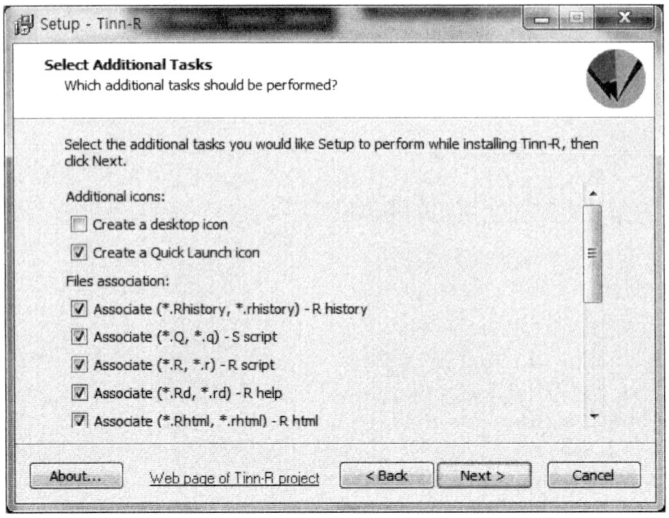

이제 설치를 시작하자. 아래 그림에서 [Install]을 클릭한다.

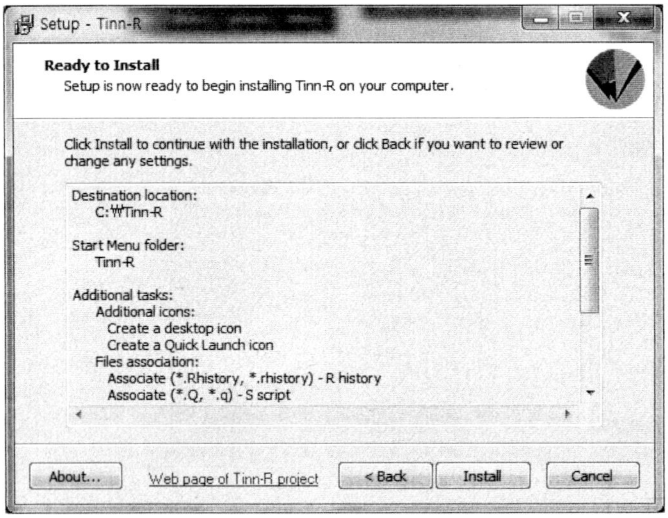

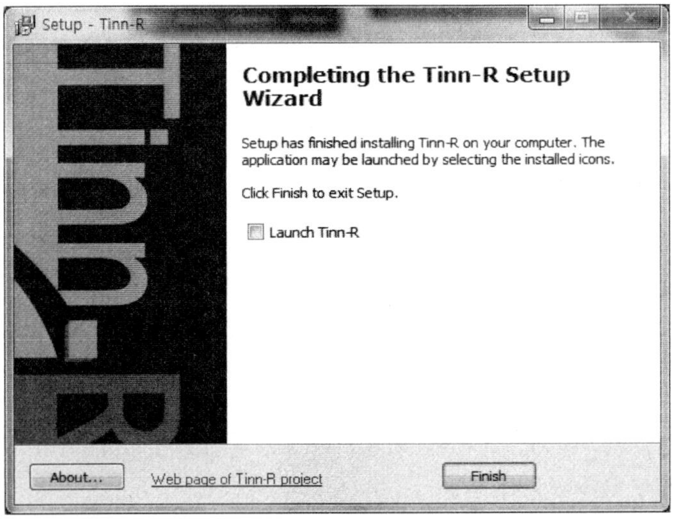

(3) 실행하기

설치가 완료되면 아래 아이콘을 더블클릭하여 실행해보자.

첫 실행화면은 다음과 같다.

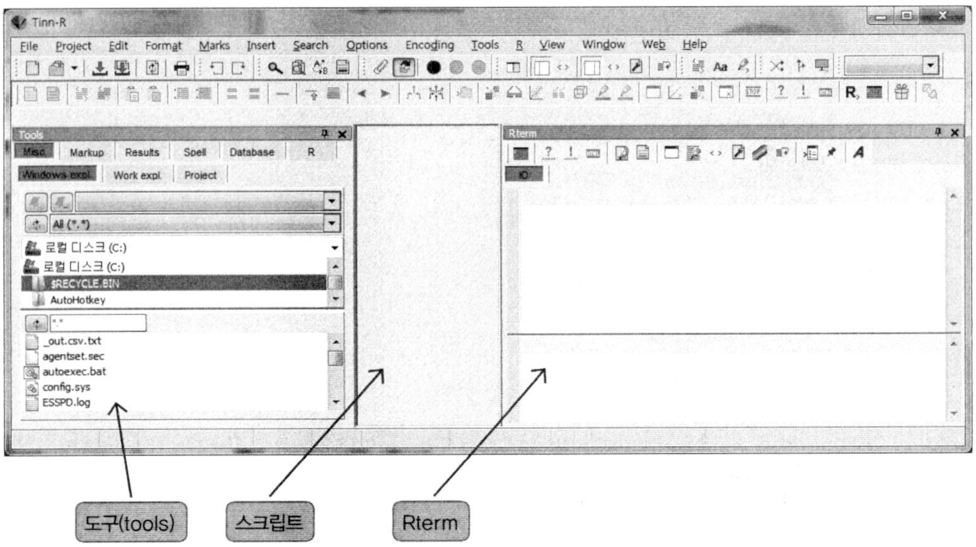

R 실행은 다음 경로를 통해서 한다.

R>Start/Close and connections>Rterm(start)

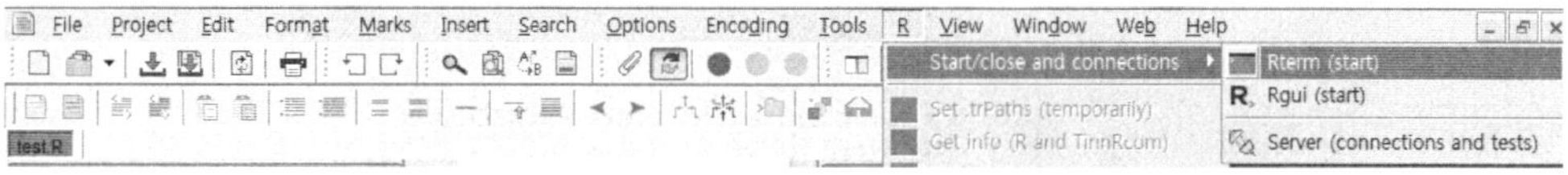

처음 실행하면 다음과 같이 TinnRcom 패키지를 설치한다.

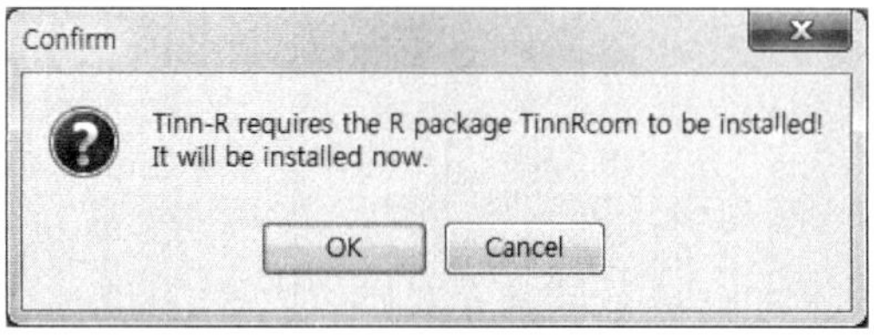

설치가 완료되면 [File: New(Ctrl+N)]을 클릭하거나 아래 그림의 맨 왼쪽 아이콘을 클릭해서 새로운 스크립트를 만든다.

아래 그림은 [R toolbar]인데 R이 실행되지 않았을 때는 비활성 상태이다.

R이 시작되고, R 스크립트 파일을 편집하면 해당 메뉴가 활성화 된다. 이제 스크립트에 다음과 같이 입력하고, 실행해보자.

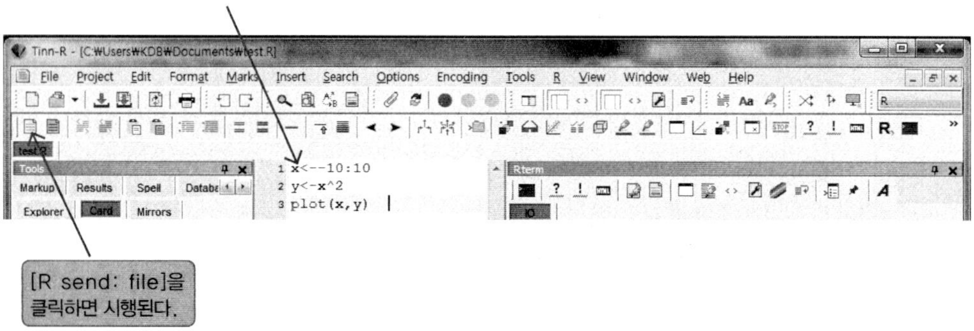

몇 가지 환경설정 방법은 다음과 같다.

- 현재 작업 중인 라인 강조하기: Options>Main > Application; [Main]탭
- 줄번호 보이기: Options>Main > Editor에서 [Display]탭, "Show line numbers"

(4) Rgui 및 Rterm 설치경로 지정

Tinn-R은 R이 먼저 설치되어 있었다면 자동으로 인식하고 경로를 저장한다. 만약 버전이 다른 R이 2개 이상 있다면 원하는 버전의 경로를 지정해 주어야 한다. 방법은 다음과 같다.

[R]탭 [General]에서 Rgui[Set path of your preferenced Rgui]를 클릭 > Rgui.exe가 설

치된 위치 지정

(5) Tinn-R에서 R 실행/종료하기

경로가 지정되었으면 R 메뉴에서 [Start preferred Rgui]를 선택하여 실행할 수 있다.

2. Eclipse

RStudio은 개인적 용도는 무료이지만 기업/상업적 용도는 유료이다. 따라서 업무용으로는 사용할 수 없다. 이에 대한 대안으로 Eclipse를 고려해 볼 수 있다. Elipse는 무료이다. R을 Eclipse에서 사용하기위해서는 StatET라는 모듈이 필요하다. StatET는 Elipse에서 R을 사용할 수 있게 해주는 모듈(R plug-in for Eclipse)이다.

설치과정이 복잡한데, 대략적인 설치절차는 다음과 같다.

(1) R설치
(2) Java설치
(3) Eclipse설치
(4) StatET 설치
(5) rj 패키지 설치
(6) Eclipse 설정

다음 절차를 따라 설치해보자.

(1) R이 설치되어 있어야 한다(우리의 경우는 이미 설치되어 있다).

(2) Java 버전확인: 최신 버전이 설치되어 있는지 다음 링크에서 확인한다.

- http://java.com/en/download/installed.jsp?jre_version=1.6.0_31&vendor=Sun+Microsystems+Inc.&os=Windows+7&os_version=6.1

① 아래 그림에서 [Agree and Continue]를 클릭하자.

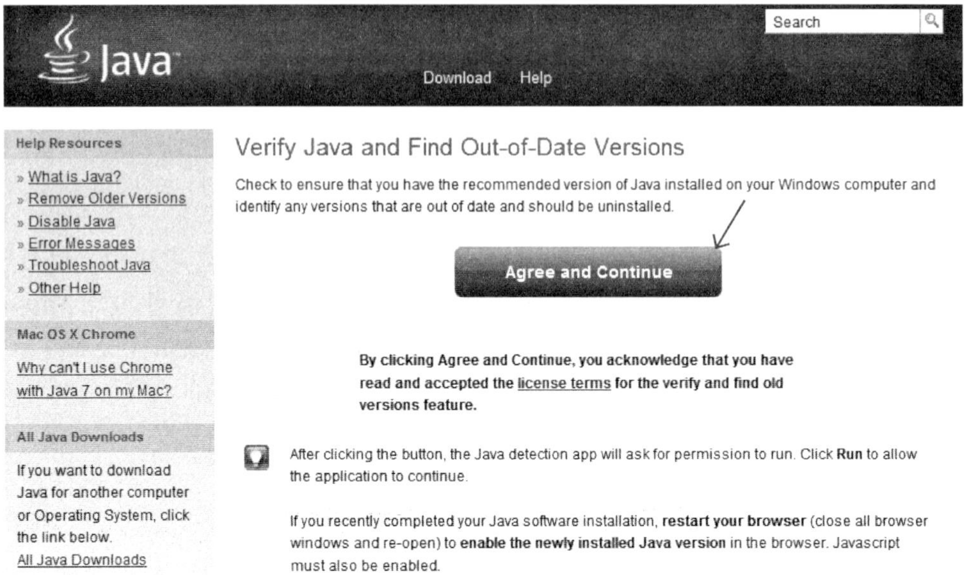

② 아래 그림에서 [실행]을 클릭하자.

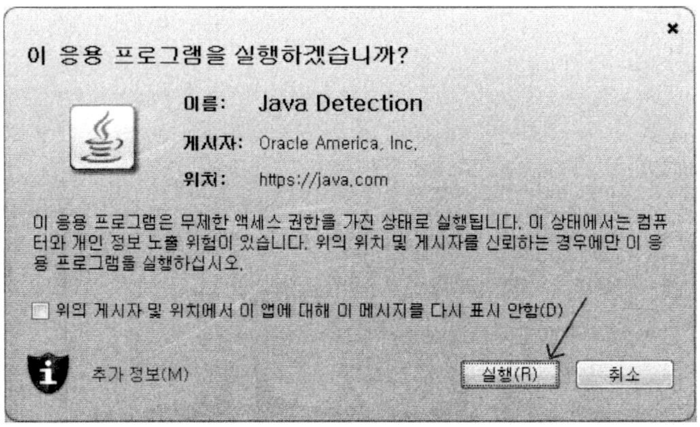

③ 아래 그림은 설치 확인 결과이다.

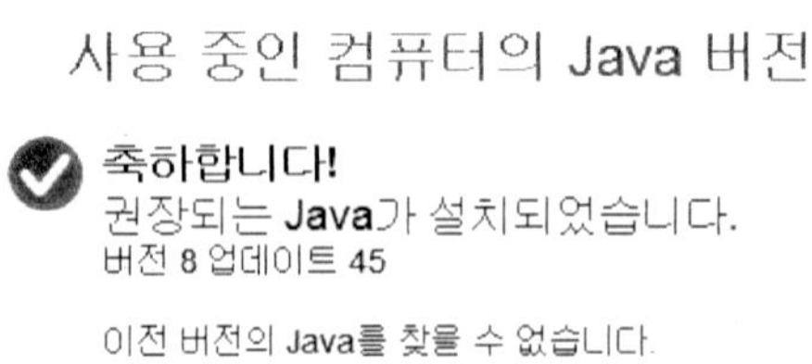

주의

Java와 Javascript를 혼동하지 말라. 둘은 아무 상관이 없다!

(4) Eclipse 설치

① 다음 사이트로 이동하자.

• http://www.eclipse.org/downloads/

아래 그림에서 [DOWNLOAD]를 클릭하자.

② 아래 그림에서 자신의 OS 버전에 맞는 파일을 내려받는다.

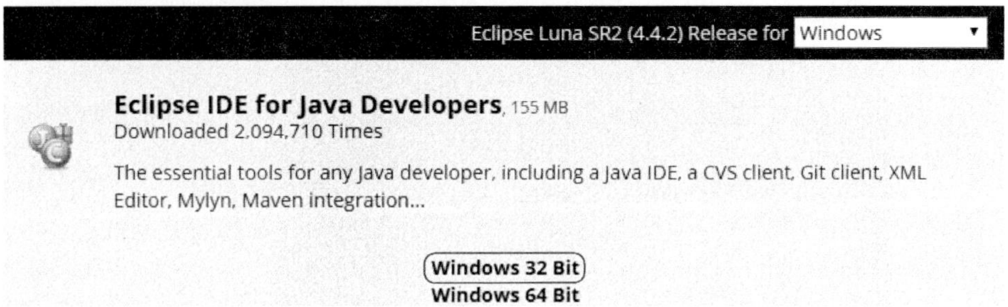

③ 내려받은 파일은 다음과 같다.

eclipse-java-luna-SR2-win32.zip 2015-04-21 오후... ALZip ZIP File 158,315KB

④ 위 파일을 프로그램 디렉토리나 원하는 곳에 압축을 푼다. 풀린 파일 중에서 다음 파일을 실행한다.

eclipse.exe 2015-02-19 오전... 응용 프로그램 320KB

⑤ 설치가 진행된다.

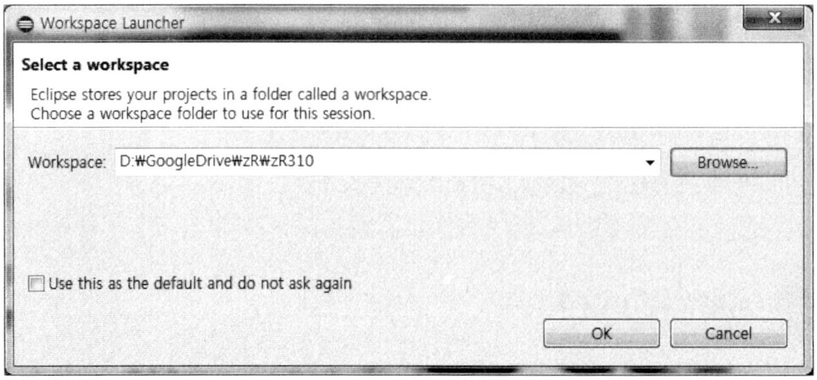

⑥ 설치가 완료되었다.

이 화면은 메뉴에서 [Help]>[Welcome]을 선택한 것과 같은 화면이다.

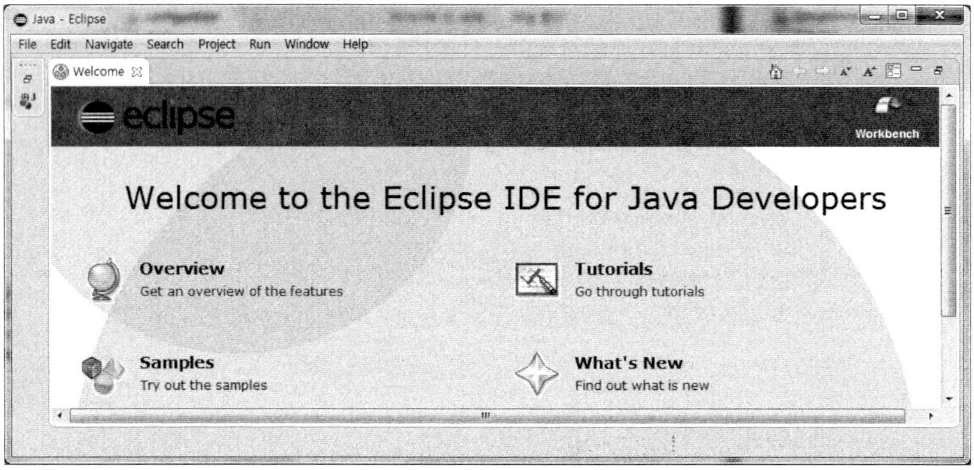

(5) StatET 설치

Eclipse를 실행한다. 아래 그림에서 [help]>[Install New Software]를 선택하고

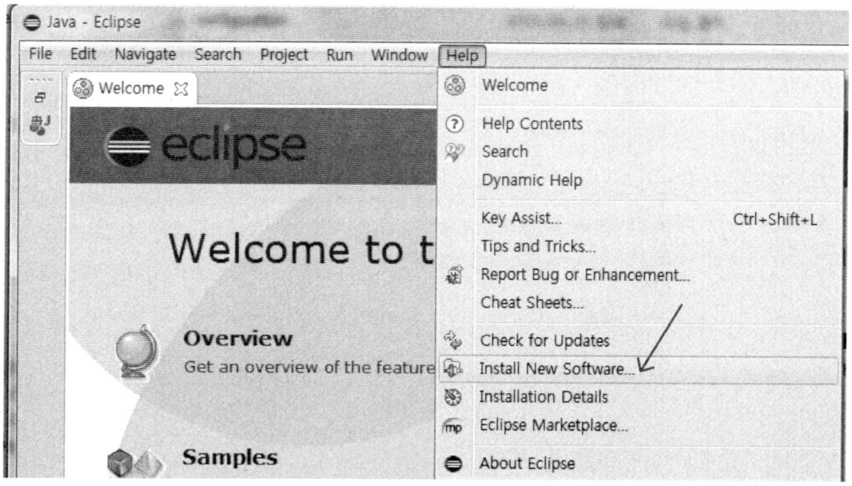

③ 아래 그림의 박스 부분에 http://download.walware.de/eclipse-4.4를 입력한다.

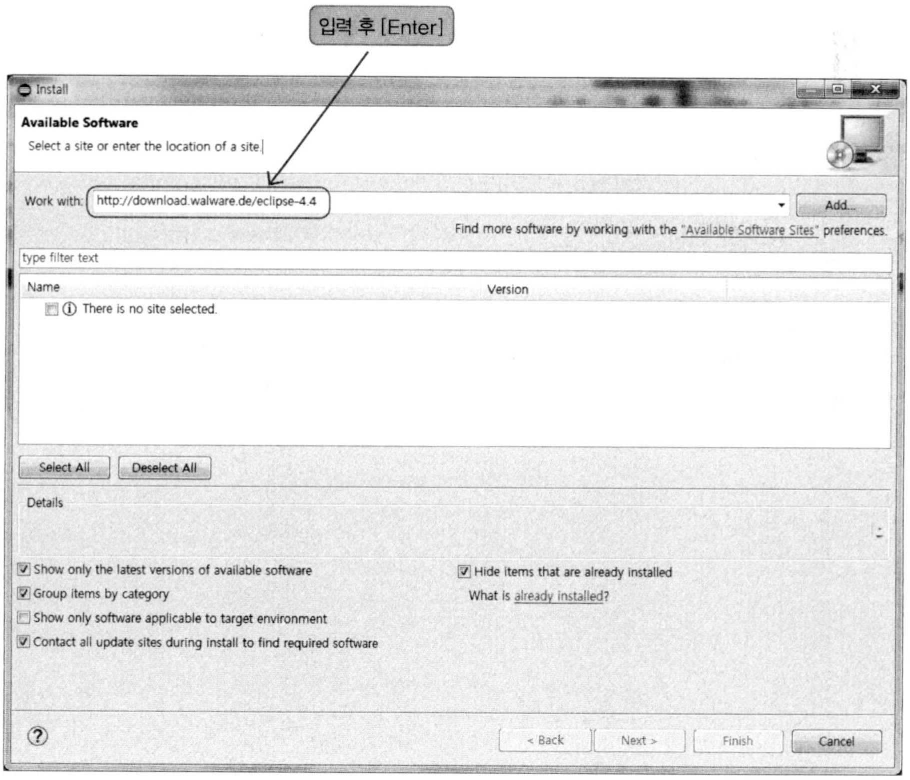

④ 아래와 같은 상황에서 StatET만 선택한 뒤 [Next]를 클릭한다.

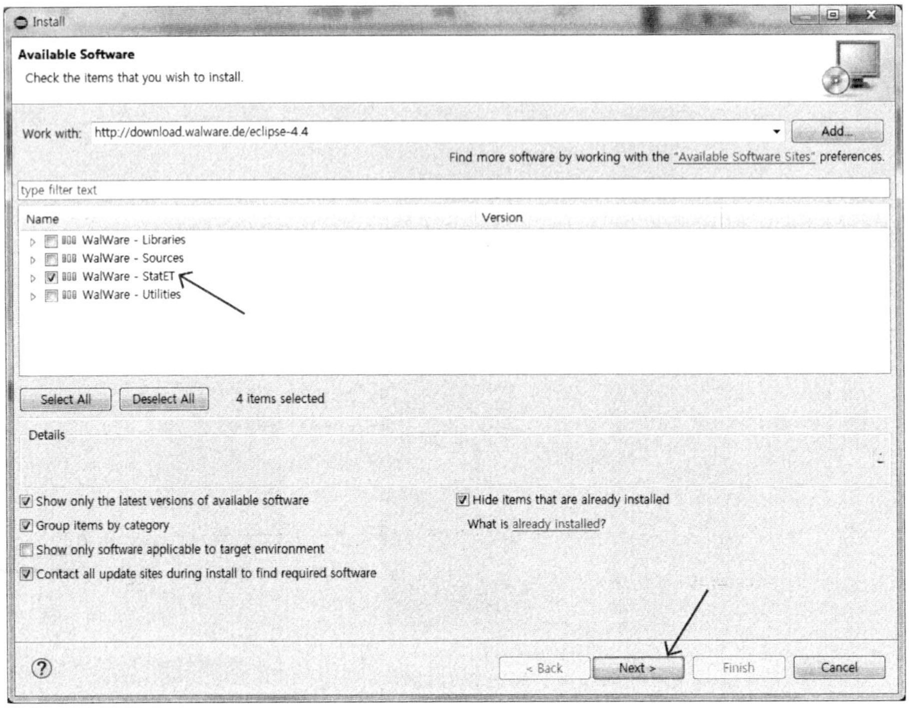

아래 그림에서 [Next]를 클릭한다.

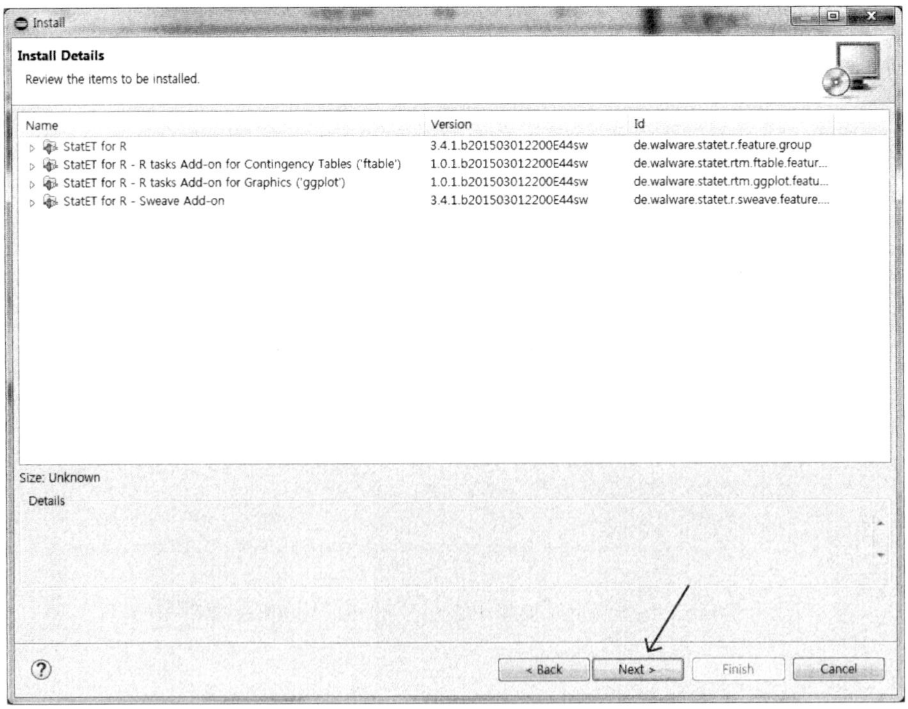

⑥ 아래 그림에서 [I accept the terms of the licence agreements]를 선택한 뒤 [Finish]를 누른다.

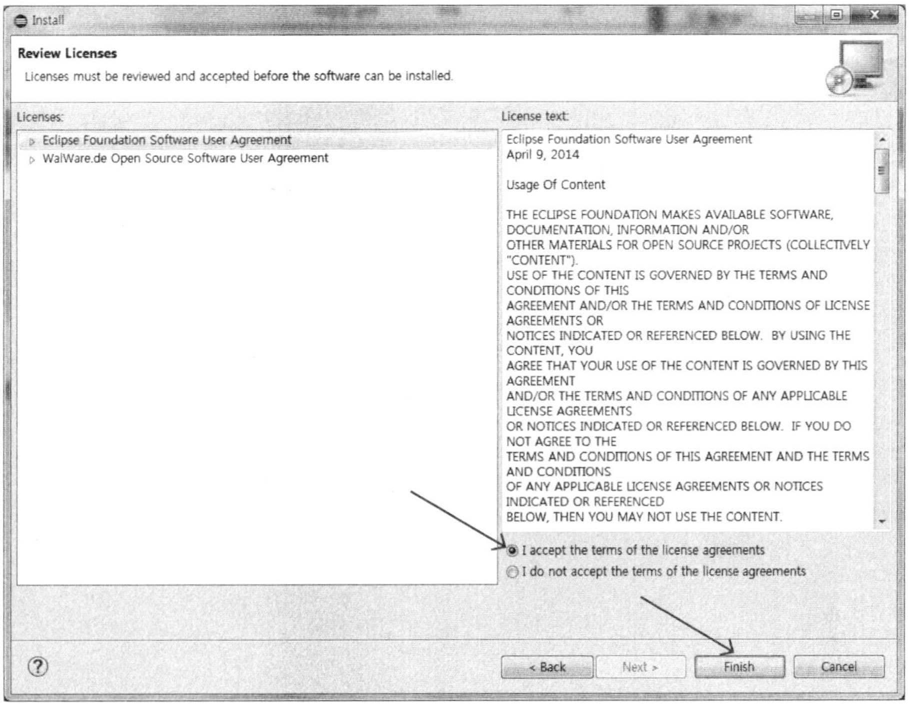

⑦ 다음과 같이 설치 후 재시작 된다.

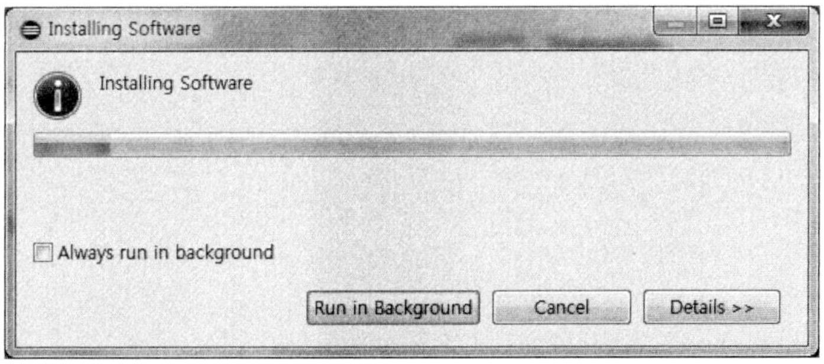

(6) R에 rj package를 추가한다.

WalWare 사이트(http://www.walware.de/)로 이동한 뒤 [StatET]를 클릭한다.

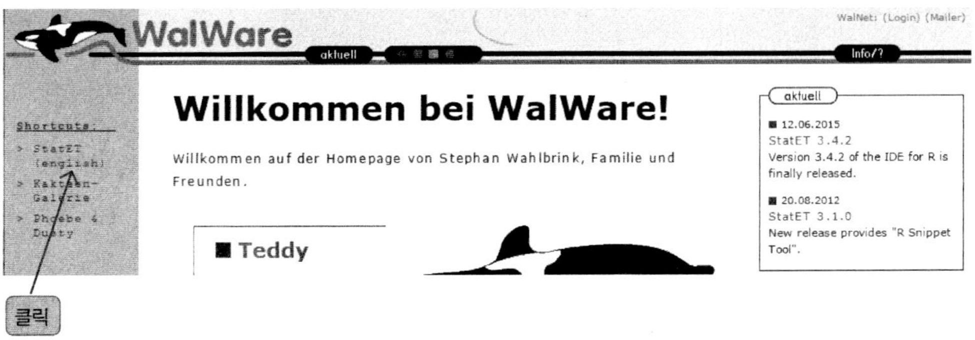

아래 그림에서 [installation]을 선택한다.

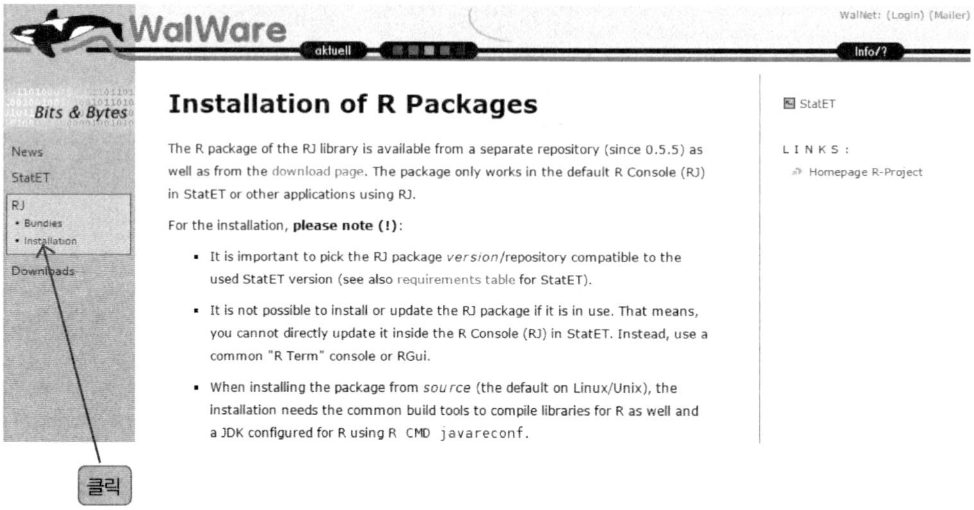

설치지시에 따라 R 콘솔에 다음 명령을 입력한다.

```
> install.packages(c("rj", "rj.gd"),
                   repos="http://download.walware.de/rj-2.0")
```

설치가 정상적으로 진행되면 아래 화면을 볼 수 있다.

```
> install.packages(c("rj", "rj.gd"), repos="http://download.walware.de/rj-2.0")
trying URL 'http://download.walware.de/rj-2.0/bin/windows/contrib/3.2/rj_2.0.3-2.zip'
Content type 'application/zip' length 378179 bytes (369 KB)
downloaded 369 KB

trying URL 'http://download.walware.de/rj-2.0/bin/windows/contrib/3.2/rj.gd_2.0.0-1.zip'
Content type 'application/zip' length 93519 bytes (91 KB)
downloaded 91 KB

package 'rj' successfully unpacked and MD5 sums checked
package 'rj.gd' successfully unpacked and MD5 sums checked

The downloaded binary packages are in
        C:\Users\KDB\AppData\Local\Temp\RtmpGSHKLb\downloaded_packages
```

주의

WalWare에 따르면 현재 R3.2 버전과 Eclipse 4.5 버전까지 지원한다. 만약 버전이 더 높다면 설치가 안 될수도 있다.

(8) R환경설정

① Eclipse를 다시 시작한다. 아래 그림에서 [Configure and Launch an R Console]을 선택한다.

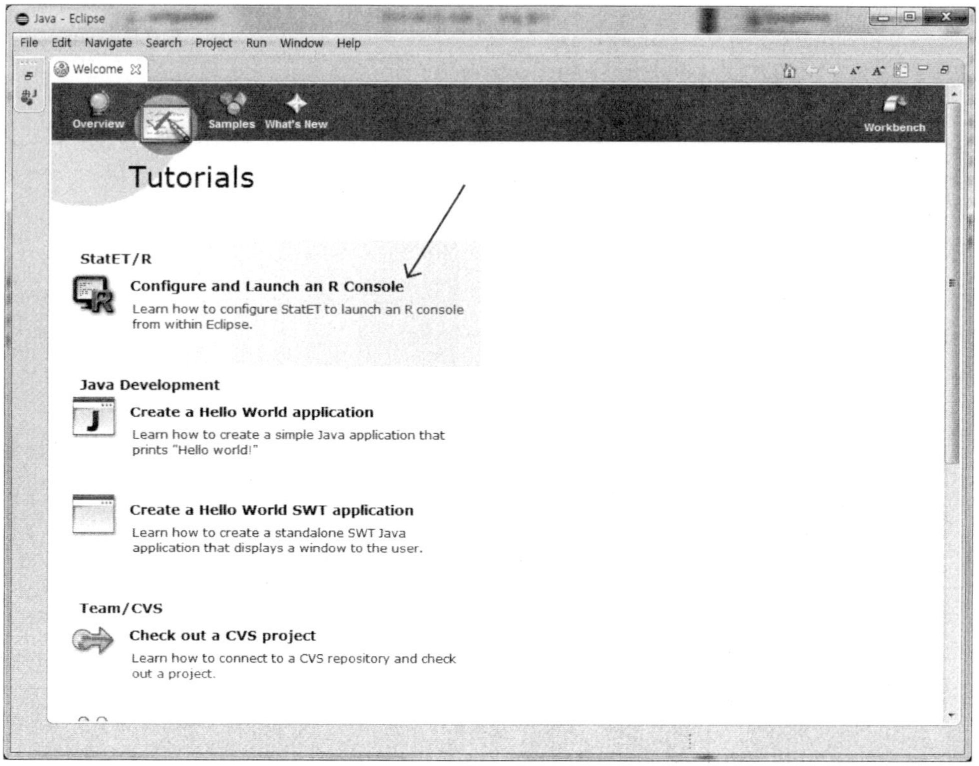

② 아래 그림에서 오른쪽 패널의 [Click to Begin]을 선택한다.

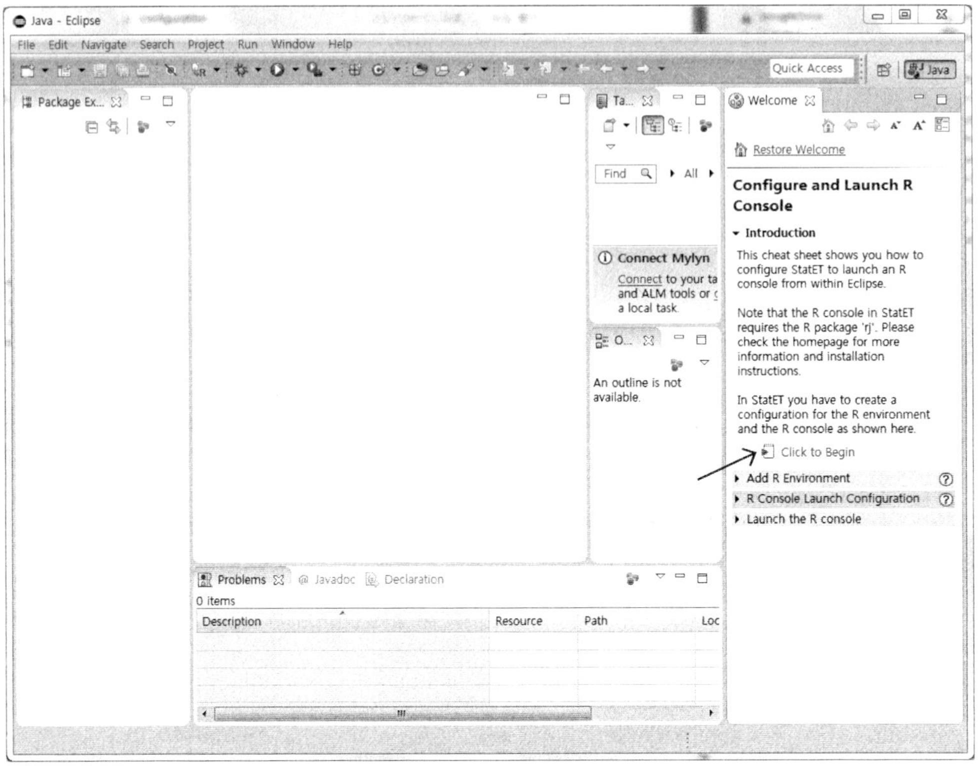

③ 아래 그림에서 초록색 삼각형 단추를 클릭한다.

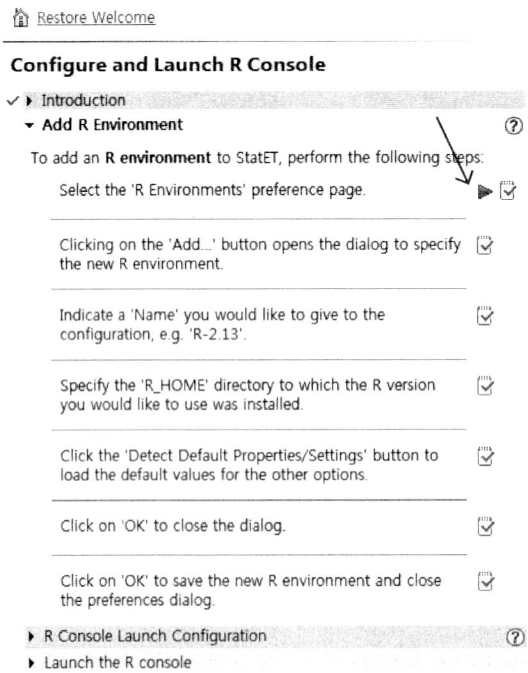

④ 아래그림에서 [Add]를 클릭한다.

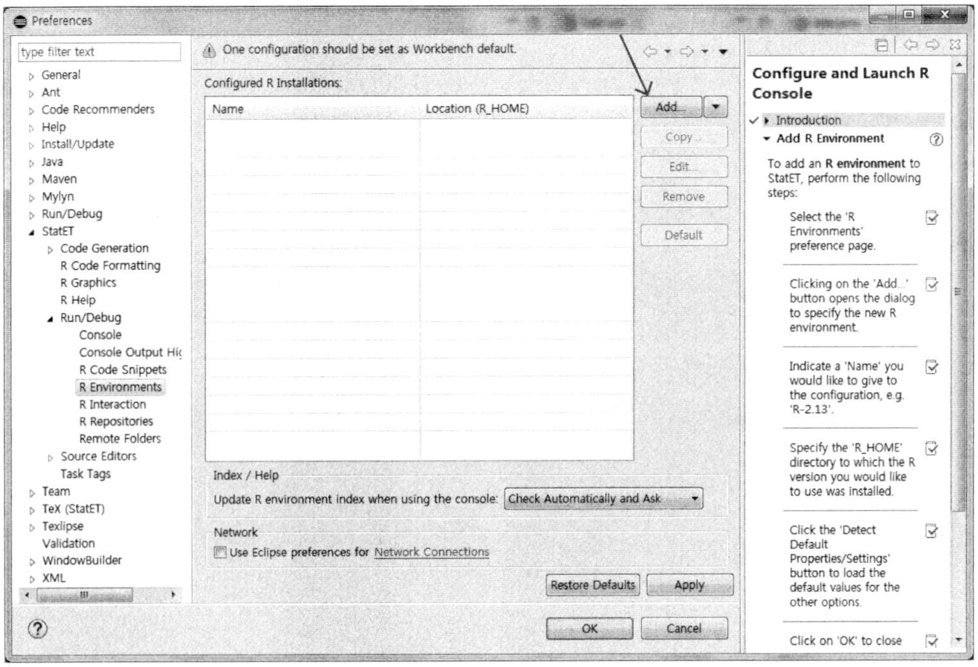

⑤ [+]를 클릭한다.

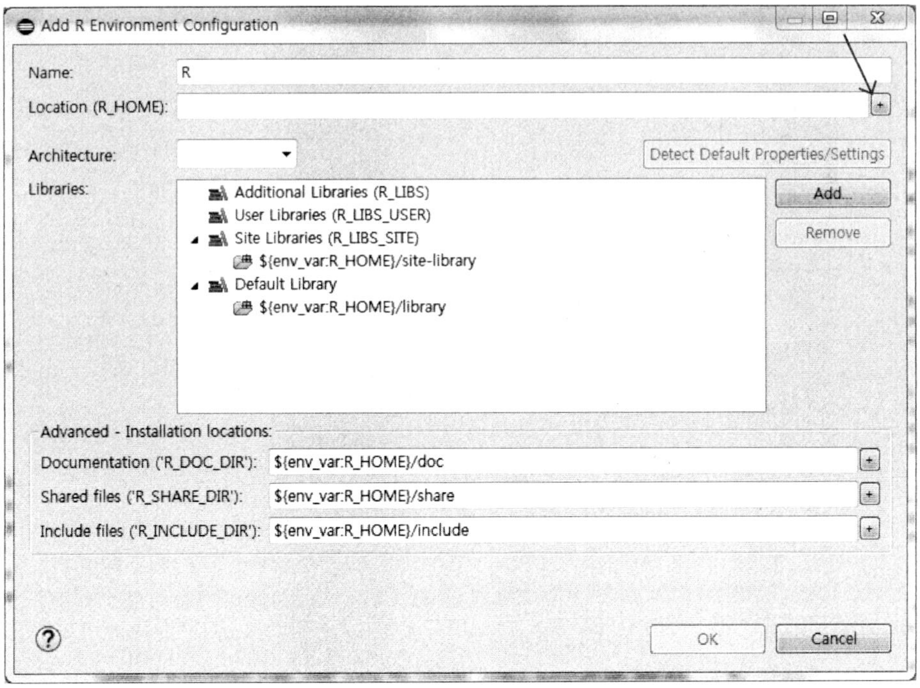

⑥ 아래 그림에서 [Try find automatically]를 선택한다.

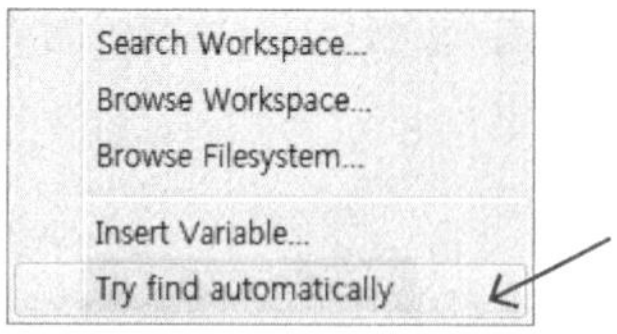

⑦ 아래 그림에서 [Detect Default Properties/Settings]를 클릭하고, [OK]를 클릭한다.

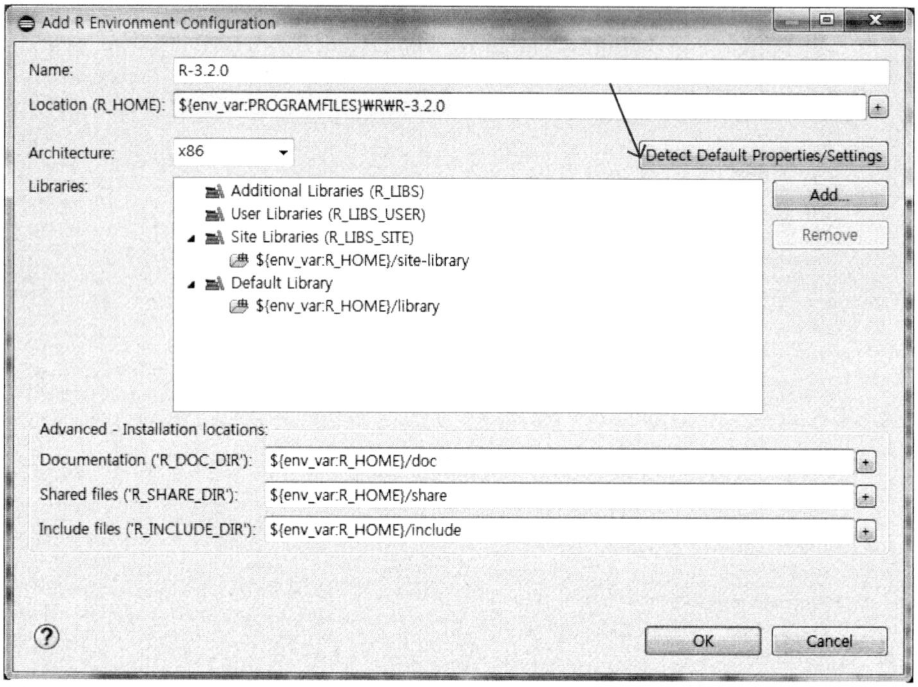

⑧ 아래 그림에서 다음과 같이 선택한다.

- [R-3.2.0]을 선택한다.
- [Default]를 클릭한다.
- [Apply]를 클릭한다.
- [OK]를 클릭한다.

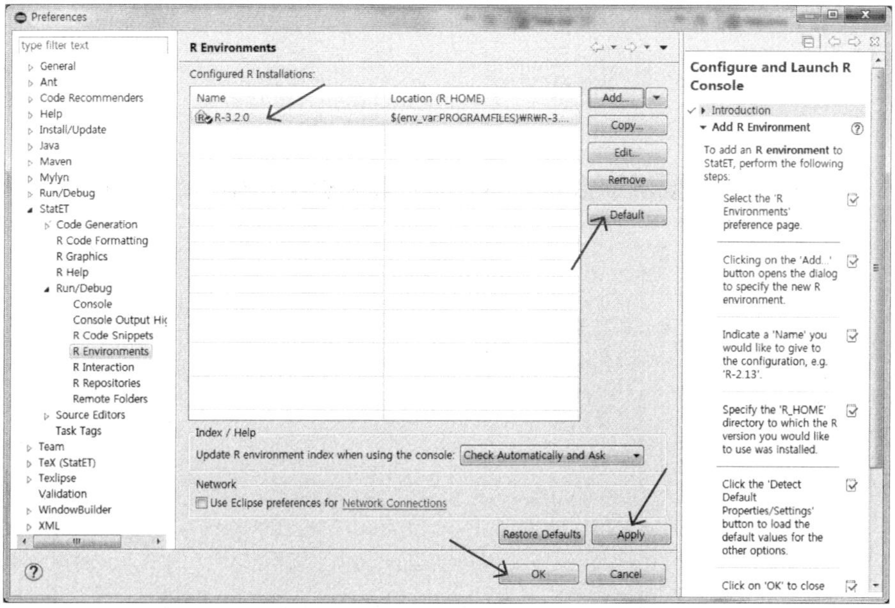

⑨ 아래 그림에서 도구막대(Toolbar)의 녹색화살표에 R console이 실행되도록 설정할 차례이다.

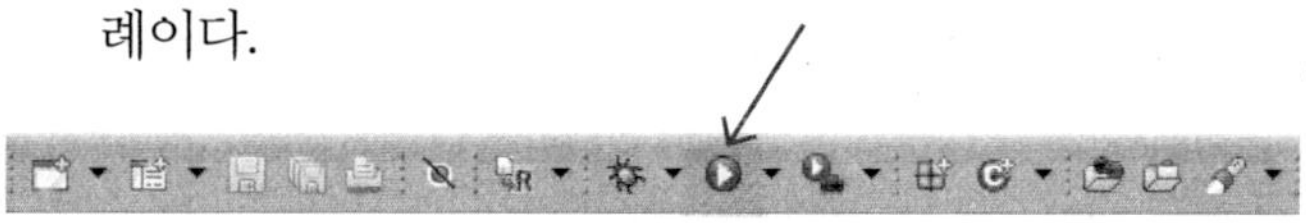

⑩ 다음 경로로 이동하자:Run>Run Configuration > R console

아래 그림에서 왼쪽 패널의 흰색 종이모양 아이콘을 클릭한다.

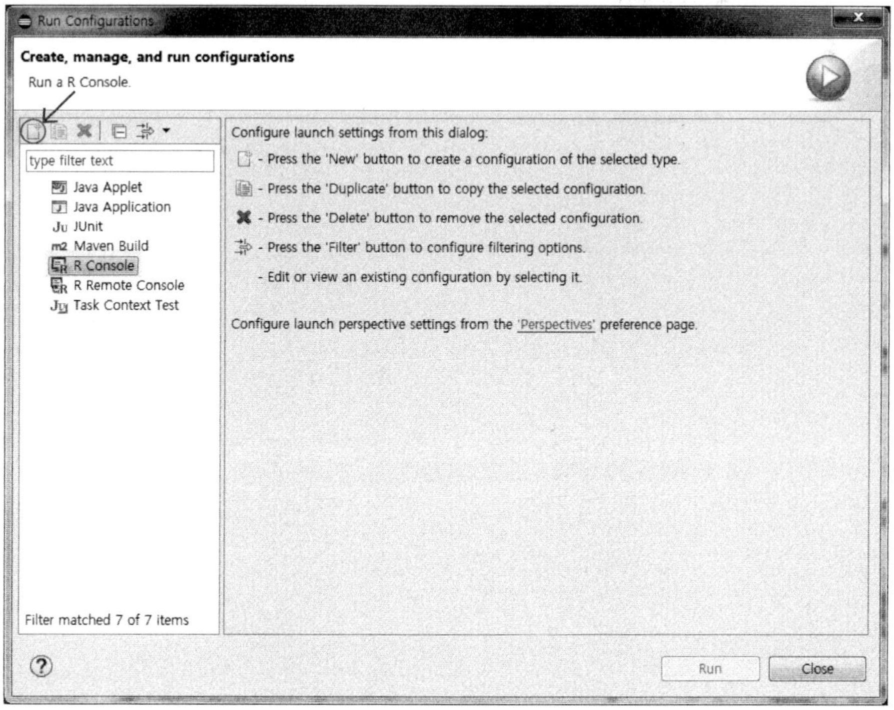

⑪ 아래 그림과 같이 오른쪽 패널의 다음 항목을 입력한다.

- Name – 원하는 이름 입력
- Workign Directory – 원하는 파일 경로 입력

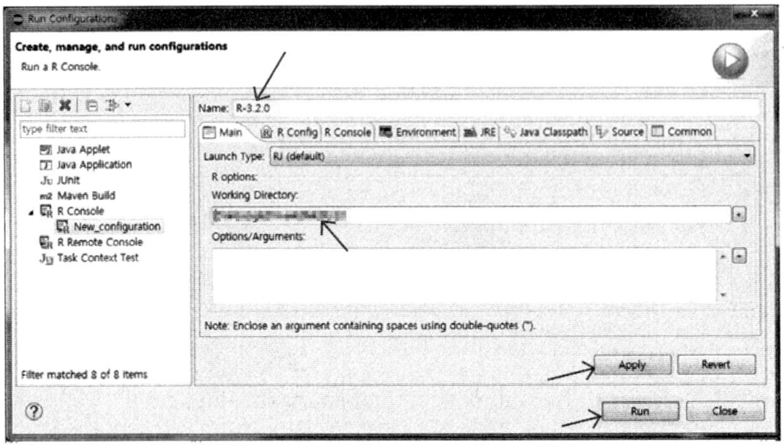

그리고 [Apply]를 클릭하고 [Run]을 클릭한다.

⑫ 잠시 기다리면 아래와 같은 화면을 볼 수 있다.

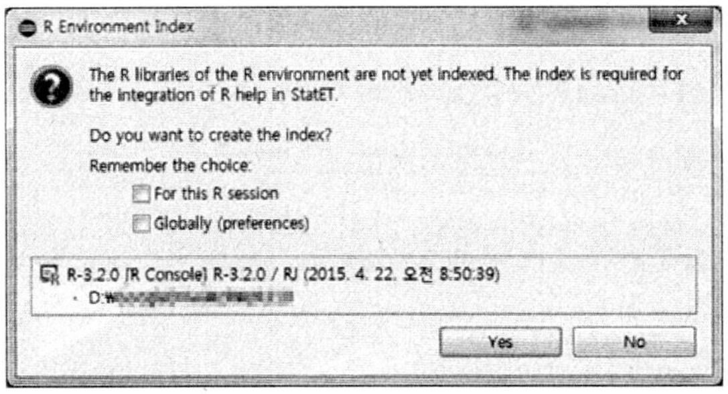

⑬ 아래와 같은 화면을 볼 수 있으면 설정 완료된 것이다.

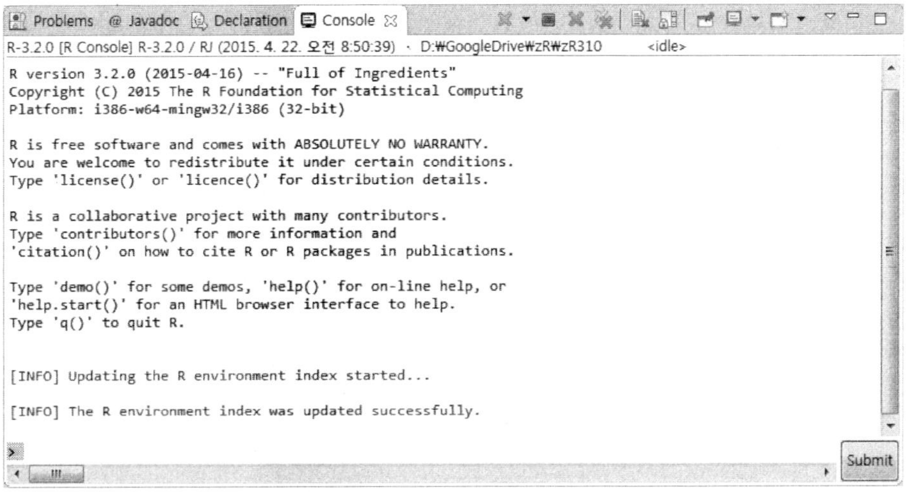

이제 잘 실행되는지 확인해보자.

가. 콘솔실행

우선, 콘솔에서 다음을 실행해보자.

```
> x<-1:10
> y<-x^2
> x
 [1]  1  2  3  4  5  6  7  8  9 10
```

나. 스크립트실행

다음으로 임의의 R(script) 파일을 실행해보자. 다음과 같은 에러가 생긴다면, 기본 Encoding설정이 잘못되었기 때문이다.

```
> source("C:/Users/Administrator/workspace/Rproject/mJump.R", echo=FALSE, encoding="MS949")
Error in file(filename, "r", encoding = encoding) :
  unsupported conversion from 'MS949' to ''
```

[Window]>[Preference]로 이동한 뒤, [General]>[Workspace]>[Text tile encoding]로 가서 encoding을 다음과 같이 바꾸어 주자.

- [Other: UTF-8]로 변경

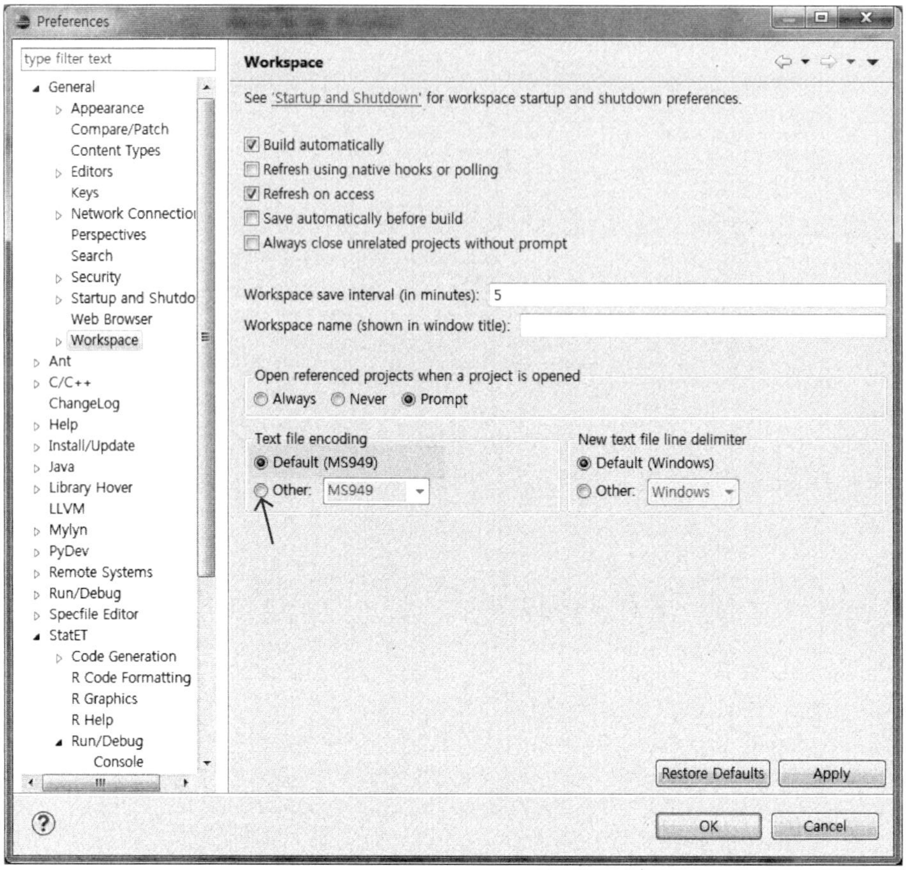

3. 사용

3.1 화면구성

Eclipse의 화면구성은 다음과 같다.

(1) 프로젝트 탐색기(Project Explorer)

(2) 편집기(Editor)

(3) 개요보기(Outline)

- 함수와 함수의 내용물(개체)를 보여준다.

- 대상을 클릭하면 해당 대상으로 이동한다.

(4) 개체 브라우저(Object Browser)

- 현재 로드된 라이브러리를 보여준다

- 전역 환경(global environment)에 있는 개체(object)를 보여준다.

3.2 코드실행

코드 실행과 관련된 몇 가지 단축키는 다음과 같다.

- [ctrl+r+r] 한번에 한줄씩 실행하기
- [alt+/] 자동완성(auto complete)
- [ctrl+shift+c] 주석처리하기(comment out section)

단축키를 설정하려면 [Windows -> Preferences -> General -> Keys]로 이동하면 된다.

3.3 Project 추가하기

① 프로젝트 탐색기 패널의 빈 공간에서 마우스 오른쪽 클릭을 하면 아래 그림과 같은 화면을 볼 수 있다.

[New]>[Project]를 선택한다.

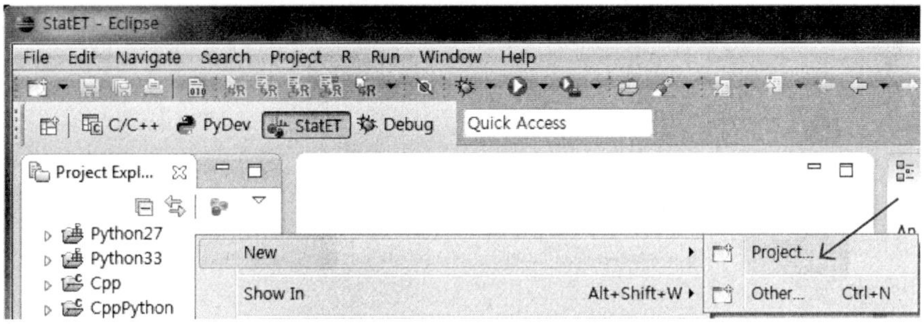

② 아래 그림과 같이 [R Project]를 선택하고 [Next]를 클릭한다.

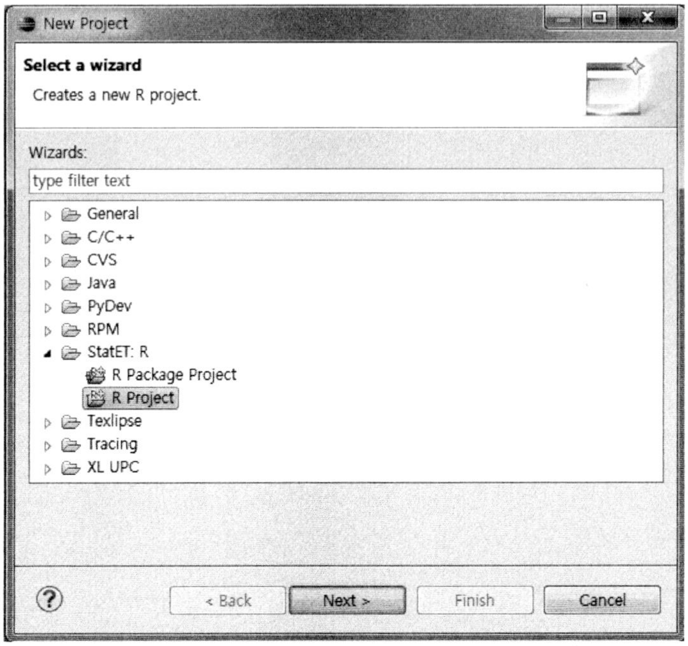

③ 원하는 프로젝트 이름과 경로를 지정하고, [Finish]를 클릭한다.

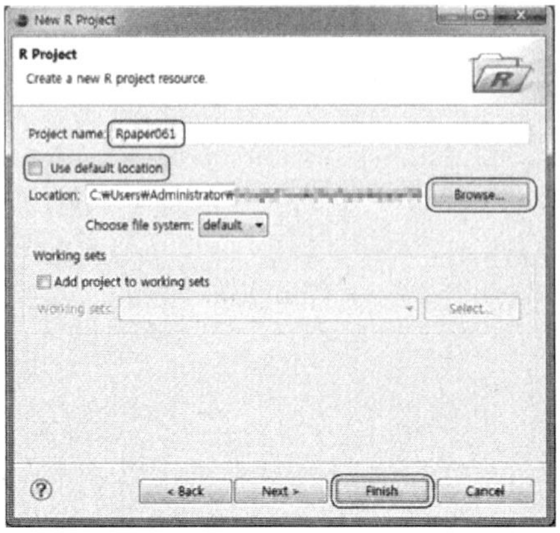

④ 해당 프로젝트가 Project Explorer에 생성된다.

2 R 기본사용

2.1

기본사용

앞에서 설명했듯이 코드 예시 중 ">"표시는 대화형 화면(콘솔)의 입력대기상태(prompt)를 의미한다. 간단한 코드일 경우 대화형 화면에서 입력하는 게 낫고, 코드가 길다면 스크립트로 작성한 뒤 해당 스크립트를 source함수를 통해 실행시키는 것이 낫다. 본질적으로 프로그램이 실행되는 것은 동일하므로 두 경우를 혼재하여 사용할 것이며 특별히 언급하지 않아도 ">"표시가 없는 코드의 경우 스크립트로 작성된 것임을 밝혀둔다. 콘솔화면에서 [1], [7] 등으로 시작하는 것은 출력된 결과가 벡터일 경우 몇 번째 요소인가를 알려주는 것이다.

프로그래밍 작업 중 변수에 값을 대입하고(할당), 연산을 하는 것이 가장 기본적 작업일 것이다.

2.1.1 변수할당

변수에 대한 설명은 다음 절을 참조하고 먼저 변수에 값을 할당하는 방법을 살펴보자.

R은 기본적으로 "<-"를 이용하여 변수에 값을 할당한다.

변수를 할당하는 방법은 다음을 보자.

```
01  > x<-1
02  > y<-x^2+1
03  > z<-"hello R"
04  > w<-sqrt(2)
```

1줄: 1을 x라는 변수에 할당한다.

2줄: y에 $x^2 + 1$을 할당한다.

3줄: z에 "hello R"이라는 문자열을 할당한다.

4줄: w에 sqrt라는 함수에 2를 적용한 결과를 할당한다.

2.1.2 연산자

다음으로 연산자를 살펴보자.

가장 특징적인 연산자는 할당 연산자 인데 일반적인 프로그래밍 언어와 달리 "<-"를 쓴다.

연산자	정의	비고
-> ->>	오른쪽 할당	 전역변수 할당
=	할당	
<- <<-	할당(오른쪽 값을 왼쪽으로)	 전역변수 할당

Note 전역변수의 개념은 함수와 변수의 범위편을 참고하기 바란다.

할당연산자 사용예제는 다음과 같다.

```
01  > 2->a
02  > 100->>b
03  > c=3
04  > d<-4
05  > e<<-5
06  > print(c(a,b,c,d,e))
07  [1]   2 100   3   4   5
```

6줄: print함수는 해당 변수를 출력하는 함수이고, c함수는 각각 입력변수를 묶어서 하나의 벡터로 만들어 주는 함수이다.

가감승제는 다른 프로그램(예를 들어 엑셀)과 비슷하다.

연산자	정의	비고
^	지수(승수)	**도 가능하다.
- +	단인수(Unary) 빼기 단인수 더하기	아래 참조
* /	곱하기 나누기	
+ -	더하기 빼기	아래 참조

Arity(인수, 원수)는 함수의 인수(argument)의 개수를 의미한다. Unary는 인수가 하나인 함수, binary는 두개인 함수 등이다. 아래에서 마이너스 기호(-)는 동일하지만 첫 번째는 단인수 빼기이고 두번째는 일반적인 빼기기호이다.

```
> -2
> 3-2
```

가감승제에 대한 예제는 다음과 같다.

```
01  > 10^2
02  [1] 100
03  > 3**5
04  [1] 243
05  > 7*6
06  [1] 42
07  > 9/3
08  [1] 3
09  > pi+3
10  [1] 6.141593
```

9줄: pi는 원주율을 나타내는 상수(constant)이다.

비교연산자도 다른 프로그래밍 언어와 비슷하다.

연산자	정의	비고
== != <= >=	비교	
!	Logical negation	
& &&	Logical "and", short-circuit "and"	벡터간 연산에 사용
| ||	Logical "or", short-circuit "or"	벡터간 연산에 사용

위에서 && 및 ||는 두 변수나 두 식(expression)을 비교할 때, & 및 |는 변수들의 모음(collection)끼리 비교 할 때 사용한다. 다음 예시를 살펴보자.

```
01  > c(T,T)&c(T,T)
02  [1] TRUE TRUE
03  > c(T,T)&&c(T,F)
04  [1] TRUE
```

1줄: c함수는 원소들을 결합하는 함수이다. 예를 들어 c(a,b)는 a와 b의 원소로 구성된 열 벡터(column vector)를 만들어 준다.

3줄: 첫 번째 인수에 대해서만 연산이 수행된다.

비교연산자의 예제는 다음과 같다.

```
> 3==1
[1] FALSE
> 3!=1
[1] TRUE
> 3<=1
[1] FALSE
> 3>=1
[1] TRUE
> !(3==1)
[1] TRUE
```

다른 언어에는 없는 "%%"계열의 연산자가 특징적이다.

연산자	정의	비고
%%	모듈의 기호	나머지 연산자
%/%	정수나누기(Integer division)	
%*%	행렬곱하기	행렬부분 참조
%in%		아래 참조

%in%는 왼쪽변수가 오른쪽항목에 있으면 참(TRUE)을 그렇지 않으면 거짓(FALSE)를 돌려준다.

```
> x<-1:3
> x
[1] 1 2 3
> 2%in%x
[1] TRUE
> 4%in%x
[1] FALSE
```

%%계열 연산자의 예제는 다음과 같다.

```
> 7%%3
[1] 1
> 7%/%3
[1] 2
```

R에는 벡터를 다루거나 구조체를 다루는 연산자가 있다.

연산자	정의	비고
[[[	Indexing	자세한 것은 벡터부분 참조
:: :::	a name space에 있는 변수에 접근	
$ @	Component extraction, slot extraction	데이터 구조 부분 참조
:	Sequence creation	아래 참조
~	Formula	
?	Help	

x[n]은 x벡터의 n번째 원소를 의미한다.

```
> x<-1:5
> x[4]
[1] 4
```

수열생성연산자(:)는 a:b와 같이 쓸 경우, a부터 시작해서 b까지 1씩 증가하는 수열을 생성해준다. 만약 b가 a보다 작다면 1씩 감소하는 수열을 만든다.

```
> x<-1:3
> x
[1] 1 2 3
> y<-1:-3
> y
[1]  1  0 -1 -2 -3
```

만약 정수간격이 아닌 수열을 만들고자 하면 다음 방법을 사용할 수 있다.

```
01  > x<-1:5
02  > y<-x/2
03  > y
04  [1] 0.5 1.0 1.5 2.0 2.5
```

2줄: 1간격의 수열을 절반으로 나누었으므로 0.5간격의 수열이 생성된다.

또는 seq함수를 이용할 수 있다.

참고

R도움말 함수 help를 이용해서 seq함수의 도움말을 보면 다음과 같은 설명을 볼 수 있다. 각 항목의 의미는 다음과 같다.

seq함수는 base 패키지에 포함되어 있음

함수에 대한 대략적 설명

seq {base} R Documentation

Sequence Generation

Description

Generate regular sequences. `seq` is a standard generic with a default method. `seq.int` is a primitive which can be much faster but has a few restrictions. `seq_along` and `seq_len` are very fast primitives for two common cases.

Usage

```
seq(...)

## Default S3 method:
seq(from = 1, to = 1, by = ((to - from)/(length.out - 1)),
    length.out = NULL, along.with = NULL, ...)
```

마지막 두 줄에서,

'from=1'은 from이라는 인수(입력변수)가 필요하며 만약 입력하지 않으면 1을 기본적으로 사용한다는 의미이다. 'to=1'도 역시 그러하다. 각 인수에 대한 자세한 설명은 아래에 이어지는데, 인수의 이름만 보아도 대략적인 의미의 유추가 가능하다. 즉 seq함수의 첫인수는 시작하는 숫자, 두 번째 인수는 끝나는 숫자, by인수는 간격의 크기, length.out인수는 개수 등등의 의미를 갖는다. 다음은 seq함수의 예제이다.

```
> seq()
[1] 1
> seq(,5)
[1] 1 2 3 4 5
> seq(1,5,length.out=6)
[1] 1.0 1.8 2.6 3.4 4.2 5.0
```

논리연산자는 다음과 같다.

연산자	정의	비고
!x	NOT x	
x&y	x and y elementwise	비교연산자 참조
x && y	x and y total object	비교연산자 참조
x | y	x or y element wise	비교연산자 참조
x || y	x or y total object	비교연산자 참조
xor(x,y)	x xor y (true if one and only if one argument is true)	

예제는 다음과 같다.

```
> x<-c(TRUE,TRUE,FALSE)
> y<-c(TRUE,FALSE,TRUE)
> !x
[1] FALSE FALSE  TRUE
> x&y
[1]  TRUE FALSE FALSE
> x|y
[1] TRUE TRUE TRUE
> x||y
[1] TRUE
> xor(x,y)
[1] FALSE  TRUE  TRUE
```

2.2 내장함수

R에는 다양한 내장함수가 존재한다. 앞에서 살펴본 +같은 기호도 실제로는 함수다.

```
> 1+2
[1] 3
> "+"(1,2)
[1] 3
>
```

몇 가지 중요한 내장함수를 보면 다음과 같다.

2.2.1 수학함수

함수	의미	예제
abs(x)	절대값	> abs(-10) [1] 10
sqrt(x)	제곱근	> sqrt(10) [1] 3.162278
x^n	제곱	> 10^2 [1] 100
ceiling(x)	올림	> ceiling(10.5) [1] 11
floor(x)	내림	> floor(10.5) [1] 10
round(x, digits=n)	반올림	> round(10.12,digit=1) [1] 10.1
cos(x) sin(x) tan(x)	삼각함수	> cos(2*pi) [1] 1 > sin(2*pi) [1] -2.449213e-16 > tan(2*pi) [1] -2.449213e-16

log(x) log100(x) log2(x)	로그함수	> log(10) [1] 2.302585 > log10(10) [1] 1 > log2(10) [1] 3.321928
exp(x)	지수함수	> exp(10) [1] 22026.47
prod(x)	곱셈함수	> prod(1:8) [1] 40320
choose(n,r)	조합함수($_nC_r$)	> choose(10,2) [1] 45
factorial(n)	계승함수(n!)	> factorial(8) [1] 40320

2.2.2 문자함수

함수	의미	예제
substr(x,s,e)	문자열 x에서 s번째부터 e번째까지 추출	> substr("abcdef", 2, 4) [1] "bcd"
strsplit(x,'y')	문자열 x에서 y를 기준으로 분할	> strsplit("abcdef","c") [[1]] [1] "ab" "def"
paste(x,y)	문자열 x와 y를 이음	> paste("abc","de") [1] "abc de"
toupper(x)	문자열을 대문자로 변환	> toupper("abcde") [1] "ABCDE"
tolower(x)	문자열을 소문자로 변환	> tolower("ABC") [1] "abc"
sub(r,o,x)	x에서 r을 찾아서 o로 교체	> str <- "Now is the time " > sub(" +$", "", str) [1] "Now is the time"

2.2.3 통계함수

함수	의미	예제
rnorm	표준정규분포를 따르는 난수(random number)를 생성	> rnorm(2) [1] -0.7682278 1.0013065

mean(x)	평균함수	> x<-rnorm(2) > mean(x) [1] -0.8974427
sd(x) var(x) median(x) range(x)	표준편차, 분산, 중앙값, 범위에 관한 함수	> x<-rnorm(2) > sd(x) [1] 1.21914
diff(x,lag=t)	lag t를 기준으로 차분(difference)값 계산함수	> y<-c(100.1,100.2,100,99,99.9) > dffy<-diff(y) > dffy [1] 0.1 -0.2 -1.0 0.9
min(x), max(x)	최소 및 최대함수	> x<-rnorm(2) > min(x) [1] -1.759505

2.2.4 확률분포함수

R이 통계 목적으로 개발된 만큼 다음과 같이 다양한 확률분포에 대한 함수를 제공하고 있다.

분포이름	R 함수	모수
Beta	beta	shape1, shape2
Binomial	binom	size, prob
Cauchy	cauchy	location, scale
Chi-squared	chisq	df, ndp
Exponential	exp	rate
F	f	df1, df2
Gamma	gamma	shape, scale
geometric	geom.	prob
Hypergeometric	hyper	m, n, k
Log-normal	lnorm	meanlog, sdlog
losistic	logis	location, scale
Negative binomial	nbinom	size, prob
normal	norm	mean, sd
Poisson	pois	lambda
Student's t	t	df, ncp
Uniform	unif	min, max
Weibull	weibull	shape, scale
wilcoxon	wilcox	m, n

위 R함수에 다음 접두사를 붙이면 확률밀도함수, 분포함수, 난수 등을 구할 수 있다.

계열종류*	의미
d계열(x,모수)	확률밀도함수
p계열(x,p,모수)	분포함수
q계열(p,모수)	역분포함수
r계열(n,모수)	난수생성

*계열종류에서 모수는 위 확률본포함수의 모수를 의미한다.

예를 들어 확률변수가 0일 때 표준정규분포함수값 및 누적분포값을 알아보기 위해서는 다음과 같이 하면 된다.

```
01  > dnorm(0)
02  [1] 0.3989423
03  > pnorm(0)
04  [1] 0.5
```

1줄: 정규분포에서 모수를 생략하면, 기본적으로(by default) 평균이 0, 분산이 1인 표준정규분포를 지칭하게 된다.

2.3

변수

2.3.1 변수이름

변수의 이름은 다음 규칙에 따라 작성하면 된다.

정리 변수이름

- 변수의 이름은 영어 알파벳, 숫자, 마침표, 밑줄(underbar)의 조합으로 만들 수 있다.
- 숫자, 밑줄은 첫글자로 사용할 수 없다(마침표는 첫글자로 쓸 수 있다!).
- 내장함수, 예약어는 사용할 수 없다.
- 대소문자를 구별한다.

R 1.9.0 이전에는 "_"를 변수명에 사용할 수 없었다고 한다. 따라서 보통 프로그래밍에서 "_"로 쓸 것을 R에서는 "."을 사용하게 되었다. 그런데 "."은 다른 언어에서 개체속성이나 메소드에 접근하는 연산자로 쓰이기 때문에 혼란스러울 수 있다.

참고 변수와 데이터

사실 모든 변수는 오브젝트(object)이다. 형식으로는 숫자형(numeric), 문자형(characteristic), 요인(factor), 논리형(logical), 실수형(double), 복소수형(complex) 등이 있다. 여기서는 편의상 단일요소로 표현되는 변수(예를 들어 숫자, 문자, 날짜 등)를 변수라고 부르고, 복수요소로 표현되는 변수(예를 들어 벡터, 데이터 프레임 등)를 데이터라고 부른다.

참고

파이썬(Python)이나 펄(PERL) 등 대부분의 스크립트 언어와 마찬가지로, R에서도 변수를 선언할 필요는 없다.

이제 대표적 변수인 숫자, 문자, 날짜에 대해 알아보자.

2.3.2 숫자

숫자는 다음과 같은 것들이 있다.

```
> 1
[1] 1
> 2
[1] 2
```

```
> 3
[1] 3
> 1e+06
[1] 1e+06
> 3.1415
[1] 3.1415
```

2.3.3 문자

문자(string)은 글자(character)를 모아 놓은 것으로 길이가 0인 것부터 존재한다. 작은 따옴표나 큰 따옴표로 둘러싸야 한다.

```
> "1"
[1] "1"
> ""
[1] ""
> "    "
[1] "    "
> "hello, world!"
[1] "hello, world!"
> '2+3'
[1] "2+3"
```

문자의 연결은 paste함수를 이용한다.

```
01  > a1<-"test"
02  > a2<-"good"
03  > a<-paste(a1,a2)
04  > a
05  [1] "test good"
06  > b<-c(a1,a2)
07  > b
08  [1] "test" "good"
09  > b[1]
10  [1] "test"
```

3줄: 한줄에 연결되나 중간에 공백이 들어감

6줄: 2개로 나뉘어서 입력된다. 즉 2개의 원소를 가진 벡터가 된다.

공백없이 문자를 붙이려면 sep인수를 다음과 같이 지정해 주면 된다.

```
paste('test',1,sep="")
```

2.3.4 날짜와 시간

"20150122" 또는 "2015-01-22"로 투입하면 R은 날짜가 아닌 문자(Character)로 인식한다. 문자를 날짜로 변환하기 위해서는 as.Date함수를 쓰면된다.

```
> today<-as.Date("2015-6-9")
> today
[1] "2015-06-09"
> typeof(today)
[1] "double"
```

위에서 보듯이 날짜는 숫자형식중 실수(double) 형식이다.

날짜관련 팁

두 개의 날짜를 빼면 R은 자동으로 날짜수로 인식해서 알려준다.

```
> xdates<-as.Date(c("2015-01-22","2015-02-11"))
> date_dff<-xdates[2]-xdates[1]
> date_dff
Time difference of 20 days
```

as.Date함수의 두 번째 인수를 이용해 날짜 형식을 지정할 수 있다.

```
tmp<-"20150122"
date_01<-as.Date(tmp,"%Y%m%d")
```

as.Date함수의 origin 인수를 이용해 시작기준날짜를 설정해 줄 수 있다.

```
tmp<-"2015-01-22"
date_02<-as.Date(tmp,origin="1900-01-01")
```

엑셀날짜를 R에서 읽어들일 경우, 기준날짜를 1900년 1월 1일로 설정하면 된다.

```
date_raw<-as.Date(tmp,origin="1900-01-01")
```

Sys.time함수를 이용하면 현재 날짜와 시분초를 알 수 있다.

```
> cur_time<-Sys.time()
> cur_time
[1] "2015-06-09 12:57:41 KST"
```

KST는 한국표준시간(Korea Standard Time)을 의미한다.

날짜 시분초를 분리하려면 lubridate 패키지가 필요하다. 다음 코드를 통해 lubridate 패키지를 설치하자.

```
> install.packages('lubridate')
```

다음 코드를 실행해 보자.

```
01  > library(lubridate)
02  > year(cur_time)
03  [1] 2015
04  > month(cur_time)
05  [1] 6
06  > day(cur_time)
07  [1] 9
08  > hour(cur_time)
09  [1] 12
10  > minute(cur_time)
11  [1] 57
12  > second(cur_time)
13  [1] 41.93874
```

1줄: library함수는 해당 패키지를 메모리에 올리는 작업을 한다. 패키지가 메모리에 올라가야 사용할 수 있다.

초이하의 단위를 표시하기 위해서는 option함수에서 설정을 변경해 주어야 한다.

```
> options(digits.secs=6)
> tnow<-Sys.time()
> tnow
[1] "2015-06-24 16:31:31.911525 KST"
```

날짜 및 시간을 다루는 자세한 내용은 시계열분석 부분을 참고하기 바란다.

2.3.5 자료형 변환하기

숫자를 문자로 만드는 방법은 다음과 같다.

```
as.character(x)
```

반대로 문자를 숫자로 바꾸는 방법은 다음과 같다.

```
> as.numeric(x)
```

다음 함수를 이용하면 자료형을 변환할 수 있다.

함수	설명
as.character	문자로 변환
as.complex	복소수로 변환
as.numeric	숫자로 벼환
as.double	실수로 변환
as.integer	정수로 변환
as.logical	진리값(Bloolean)으로 변환

2.3.6 특수한 변수

(1) NA

NA(결측치)가 있으면 연산결과가 결측치로 바뀐다.

```
> NA+2
[1] NA
```

na.rm은 NA값이 있으면 해당값을 제거하는 옵션이다.

```
> sum(1,2,3,NA)
[1] NA
> sum(1,2,3,NA,na.rm=T)
[1] 6
```

(2) NULL

NULL객체는 변수를 초기화 하는 경우에 사용한다. 이것은 결측치 NA와는 다르다.

```
> x<-NULL
> x
NULL
```

(3) TRUE, FALSE

참, 거짓의 진리값을 의미한다. TRUE와 FALSE 대신에 T와 F를 사용할 수 있다. T, F는 TRUE와 FALSE로 초기화된 전역변수(전역변수에 대한 자세한 설명은 뒤 부분 참조)이다. 따라서 T와 F의 값을 임의로 바꿀 수 있다. 하지만 TRUE와 FALSE에는 값을 할당할 수 없다.

변수관련 함수

typeof함수를 이용하면 변수의 형식을 알아낼 수 있다.

```
> x<-1
> typeof(x)
[1] "double"
```

format함수를 이용하면 변수의 출력형식을 지정할 수 있다.

```
01  > x<-c(1234.54,58358.1432)
02  > x
03  [1]  1234.54 58358.14
04  > format(x,nsmall=4)
05  [1] " 1234.5400" "58358.1432"
06  > format(x,big.mark=",")
07  [1] " 1,234.54" "58,358.14"
```

4줄: 소수점 자리수를 최소한 4자리가 되도록 한다.

5줄: 천단위마다 “,”를 표시한다.

2.3.7 변수 지우기

메모리가 부족하거나 특정변수가 중복되게 사용되어 혼란을 줄 우려가 있을 경우 해당 변수를 명확히 지워줄 필요가 있다. rm함수를 사용해서 전체 개체를 삭제할 수 있다.

```
01  > a<-1
02  > b<-2
03  > ls()
04  [1] "a" "b"
05  > rm(list=ls())
06  > ls()
07  character(0)
```

3줄: ls()는 사용자가 정의한 변수나 함수를 보여주는 명령이다.

5줄: rm은 object를 지우라는(remove) 명령이다. list인수를 이용해서 지울 대상을 지정할 수 있다.

다음 명령을 사용해서 함수만 삭제할 수 있다.

```
> a<-1
> foo<-function(x) x^2
> foo(2)
```

```
04    [1] 4
05    > ls()
06    [1] "a"    "foo"
07    > rm(list=lsf.str())
08    > ls()
09    [1] "a"
```

7줄: lsf.str함수는 함수목록을 보여준다.

함수를 제외한 변수만 삭제하는 방법은 다음과 같다.

```
01    > a<-1
02    > foo<-function(x) x^2
03    > ls()
04    [1] "a"    "foo"
05    > rm(list=setdiff(ls(),lsf.str())
06    > ls()
07    [1] "foo"
```

5줄: setdiff(a,b)는 집합 a중 b를 제외한 나머지만을 구해주는 함수이다. 따라서 setdiff(ls(), lsf.str())는 사용자가 정의한 "a"와 "foo" 중, 함수인 "foo"를 제외한 나머지를 의미한다.

2.4

데이터

데이터란 여러개의 변수를 모아 놓은 것이다. 변수가 단수라면 데이터는 복수이다.

R에서 사용하는 가장 기본적인 데이터의 형태는 벡터(vector)이다. 하나 이상의 숫자, 문자 등의 집합을 벡터(vector)라고 한다. 벡터를 행과 열로 가지는 표 형식으로 확장한 것이 행렬(matrix)이다. 또한, 벡터의 집합을 원소로 가지는 데이터의 형태를 리스트(list)라 하고, 리스트에 포함된 벡터의 길이가 모두 같을 때 이를 데이터프레임(data frame)으로 취급할 수 있다. 이 장에서는 R에서 사용하는 데이터의 형태에 대해서 알아보자.

2.4.1 벡터(Vector)

벡터는 한 종류의 자료형만 저장할 수 있는 자료구조다. 만약 다른 종류의 자료형을 벡터에 투입하면 자료의 강제변환(coerces)이 수행된다.

```
> x<-c(1,2,5)
> typeof(x)
[1] "double"
> x<-c(1,2,5,"six")
> typeof(x)
[1] "character"
```

length함수는 벡터의 길이를 알아낼 수도 있지만 벡터의 길이를 설정할 때도 사용할 수 있다. 즉 속성을 지정할 때도 사용할 수 있다.

```
> x<-1:5
> length(x)
[1] 5
> length(x)<-7
> x
[1]  1  2  3  4  5 NA NA
> length(x)<-4
> x
[1] 1 2 3 4
```

정리

스칼라는 선언이 필요 없지만 벡터는 필요하다. 정확히는 선언이라기 보다는 초기화에 해당한다. 따라서 다음 코드는 작동하지 않는다. y가 초기화되어 있지 않기 때문이다.

```
y[1]<-5
y[2]<-12
```

대신 다음과 같이 해야 한다.

```
01    y<-vector(length=2)
02    y[1]<-5
03    y[2]<-12
```

1줄: vector함수를 이용해서 초기화한다. 이 경우 길이가 2인 벡터가 생성된다.
또는 다음과 같이 해야 한다.

```
01    > y<-NULL
02    > y[1]<-1
03    > y[2]<-2
04    > y
05    [1] 1 2
```

1줄: 이번에는 NULL값을 할당해서 초기화 한다.

재사용/재활용규칙(recycling rule)

두 개 이상의 벡터를 인수로 받아 연산할 경우 두 벡터의 길이가 다르면 어떻게 될까? 긴 벡터가 짧은 벡터의 정수배가 아닐 경우 경고가 발생한다. 하지만 실행은 된다.

```
> c(1,2,4)+c(3,5,8,2,0)
```

결과

```
01    [1]  4  7 12  3  2
02    Warning message:
03    In c(1, 2, 4) + c(3, 5, 8, 2, 0) :
04      longer object length is not a multiple of shorter object length
```

1줄: c(1,2,4)와 c(3,5,8,2,0)는 원소의 개수가 다르므로, 네 번째 원소의 덧셈 계산에서 c(1,2,4)는 첫 번째 원소 1이 재사용되고 다섯 번째 원소의 덧셈 계산에서 c(1,2,4)는 두 번째 원소 2가 재사용된다. 따라서 계산 결과 중 네 번째 원소인 3은 1+2의 결과이며, 다섯 번째 원소인 2는 2+0의 결과이다.

위와 같이 길이가 다른 벡터사이의 연산에서 길이가 짧은 벡터를 반복사용해서 길이를 맞추는 것을 벡터의 재활용이라고 한다.

append함수를 이용하면 두 벡터를 결합할 수 있다.

```
> x<-1:5
> y<-5:1
> z<-c(x,y)
> w<-append(x,y)
> z
 [1] 1 2 3 4 5 5 4 3 2 1
> w
 [1] 1 2 3 4 5 5 4 3 2 1
```

보다 쉽게는 c함수를 사용할 수 있다.

```
> x<-1:4
> y<-9:12
> z<-c(x,y)
> z
[1]  1  2  3  4  9 10 11 12
```

벡터에 원소 추가/삭제하기

벡터는 원소를 추가하거나 삭제할 수 없다(C의 배열과 비슷하다). 벡터의 크기는 처음 만들 때 결정되므로 원소를 추가하거나 삭제하고 싶다면 벡터를 새로 할당해야 한다.

2.4.2 벡터관련 함수

replicate(인수1, 인수2)함수는 인수1을 인수2(반복회수)만큼 반복한 벡터를 만들어 준다. 아래 예는 3을 5번 반복한 벡터를 만들어 준다.

```
> data.x<-rep(3,5)
> data.x
[1] 3 3 3 3 3
```

c함수(concatenate 함수)는 인수를 연결해준다.

```
> vec <- c(rep(2,4), 1:3, c(8,1,9) )
> vec
[1] 2 2 2 2 1 2 3 8 1 9
```

seq(인수1, 인수2, 인수3) 함수는 인수1에서 시작해서 인수2까지, 인수3 간격으로 수열을 만들어 준다. 아래 예는 2에서 10까지 2간격으로 수열을 만들어 준다.

```
> data.x<-seq(2,10,2)
> data.x
[1]  2  4  6  8 10
```

length함수를 이용하면 벡터의 크기를 알아낼 수 있다.

```
> weight.x<-c(10,20,30)
> length(weight.x)
[1] 3
```

pmin(parallel min의 약자)함수와 pmax(parallel max)함수를 이용하면 벡터의 각각의 원소에 대해 크기를 비교할 수 있다. 반면 max함수는 인수 중에서 가장 큰 값 하나를 돌려준다.

```
01  > set.seed(1)
02  > x<-rnorm(1:5)
03  > y<-rnorm(1:5)
04  > x
05  [1] -0.6264538  0.1836433 -0.8356286  1.5952808  0.3295078
06  > y
07  [1] -0.8204684  0.4874291  0.7383247  0.5757814 -0.3053884
08  > pmin(x,y)
09  [1] -0.8204684  0.1836433 -0.8356286  0.5757814 -0.3053884
10  > min(x,y)
11  [1] -0.8356286
```

8줄: pmin은 x와 y의 각각의 쌍을 비교해서 작은 값을 돌려준다.

10줄: min은 x와 y의 전체 원소 중 가장 작은 값을 돌려준다.

rev함수는 벡터의 순서를 바꾸어 준다.

```
> x<-1:5
> rev(x)
[1] 5 4 3 2 1
```

2.4.2 행렬(Matrix)

행렬은 2차원 벡터에 해당하며, 벡터와는 차원(dimension) 속성이 있느냐만 다르고 나머지는 같다.

matrix함수를 이용하면 행렬을 만들 수 있다. 다음 함수를 만들어 보자.

$$A = \begin{bmatrix} 2 & 4 & 3 \\ 1 & 5 & 7 \end{bmatrix}$$

```
> A=matrix(c(2,4,3,1,5,7),nrow=2,ncol=3,byrow=TRUE)
> A
     [,1] [,2] [,3]
[1,]    2    4    3
[2,]    1    5    7
```

byrow인수가 참이면 행단위로 채운다. 즉, 1행을 다채우고 2행을 채우는 식이다.

nrow인수와 ncol인수는 행의 개수와 열의 개수를 지정하는데, 하나만 지정하면 나머지는 상황에 맞게 결정된다. 따라서 다음 두 코드는 동일한 결과를 준다.

```
> M <- matrix( 1:6, nrow=2 )
```

또는

```
> M <- matrix( 1:6, ncol=3 )
```

결과는 다음과 같다.

```
> M
     [,1] [,2] [,3]
[1,]    1    3    5
[2,]    2    4    6
```

행렬의 요소에 접근하기 위해서는 "[" 및 "]"연산자에 행과 열의 인수를 입력하면 된다.

```
01  > M[2, 3]
02  > M[ , 3]
03  > M[2, ]
04  > M[1, 1:2]
```

1줄: 2행의 3열 요수

2줄: 3열의 모든 요소

3줄: 2행의 모든 요소

4줄: 1행의 1:2 요소

행렬의 부분을 가져오고, 삭제하고, 변경하는 방법은 아래 코드를 보고 이해해보자.

```
> x<-matrix(1:10,nrow=2,ncol=5)
> x[2,3]
[1] 6
> x[2,]
[1]  2  4  6  8 10
```

```
> x[c(1,2),c(1,2,3)]
     [,1] [,2] [,3]
[1,]    1    3    5
[2,]    2    4    6
> x[-c(1),]
[1]  2  4  6  8 10
```

rownames함수와 colnames함수를 이용해서 행렬의 열이름과 행이름을 부여할 수 있다.

```
rownames(x)<-c("가","나")
colnames(x)<-c("갑","을","병","정","무")
```

2.4.3 행렬관련 함수

행렬관련 함수를 살펴보자. 행렬의 크기를 알려주는 함수는 다음과 같은 것이 있다.

함수	의미
dim	행렬의 행의 개수 및 열의 개수를 알려준다.
ncol	행렬의 열의 개수를 알려준다.
nrow	행렬의 열의 개수를 알려준다.

```
> m<-matrix(1,2,3)
> m
     [,1] [,2] [,3]
[1,]    1    1    1
[2,]    1    1    1
> dim(m)
[1] 2 3
> ncol(m)
[1] 3
```

참고

배열과 행렬(또는 리스트)는 사실 벡터이다. 다음 코드를 보자.

```
9 > x<-matrix(1:4,nrow=2)
> x
     [,1] [,2]
[1,]    1    3
[2,]    2    4
> x+10:13
```

```
07          [,1] [,2]
08    [1,]    11   15
09    [2,]    13   17
```

2*2 행렬 x은 세로방향으로 (1,2,3,4)의 벡터로 저장되므로 6줄의 연산(행렬과 벡터의 더하기)이 이상 없이 수행된다.

(전치행렬)행렬을 전치(transpose)하려면 t함수를 사용하면 된다.

```
> x<-matrix(1:4,nrow=2)
> x
     [,1] [,2]
[1,]    1    3
[2,]    2    4
> t(x)
     [,1] [,2]
[1,]    1    2
[2,]    3    4
```

(영행렬 만들기)모든 인수가 0인 행렬은 matrix함수의 첫 인수를 0으로 지정하면 된다.

```
> tmp<-matrix(0,2,2)
> tmp
     [,1] [,2]
[1,]    0    0
[2,]    0    0
```

matrix함수의 첫 번째 인수를 넣지 않으면 NA로 채워진다.

```
> tmp<-matrix(,2,2)
> tmp
     [,1] [,2]
[1,]   NA   NA
[2,]   NA   NA
```

(행렬의 연산) 행의 개수와 열의 개수가 동일한 두 행렬(또는 벡터)을 더하거나 빼는 것은 더하기 또는 빼기 기호를 사용하면 된다.

```
> x<-matrix(1:4,nrow=2)
> y<-matrix(-1:2,nrow=2)
> x+y
     [,1] [,2]
[1,]    0    4
```

```
[2,]    2    6
```

행렬곱하기(첫 행렬이 열의 개수와 두 번째 행렬의 행의 개수가 같은 경우)는 행렬 곱하기 연산자 즉, %*%를 사용한다.

```
> x<-matrix(1:4,nrow=2)
> y<-matrix(-1:2,nrow=2)
> x%*%y
      [,1] [,2]
[1,]   -1    7
[2,]   -2   10
```

그냥 곱하기 연산자를 사용하면, 두 행렬의 각각의 원소끼리 곱하기 연산을 수행한다. 마찬가지로 두 개의 벡터의 내적을 구하려고 한다면, 다음과 같이 %*% 연산자를 사용해야 한다.

```
> a<-1:3
> b<-3:5
> a%*%b
      [,1]
[1,]   26
```

위의 예에서 기술적으로는 a의 전치 벡터를 사용해야하지만 R이 자동으로 이를 수행해주기 때문에 에러는 발생하지 않는다.

항등행렬(Inentity matrix)은 대각함수(diagonal function)를 이용하면 된다.

```
> I <- diag(5)
```

결과는 다음과 같다.

```
> I
      [,1] [,2] [,3] [,4] [,5]
[1,]    1    0    0    0    0
[2,]    0    1    0    0    0
[3,]    0    0    1    0    0
[4,]    0    0    0    1    0
[5,]    0    0    0    0    1
```

행렬식(determinant)은 det함수를 사용하면 구할 수 있다.

```
> x<-matrix(1:4,nrow=2)
> det(x)
[1] -2
```

역행렬은 solve 함수를 이용하면 된다.

```
01  > c<-rbind(c(1,-1/4),c(-1/4,1))
02  > c
03        [,1]  [,2]
04  [1,]  1.00 -0.25
05  [2,] -0.25  1.00
06  > solve(c)
07            [,1]      [,2]
08  [1,] 1.0666667 0.2666667
09  [2,] 0.2666667 1.0666667
```

1줄: rbind 함수는 아래 행렬의 연결을 참고하길 바란다.

당연하지만, 역행렬이 존재하지 않는 경우에는(singular matrix or alomost singular matrix or non−square matrix 등) 에러가 발생한다.

(행렬의 연결)행렬은 cbind와 rbind함수를 이용해서 열 또는 행을 추가하거나 두 행렬을 연결할 수 있다.

```
> B<-matrix(c(2,4,3,1,5,7),nrow=3,ncol=2,byrow=F)
> C<-c(7,4,2)
> cbind(B,C)
           C
[1,] 2 1 7
[2,] 4 5 4
[3,] 3 7 2
> D<-t(C)
> cbind(B,D)
Error in cbind(B, D) : number of rows of matrices must match
(see arg 2)
> F<-t(c(3,2))
> rbind(B,F)
     [,1] [,2]
[1,]    2    1
[2,]    4    5
[3,]    3    7
[4,]    3    2
```

(행렬의 해체(Deconstruction)) c함수를 이용하면 행렬을 해체할 수 있다. 결과로는 모든 열벡터가 하나로 합쳐진다.

```
> A=matrix(c(2,4,3,1,5,7),nrow=2,ncol=3,byrow=TRUE)
> A
```

```
       [,1] [,2] [,3]
[1,]      2    4    3
[2,]      1    5    7
> c(A)
[1] 2 1 4 5 3 7
```

데이터 구조 중 배열, 리스트, 데이터 프레임, 팩터 등은 중급부분을 참고하자.

2.4.4 데이터 다루기

데이터가 주어졌을 때 특정 조건을 만족하는 원소 또는 벡터를 추출하는 작업은 데이터 다루기에서 자주 나오는 문제이다. R은 이를 다루기 위한 다양한 함수를 제공하는 데 이에 대해 살펴보자.

기본적으로 꺽음괄호(대괄호, [])에 인덱스를 투입해서 벡터의 원하는 원소를 추출할 수 있다. 이때 인수는 음수도 가능하고, 벡터도 가능하다.

```
01  > x<-1:5
02  > x[3]
03  [1] 3
04  > x[-2]
05  [1] 1 3 4 5
06  > x[c(1,3,5)]
07  [1] 1 3 5
08  > x[2:4]
09  [1] 2 3 4
```

4줄: 인덱스가 음수이면 해당 원소만 제외된 결과가 반환된다.

(1) 인덱스 번호를 이용한 데이터 추출

[]에 숫자, 논리값을 입력하여 특정원소를 가져올 수 있다.

```
> x<-1:10
> x[1]
[1] 1
> x[c(TRUE,FALSE)]
[1] 1 3 5 7 9
> x[c(FALSE,TRUE)]
[1]  2  4  6  8 10
> x[x%%3==0]
[1] 3 6 9
> x[!(x%%3==0)]
```

```
11    [1]  1  2  4  5  7  8 10
12    > x[-c(2,7)]
13    [1]  1  3  4  5  6  8  9 10
```

1줄: 첫 번째 원소

4줄: 홀수 번째 원소

6줄: 짝수 번째 원소

8줄: 3의 배수 번째 원소

10줄: 3의 배수 번째 원소를 제외한 원소

12줄; 2번째, 7번째 원소를 제외한 원소

위 코드 12줄에서 보듯이 음의 인덱스는 해당 요소를 제외함을 의미한다.

```
01    > x<-c(1,2,3)
02    > x[-1]
03    [1] 2 3
04    > x[-1:-2]
05    [1] 3
```

2줄: 첫 번째 인수 제외

4줄: 1~2원소 제외

주의

다음 두 코드는 다르다.

```
xlag=ans[(1+19):(nmb-40+19),2]
xlag=ans[1+19:(nmb-40+19),2]
```

위와 비슷하게 다음 코드도 주의해야 한다.

```
01    > i<-2
02    > 1:i-1
03    [1] 0 1
04    > 1:(i-1)
05    [1] 1
```

2줄과 4줄의 차이를 정확히 이해해야 한다. 그렇지 않으면 이 차이로 인해 순환문의 인덱스에서 오류가 종종 발생한다.

아래와 같이 진리값 벡터를 이용해서 원하는 원소를 추출할 수 있다(indexing with Booleans).

```
> xl<-1:8
```

```
> boolx<-c(T,T,T,F,T,T,F,F)
> x2<-x1[boolx]
> x2
[1] 1 2 3 5 6
```

(2) 논리연산자를 이용한 데이터 추출

아래와 같이 벡터에 논리연산자를 적용하면 해당 벡터의 각 원소가 논리연산의 결과로 참인지 거짓인지를 알 수 있다.

```
01  > set.seed(1)
02  > x<-rnorm(5)
03  > x>0
04  [1] FALSE  TRUE FALSE  TRUE  TRUE
05  > x
06  [1] -0.6264538  0.1836433 -0.8356286  1.5952808  0.3295078
```

1줄: 매번 생성되는 난수를 고정시키지 위해서 set.seed함수를 쓴다(자세한 내용은 시뮬레이션 부분참조)

2줄: 5개의 표준 정규분포 난수를 생성한다.

3줄: 생선된 난수가 0보다 큰지를 확인한다.

4줄: 확인 결과 2,4,5번째 난수가 큰 것으로 나온다.

5줄: 실제로 난수를 확인한 결과와 일치함을 알 수 있다.

위 개념을 응용하여 sum함수를 이용하면 조건에 맞는 개수를 알아낼 수 있다.

```
> nmb<-sum(x>0)
> nmb
[1] 3
```

위 결과를 이용하면 조건에 맞는 원소만 추출힐 수 있다.

```
> idx<-x>0
> z<-x[idx]
> z
[1] 0.1836433 1.5952808 0.3295078
```

위 결과와 동일한 결과를 which함수를 이용해서 구현할 수 있다.

```
> idx2<-which(x>0)
> w<-x[idx2]
```

```
> z
[1] 0.1836433 1.5952808 0.3295078
```

조건식은 하나 이상일 수도 있다.

```
> idx3<-(x>0 & x<1)
> x[idx3]
[1] 0.1836433 0.3295078
```

which.min함수는 원소 중 가장 작은 값을 which.max는 원소 중 가장 큰 값을 돌려준다.

```
01  > set.seed(1)
02  > x<-rnorm(5)
03  > x
04  [1] -0.6264538  0.1836433 -0.8356286  1.5952808  0.3295078
05  > which.max(x)
06  [1] 4
07  > which.min(x)
08  [1] 3
```

5~6줄: 4번째 원소가 가장 크다.

7~8줄: 3번째 원소가 가장 작다.

which.min과 which.max를 이용해서 특정조건을 만족하는 첫 원소를 찾을 수 있다. 예를 들어(0.1,0.2,0.7,0.9)로 주어진 벡터에서 0.65보다 큰 인수 중 첫 번째 인수의 위치를 알고자 한다면 which.max함수를 이용하면 된다.

```
01  > x<-c(0.1, 0.2, 0.7, 0.9)
02  > which.max(x > 0.65)
03  [1] 3
```

3줄: 0.65보다 큰 인수는 0.7과 0.9인데, 그 중 첫 번째 인수는 0.7이며 이 인수는 x의 3번째 인수이다. 즉 x > 0.65가 TRUE인 인수 중 가장 첫 번째 인수를 돌려준다.

which.min은 조건이 FALSE인 인수 중 가장 첫 번째 인수를 돌려준다. 위 경우에 적용하면 결과는 1이 될 것이다.

```
> which.min(x>0.65)
[1] 1
```

위와 유사하게 match함수는 조건을 만족하는 첫 원소의 번호를 반환하고, `%in%`함수는 해당 원소가 있으면 참을 그렇지 않으면 거짓을 반환한다.

```
> v<-c('a','b','c','d')
> 'b'%in%v
[1] TRUE
> match('b',v)
[1] 2
```

match함수는 여러조건을 부여할 수도 있다.

```
01  > x <- sample(1:10)
02  > x
03   [1]  4  5  9  3  8  1  6 10  7  2
04  > match(c(4,8),x)
05  [1] 1 5
```

1줄: sample함수는 다음 설명을 참조하자.

sample(vec,n,replace=Boolean)함수: vec에 지정된 숫자들을 n만큼 임의로 추출한다. replace인수가 TRUE이면 복원추출을, FALSE이면 비복원 추출을 시행한다. 위 예에서 sample함수는 1~10까지 자연수 중에서 임의로 숫자를 추출한다. 조금 더 간단한 예제로 동전던지기를 5번 시행한 결과는 다음 코드를 이용해 만들 수 있다.

```
> sample(c("H","T"),5,replace=T)
[1] "H" "T" "T" "H" "H"
```

4줄: 4를 만족하는 첫 번째 인덱스(1)와 8을 만족하는 첫 번째 인덱스(5)를 반환한다.

match함수가 조건에 맞는 첫 번째 인덱스를 돌려주는 반면, 여러 인덱스를 찾으려면 다음과 같이 한다.

```
> x <- sample(1:4,10,replace=T)
> x
 [1] 3 4 3 3 2 3 1 1 2 2
> which(x %in% c(2,4))
[1]  2  5  9 10
```

벡터에 대한 조건문은 ifelse함수를 사용해야 한다.

ifelse(test,yes,no)함수: test 진술이 참이면 yes를 수행하고, 거짓이면 no를 수행한다. 이때 test는 벡터를 사용한다.

```
> x<-1:5
> x
[1] 1 2 3 4 5
> ifelse(x%%2,"ev","od")
```

```
05    [1] "ev" "od" "ev" "od" "ev"
```

4줄: x%%2를 수행하면 x벡터를 2로 나눈 나머지가 계산되는데, 그 결과는 [1,0,1,0,1]이 되고, 1은 TRUE에 해당하고 0은 FALSE에 해당하므로 결과로는 ["ev" "od" "ev" "od" "ev"]가 출력된다.

데이터를 엑셀표처럼 보려면 View함수를 이용할 수 있다.

```
> x<-c(1,2,3)
> View(x)
```

결과

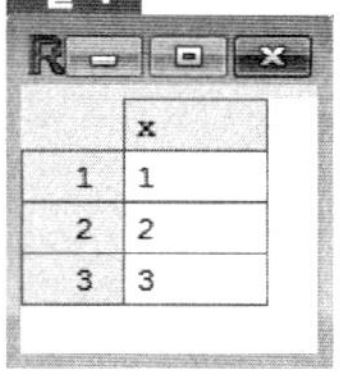

주어진 벡터에서 매 n번째 항을 추출할 경우 seq함수를 이용할 수 있다. 60개의 원소 중 매 6번째 원소를 추출하는 다음 코드를 참고하자.

```
a<-1:60
b<-a[seq(1,length(a),6)]
print(b)
```

결과는 다음과 같다.

```
[1]  1  7 13 19 25 31 37 43 49 55
```

2.5 함수

2.5.1 사용자 정의 함수

R에서는 미리 작성된 함수뿐만 아니라 사용자가 직접 함수를 만들어 사용할 수 있다. 함수는 입력값(인수1, 인수2 등)을 받아서 계산 또는 작업을 한 뒤 결과값을 돌려주는 프로그램 단위를 말한다. R에서 함수는 다음 형태로 작성된다.

```
함수명<-function(인수1, 인수2){
      본문
    return(결과)
}
```

함수작성시 참고할 사항은 다음과 같다.

- 객체에 값을 저장하기 위해선 <- 또는 ->, = 연산자를 사용할 수 있지만 함수에서 인자에 값을 넣을 때는 반드시 '='를 써야 한다.
- return이 없다면 함수에서 가장 마지막 문장의 결과값을 반환한다.
- 함수를 호출할 때는 인자의 위치를 맞춰서 입력해 주어도 되고, 인자의 이름을 지정해서 입력해도 된다. 아래 코드를 참조하자.

```
01  > f<-function(x,y){x+y*2}
02  > f(1,2)
03  [1] 5
04  > f(y=2,x=1)
05  [1] 5
```

2줄: 순서에 따라 인수를 입력한 경우

4줄: 인수의 이름을 지정해서 입력한 경우

"..."인수는 함수 내부의 다른 함수의 인수를 표현하는 데 쓴다.

```
> f<-function(x,y){x+y*2}
> g<-function(z,...){
+ print(z)
+ f(...)
```

```
+ }
> g(1,2,3)
[1] 1
[1] 8
```

두 배열을 반환하는 함수는 list변수를 이용하여 구현할 수 있다.

```
01  > f <- function() {return(list(first=1, second=2))}
02  > r <- f ()
03  > r$first
04  [1] 1
05  > r$second
06  [1] 2
```

1줄: 함수f는 결과값으로 1과 2를 반환하고자 한다. 이때 list함수를 쓰고 그 안에 원하는 변수이름(여기서는 first와 second)을 할당한 뒤, 1과 2를 지정해 주면 된다.

2줄: f를 수행한 결과를 r에 담으면

3줄; 첫 번째 결과는 `r$first`라는 변수로 볼 수 있고

4줄: 두 번째 결과는 `r$second`라는 변수로 출력해 볼 수 있다.

값에 의한 전달

함수는 기본적으로 값에 의한 호출(call by value)을 사용하며, 특별한 방법을 사용하면 참조에 의한 호출(call by reference)을 구현할 수 있다. 따라서 특별히 지정하지 않으면 함수가 객체를 호출할 때 일반적으로 값만 전달된다. 즉 객체가 복사되어 해당 함수로 전달된다. 참조에 의한 호출은 공식적으로 지원하지 않는 기능이므로 이 기능을 사용하고 싶다면 좀더 높은 수준의 이해가 필요하다.

2.5.2 함수와 변수의 범위

코드에 기술한 변수 등을 지칭하는 이름이 어디에서 사용가능한지를 정하는 규칙을 범위(Scope)라 한다. 변수는 범위(Scope)에 따라 크게 지역변수와 전역변수로 나뉜다. 콘솔에서 변수를 선언하면 모든 곳에서 사용가능한 변수가 된다. 즉 일반적으로 변수는 전역변수이다. 함수 밖에서 생성된 변수도 전역변수이므로 함수 안에서도 사용할 수 있다.

```
> x<-1
> f<-function(){print(x)}
> f()
[1] 1
```

3줄: 함수 f에서는 아무런 연산이나 변수할당이 없었음에도 불구하고 1이라는 값을 출력한다. 이는 함수 밖에서 할당된 x변수가 함수안에서도 사용되기 때문이다.

반면 아래 코드는 조금 복잡한데 동일한 이름을 가진 변수 x가 함수 밖에서도 할당되고 함수 안애서도 할당되기 때문에 혼동을 줄 수 있다.

```
01   > x<-1
02   > > f<-function(){x<-2
03   + print(x)}
04   > x
05   [1] 1
06   > f()
07   [1] 2
08   > x
09   [1] 1
```

1~2줄: 1줄에서 사용된 변수 x와 2줄에서 사용된 변수 x는 사실상 다른 변수이다. 2줄에서는 (x와는 다른) 새로운 변수 x′를 생성한 것으로 볼 수 있다. 따라서 8줄에서 x를 출력해본 결과 x값은 함수에 의해서 바뀌지 않았다. 함수가 바꾼 값은 외부의 x가 아니라 내부의 x이기 때문이다.

아래 코드는 또 다른 상황인데 한번 살펴보자.

```
01   > x<-1
02   > f<-function(){x<<-2
03   + print(x)}
04   > x
05   [1] 1
06   > f()
07   [1] 2
08   > x
09   [1] 2
```

2줄: 앞의 결과와 달리 함수 내에서 "<<-"로 변수를 재선언하게 되면, 함수 밖에서도 값이 변화한다.

함수에서 변수의 범위를 이해해보자. 다음 스크립트를 만든 뒤 저장하자(저장 경로는 현재 작업공간(workspace)로 지정된 폴더이어야 한다).

```
01   3 f<-function(x){
02         print(y+w)
03   }
```

다음으로 R콘솔로 돌아가 다음을 실행해보자.

```
01  > source("test.R")
02  > w<-100
03  > f(100)
04  [1] 200
```

2줄: w는 전역변수로 100이 저장되어 있다. 이 값은 함수 안에서도 그대로 사용된다. 따라서 f함수의 입력변수 100과 w의 값이 더해진 결과가 출력된다.

위에서 함수를 `f<-function(x,w)`로 정의하여 w를 명시적으로 입력변수로 지정하는 것이 보통이다. 하지만 w를 실행할 때 전역변수로 지정해줄 것이 명확하다면 함수의 입력변수로 w를 명시해 주지 않고 함수 안에서 w를 사용할 수 있다. 즉 함수 안에서 사용되는 변수라고 해서 모두 함수의 입력변수로 지정(선언)해 줄 필요는 없다.

2.6

제어문

프로그래밍은 제어문 즉 조건문과 반복문의 연속이다. 따라서 기본적인 조건문과 반복문에 대해 익히는 것이 프로그래밍에서 중요하다. 우선 조건문에 대해 살펴보자.

2.6.1 IF ELSE

특정 문장이 참이면 IF 다음의 문장을 실행하고 그렇지 않으면 ELSE 다음 문장을 실행한다. ELSE 다음에 실행할 문장이 없다면 ELSE 이하는 생략할 수 있다.

문법

```
If(조건문){
   문장2
} else {
   문장2
}
```

새로운 스크립트 파일을 열고 다음과 같이 작성한 뒤 "test.R"이라는 이름으로 저장하자.

스크립트

```
f<-function(x){
   if(x>0){
      ans<-"call"
   } else {
      ans<-"put"
   }
   return(ans)
}
```

그리고 콘솔로 돌아와 아래와 같이 실행해보자.

콘솔

```
3 > source('test.R')
> f(10)
[1] "call"
```

만약 if문에 벡터형이 오면, 첫 번째 원소만 평가된 결과가 나온다.

```
> x<-c(1,20)
> f(x)
[1] "call"
Warning message:
In if (x > 0) { :
  the condition has length > 1 and only the first element
  will be used
```

따라서 벡터형으로 입력받아 벡터형으로 결과를 반환하고자 한다면 아래와 같이 ifelse함수를 사용해야 한다.

스크립트

```
f<-function(x,y){
  ans<-ifelse(x>y,x,y)
  return(ans)
}
```

콘솔

```
> source('test.R')
> x<-c(1,20)
> y<-c(20,5)
> f(x,y)
[1] 20 20
```

주의

다음은 실행되지 않는다.

```
01  a=1
02  if(a==1){
03
04              print ("a=1")
05  }
06  else{
07              print ("a!=1")
08  }
```

이유는 4줄에 바로 'else'를 써야 하는데 줄을 바꾸어 썼기 때문이다. R은 다음과 같은 에러 화면을 보여 줄 것이다.

```
3           4: }
5: else
     ^
```

2.6.2 SWITCH

특정변수의 값에 따라 실행문을 실행한다.

문법

```
switch(변수,
  변수값1={실행문1},
  변수값2={실행문2},
  {실행문3})
```

예제는 다음과 같다.

스크립트

```
01  centre <- function(x, type) {
02    switch(type,
03           mean = mean(x),
04           median = median(x),
05           trimmed = mean(x, trim = 0.1))
06  }
```

4줄: mean(x, trim=0.1)은 데이터 가운데 극단치 상/하위 10%(0.1)를 제외하고 평균값을 구함을 의미한다.

콘솔

```
01  > source('test.r')
02  > x<-runif(100)
03  > centre(x,'median')
04  [1] 0.5421109
```

2줄: runif(100)는 0과 1사이에서 균등분포(uniform distribution)를 따르는 난수를 100개 생성함을 의미한다.

다음으로 순환문에 대해 알아보자.

2.6.3 FOR

변수가 주어진 범위에서 값을 바꿀 동안 실행문을 수행한다. 반복회수가 사전에 정해져 있을 경우에 사용한다.

문법

```
for(변수 in 범위){
  실행문
}
```

다음은 1에서 10까지 홀수의 개수를 구하는 코드이다.

```
01  > x<-1:10
02  > k<-0
03  > for(i in 1:length(x)){
04  + if(x[i]%%2==1)k<-k+1
05  + }
06  > k
07  [1] 5
```

범위에 인덱스를 주지 않고 아래와 같이 직접 변수벡터를 사용할 수도 있다.

```
01  > x<-1:10
02  > k<-0
03  > for(n in x){
04  + if(n%%2==1)k<-k+1
05  + }
06  > k
07  [1] 5
```

4줄: a%%b는 a를 b로 나눈 나머지를 의미한다.

주의

위에서 n은 인덱스(정수)가 아니라 x의 개체이다! 즉 n=x[i]

for문을 이용하여 다양한 그림을 그릴 수도 있다.

```
01  > x<-seq(0,1,0.05)
02  > plot(x,x,ylab="y",type="l")
03  > for(j in 2:18) lines(x,x^j)
```

2줄: plot함수 및 lines함수는 그래프 부분을 참고하자.

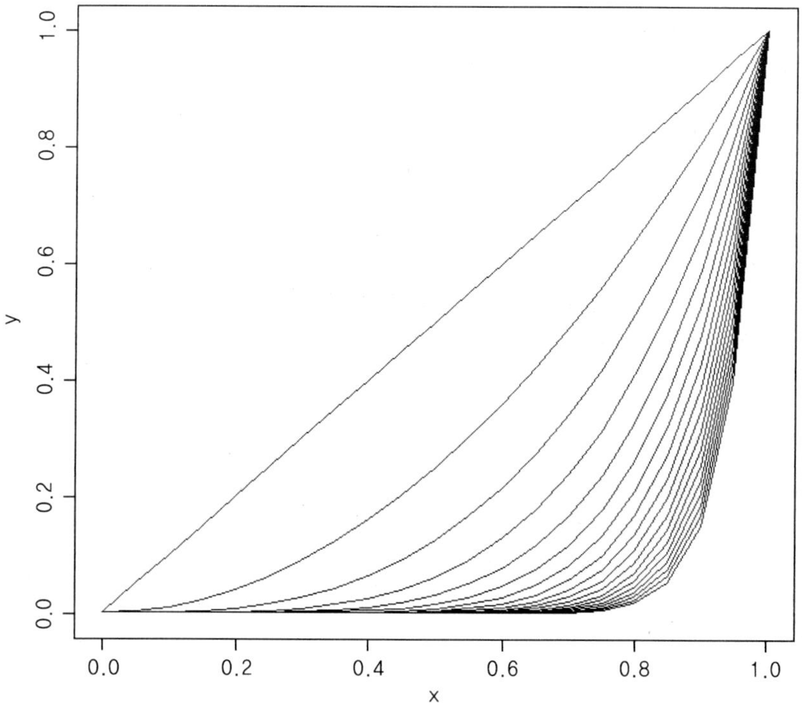

2.6.4 WHILE

조건이 참이 동안 실행문을 반복해서 실행한다. 반복회수가 사전에 정해지지 않을 때 사용한다.

문법

```
while(조건문){
  실행문
}
```

다음은 while구문의 예제이다. 정규분포 난수를 연속적으로 생성하는 데, 생성된 난수가 2보다 크면 반복문을 종료하고자 한다.

```
> set.seed(1)
> x<-rnorm(1)
> counter<-1
> while(x<2){
+   x<-rnorm(1)
+   counter<-counter+1
+ }
> print(counter)
[1] 61
```

다음 예제는 다소 어렵기는 하지만 해찾기 또는 최적화에서 자주 볼 수 있는 반복문이므로 시간을 두고 천천히 분석해보자.

y가 주어졌을 때 다음 방정식을 만족하는 x를 구하는 문제를 생각해보자.

$$y = x^2$$

예를 들어 y=5라면 x는 5의 제곱근이 된다. 즉 이 문제는 제곱근을 구하는 문제로 볼 수 있다. Newton–Raphson방법을 이용해서 이 문제를 풀 수 있는데 구체적으로 y가 각각 5와 7일 때 x의 값을 구하는 문제는 다음 코드를 통해서 구할 수 있다.

```
01 > y<-c(5,7)
02 > x<-y/2
03 > while(any(abs(x*x-y)>1e-10))x<-(x+y/x)/2
04 > x
05 [1] 2.236068 2.645751
06 > x^2
07 [1] 5 7
```

2줄: 해찾기 초기 값으로 x=y/2를 선택한다(초기값은 어떻게 주어도 상관없다).

3줄: $(x^2 - y)$의 값이 미리 정한 오차수준(여기서는 10^{-10})보다 작으면 해를 찾은 것이므로 종료한다. any함수는 벡터의 인수 중 최소한 하나라도 참이면 TRUE를 돌려주는 함수이다.

5줄: 해찾기를 통해 구한 결과값이다.

6~7줄: 해를 실제로 제곱해보면 원하는 결과를 얻는다.

참고

위 코드는 while문을 이용하여 $x^2 - y = 0$가 되는 x의 해를 찾기 위한 코드이다. 이 때 $x = (x + \frac{y}{x})/2$로 업데이트를 한 것은 Newton–Raphson 방법에 따른 것이다. 최적화문제에서 널리 활용되는 Newton–Raphson 방법에 따르면 단조함수 $F(x) = 0$의 해는 $x = x - \frac{F(x)}{F'(x)}$와 같이 계속 업데이트를 함으로써 찾을 수 있다. 따라서 $F(x) = x^2 - y$에서는 $x = (x + \frac{y}{x})/2$와 같이 업데이트가 이루어진다(자세한 내용은 수치방법 부분을 참고하기 바란다).

위에서 나온 any 및 그와 유사한 all함수를 살펴보자. any함수는 원소 중 하나라도 참이면 TRUE를 반환하고, all은 모든 원소가 참이어야 TRUE를 반환한다.

```
> x<-1:5
> any(x>2)
[1] TRUE
> all(x>2)
[1] FALSE
```

2줄: 모두가 거짓이 아닌 이상 TRUE를 반환한다.

4줄: 하나라도 거짓이 있으면 FALSE를 반환한다.

2.6.5 BREAK

현재 실행중인 반복문을 중단한다.

균등분포 난수를 임의로 생성하는데, 값이 0.9보다 클 경우 중단하는 코드를 만들어 보자.

스크립트

```
set.seed(1)
i<-1
while(TRUE){
  x<-runif(1)
  if(x>0.9){
    print(i)
    break
  }
  i<-i+1
}
```

콘솔

```
> source('test.r')
[1] 4
```

2.6.6 메모리 사전할당

R은 두 벡터를 결합하거나 원소 하나를 추가할 때 매번 새로운 벡터를 만든다. 메모리 영역을 할당하고 초기화 하는 등 많은 작업을 하게 되어 속도가 느려질 수가 있다. 미리 충분한 크기의 벡터를 만들어 두고 인덱스 번호로 접근해 값을 할당/수정하면 속도를 높일 수 있다. 따라서 미리 길이가 정해진 벡터를 만들면 좋다.

실제로 얼마나 속도 차이가 나는지 다음 스크립트를 작성해서 알아보자.

먼저 메모리 사전할당을 하지 않은 경우는 다음과 같다.

스크립트

```
x<-c()
y<-system.time(for(i in 1:100000){
  x[i]<-i
})
print(y)
```

2줄: system.time함수는 인수를 실행하는 데 소요된 시간을 측정하는 함수이다. 자세한 설명은 9장의 몇 가지 팁 모음을 참조하자.

콘솔

```
> source("test.R")
   user  system elapsed
   5.15    0.02    5.16
```

5초 정도 소요된다. 이번에는 다음 스크립트를 작성하자. 이 스크립트는 메모리를 사전할당하는 경우이다.

스크립트

```
x<-c(NA)
length(x)<-100000
y<-system.time(for(i in 1:100000){
  x[i]<-i
})
print(y)
```

위 스크립트를 콘솔에서 실행해보자.

콘솔

```
> source("test02.R")
   user  system elapsed
   0.10    0.00    0.09
```

0.1초 소요된다. 앞의 경우에 비해 상당히 시간이 단축되었다.

연습

다음 두 코드를 각자의 컴퓨터에서 실행해보고 속도를 측정해보자.

```
01  data <- NULL
02  for (i in 1:100000) {
03  x <- sample(1:100,1)
04  data[i] <- x*i
05  }
```

3줄: 1~100까지 숫자 중 임의의 숫자를 뽑는다.

```
data <- rep(NA,100000)
for (i in 1:100000) {
x <- sample(1:100,1)
data[i] <- x*i
}
```

2.7

패키지

패키지는 R의 강력한 장점 중 하나이다. 공개소스(Open Source)로 만들어진 R의 특징을 가장 잘 활용한 것으로, 여러분은 패키지를 통해 전세계의 다양하고 유능한 사람들의 직접적인 도움을 받을 수 있게된다.

패키지는 프로그램의 모음이다. 많은 경우에 필요한 기능이 있다면 직접 만들어 쓰는 것보다는 이미 만들어진 코드를 가져다 쓰게 된다. R은 이미 만들어진 코드를 가져다 쓰는 방법으로 패키지라는 것을 지원한다. 자기가 사용하고자 하는 기능이 어느 패키지에 있는지만 알면 간단히 가져다 쓸 수 있다.

현재 설치된 패키지를 알고 싶다면 installed.packages 명령을 실행한다.

```
> installed.packages()
                Package         LibPath
acepack         "acepack"       "C:/Program Files/R/R-3.2.0/library"
base            "base"          "C:/Program Files/R/R-3.2.0/library"
boot            "boot"          "C:/Program Files/R/R-3.2.0/library"
cairoDevice     "cairoDevice"   "C:/Program Files/R/R-3.2.0/library"
```

이와 유사하게 현재 사용가능한 패키지 목록은 library함수를 실행하면 된다.

```
> library()
```

결과

```
R packages available

Packages in library 'C:/Program Files/R/R-3.2.0/library':

acepack                 ace() and avas() for selecting regression
                        transformations
base                    The R Base Package
```

search명령은 현재 사용 중인 패키지(attached packages)의 목록과 R 오브젝트를 보여준다.

```
> search()
[1] ".GlobalEnv"        "package:stats"      "package:graphics"
```

```
[4] "package:grDevices" "package:utils"     "package:datasets"
[7] "package:methods"   "Autoloads"         "package:base"
```

2.7.1 패키지 설치하기

인터넷이 연결되어 있다면, 패키지 설치는 R 콘솔화면에서 간단한 명령어만 입력하면 바로 설치된다. 예를 들어 ggplot2라는 패키지를 설치해보자. R 콘솔에서 아래와 같이 치면 mirror 사이트를 선택하라고 나온다.

```
> install.packages("ggplot2")
```

사이트 목록 중 원하는 곳을 선택하면 된다. 보통 Korea(Seoul1)을 선택하자.

참고

매번 CRAN사이트 선택하는 것이 귀찮다면 RGui에서 [Packages]>[Set CRAN mirror….]항목을 통해 미리 설정해두면 매번 물어보지 않는다.

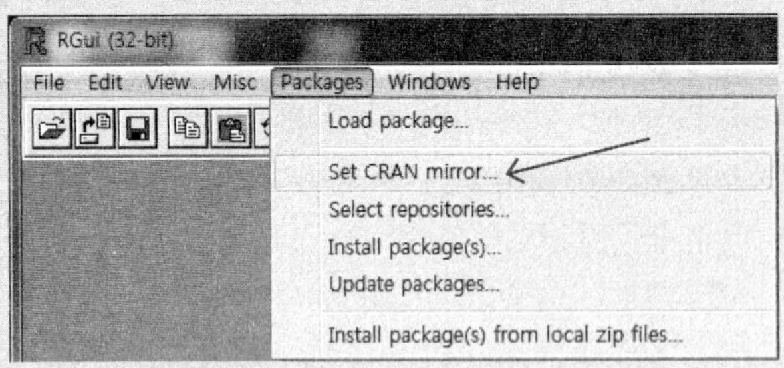

패키지 관련 함수에는 다음과 같은 것이 있다.

함수	기능
available.packages()	패키지 목록을 보는 명령
update.packages()	설치된 패키지의 버전을 확인하여 update 수행

old.packages()	설치된 패키지와 Repository의 버전을 비교하여 낮은 버전의 패키지 리스트를 반환
new.package()	설치되지 않은 새롭운 패키지들의 이름을 반환
remove.packages()	설치한 패키지를 삭제한다.

주의

패키지가 설치되었다고 바로 사용할 수 있는 것은 아니다. 패키지가 R에 로딩되어야 사용할 수 있다. 즉 메모리에 패키지를 올려야 한다. 패키지 로딩은 library함수나 require함수를 통해서 할 수 있다. 관련된 몇 가지 팁은 다음과 같다.

- require함수는 스크립트 내부에서 사용하기에 좋다. 왜냐하면 패키지가 제대로 메모리에 올라가면 참(TRUE)을 그렇지 않으면 거짓(FALSE)을 반환하므로 코드 안에서 패키지가 제대로 로드 되었는지 쉽게 확인할 수 있다.
- library와 require는 한번 로드된 패키지는 다시 로드하지 않는다. 따라서 여러 번 이 함수를 실행해도 크게 문제는 없다.

2.7.2 유용한 패키지

금융분야에서 자주 사용되는 패키지 몇 가지에 대해 살펴보자.

xts패키지

eXtensible Time Series의 줄임말이다. 금융 시계열 자료(Financial Timeseries Data)를 다루는 패키지이다. xts시계열데이터개체(xts timeseries object)는 지수(index)와 코어데이터(coredata)로 구성되어 있다. 지수는 시간정보를, 코어데이터는 데이터(raw data)를 담고 있다. xts 개체를 생성하고 조작해보자.

우선, library함수를 이용해서 xts패키지를 로드하자.

```
> library(xts)
Loading required package: zoo

Attaching package: ‘zoo’

The following objects are masked from ‘package:base’:

    as.Date, as.Date.numeric
```

?xts를 치면 도움말을 얻을 수 있다. 다음 예제는 도움말에 있는 예제이다.

```
01 > data(sample_matrix)
02 > sample.xts <- as.xts(sample_matrix, descr='my new xts object')
03 > class(sample.xts)
04 [1] "xts" "zoo"
05 > str(sample.xts)
06 An ‘xts’ object on 2007-01-02/2007-06-30 containing:
07   Data: num [1:180, 1:4] 50 50.2 50.4 50.4 50.2 ...
08  - attr(*, "dimnames")=List of 2
09   ..$ : NULL
10   ..$ : chr [1:4] "Open" "High" "Low" "Close"
11   Indexed by objects of class: [POSIXct,POSIXt] TZ:
12   xts Attributes:
13 List of 1
14  $ descr: chr "my new xts object"
15 > head(sample.xts)
16                Open     High      Low    Close
17 2007-01-02 50.03978 50.11778 49.95041 50.11778
18 2007-01-03 50.23050 50.42188 50.23050 50.39767
19 2007-01-04 50.42096 50.42096 50.26414 50.33236
20 2007-01-05 50.37347 50.37347 50.22103 50.33459
21 2007-01-06 50.24433 50.24433 50.11121 50.18112
22 2007-01-07 50.13211 50.21561 49.99185 49.99185
23 > attr(sample.xts,'descr')
24 [1] "my new xts object"
```

1줄: sample_matrix는 내장된 데이터이므로 별도로 입력할 필요가 없다. data함수는 특정 데이터 세트를 로드한다.

2줄: as.xts함수는 xts변수로 변환해준다.

3줄: 변환된 데이터의 클래스를 조회해본다.

15줄: head함수는 데이터의 첫 일부분을 보여주는 함수이다.

다음은 시계열 자료의 일부분을 추출하는 방법을 보여준다.

```
sample.xts['2007']  # all of 2007
sample.xts['2007-03/']  # March 2007 to the end of the data set
sample.xts['2007-03/2007']  # March 2007 to the end of 2007
sample.xts['/'] # the whole data set
sample.xts['/2007'] # the beginning of the data through 2007
sample.xts['2007-01-03'] # just the 3rd of January 2007
```

다음 명령은 지수와 코어데이터를 분리해준다.

```
> timeInfo<-index(sample.xts)
> dataInfo<-coredata(sample.xts)
```

지수는 POSIXct 개체이다.

```
01  > class(timeInfo)
02  [1] "POSIXct" "POSIXt"
```

2줄: POSIXct 또는 POSIXt 개체에 대한 자세한 설명은 시계열 부분을 참조하자.

보통 엑셀 등에서 자료을 읽어오면 날짜는 문자(string)으로 읽혀진다. 이 문자를 POSIXct로 변환해야 하는데, 변환하기 전에 R에게 어떤 형식을 다루고 있는지 알려주어야 한다. 다음 예제를 보자.

엑셀에 다음과 같이 입력하고 "c:/price.csv"라는 이름으로 저장하자.

	A	B
1	date	price
2	2015-05-01	100
3	2015-05-02	101
4	2015-05-03	102
5	2015-05-04	100
6	2015-05-05	99

데이터를 읽어온다.

```
01  > x<-read.csv("c:/price.csv",stringsAsFactors=FALSE)
02  > temp<-x$date
03  > class(temp)
04  [1] "character"
05  > xtsIndex<-as.POSIXct(temp, format="%Y-%m-%d")
06  > xtsPrice<-xts(x[,-1],xtsIndex)
07  > plot(xtsPrice)
```

1줄: "price.csv" 파일을 읽어 x라는 데이터 프레임에 넣는다. 이때 A열의 값(date)은 기본 설정(by default)에 따라 "factor"라는 변수로 읽히게 되는데 이럴 경우 날짜로 변환하기 어렵다. 따라서 A열 값을 문자(`character`)으로 읽어오기 위해 `stringsAsFactors` 인수를 FALSE라고 지정해두자.

2~3줄: `stringsAsFactors` 인수를 FALSE라고 지정해두었기 때문에, A열값(`x$date`)은 데이터 종류가 `character` 임을 확인할 수 있다.

5줄: 이 문자를 `as.POSIXct` 함수를 이용해서 날짜로 변경한다.

6줄: 마지막으로 `xts` 함수를 이용해서 xts개체로 변환한다. `x[,-1]`은 x의 첫 번째 행을 제외한 결과를 반환한다. 따라서 B열을 반환한다.

일단 xts 개체로 변환하고 나면 데이터 잘라나기, 병합 등 조작이 쉬워진다.

xts이외에 앞으로 다루게 될 패키를 열거하면 다음과 같다.

- quantmod
- tseries
- fBasics
- fImport
- GUIDE
- RQuantLib
- fOptions
- fExoticOptions
- sudoku

R에서 사용가능한 패키지 목록은 다음 사이트를 참고하자.

- https://cran.r-project.org/web/packages/

2.8 디버깅

가장 간단하고 원시적인 디버깅 방법은 의심스러운 코드에 print문을 이용해서 출력을 해 보는 것이다. R에서는 이보다 나은 디버깅 도구를 지원하는데 다음과 같은 함수가 있다.

- debug
- browser
- setBreakpoint
- trace

2.8.1 스크립트 디버깅

오류가 의심스러운 부분에 browser함수를 추가한 뒤 스크립트를 실행하면 browser함수가 있는 부분에서 코드가 멈추고 디버깅을 할 수 있는 상태로 대기한다.

예를 들어 다음을 보자. 다음은 2차 방정식의 해를 구하고자 하는 스크립트이다.

스크립트

```
01  a<-1
02  b<-2
03  c<-3
04  det<-b^2-4*a*c
05  ans<-(-b+sqrt(det))/(2*a)
06  print(ans)
```

콘솔에서 실행해보면 다음과 같은 결과를 얻는다.

```
> source('test.r')
[1] NaN
Warning message:
In sqrt(det) : NaNs produced
```

코드에 문제가 있으며 그 문제의 원인이 스크립트의 5줄의 sqrt(det) 때문이라는 것을 알려주고 있다. 만약 이런 사실을 모른다면, 실제 코드를 디버깅해서 문제을 찾아야 할 것이다. 우선 코드의 4줄이 의심스러워서 (4줄과 5줄 사이)에 browser함수를 추가했다고 하자.

스크립트

```
a<-1
b<-2
c<-3
det<-b^2-4*a*c
browser()
ans<-(-b+sqrt(det))/(2*a)
print(ans)
```

그리고 다시 콘솔에서 실행하면 다음과 같이 코드가 디버깅 상태로 들어간다.

콘솔

```
> source('test.r')
Called from: eval(expr, envir, enclos)
Browse[1]>
```

이 때 변수에 값이 제대로 입력되었는지 변수 값을 조회해 볼 수 있다. 현재 범위(scope)에 어떤 변수가 있는지 보려면 ls함수를 실행한다. 그리고 det 값이 궁금하다면 det를 조회해보자.

```
Browse[1]> ls()
[1] "a"    "b"    "c"    "det"
Browse[1]> det
[1] -8
```

이때 다음 명령을 이용해서 디버깅을 진행할 수 있다.

명령	의미
c	continue to the end of the current context: e.g. to the end of the loop if within a loop or to the end of the function.
n(또는 [Enter])	Next step
Q	quit
Ctrl+C	go to top level

2.8.2 함수 디버깅

이제 위 예제를 함수로 바꾸어 보자.

스크립트

```
f<-function(a,b,c){
  det<-b^2-4*a*c
```

```
  ans<-(-b+sqrt(det))/(2*a)
  return(ans)
}
```

함수를 호출해서 실행하면 앞의 결과와 같은 오류가 나온다.

콘솔

```
> source('test.r')
> f(1,2,3)
[1] NaN
Warning message:
In sqrt(det) : NaNs produced
```

debug함수를 이용하면 특정 함수를 디버깅 상태로 바꿀 수 있다.

```
01 > source('test.r')
02 > debug(f)
03 > f(1,2,3)
04 debugging in: f(1, 2, 3)
05 debug at test.r#1: {
06     det <- b^2 - 4 * a * c
07     ans <- (-b + sqrt(det))/(2 * a)
08     return(ans)
09 }
10 Browse[2]>
```

2줄: debug함수에 인수로 디버깅하려는 대상(함수)을 넣고 실행한 뒤

3줄: 해당 함수를 실행하면 디버깅 상태로 전환된다.

중단점을 설정하는 방법

의심나는 부분에 browser함수를 설치하면 중단점이 설정되고 코드가 중단점에 도달하면 디버깅상태로 전환된다.

스크립트

```
f<-function(a,b,c){
  det<-b^2-4*a*c
  browser()
  ans<-(-b+sqrt(det))/(2*a)
  return(ans)
}
```

콘솔

```
> source('test.r')
> f(1,2,3)
Called from: f(1, 2, 3)
Browse[1]> n
debug at test.r#4: ans <- (-b + sqrt(det))/(2 * a)
Browse[2]>
```

반복문에서 특정반복횟수 뒤에 중단점이 실행되기를 원한다면 if조건문을 이용할 수 있다.

```
if(i>=25) browser()
```

browser함수 없이 파일의 특정 줄(line)에서 디버깅을 시작하고자 한다면 setBreakpoint 함수를 이용할 수 있다.

```
> setBreakpoint('test.r',3)
C:\Users\ABC\Documents\test.R#3:
 f step  3 in <environment: R_GlobalEnv>
> f(1,2,3)
test.R#3
Called from: f(1, 2, 3)
Browse[1]> n
debug: ans <- (-b + sqrt(det))/(2 * a)
Browse[2]>
```

2.8.3 시각적 디버깅

지금까지 설명한 디버깅 방법은 편집창에서 키보드를 통해 디버깅을 수행하는 방식이다. 디버깅 과정에서 보여주는 정보도 단편적이어서 불편하다. 예를 들어 현재 전체 코드에서 어느 부분을 디버깅하고 있는지 파악하기가 쉽지 않다(위의 예제코드를 보라). 이를 개선하기 위해 엑셀의 VBE(Visual Basic Editor)와 같은 시각적 디버깅(Visual Debugging)을 지원하는 해주는 경우가 있지만 R의 기본 기능에는 포함되어 있지 않아서 별도의 프로그램을 설치해야 하는 경우가 대부부인데 다음과 같은 것들이 있다.

- Rstudio
- Eclipse(StatET) – 기능이 완벽하지 않은 것으로 보고되고 있다.
  [http://goobbe.com/questions/3311303/statet-debugging-tool]

부록

회귀분석과 행렬연산

앞에서 배운 행렬연산을 이용하면 간단히 회귀분석을 실행할 수 있다. 구체적으로, Y가 종속변수이고, X가 설명변수일 때, 회귀계수는 다음식을 통해서 구할 수 있다.

$$b = (X'X)^{-1}X'Y$$

X와 Y가 R에 입력되어 있고 X'X 가 역행렬(invertible)을 갖는 경우 회귀분석을 수행해 보자. 우선 독립변수 x와 종속변수 y를 생성하자.

```
> set.seed(1)
> x<-1:10
> y<-2+x+rnorm(10)
> print(cbind(x,y))
       x         y
 [1,]  1  2.373546
 [2,]  2  4.183643
 [3,]  3  4.164371
 [4,]  4  7.595281
 [5,]  5  7.329508
 [6,]  6  7.179532
 [7,]  7  9.487429
 [8,]  8 10.738325
 [9,]  9 11.575781
[10,] 10 11.694612
```

두 변수의 형태와 최종적으로 생성될 회귀식의 형태는 다음과 같다.

```
01  plot(x,y)
02  abline(lm(y~x),col='red')
```

2줄: lm함수는 회귀분석을 수행하는 함수이다. 자세한 내용은 계량부분을 참조하자.

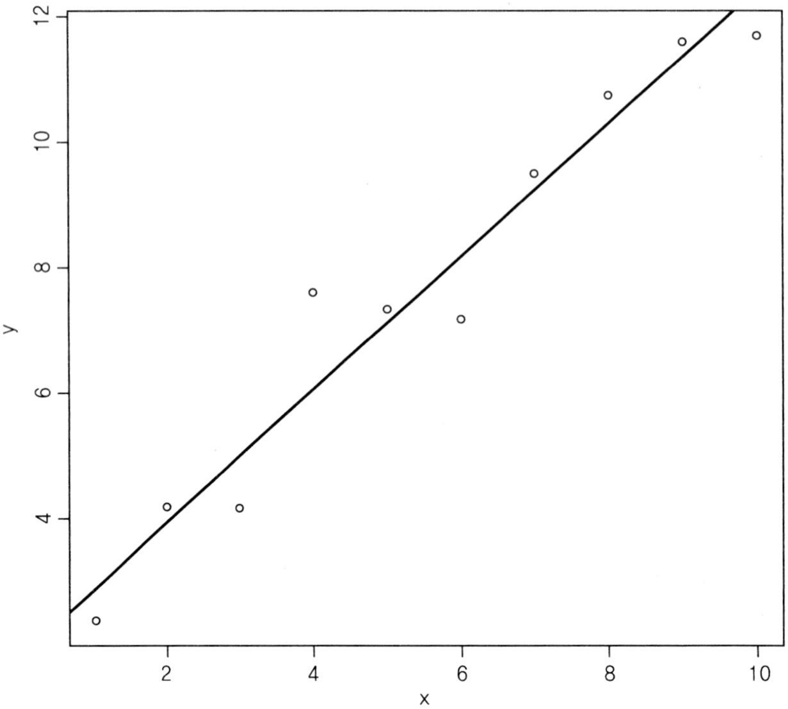

추정된 회귀계수는 다음과 같다.

```
> b<-solve(t(x)%*%x)%*%t(x)%*%y
> b
            [,1]
[1,] 1.316329
```

회귀식으로 추정된 결과(fitted values) $\hat{Y}$를 얻으려면 다음 코드를 사용한다.

```
2 > y_hat<-x%*%b
> y_hat
            [,1]
  [1,]   1.316329
  [2,]   2.632657
  [3,]   3.948986
  [4,]   5.265315
  [5,]   6.581643
  [6,]   7.897972
  [7,]   9.214301
  [8,]  10.530630
  [9,]  11.846958
 [10,]  13.163287
```

잔차(residuals) e는, 다음 코드를 통해 얻을 수 있다.

```
> e<-y-y_hat
> e
           [,1]
 [1,]  1.0572175
 [2,]  1.5509859
 [3,]  0.2153853
 [4,]  2.3299660
 [5,]  0.7478643
 [6,] -0.7184406
 [7,]  0.2731282
 [8,]  0.2076951
 [9,] -0.2711769
[10,] -1.4686753
```

소위 Hat Matrix H는 다음을 통해 구할 수 있다.

```
> H<-x%*%solve(t(x)%*%x)%*%t(x)
```

이때 추정된 종속변수(vector of fitted values $\hat{Y}$)은 다음과 같이 구할 수 있다.

```
01  > y_hat2<-H%*%y
02  > y_hat2
          [,1]
 [1,]  1.316329
 [2,]  2.632657
 [3,]  3.948986
 [4,]  5.265315
 [5,]  6.581643
 [6,]  7.897972
 [7,]  9.214301
 [8,] 10.530630
 [9,] 11.846958
[10,] 13.163287
```

2줄: 출력된 결과가 앞의 y_hat과 일치한다.

평균제곱오차(MSE; Mean Squared Error)를 구하려면, 먼저 잔차제곱합(SSE; sum of squared residuals, 또는 RSS; Residual sum of squares)를 계산하고 자유도를 나누어 주면된다. SSE는 다음과 같이 구할 수 있다.

```
> SSE<-t(y)%*%y-t(b)%*%t(x)%*%y
> SSE
```

```
            [,1]
[1,] 12.42214
```

자유도는 설명변수 행렬의 행숫자에서 열숫자를 빼면된다.

```
01  > df<-nrow(x)-ncol(x)
02  > df
03  numeric(0)
```

1줄: x는 행렬이 아니라 벡터이므로 `nrow`, `ncol`함수가 적용되지 않는다. 따라서 3줄의 결과는 무의미하다. 여기서는 코드사례를 보여주기 위해 실행해보았다. 벡터일때 자유도는 다음 코드를 이용해 계산한다.

```
> df<-length(x)-1
> df
[1] 9
```

MSE는 다음과 같다.

```
> MSE<-SSE/df
> MSE
            [,1]
[1,] 1.380237
```

추정된 회귀계수의 분산-공분산 행렬은 다음과 같이 구할 수 있다.

```
> > VC_b<-MSE[1,1]*solve(t(x)%*%x)
> VC_b
               [,1]
[1,] 0.003585032
```

MSE는 숫자(scalar)이지만 R은 1 x 1 행렬로 인식한다. 행렬연산을 통해 얻어진 결과이기 때문이다. 따라서 곱셈을 수행하기 위해서는 1행 1열의 요소를 직접 지정해서 사용하거나 행렬을 숫자로 변환해 주어야 한다. 분산-공분산 행렬의 결과는 p개의 추정된 회귀계수[1]에 대한 분산 $s^2\{b_0\}$, $s^2\{b_1\}$, $\cdots$, $s^2\{b_p\}$이 대각요소에 나타나고, i행과 j열에는 추정된 회귀계수 b_i 와 b_j 의 공분산 $s\{b_i, b_j\}$이 비대각요소에 나타난다. 이 행렬은 $s\{b_i, b_j\} = s\{b_j, b_i\}$이기 때문에 대칭행렬이다.

잔차의 분산-공분산 행렬은 다음과 같이 구할 수 있다.

```
VC_e<-MSE[1,1]*(diag(nrow(H))-H)
```

여기서 `diag(nrow(H))`는 항등행렬(identity matrix)을 만들어 준다.

[1]회귀계수의 개수가 p개일 경우를 말한다. 우리의 경우 p=1이다.

3 중고급 활용

3.1 데이터 구조

간단한 금융데이터를 다룬다면 벡터만으로도 충분할 수 있다. 하지만 더 많은 일을 하고 싶다면 좀 더 다양한 데이터 구조에 대해 알아두면 도움이 될 것이다. 앞에서 다루지 않은 데이터 구조에 대해서 살펴보자. 데이터 구조로는 배열, 리스트, 데이터 프레임, 팩터 등이 있다.

3.1.1 모드와 클래스

데이터 구조에 앞서 데이터 구조의 기본적 이해를 돕기위해 우선 다음 두 가지 개념에 대해서 알아 두자.

자료구분	의미	관련 함수	종류(예)
모드(mode)	물리적 자료형	mode함수를 이용하면 객체의 모드를 알 수 있다.	수치형(Numeric) 문자형(Character) 함수형(function) 리스트(list)
클래스(class)	추상적 자료형	class함수를 이용하면 객체의클래스를 알 수 있다.	Date List

모드는 가장 근본적인 데이터 형태라고 볼 수 있다. 예를 들어 같은 수치형 모드이지만 클래스는 다를 수 있다. 클래스는 객체를 어떻게 처리할지를 결정한다. 제네릭 함수는 이 클래스에 따라 작동하는 방식이 달라진다.

다음을 살펴보자.

```
> x<-as.Date("2010-01-01")
> mode(x)
[1] "numeric"
> class(x)
[1] "numeric"
```

x라는 변수는 모드는 수치형(numeric)이고 클래도 수치형이다. 여기서 모드와 클래스에 대한 개념을 더 살펴보자. 다음 코드를 살펴보자.

```
> x<-1:5
> y<-x^2
> m<-lm(y~x)
> class(m)
[1] "lm"
```

m은 “lm” 클래스이다. lm클래스라는 것이 무엇인지 현재로서는 알수가 없다. 하지만 모든 클래스는 원래 R의 데이터 구조(예를 들어 벡터, 행렬, 리스트 또는 데이터 프레임)를 기반으로 만들어 졌기 때문에 mode함수를 사용하면 기본적 구조를 확인할 수 있다.

```
> mode(m)
[1] "list"
```

즉 m은 list를 기반으로 만들어진 클래스이다. 따라서 list에 사용하는 함수와 연산을 이용해서 m의 내용물을 들여다 볼 수 있다. 먼저 리스트 요소의 이름을 알아보자.

```
> names(m)
 [1] "coefficients"  "residuals"     "effects"       "rank"
 [5] "fitted.values" "assign"        "qr"            "df.residual"
 [9] "xlevels"       "call"          "terms"         "model"
```

첫번째 리스트 요소는 “coefficients”라는 것이다. 이름으로 보건데 회귀계수일 것으로 추정되는데 실제로 값을 출력해보면 회귀계수임이 확인된다.

```
> m$coefficients
(Intercept)           x
         -7           6
```

이런 식으로 mode함수와 class함수를 이용해서 해당 변수의 특성을 분석할 수 있다.

3.1.1 배열(Array)

앞에서 배운 행렬은 2차원 데이터를 다룰 때 사용된다. 반면 배열은 3차원 이상의 데이터를 다룰 때 사용된다.

array함수를 이용하면 배열을 생성할 수 있다. array함수의 첫 번째 인수는 배열을 채울 숫자벡터이고, 두 번째 인수는 차원을 나타내는 벡터이다. 두 번째 인수가 만약 c(2,2,3)이라면 1차원은 원소가 2개, 2차원은 2개, 3차원은 3개라는 뜻이다.

```
> x<-array(1:3,c(2,2,3))
> x
, , 1
```

```

     [,1] [,2]
[1,]    1    3
[2,]    2    1

, , 2

     [,1] [,2]
[1,]    2    1
[2,]    3    2

, , 3

     [,1] [,2]
[1,]    3    2
[2,]    1    3
```

위의 결과인 x를 그림으로 표현하면 다음과 같다.

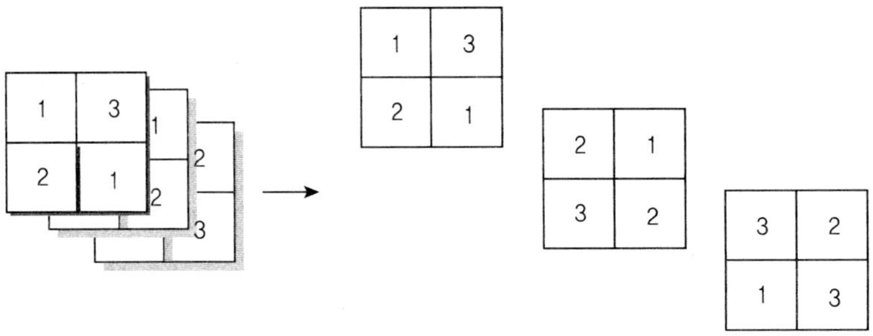

x의 dimension 속성을 없애면 벡터가 된다. 즉 벡터는 1차원으로 숫자를 연결한 것이고, 행렬 또는 배열은 2차원으로 숫자를 배열한 것이다. 배열에서 2차원 정보를 없애면(이 경우 dimension 속성을 없애는 것이 여기에 해당한다) 벡터와 동일해 진다는 뜻이다.

```
> attr(x,"dim")<-NULL
> is.array(x)
[1] FALSE
> is.vector(x)
[1] TRUE
```

3.1.2 리스트(List)

리스트는 벡터와 유사하나 여러 종류의 데이터 형태를 포함할 수 있다. 다른 종류와 다른 크기의 대상을 저장할 수 있다는 점에서 가장 일반적인 변수이다. 즉 벡터의 모든 원소는 동일한 모드이어야 하지만 리스트의 원소는 다른 모드일 수 있다. 따라서 모드가 다른 변수를 담는 그릇을 리스트라고 이해하자.

```
01 > x<-list(1,2,"3","good")
02 > typeof(x[2])
03 [1] "list"
04 > typeof(x[[2]])
05 [1] "double"
06 > typeof(x[[3]])
07 [1] "character"
```

리스트는 4줄과 같이 (벡터와는 달리) '[[]]'로 원소에 접근해야한다. 또는 다음과 같이 원소에 이름을 부여하여 접근할 수도 있다.

```
> x<-list(name="chang",age=10,title="manager")
> x$name
[1] "chang"
```

x[[n]]과 x[n]의 차이

x[[n]]은 리스트의 n번째 원소를 뜻한다. 반면 x[n]은 리스트(list)이다. 다시 말하자면 x[n]의 결과값은 리스트이고 x[[n]]의 결과값은 숫자이다. 즉 두 경우는 클래스(class)가 다르다. x의 원소를 리스트 형태로 추출하려면 "[]"를 사용하고, 벡터(또는 원소가 하나라면 스칼라) 형태로 추출하려면 "[[]]"를 사용하면 된다.

위 예제에 class함수를 적용해보면 차이를 알 수 있다(사실 typeof함수와 동일한 결과이다).

```
> class(x[2])
[1] "list"
> class(x[[2]])
[1] "numeric"
```

리스트에서 원소를 삭제할 경우 해당원소에 NULL을 입력해준다.

```
> x<-list(2,4,7)
> x
[[1]]
[1] 2

[[2]]
[1] 4

```

```
[[3]]
[1] 7

> x[[2]]<-NULL
> x
[[1]]
[1] 2

[[2]]
[1] 7
```

단, 이 방법은 벡터에서는 불가능하다.

```
> x<-c(2,4,7)
> x
[1] 2 4 7
> x[2]<-NULL
Error in x[2] <- NULL : replacement has length zero
```

만약 리스트를 벡터로 만들고 싶다면 unlist함수를 사용하면 된다. 이때 리스트의 각 원소의 모드가 다르다면 강제변환이 일어난다. 왜냐하면 벡터는 모든 원소의 모드가 동일해야 하기 때문이다.

```
01  > x<-list(1,2,"good")
02  > typeof(x)
03  [1] "list"
04  > y<-unlist(x)
05  > typeof(y)
06  [1] "character"
07  > y
08  [1] "1"    "2"    "good"
```

6줄: 원래 리스트에 서로 모드가 다른 원소가 있었으므로 벡터로 전환되면 하나의 모드(여기서는 character)로 강제로 전환된다.

3.1.3 데이터 프레임(Data frame)

데이터프레임은 R에서 분석을 수행할 때 가장 빈번히 사용되는 형식이다. 외부파일로부터 R에 데이터를 불러올 때 사용하는 함수들은 불러들인 데이터를 모두 데이터프레임으로 변환시키기 때문이다. 데이터 프레임은 데이터 베이스라고 이해하면 된다. 필드와 레코드로 이루어져있다. 데이터 프레임에서는 각 행의 개수가 모든 열에서 동일해야 한다. 그렇지 않으면 에러가 발생한다.

```
> df<-data.frame(col1=c(1,2,3),col2=c(1,2,3,4))
Error in data.frame(col1 = c(1, 2, 3), col2 = c(1, 2, 3, 4)) :
  arguments imply differing number of rows: 3, 4
```

데이터프레임의 대략적인 형태를 알아보기위해서는 names, str, summary 등의 함수를 이용하면 된다.

```
> df<-data.frame(id=c("kim","lee","park"),score=c(50,55,43))
> names(df)
[1] "id"    "score"
> dim(df)
[1] 3 2
> str(df)
'data.frame':   3 obs. of  2 variables:
 $ id   : Factor w/ 3 levels "kim","lee","park": 1 2 3
 $ score: num  50 55 43
> summary(df)
    id         score
 kim :1   Min.   :43.00
 lee :1   1st Qu.:46.50
 park:1   Median :50.00
          Mean   :49.33
          3rd Qu.:52.50
          Max.   :55.00
> nrow(df)
[1] 3
> ncol(df)
[1] 2
```

$연산자를 이용하여 특정 필드(field)에 접근할 수 있다.

```
> df
    id score
1  kim    50
2  lee    55
3 park    43
> df$id
[1] kim  lee  park
Levels: kim lee park
```

[,] 연산자를 이용해서 요소(element)에 접근할 수 있다.

```
> df<-data.frame(id=c("kim","lee","park"),score=c(50,55,43))
> x<-df[1,2]
```

```
> x
[1] 50
```

데이터프레임은 리스트의 한 종류로 (1)리스트에 포함된 모든 값이 길이가 같은 벡터일 때, 혹은 (2)행의 수, 열의 수가 같은 행렬일 경우 data.frame함수를 이용해 데이터프레임으로 변환시킬 수 있다.

```
> v1<-1:5
> v2<-6:10
> v1
[1] 1 2 3 4 5
> v2
[1]  6  7  8  9 10
> mylist<-list(dataA=v1,dataB=v2)
> mylist
$dataA
[1] 1 2 3 4 5

$dataB
[1]  6  7  8  9 10

> data.frame(mylist)
  dataA dataB
1     1     6
2     2     7
3     3     8
4     4     9
5     5    10
```

데이터프레임은 행렬의 집합으로써 작성할 수도 있지만, 많은 경우 벡터의 집합으로 사용된다. 같은 길이의 벡터의 집합인 데이터프레임은 각각의 벡터를 열 원소로 간주하는 표 형식의 데이터로 생각할 수가 있어서 행 단위, 열 단위의 데이터의 투입, 삭제, 추출조작을 할 수 있다. 또한, 데이터프레임을 작성할 때 각 열과 행에는 행의 이름과 열의 이름이 자동으로 부여된다. 열의 이름은 리스트의 참조용 이름이 사용되며 행의 이름은 함수 rownames(), 열의 이름은 함수 colnames()로 확인할 수 있으며 자유롭게 변경할 수 있다.

```
> df<-data.frame(mylist)
> rownames(df)
[1] "1" "2" "3" "4" "5"
> colnames(df)
[1] "dataA" "dataB"
```

```
> colnames(df)<-c("kor","math")
> df
  kor math
1   1    6
2   2    7
3   3    8
4   4    9
5   5   10
```

빈 데이터 프레임 생성할 때는 NULL을 할당하면 되고, 데이터(레코드)를 추가할 때는 rbind함수를 이용한다

```
01  MFVdata<-NULL
02  MFVdata<-data.frame(as.numeric(),as.numeric(),as.Date(character()))
03
04  x<-100
05  y<-200
06  z<-as.Date("2001-01-01")
07  MFVdata<-rbind(MFVdata,data.frame(x,y,z))
```

2줄: 3개의 필드를 갖는 빈 데이터 프레임 생성

8줄: 레코드 추가

아래와 같이 edit함수를 이용하면 데이터 편집기를 사용할 수 있다.

```
01  > x<-matrix(1:6,nrow=2)
02  > df<-as.data.frame(x)
03  > x
04       [,1] [,2] [,3]
05  [1,]    1    3    5
06  [2,]    2    4    6
07  > tmp<-edit(df)
```

1줄: 행렬을 생성한다.

2줄: as.data.frame함수를 이용해서 데이터프레임으로 변환한다.

7줄: 데이터 편집기를 나타낸다. 아래와 같은 데이터 편집기에 원하는 값을 투입하고 우측상단에[x]단추를 누르면 새로운 데이터가 tmp에 입력된다.

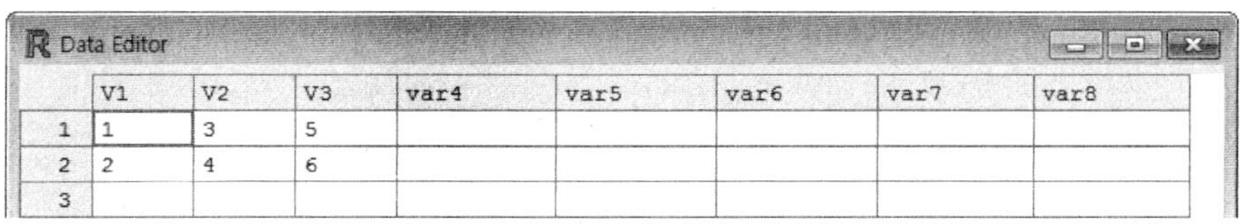

x에 직접 수정을 하려면 fix함수를 이용하면 된다. 즉 edit함수는 입력 데이터 프레임(인수)을 직접 손대지 않는 반면 fix함수는 입력인수를 직접 수정한다.

데이터 프레임에서는 subset함수를 이용해서 조건을 만족하는 데이터를 추출할 수 있다. 다음과 같은 데이터가 있다고 하자. 수학(math)이 2(등급)인 데이터(math=2)만 추출해 보자.

	kor	math	eng
1	1	2	3
2	2	3	3
3	4	2	1

```
df<-data.frame(NULL)
df<-rbind(df,c(1,2,3))
df<-rbind(df,c(2,3,3))
df<-rbind(df,c(4,2,1))
colnames(df)<-c("kor","math","eng")
tmp01<-subset(df,math==2)
print(tmp01)
```

결과는 다음과 같다.

```
kor math eng
1  1    2   3
3  4    2   1
```

데이터 프레임 조작: 스택하기

스택하기는 단순히 데이터를 아래에 추가하는 것과는 조금 다른 개념이다. 우선 다음 예제를 살펴보자

```
> require(stats)
> formula(PlantGrowth)
weight ~ group
> pg<-unstack(PlantGrowth)
> pg
   ctrl trt1 trt2
1  4.17 4.81 6.31
2  5.58 4.17 5.12
3  5.18 4.41 5.54
4  6.11 3.59 5.50
```

```
5  4.50 5.87 5.37
6  4.61 3.83 5.29
7  5.17 6.03 4.92
8  4.53 4.89 6.15
9  5.33 4.32 5.80
10 5.14 4.69 5.26
> stack(pg)
   values  ind
1    4.17 ctrl
2    5.58 ctrl
3    5.18 ctrl
...
28   6.15 trt2
29   5.80 trt2
30   5.26 trt2
```

PlantGrowth는 R에 내장되어 있는 데이터 집합으로써 Dobson(1983)의 책에서 설명한 3가지 서로 다른 환경에서 자란 식물의 무게, 즉 정상적인 환경(control)과 두 가지 비옥한 환경(two different treatment)에서의 자란 10개 표본 식물의 무게를 의미한다.

위 결과를 보면 레코드 별로 한 줄의 자료를 만드는 것이 stack이고, 속성별로 값을 묶어놓는것이 unstack임을 알 수 있다.

데이터 필드 이름을 바꾸려면 colname함수를 이용하면 된다.

```
> x<-data.frame(bad=1:3,worse=rnorm(3))
> x
  bad      worse
1   1  2.1304961
2   2 -0.5074596
3   3 -1.4448010
> colnames(x)<-c("good","better")
> x
  good      better
1    1  2.1304961
2    2 -0.5074596
3    3 -1.4448010
> colnames(x)[2]<-"super"
> x
  good       super
1    1  2.1304961
2    2 -0.5074596
3    3 -1.4448010
```

3.1.4 팩터(Factor)

벡터의 특수한 형태로 설문조사의 선택문항 등 카테고리를 저장할 수 있는 벡터인 factor라는 형태가 있다. 즉, 범주형 변수(Categorical Variable)를 다루기 위한 데이터 유형이다. 범주형 변수의 가능한 값을 level이라고 부른다. Level의 벡터를 factor라고 부른다. factor는 벡터를 기본으로 하여 함수 factor()를 이용하여 작성할 수 있다. 예제는 다음과 같다.

```
> data = c(1,2,2,3,1,2,3,3,1,2,3,3,1)
> fdata = factor(data)
> fdata
 [1] 1 2 2 3 1 2 3 3 1 2 3 3 1
Levels: 1 2 3
```

factor 함수는 두번째 인수가 주어지면 두번째 인수인 levels 인수에 따라 factor의 레벨(혹은 이름)을 지정한다. level은 factor에 포함된 카테고리의 목록이라 할 수 있다.

아래 코드를 살펴보자. factor와 벡터의 내용을 R에서 출력해보면 factor는 벡터에 레벨정보를 추가한 것임을 알 수 있다. R에서는 이 레벨 정보를 이용해 카테고리별 단순집계나 그래프의 성형을 하므로 카테고리 변수는 가능한 벡터가 아닌 factor로 변환해 놓는 것이 좋다.

```
01 > xv <- c("A", "C", "B", "A", "A", "C", "B")
02 > x <- factor(xv, levels = c("A", "B", "C"))
03 > xv
04 [1] "A" "C" "B" "A" "A" "C" "B"
05 >x
06 [1] A C B A A C B
07 Levels: A B C
```

1줄: 문자형 벡터를 생성한다.

2줄: 문자형 벡터를 팩터로 변환한다.

factor와 벡터는 외형상 큰 차이는 없어 보이지만 R의 내부에서는 매우 다른 형태로 취급한다. 아래의 예와 같이 벡터를 숫자로 변환하는 as.numeric() 함수를 이용하여 그 결과를 살펴보면 factor는 레벨의 순서에 따라 그 값이 존재하지만, 문자형 벡터는 그렇지 않음을 알 수 있다.

```
> as.numeric(x)
[1] 1 3 2 1 1 3 2
> as.numeric(xv)
Warning:  NAs introduced by coercion
[1] NA NA NA NA NA NA NA
```

3.1.5 데이터 구조변환하기

다음 함수를 이용하면 데이터 구조를 변환할 수 있다.

함수	내용
as.data.frame	데이터 프레임으로 변환
as.list	리스트로 변환
as.matrix	행렬로 변환
as.vector	벡터로 변환

예를 들어 팩터를 정수로 변환하는 것은 다음 코드와 같이 처리한다.

```
> fac <- factor(c("1","2","1","2"))
> as.numeric(as.character(fac))
[1] 1 2 1 2
```

3.1.6 데이터 병합하기

다음과 같이 두 개의 파일이 주어져 있다고 하자.

〈apric.csv〉

```
trade,price
2010-01-03,101
2010-01-10,103
2010-01-17,99
2010-01-24,100
2010-01-31,111
```

〈bprice.csv〉

```
trade,price
2010-01-03,50
2010-01-17,51
2010-01-24,53
2010-01-31,49
2010-02-07,48
```

다음 코드를 이용해서 불러들이자.

```
> x<-read.csv('aprice.csv')
> y<-read.csv('bprice.csv')
```

merge함수를 이용하면 두 자료를 합칠 수 있다.

```
01 > z<-merge(x,y,by="trade")
02 > View(z)
```

1줄: by인수는 어느 필드를 이용해서 병합을 할 것인지를 지정한다. 여기서는 거래일(trade)을 기준으로 병합한다.

결과는 다음과 같다.

Data: z

	trade	price.x	price.y
1	2010-01-03	101	50
2	2010-01-17	99	51
3	2010-01-24	100	53
4	2010-01-31	111	49

aprice와 bprice에 공통된 날짜의 가격정보만 병합되었다. 만약 aprice와 bprice에 있는 모든 날짜의 가격정보를 병합하려고 하면 all인수를 TRUE로 지정해주면 된다.

```
w<-merge(x,y,by="trade",all=TRUE)
View(w)
```

Data: w

	trade	price.x	price.y
1	2010-01-03	101	50
2	2010-01-10	103	NA
3	2010-01-17	99	51
4	2010-01-24	100	53
5	2010-01-31	111	49
6	2010-02-07	NA	48

3.2

벡터화(Vectorization)

3.2.1 벡터화의 개념

벡터화의 장점을 요약하면 다음과 같다.

벡터화 = 간단한 코딩 + 빠른 속도

어떤 함수 f(x)가 있는데 그 입력변수인 x는 숫자(scalar)이다. 만약 x의 여러가지 값에 대해서 함수를 적용해야 한다면 일반적으로는 for와 같은 반복문을 사용할 것이다. 하지만 벡터의 개념을 이용하면 벡터를 입력하고 벡터를 출력함으로써 보다 간단히 코드를 작성할 수 있다. 이것이 벡터화의 기본 아이디어이다.

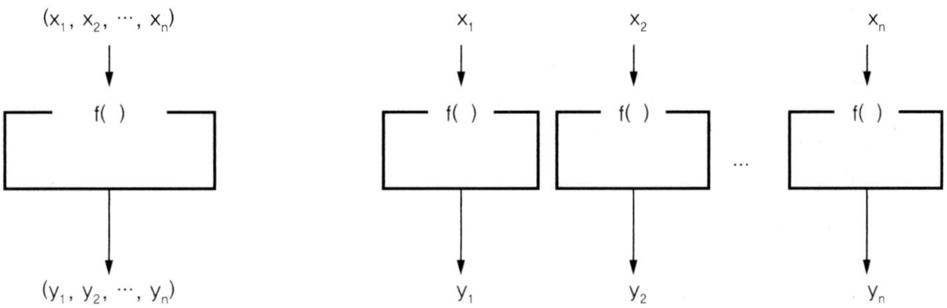

위 그림에서 왼쪽이 벡터화된 경우이고, 오른쪽이 그렇지 않은 경우이다. 벡터화는 벡터 원소 각각에 대해 연산을하는 것이 아니라 벡터 전체에 대해 한꺼번에 연산을 하는 것을 의미한다. 원소별로 연산을 하는 것 보다 벡터화시키면 편하고 빠르다.

1~10까지 각각의 값에 대해 21~30까지 각각의 값을 더하는 연산을 생각해보자. 벡터화를 고려하지 않는다면 다음과 같이 직관적으로 코드를 만들게 될 것이다.

```
> a<-1:10
> b<-21:30
> c<-0
> for(i in 1:10){
+   c[i]<-a[i]+b[i]
+ }
> c
 [1] 22 24 26 28 30 32 34 36 38 40
```

하지만 벡터화를 이용하면 다음과 같이 간단히 코드를 만들 수 있다.

```
> a<-1:10
> b<-21:30
> c<-a+b
> c
 [1] 22 24 26 28 30 32 34 36 38 40
```

다시 한번 강조하면, 벡터 연산이 중요한 이유는 순환문 등을 사용해 값을 하나씩 처리해 가는 대신 벡터나 리스트를 한번에 처리하는 것이 더 효율적이고 편리하기 때문이다. 예를 들어 아래 코드보다는

```
> v<-1:1000
> for(i in 1:1000){
+ v[i]<-v[i]+1}
```

다음코드가 더 효율적이다.

```
> v<-1:1000
> v<-v+1
```

R에서 제공되는 많은 함수들은 벡터화 되어 있다. 즉 스칼라 인수를 받는 함수에서 특정 인수(input variable)가 벡터이면 그 결과를 벡터로 반환해준다. 기본적인 사칙연산 이외에 sqrt, log, exp, sin 등의 함수에도 벡터화가 적용된다. 예를 들어 아래 코드에서 제곱함수는 벡터화 연산을 수행 중이다(즉, 벡터를 입력받아 한꺼번에 벡터를 반환한다).

```
weight.x<-c(10,20,30)
weight.sq<-weight.x^2
```

아래와 같이 사칙연산도 역시 벡터화가 적용된다.

```
> a<-1:10
> b<-21:30
> a+b
 [1] 22 24 26 28 30 32 34 36 38 40
> a-b
 [1] -20 -20 -20 -20 -20 -20 -20 -20 -20 -20
> a*b
 [1]  21  44  69  96 125 156 189 224 261 300
> a/b
 [1] 0.04761905 0.09090909 0.13043478 0.16666667 0.20000000
0.23076923 0.25925926 0.28571429
 [9] 0.31034483 0.33333333
```

```
> a%%b
 [1]  1  2  3  4  5  6  7  8  9 10
```

참고

벡텅화의 의미(리뷰)

벡터를 처리하는 방법은 다음 두 가지 경우 중 하나를 의미한다.

- 벡터를 입력 받아서 벡터를 출력하는 함수: "+"연산자가 이에 해당
- 벡터를 입력 받아서 숫자(scalar)를 출력하는 함수: sum(x)가 이에 해당

mean, median sum 등의 함수는 두번째 경우에 해당되는데 정확히는 벡터화와는 다른 개념으로 볼수 있다. 벡터를 인수로 받아 실수(scalar)를 반환하기 때문이다. 아래 코드를 참고하자.

```
> sum(a*b)
[1] 1485
```

즉, sum함수는 원래 벡터를 입력받는 함수이므로 벡터를 입력받는 사실만으로 벡터화되었다고 할 수 없다는 것이다.

참고

위 코드는 벡터곱 %*%를 이용하여 다음과 같이 구현할 수 있다.

```
b%*%b
```

벡터화의 효율성에 대한 보다 실질적인 사례는 〈부록〉을 참조하기 바란다.

3.2.3 벡터화 구현

R은 벡터화되지 않은 함수를 벡터화 시켜주는 함수를 제공하는데 apply계열함수가 여기에 해당한다. apply계열 함수는 다음과 같은 것이 있다.

함수	기능
apply	Apply Functions Over Array Margins
by	Apply a Function to a Data Frame Split by Factors
eapply	Apply a Function Over Values in an Environment
lapply	Apply a Function over a List or Vector
mapply	Apply a Function to Multiple List or Vector Arguments
sapply	lapply와 같으나 list대신 vector를 반환한다
rapply	Recursively Apply a Function to a List
tapply	Apply a Function Over a Ragged Array

이중 자주 사용되는 몇가지에 대해서 살펴보자.

(1) apply

함수에 배열 또는 행렬의 특정 행 또는 열(margin)을 입력한 결과값의 벡터(또는 배열, 리스트)를 반환한다. apply는 배열 및 행렬 뿐 아니라 data frame에도 적용가능하다. 단, as.matrix(dframe) 처럼 행렬로 변환해야 한다. 하지만 list에는 적용 불가하다. list에 적용하려면 뒤에 나오는 lapply를 사용해야 한다.

- 함수사용법: `apply(M,n,fun)`

n=1이면 M의 row요소들을, n=2이면 column요소들을 fun에 적용한 결과값을 돌려준다.

다음 예제를 살펴보자.

```
01  > m<-matrix(1:10,nrow=5)
02  > m
03        [,1] [,2]
04  [1,]     1    6
05  [2,]     2    7
06  [3,]     3    8
07  [4,]     4    9
08  [5,]     5   10
09  > apply(m,1,mean)
10  [1] 3.5 4.5 5.5 6.5 7.5
11  > apply(m,2,mean)
12  [1] 3 8
13  > apply(m,1:2,mean)
14        [,1] [,2]
15  [1,]     1    6
16  [2,]     2    7
17  [3,]     3    8
18  [4,]     4    9
19  [5,]     5   10
```

9줄: mean함수를 행별로 적용한다.

11줄: mean함수를 열별로 적용한다.

13줄: mean함수를 행과 열별로 적용한다. 이 경우 결국 각 요소에 mean함수를 적용한 결과가 산출된다.

(2) lapply

List apply의 약자이다. 리스트의 각각의 요소에 함수를 적용하고 그 결과를 리스트로 반환한다. 입출력변수가 리스트일 때 사용한다.

```
01 > x<-list(a=1:5,b=6:10)
02 > lapply(x,mean)
03 $a
04 [1] 3
05 
06 $b
07 [1] 8
```

2줄: mean함수를 a요소 및 b요소에 대해 적용한다.

(3) sapply

Simple apply의 약자이다. lapply와 같으나 list대신 vector를 반환한다. sapply는 lapply를 사용자가 쓰기 쉽게 변환한 함수로 결과값을 벡터 또는 행렬로 변환하여 출력한다. 즉 리스트의 각 요소에 대해 함수를 적용하지만 그 결과를 벡터로 돌려받고 싶을때 사용한다.

```
01 > x<-list(a=1,b=1:3,c=1:50)
02 > sapply(x,length)
03  a  b  c
04  1  3 50
05 > sapply(x,sum)
06     a     b     c
07     1     6  1275
```

2줄: length함수를 x의 각 요소에 적용한다.

5줄: sum함수를 x의 각 요소에 적용한다.

(3) mapply

여러 개의 데이터 구조(예를 들어 벡터, 리스트 등등)이 있고 함수를 각각의 첫번째 원소에 적용하고, 다음으로 두번째 요소 등등에 적용한 뒤 결과를 벡터 또는 배열로 반환해준다.

```
> mapply(sum,1:5,1:5,1:5)
[1]  3  6  9 12 15
```

(4) Vectorize

Vectorize함수는 scalar함수를 벡터화함수로 만들어 준다. 함수에 mapply 적용된 듯한 효과를 준다. mapply와 달리 결과가 값이 아니라 함수이다.

• 함수 사용법:

```
Vectorize(FUN,vectorize.args=arg.names,SIMPLIFY=TRUE,USE.NAMES=TRUE)
```

```
> f<-function(x=1:3,y) c(x,y)
> f(1:3,1:3)
[1] 1 2 3 1 2 3
> vf<-Vectorize(f)
> vf(1:3,1:3)
     [,1] [,2] [,3]
[1,]    1    2    3
[2,]    1    2    3
> vf(y=1:3)
     [,1] [,2] [,3]
[1,]    1    1    1
[2,]    2    2    2
[3,]    3    3    3
[4,]    1    2    3
```

참고

벡터화와 관련하여 보다 고급 개념으로 함수 프로그래밍(Functional Programming)이 있다. 자세한 내용은 다음 사이트를 참고하자.

- Quantide, Ramarro Chapter 5 Functional Programming
  http://www.quantide.com/R/ramarro-chapter-05/

3.2.3 벡터화 팁

일반적인 함수의 경우 위에서 설명한 apply함수를 적용하지 않아도 벡터화 연산을 지원한다. 다음 코드를 살펴보자.

```
01 > f<-function(x,y) x+2*y
02 > a<-1:3
03 > b<-10
04 > f(a,b)
05 [1] 21 22 23
```

4~5줄: 입력 변수 중 첫번째 인수가 벡터이므로 결과도 벡터로 출력되었다. 즉 벡터화 연산이 수행되었다.

만약 입력인수가 여럿이고 그 벡터의 차원(dimension)이 일치하지 않는다면 벡터의 재활용 원칙이 적용된다.

```
> f<-function(x,y)x+2*y
> f(1:3,5)
[1] 11 12 13
```

위 예에서 함수 f는 다음과 같은 연산을 수행한 것과 동일하다.

1+2*5=11

2+2*5=12

3+2*5=13

스칼라(scalar) 2개를 입력받는 함수를 생각해보자. 입력 인수 2개가 벡터라면 모든 조합에 대해 계산할까 아니면 쌍으로(pair-wise)로 계산할까? 답은 쌍으로 계산한다이다. 쌍이 부족하면 재활용원칙이 적용된다. 다음 코드를 참조하자.

```
8 > f<-function(x,y) x-y
> x<-1:3
> y<-4:5
> f(x,y)
[1] -3 -3 -1
Warning message:
In x - y : longer object length is not a multiple of shorter
object length
```

벡터의 길이가 다를 경우 벡터의 재활용 원칙이 적용되므로 벡터와 스칼라(길이가 1 인 벡터)간 연산도 가능하다.

```
> x<-2
> a*x
 [1]  2  4  6  8 10 12 14 16 18 20
```

그렇다면 원래 벡터를 인수로 받는 함수는 어떻게 벡터화할까? 아래 코드에서 f함수는 하나의 벡터와 하나의 스칼라를 입력받는 함수이다. 이 함수를 첫 인수는 벡터로 받고, 두번째 인수도 벡터로 받으면 그 결과는 다음과 같다.

```
> f<-function(vx,y) sum(vx)-y
> vx<-1:3
> y<-4:5
> f(vx,y)
[1] 2 1
```

위 결과는 다음 코드의 결과와 동일하다.

```
> f<-function(vx,y) {sum(vx)-y}
```

```
02  > vf<-Vectorize(f,"y")
03  > vx<-1:3
04  > y<-4:5
05  > vf(vx,y)
06  [1] 2 1
```

2줄: Vectorize함수는 scalar함수를 벡터화 해주는 함수이다. 즉, y에 대해서만 벡터화 되었다.

연습

벡터화를 이용하여 행렬의 행 또는 열을 반대로 순서로 바꾸려고 한다. 어떻게 할 수 있을까?
아래 코드를 이용해보자.

```
01  > x<-matrix(1:6,nrow=2,ncol=3)
02  > x
03       [,1] [,2] [,3]
04  [1,]    1    3    5
05  [2,]    2    4    6
06  > y<-apply(x,2,rev)
07  > y
08       [,1] [,2] [,3]
09  [1,]    2    4    6
10  [2,]    1    3    5
11  > z<-apply(x,1,rev)
12  > z
13       [,1] [,2]
14  [1,]    5    6
15  [2,]    3    4
16  [3,]    1    2
17  > t(z)
18       [,1] [,2] [,3]
19  [1,]    5    3    1
20  [2,]    6    4    2
```

6줄: x의 행(row)요소 에 rev함수를 적용한 결과를 돌려준다. 즉 행의 순서를 바꾸어 준다.
11줄: x의 열(column)요소에 rev함수를 적용한 결과를 돌려준다. 즉 열의 순서를 바꾸어 준다. 유의할 점은 결과가 전치(transpose)되어 나온다는 점이다. 따라서 17줄과 같이 원래대로 행렬을 전치시켜주어야 원하는 결과를 얻는다.

3.3

입출력

3.3.1 파일 입출력

read 계열함수와 write 계열함수를 이용하면 파일에서 데이터를 읽고 쓸 수 있다.

(1) 파일입력

read.table함수는 표(table) 형식으로 작성된 파일을 읽어들여 데이터 프레임을 만들어 준다. 인수로는 파일명, 헤더(header, 필드명 – 첫 번째 행이 헤더인지를 알려 줌)여부, 분리자(separator) 등이 있다.

함수 형식: `read.table(file_name,header,sep)`

우선 데이터를 읽어들일 파일을 아래와 같이 만들자.

test.txt

```
01    Name,age,grade
02    Kim,15,A
03    Lee,14,B
04    Park,13,C
05
```

5줄처럼 입력파일의 맨 마지막 부분에 [Enter]를 한번 더 추가하자. 5줄이 없으면 아래 코드를 실행할 때 다음과 같은 경고 메시지를 보여준다.

```
Warning message:
In read.table("test.txt", TRUE, sep = ",") :
  incomplete final line found by readTableHeader on 'test.txt'
```

다음 코드를 실행해보자.

```
> tb<-read.table("test.txt",TRUE,sep=",")
> tb
  Name age grade
1  Kim  15     A
2  Lee  14     B
3 Park  13     C
```

read.csv함수는 쉼표로 구분된 자료(comma delimited file)를 읽어들여서 데이터 프레임을 만들어 준다. 함수형식은 다음과 같다.

함수형식: `read.csv(file_name,header,sep)`

만약 구분자가 탭이라면 다음과 같이 수정하면 된다.

```
> tb<-read.csv("test.txt",TRUE,sep="\t")
```

read.csv함수는 숫자가 아닌 데이터는 요인으로 자동으로 해석한다. 다음 코드를 실행해 보자.

```
> tb<-read.csv('test.txt',header=T)
> str(tb)
'data.frame':   3 obs. of  3 variables:
 $ Name : Factor w/ 3 levels "Kim","Lee","Park": 1 2 3
 $ age  : int  15 14 13
 $ grade: Factor w/ 3 levels "A","B","C": 1 2 3
```

만약 데이터가 요인이 아닌 문자열이어야 한다면 as.is인수를 TRUE로 설정한다.

```
> tb<-read.csv('test.txt',header=T,as.is=T)
> str(tb)
'data.frame':   3 obs. of  3 variables:
 $ Name : chr  "Kim" "Lee" "Park"
 $ age  : int  15 14 13
 $ grade: chr  "A" "B" "C"
```

file.choose함수는 파일선택 대화상자를 통해 파일이름과 경로를 입력받을 수 있다.

```
> file.choose()
```

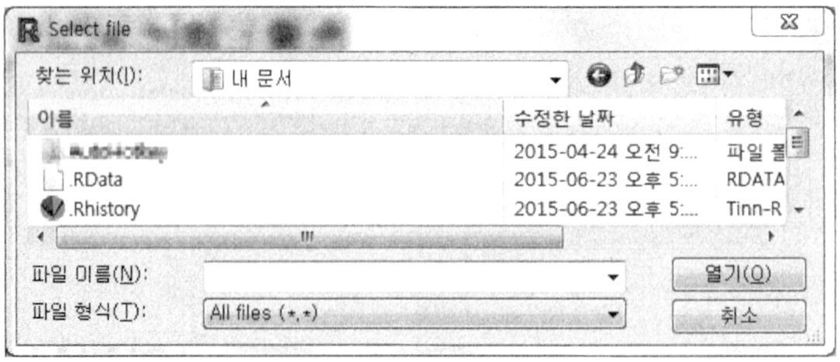

결과

```
[1] "C:\\Users\\ABC\\Documents\\.RData"
```

따라서, read.table 또는 read.csv의 인수로 file.choose함수를 넣으면 대화창을 통해 입력 파일을 선택할 수 있다.

```
> x<-read.table(file.choose())
```

(2) 파일출력

write.csv를 이용하면 결과를 쉼표로 구분된 값 형식(csv)으로 파일에 저장할 수 있다. 함수형식은 다음과 같다.

함수형식: `write.csv(data,file_name, row.names)`

row.names인수가 TRUE면, 각 데이터 행 앞에 행번호를 추가해준다. 행번호가 필요없다면 FALSE를 지정해주면 된다. 다음 코드를 살펴보자.

```
> write.csv(tb,"out.txt")
```

출력된 파일은 다음과 같다. 각 행의 맨 앞에 행번호가 추가되었음을 확인할 수 있다.

〈out.txt〉

```
"","Name","age","grade"
"1","Kim",15,"A"
"2","Lee",14,"B"
"3","Park",13,"C"
```

3.3.2 클립보드 입출력

(1) 클립보드 입력

앞에서 배운 read.table 또는 read.csv함수를 이용해서 클립보드의 데이터를 읽어올 수 있다. 아래와 같이 함수의 첫번째 인수를 "clipboard"로 두면 된다.

```
> x<-read.table("clipboard",sep=',')
> x
    V1  V2    V3
1 Name age grade
2  Kim  15     A
3  Lee  14     B
4 Park  13     C
```

또는 readClipboard함수를 이용할 수도 있다. 임의의 자료를 선택하여 [Ctrl]+[v]를 실행하여 클립보드에 복사하자. 이 상태에서 다음 코드를 실행하면 클립보드의 자료가 x 변수에 할당된다.

```
> x<-readClipboard()
> x
[1] " Kim  15      A"
```

(2) 클립보드 출력

클립보드 출력도 입력과 마찬가지로 write.table 또는 write함수를 이용할 수 있다.

```
> write.table(x,"clipboard",sep="\t")
```

또는 writeClipboard함수를 이용할 수 있다. 단, 입력받는 인수는 반드시 문자열이어 야 한다. 문자열이 아닐 경우 아래코드 3줄과 같은 에러가 발생한다.

```
01  > x<-as.character(1:10)
02  > writeClipboard(x)
03  > readClipboard()
04   [1] "1"  "2"  "3"  "4"  "5"  "6"  "7"  "8"  "9"  "10"
```

따라서 에러를 방지하려면 아래 5줄과 같이 변수를 문자로 변환해야 한다.

```
05  > x<-as.character(1:10)
06  > writeClipboard(x)
07  > readClipboard()
08   [1] "1"  "2"  "3"  "4"  "5"  "6"  "7"  "8"  "9"  "10"
```

3.3.3 콘솔에 출력하는 대신 파일 출력하기

print함수는 기본적으로 결과를 콘솔에 출력한다. 만약 결과를 콘솔이 아닌 파일로 바꾸어(리다이렉션) 출력하고 싶다면 sink함수를 이용할 수 있다.

```
01  > sink('out.txt')
02  > x<-1:5
03  > print(x)
04  > print(2*x)
05  > sink()
```

1줄: 출력을 파일에 쓰기 시작

5줄: 출력을 콘솔에 쓰기 시작(리다이렉션 종료)

출력결과는 다음과 같다.

out.txt

```
[1] 1 2 3 4 5
[1]  2  4  6  8 10
```

3.3.4 엑셀 연동

앞에서 살펴 본 바와 같이 fix함수를 이용하면 엑셀처럼 데이터를 편집할 수 있다.

```
> x<-1:3
> y<-c(0.1,0.5,0.2)
> z<-cbind(x,y)
> fix(z)
```

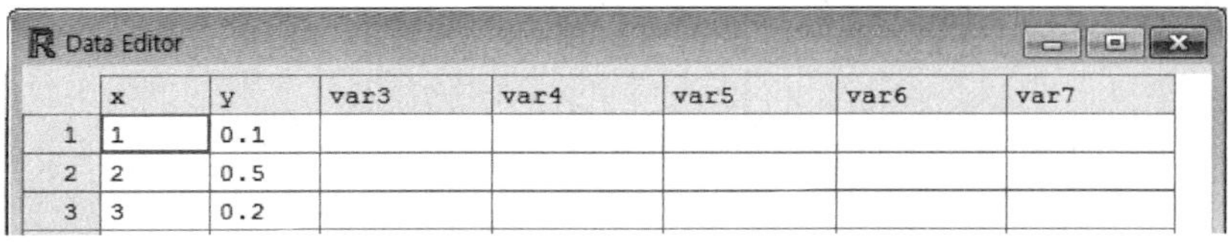

하지만 직접 엑셀을 통해 자료를 주고 받을 수 있으면 편리할 것이다. 그 방법을 살펴보자.

(1) 클립보드를 이용하는 방법

엑셀과 R사이에 바로 데이터를 주고 받을 수도 있지만 앞에서 배운 readClipboard와 writeClipboard함수를 이용해서 데이터를 주고 받을 수도 있다.

앞에서 본 바와 같이 R에서 데이터를 클립보드로 저장한 뒤, 엑셀로 이동해서 붙여넣기([Ctrl]+v)를 통해 자료를 붙여 넣을 수 있다. 반대로 엑셀에서 특정 데이터를 복사([Ctrl]+c)한 뒤에 아래 명령을 통해 데이터를 R로 읽어들일 수 있다.

```
x<-read.table("clipboard")
```

(2) 텍스트 파일로 전환하는 방법

엑셀파일을 텍스트파일로 저장해서 읽어 들이는 방법을 생각해 볼 수 있다.

우선 read.table함수를 이용할 수 있는데, 임의의 엑셀 파일을 myfile.csv로 저장해 두자. 그리고 다음 코드를 실행해보자.

```
x<-read.table("myfile.csv", header = TRUE)
```

또는 read.csv함수를 이용할 수도 있다. 다음 코드를 참고하자.

```
mydata<-read.csv("C:/excelData.csv")
```

(3) XLConnect package를 이용하는 방법

이제 패키지를 이용해서 엑셀과 연동하는 방법을 살펴보자. 우선 XLConnect 패키지를 설치하자.

```
> install.packages('XLConnect')
```

이제 loadWorkbook함수를 이용해서 엑셀파일을 로드한 뒤, readWorksheet함수를 이용해서 시트를 읽어들일 수 있다.

우선 아래와 같은 엑셀파일을 하나 만들자.

myfile.xlsx

	A	B	C
1	1	2	3
2	4	5	6
3	7	5	9

다음으로 아래 코드를 실행해보자. 아래 스크립트를 작성해서 test.r로 저장하자.

스크립트

```
require(XLConnect)
wb<-loadWorkbook("myfile.xlsx")
df<-readWorksheet(wb, sheet = "Sheet1", header = TRUE)
```

readWorksheet함수의 header인수를 TRUE로 설정했기 때문에 읽어들이는 데이터의 첫 행은 필드이름(header)로 인식된다. 이제 위 스크립트를 콘솔에서 실행해보자.

콘솔

```
> source('test.r')
Loading required package: XLConnect
Loading required package: XLConnectJars
XLConnect 0.2-11 by Mirai Solutions GmbH [aut],
  Martin Studer [cre],
  The Apache Software Foundation [ctb, cph] (Apache POI, Apache
Commons
    Codec),
  Stephen Colebourne [ctb, cph] (Joda-Time Java library)
http://www.mirai-solutions.com ,
http://miraisolutions.wordpress.com
> df
  X1 X2 X3
1  4  5  6
2  7  8  9
```

참고

혹시 엑셀의 셀에 수식이 있으면 못 읽어 들일 수도 있다. 그럴 경우 셀은 모두 값으로 저장하자.

readWorksheetFromFile함수를 이용하면 파일에서 바로 시트를 읽어들일 수 있다.

```
> x<-readWorksheetFromFile("myfile.xlsx",sheet=1,header=FALSE)
> x
  Col1 Col2 Col3
1    1    2    3
2    4    5    6
3    7    8    9
```

엑셀출력은 write.xlsx함수를 이용하면 된다.

```
write.xlsx(kc,"c:/mydata.xlsx")
```

참고

> 엑셀에서 파일을 읽어들일 때 아래와 같이 메모리가 부족한 경우가 발생할 수 있다.
>
> `Error: OutOfMemoryError (Java): Java heap space`
>
> 이럴 경우 경험상 메모리를 늘려주는 등의 방법을 쓰는 것 보다는 엑셀 파일을 CSV로 바꾸어 파일을 읽어들이는 것이 가장 간단하고 효과적인 방법이다.

(4) ODBC 연결하는 방법

RODBC패키지를 설치하고,

```
> install.packages('RODBC')
```

다음 코드를 실행해보자.

```
01  require(RODBC)
02  conn<-odbcConnectExcel("myfile.xlsx")
03  sqlTables(conn)$TABLE_NAME # show all sheets
04  df<-sqlFetch(conn, "Sheet1") # read a sheet
05  df<-sqlQuery(conn, "select * from [Sheet1 $]")
06  close(conn) # close the connection to the file
```

2줄: 엑셀파일에 connection을 개설(open)한다.

5줄: SQL 문법을 사용해서 시트를 읽어들인다.

결과

```
> source('test.r')
> df
```

```
    X1 X2 X3
1   4  5  6
2   7  8  9
```

3.3.5 인터넷에서 자료 가져오기

readHTMLTable 함수를 이용하면 인터넷의 자료를 가져올 수 있다. 우선 XML 패키지를 설치하자.

```
01  > install.packages('XML')
```

그리고 다음 코드를 실행해보자.

```
02  > library(XML)
03  > u<-"http://finance.yahoo.com/currency-investing"
04  > tb<- readHTMLTable(u)
05  > tb
06  $`NULL`
      V1                          V2
    1    Search FinanceSearch Web

    $`flat-rates-table`
      Currency Pair    Price    Change  %Change            Day Range
    52 Week Range
    1         EUR/USD   1.1388 0.000000 0.000000      1.1388 - 1.1388
    1.0458 - 1.3297  (이하생략)
```

2줄: "package 'XML' was built under R version 3.2.2"라는 경고가 뜰 수 있으나 무시하자.

3줄: yahoo의 환율정보를 받을 수 있는 사이트 이다.

6줄: 인터넷의 자료를 보여준다. 형식이 표(table) 형식이 아니라 정형화된 양식으로 보이지는 않지만, EUR/USD환율 등이 입력되었음을 확인할 수 있다.

> **참고**
> 인터넷에서 표(table) 형식으로 자료를 제공하는 곳이 줄어듦에 따라 readHTMLTable의 활용도는 제한적일 것으로 보인다. 보다 고급 수준의 인터넷 자료 수집은 다음 사이트를 참고하자.
> Getting Data from the Web with R [http://gastonsanchez.com/work/webdata/]

3.4

기타

3.4.1 R코드를 엑셀에서 사용하기

R코드는 도스창에서 실행할 수도 있다. VBA에서 도스명령을 실행하는 기능을 사용하면 VBA에서 R코드를 직접 실행할 수 있다. 아래 스크립트를 작성하고 test.r로 저장하자.

스크립트

```
01 Args<-commandArgs(TRUE)
02 n1<-Args[1]
03 n2<-Args[2]
04 pdf("C:\\plots.pdf")
05 par(mfrow=c(2,1))
06 plot(rnorm(n1))
07 hist(rnorm(n2))
08 dev.off()
```

1~3줄; 도스 명령창에서 인수를 읽어오도록 지정

엑셀에서 다음과 같이 VBA코드를 작성하자.

VBA 코드

```
Sub run_r_script()
Dim cmdLine As String
cmdLine = "C:\\Program Files\\R\\R-3.0.2\\bin\\Rscript C:\\test.r"
cmdLine = cmdLine & " " & Range("b2").Value & " " & Range("b3").Value
Shell cmdLine
End Sub

Sub open_pdf_file()
Dim strPDF_File_Name As String
strPDF_File_Name = "C:\\plots.pdf"
If Dir(strPDF_File_Name) <> "" Then
  'ActiveWorkbook.FollowHyperlink strPDF_File_Name
  Shell "C:\Program Files\Adobe\Reader 9.0\Reader\AcroRd32.exe " &
strPDF_File_Name
Else
```

```
    MsgBox ("first you have to create plots")
  End If
End Sub
```

그리고 엑셀시트로 가서 다음과 같이 데이터를 입력하고, 명령단추에 VBA코드를 연결한 뒤 실행보자.

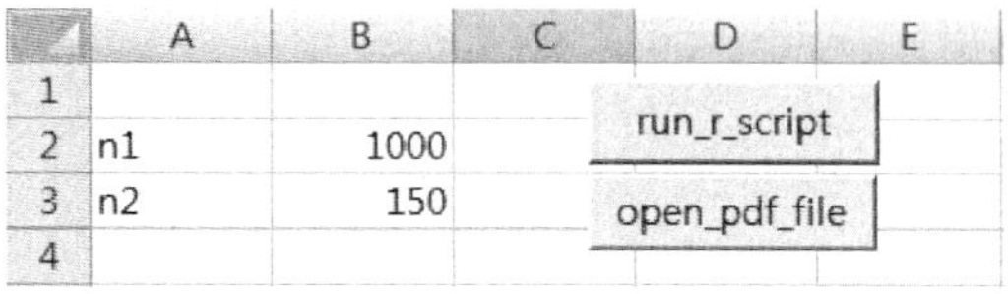

참고

엑셀연동 R패키지 중에 RExcel은 유용한 패키지인 것으로 보이지만 유료화된 것으로 보이며 따라서 CRAN에서 내려받을 수 없다(아래 코드 참조). 또한 RExcel에 필요한 R(D)COM server(package "rcom") 설치 등 과정도 복잡한 것 같으므로 여기서는 다루지 않는다.

```
> install.packages('RExcel')
--- Please select a CRAN mirror for use in this session ---
Warning message:
package 'RExcel' is not available (for R version 3.2.0)
```

3.4.2 그래픽 사용자 환경

지금까지는 함수의 입출력을 콘솔이나 스크립트 등 텍스트 입출력 환경에서 처리했다. 윈도우처럼 마우스 클릭이나, 입출력 창을 통해 함수를 실행할 수 있으면 편리할 것이다. 이것은 GUI(Graphic User Interface; 그래픽 사용자 환경)를 통해서 구현할 수 있다. R은 GUI를 지원하는 패키지가 있는데 대표적으로 `gWidgetsRGtk2`패키지를 사용해보자.

(1) 패키지설치

아래와 같이 `gWidgetsRGtk2`패키지를 설치한다.

```
> install.packages('gWidgetsRGtk2')
```

(2) 간단한 실습

다음으로 간단한 메시지 창을 띄워보자.

```
> install.packages("gWidgetsRGtk2",dep=TRUE)
> options(guiToolkit="RGtk2")
```

```
> library(gWidgets)
> gmessage("Hello world",title="gmessage")
```

실행하면 다음과 같은 메시지가 뜨고, 추가로 패키지를 설치한다.

```
Loading required package: gWidgetsRGtk2
Loading required package: RGtk2
Error in inDL(x, as.logical(local), as.logical(now), ...) :
  unable to load shared object 'C:/Program Files/R/R-3.2.0/library/
RGtk2/libs/i386/RGtk2.dll':
  LoadLibrary failure:  지정된 모듈을 찾을 수 없습니다.

trying URL
'http://ftp.gnome.org/pub/gnome/binaries/win32/gtk+/2.22/gtk+-
bundle_2.22.1-20101227_win32.zip'
Content type 'application/zip' length 24516284 bytes (23.4 MB)
```

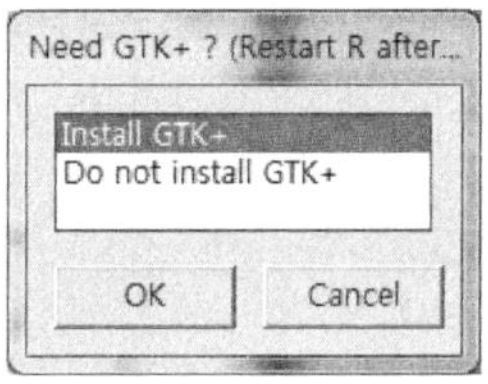

위 창이 뜨면 [OK]를 눌러 추가 설치하자. 그러면 다음과 같은 메시지 창을 볼 수 있다.

(3) 표 보이기

gtable함수를 이용하면 표를 GUI를 통해서 출력할 수도 있다.

```
01  > x<-1:10
02  > gtable(x,cont=T)
```

2줄: cont인수는 container의 줄임말이다. 이 값이 T(TRUE)이면 새로운 윈도우를 만든다는 의미이다. 만약 이 인수에 이전에 만들어진 윈도우를 지정하면, 해당 윈도우 안에 이 표가 생성될 것이다. 따라서 container는 각종 GUI도구(표, 단추, 대화창, 상자 등)를 담는 윈도우로 생각할 수 있다.

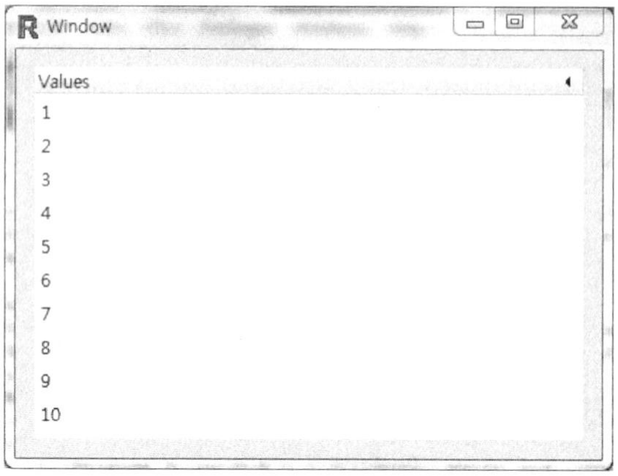

(4) 그래프 보이기

ggraphics함수를 이용하면 GUI를 통해 그래프를 출력할 수 있다.

```
> ggraphics(cont=T)
guiWidget of type: gGraphicsRGtk for toolkit: guiWidgetsToolkitRGtk2
> hist(rnorm(100))
```

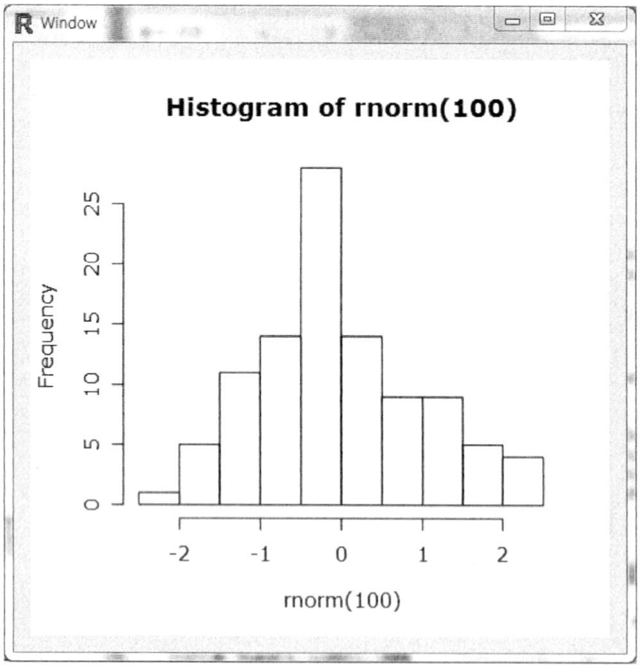

(5) GUI 회귀분석하기

내장함수인 경우 ggenericwidget 함수를 이용하면 GUI입출력 환경을 구현할 수 있다. 다음은 lm함수를 GUI로 구현하는 방법이다.

```
> ggenericwidget("lm",cont=T)
```

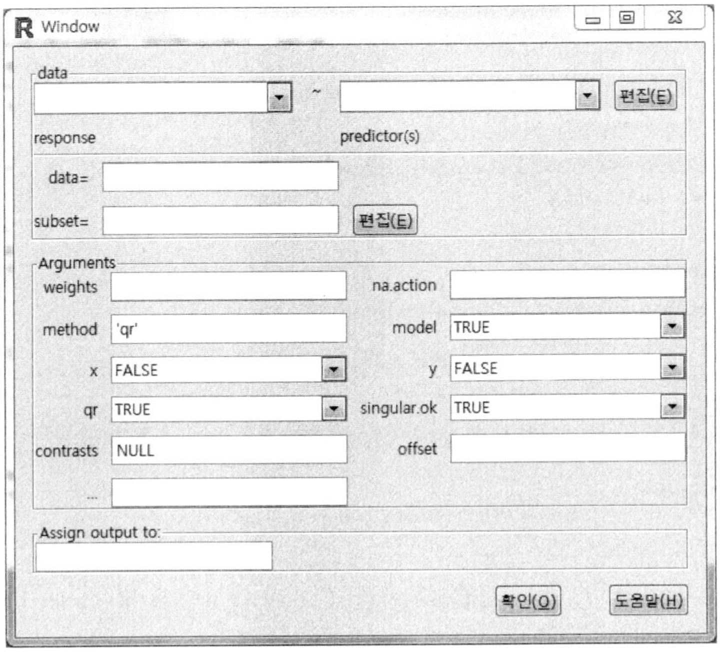

각 항목에 필요한 인수를 입력하고 [확인]을 누르면 콘솔창에 실행결과가 나온다.

(6) GUI 채권가격계산기

내장 함수가 아닌 사용자 정의 함수인 경우 직접 GUI를 만들 수 있다. 채권가격계산기를 GUI로구현해보자. 우선 채권가격 함수를 만들자(자세한 내용은 금융프로그래밍 부분 참조).

채권가격함수

```
bond.price<-function(T,c,y,m=2){
  r<-1/(1+y/m)
  n<-T*m
  dfs<-r^(1:n)
  cfs<-c(rep(c/m,n-1),c/m+1)
  ans<-sum(dfs*cfs)
}
```

GUI 구현

```
win<-gwindow("bond pricer",visible-T,width=200,hight=300)
grp<-ggroup(horizontal=FALSE,container=win)
glabel("maturity",cont=grp,anchor=c(0,1))
txt1<-gedit(3,cont=grp,coerce.with=as.numeric)
```

```
12  glabel("coupon",cont=grp,anchor=c(0,2))
13  txt2<-gedit(0.0125,cont=grp,coerce.with=as.numeric)
14  glabel("yleld",cont=grp,anchor=c(0,3))
15  txt3<-gedit(0.025,cont=grp,coerce.with=as.numeric)
16  calc_button<-gbutton("calc",cont=grp)
17  result_text<-gtext("",cont=grp,expand=T)
18  addHandlerChanged(calc_button,handler=function(h,...){
19    mat<-svalue(txt1)
20    cpn<-svalue(txt2)
21    yld<-svalue(txt3)
22    svalue(result_text)<-bond.price(mat,cpn,yld)
23  })
```

8줄: 윈도우를 생성한다. width, hight인수를 통해 적당한 크기를 잡아준다.

9줄: 그룹을 만든다.

10줄: 라벨을 만든다.

11줄: 텍스트 상자를 만든다. gedit함수는 한 줄로 된 텍스트 입력(single−line text input)을 위한 위젯을 생성한다.

18줄: 단추를 눌렀을 때 작업을 지정한다.

22줄: svalue로 감싸지 않으면 데이터가 갱신(refresh)되지 않는다.

콘솔

```
> source('test.r')
```

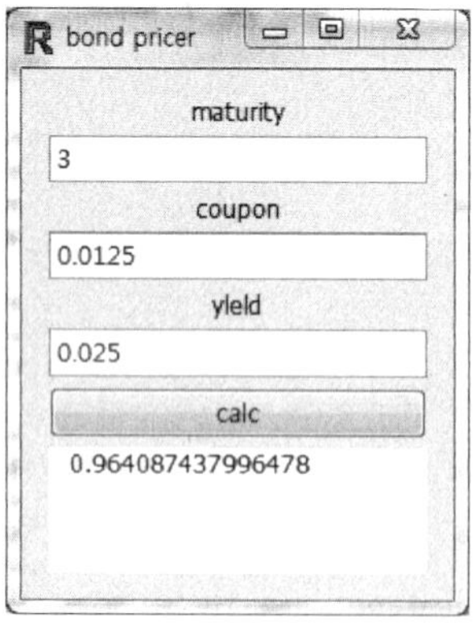

연습

다음 코드를 실행하여 다양한 GUI도구를 살펴보자.

스크립트

```
require(gWidgets)
```

```
options(guiToolkit="RGtk2")
window<-gwindow("File search",visible=F)
paned<-gpanedgroup(cont=window)
group<-ggroup(cont=paned,horizontal=F)
glabel("Search for (filename) :",cont=group,anchor=c(-1,0))
txt_pattern<-gedit("",initial.msg="Possibly wildcards",cont=group)
glabel("Search in:",cont=group,anchor=c(-1,0))

start_dir<-gfilebrowse(text="Select a directory...",quote=F,
                       type="selectdir",cont=group)

search_button<-gbutton("Search",cont=group)
addSpring(group)
frame<-gframe("Output",cont=paned,horizontal=F)
search_results<-gtext("",cont=frame,expand=T)
size(search_results)<-c(350,200)
addHandlerChanged(search_button,handler=function(h,...){
  pattern<-glob2rx(svalue(txt_pattern))
  file_names<-dir(svalue(start_dir),pattern,recursive=T)
  if(length(file_names))
    svalue(search_results)<-file_names
  else
    galert("No matching files found",parent=window)
})
visible(window)<-TRUE
```

콘솔

```
source('test.r')
```

실행결과

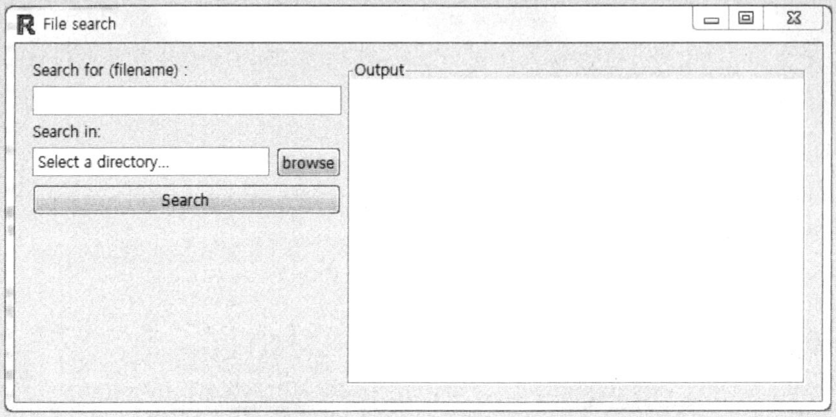

벡터화의 효율성

벡터화가 얼마나 코드를 간단히 만들어 주는지에 대해 Brian Lee Yung Rowe의 다음 사례를 살펴보자.

- http://cartesianfaith.com/2014/01/06/how-to-use-vectorization-to-streamline-simulations/

동전던지기를 하는데 시행회수(n)가 증가함에 따라 앞면이 나올 확률이 1/2에 수렴하는지를 살펴보고자 하는 과제가 주어졌다고 하자. 구체적으로 과제에서는 매 100번 시행 후 다음 결과를 출력하라는 요구가 들어왔다고 하자.

- 앞면이 나온 비율에서 1/2을 뺀 값(x)
- 앞면이 나온 횟수에서 전체 시행의 절반을 뺀 값(y)

원래 문제의 관심은 결국 이 값들이 n이 증가함에 따라 0에 수렴하는가가 관심대상일 것이다.

이 문제는 sample함수를 이용할 것인데, 우선 sample함수에 대해 알아보자. sample함수는 복원 또는 비복원 추출 방법을 사용하여 특정 벡터(x)로부터 정해진 크기의 표본을 추출해주는 함수이다. 첫번째 인수는 추출할 숫자들(벡터)이고, 두번째 인수는 추출횟수이다. 세번째 인수는 복원추출 여부인데 기본값은 FALSE이다. 다음예제를 살펴보자.

```
> x<-sample(c(0,1),5)
Error in sample.int(length(x), size, replace, prob) :
  cannot take a sample larger than the population when 'replace =
FALSE'
```

표본이 2개인데 5개의 추출을 하므로 오류가 발생한다. 따라서 아래와 같이 수정이 필요하다.

```
> x<-sample(c(0,1),1)
> x
[1] 1
> x<-sample(c(0,1),5,replace=TRUE)
> x
[1] 1 0 0 0 0
> x<-sample(c(0,1),5,replace=TRUE)
> x
[1] 0 0 1 1 0
```

이제 sample함수를 이용하여 주어진 문제를 풀어보자. 우선 일반적인 경우라면 순서에 따라 다음과 같은 코드를 작성할 것이다.

```
01  coin_toss <- function(n) {
02    result <- c()
03    for(i in c(1:n)) {
04      if(i == 1){
05        tosses <- sample(c(0,1),1)
06      }
07      else{
08        tosses <- c(tosses,sample(c(0,1),1))
09      }
10       if(i %% 100 == 0){
11         percent <- (sum(tosses) / length(tosses)) - 0.5
12         number <- sum(tosses) - (length(tosses) / 2)
13        result <- rbind(result, c(percent, number))
14      }
15    }
16    result
17  }
```

4줄: 첫번째 동전던지기의 결과를 tosses에 저장

5줄: 앞면/뒷면을 0 또는 1로 할당. 여기서는 앞면을 1로 할당하기로 함

8줄: 동전던지기의 모든 결과들을 누적해서 기록

10줄: 동전던지기의 총 회수가 100의 배수가 되면, 결과를 출력

11줄: 앞면이 나온 비율이 0.5에서 얼마나 벗어나 있는지를 계산

12줄: 동전던지기에서 앞면이 나온 총 회수가 전체 시행회수의 절반에 비해 얼마나 차이가 나는지 계산

위와 같이 복잡한 코드도 벡터화를 이용하면 다음과 같이 간단히 코딩할 수 있다.

```
01  coin_toss2 <- function(n, step=100) {
02    tosses <- cumsum(sample(c(0,1), n, replace=TRUE))
03    steps <- seq(step,n, by=step)
04    cbind(tosses[steps] / steps - .5, tosses[steps] - steps/2)
05  }
```

2줄: 동전던지기를 총 n번 해서 앞면이 나온 회수를 누적하여 기록 (cumsum은 원소들이 누적 합계를 계산해주는 함수임)

위 사례 코드를 고계함수(여기서는 sapply)를 이용해서 구현하면 다음과 같다.

```
coin_toss3<-function(n,step=100){
  tosses <- cumsum(sample(c(0,1), n, replace=TRUE))
  steps <- seq(step,n, by=step)
  t(sapply(steps, function(x) c(tosses[x] / x - .5, tosses[x] - x/2)))
}
```

4 그래프

그래프 명령(plotting commands)은 크게 3 그룹으로 나눌 수 있다.

- 고수준 그래프 함수(high level plotting functions): 그래픽 도구(graphics device)에 축, 라벨, 제목 등을 가진 새로운 그래프를 그린다(고수준 그래프 함수는 새로운 그래프 창을 연다. 반면 저수준 그래프 함수는 새로운 창을 열 수는 없다).
- 저수준 그래프 함수: 이미 존재하는 그래프에 추가적인 정보(추가적 점(extra points), 선, 라벨 등)를 더한다. 따라서 이 함수 자체로는 그래프를 그릴 수 없다. 보통 plot함수를 실행한 뒤에 이 함수를 사용한다.
- 대화형 그래프 함수: 현재 그래프에 정보를 추가하거나 정보를 추출할 수 있다. locator, identify 등이 있다.

각 그룹에 속하는 함수는 다음과 같다.

구분	함수
고수준 그래프 함수	plot, hist, boxplot, barplot, pie, qqnorm, curve
저수준 그래프 함수	points, lines, text, abline, legend, title, axis

4.1

고수준 그래프 함수

고수준 그래프 함수에 대해 자세히 알아보자.

4.1.1 plot

R기본설치 상태에서 plot함수를 이용하면 그래프를 그릴 수 있다.

```
> x<--10:10
> y<-3*x^3+x/2-1
> plot(x,y)
```

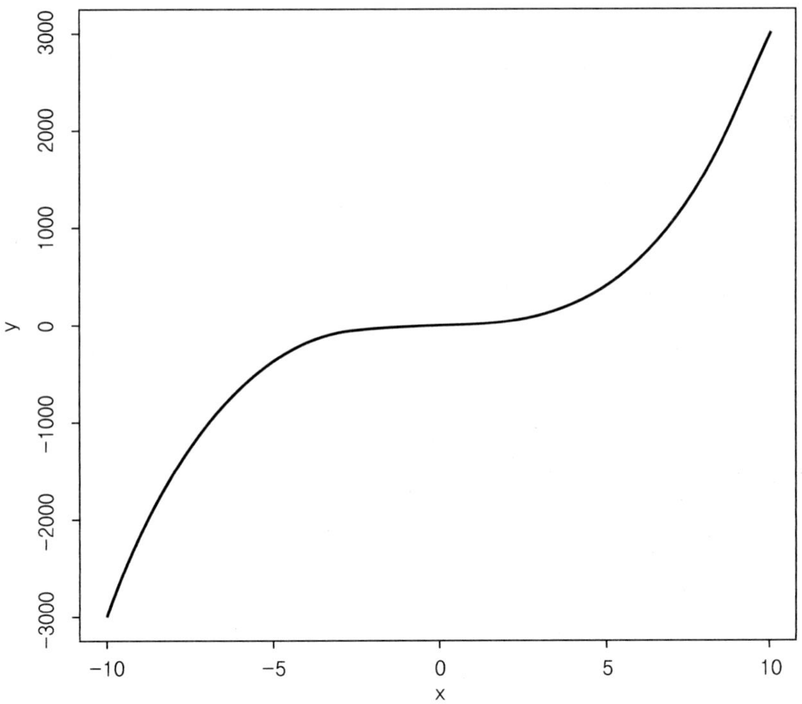

graphics.off함수를 사용해서 그래프를 지울 수 있다.

```
> graphics.off()
```

4.1.2 그래프 설정하기

고수준 그래프 함수는 함수의 인수를 이용해서 축과 문자표시 등에 대한 설정을 할 수 있다. 하지만 별도로 제공되는 함수(par 함수 또는 저수준 그래프 함수 등)를 통해서 보다 정밀하게 설정을 할 수도 있다. 여기서는 우선 그래프 함수의 인수를 통해 설정하는 방법에 대해 살펴보자.

(1) main: 그래프 제목

main인수는 그래프의 제목을 지정해 준다.

```
set.seed(1)
x<-runif(10)
y<-runif(10)
plot(x,y,main="uniform rand")
```

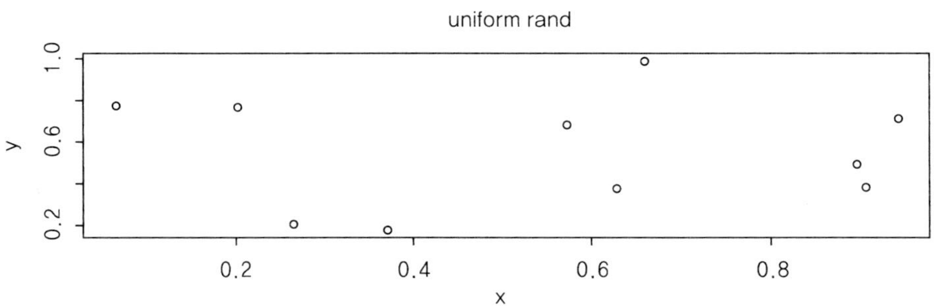

(2) type: 그래프 표시방법

type인수는 그래프의 표시방법을 정하는데 쓴다. 기본값은 p인데, 점 그래프를 그려준다. type인수가 가질 수 있는 값은 다음과 같다.

type	Description
p	Points
l	Lines
o	overplotted points and lines
b, c	points (empty if "c") joined by lines
s, S	stair steps
h	histogram-like vertical lines
n	does not produce any points or lines

그래프 인수를 이용해서 다양한 그래프를 그려보자.

```
01  xp<-1:100/100
02  yp<-3*xp^2-2*xp+rnorm(100,sd=0.2)
03  par(mfrow=c(3,2))
04  for(i in c("l","b","o","h")){
05     plot(xp,yp,type=i,main=paste("Plottype:",i))}
06  plot(xp,yp,type="o",xlab="index",ylab="values",main="Rsimpleplot")
07  plot(xp,yp,type="l",axes=FALSE)
08  axis(1)
09  axis(2,at=c(-0.6,0,0.6,1.2),col="blue")
10  axis(3,at=c(0,0.25,0.5,0.75,1),col="red")
11  axis(4,col="violet",col.axis="darkviolet",lwd=2)
```

3줄: 가로 3, 세로 2개의 그래프를 그린다.

4~5줄: type이 각각 l,b,o,h인 그래프 4개를 그린다.

6줄: type이 o이고 xlab, ylab, main인수 등이 설정된 그래프를 그린다(5번째 그래프).

7줄: type이 l이고, 축이 없는 그래프를 그린다(6번째 그래프).

8~11줄: 6번째 그래프의 아래쪽 축(1), 좌측축(2), 위쪽축(3), 우측축(4)을 각각 설정한다.

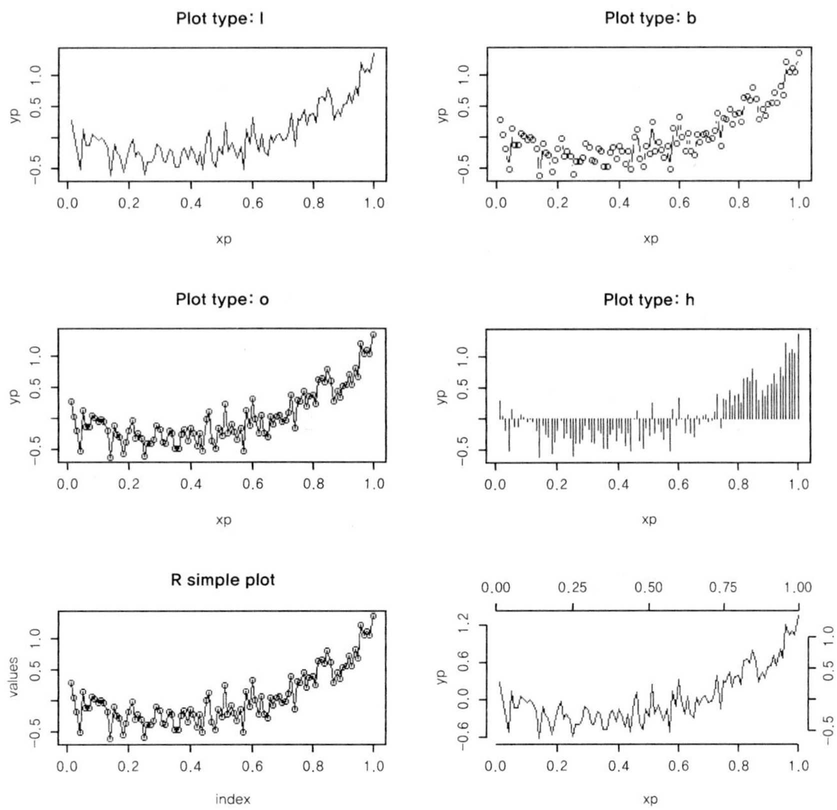

(3) pch와 cex

점 모양과 크기는 pch인수와 cex인수로 지정할 수 있는데, 기본값은 pch=1이고 색깔은 검정색이다.

```
01  graphics.off()
02  par(mfrow=c(2,5))
03  x<-1
04  y<-1
05  par(mar=c(1,1,1,1))
06  for(i in 1:10){
07    plot(x,y,pch=i,cex=5,bty='n',axes=FALSE)
08  }
```

7줄: 그래프 박스를 없애고(bty='n'), 축을 없앤다(axes=FALSE).

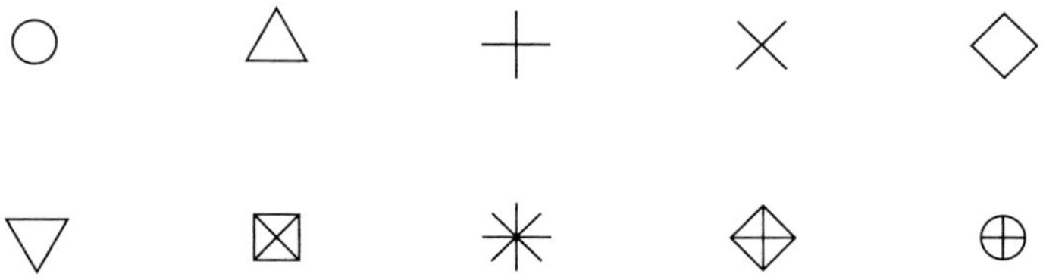

(4) lty와 lwd

선모양은 lty인수를 통해서, 굵기는 lwd인수를 통해서 설정할 수 있다.

```
01  plot(0,0,type='n',xlim=c(0,1),ylim=c(1,6))
02  for(i in 0:6) abline(h=i+1,lty=i,lwd=i)
```

1줄: 빈 그래프를 만드는 과정이다.

2줄: 순차적으로 선모양과 굵기를 적용한다. lty인수가 0이면 선을 그리지 않는다. 따라서 아래 그림의 y축 값 1에 대해서는 선이 보이지 않는다.

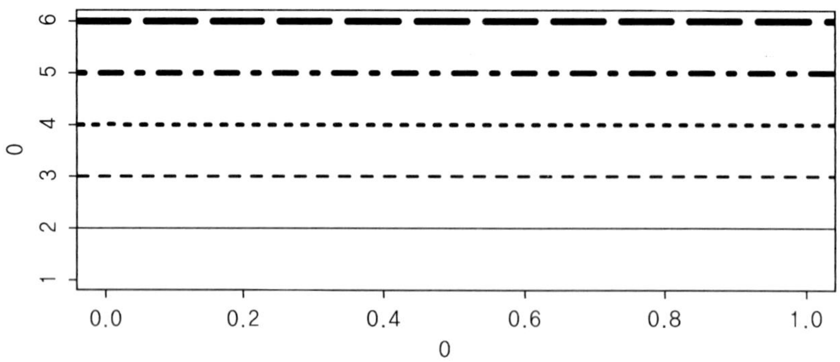

(5) xlim와 ylim

그래프 함수의 xlim인수와 ylim인수를 이용하여 축 범위를 정할 수 있다.

```
x<-seq(-1,1,0.01)
y<-sin(pi*x)*x*x
par(mfrow=c(1,2))
plot(x,y,type='l')
plot(x,y,type='l',xlim=c(-0.5,0.5))
```

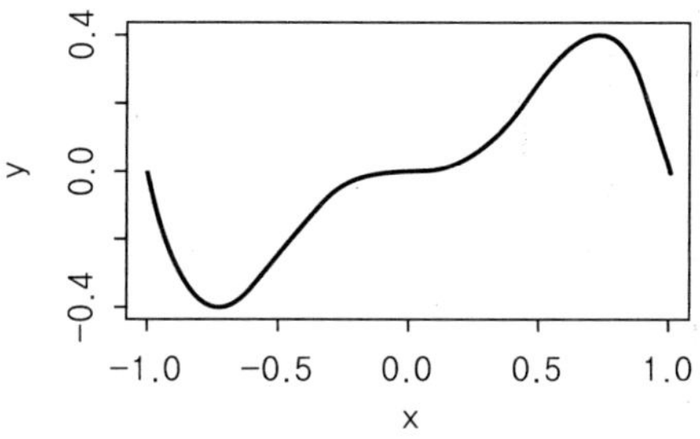

(6) xlab와 ylab

xlab인수와 ylab인수를 이용하여 축이름을 정할 수 있다.

```
x<-seq(-3,3,0.01)
y<-pnorm(x)
par(mfrow=c(1,2))
plot(x,y,type='l')
plot(x,y,type='l',xlab='normal',ylab='density')
```

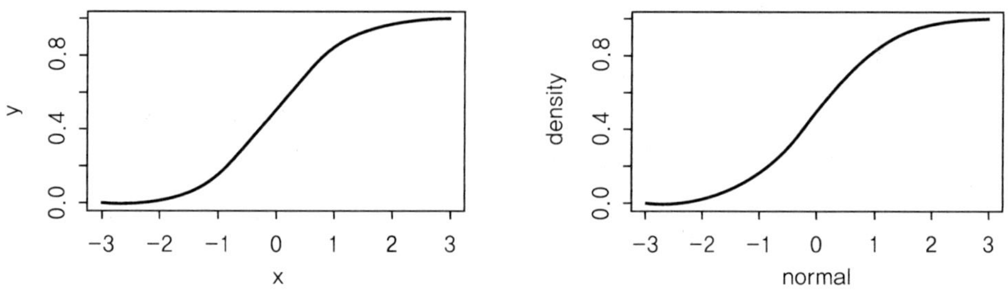

4.1.3 hist함수

hist함수를 이용하면 히스토그램을 그릴 수 있다.

```
01   > count<-rnorm(200)
02   > hist(count)
```

1줄: 200개의 정규분포 난수를 생성한다.

2줄: 히스토 그램을 그린다.

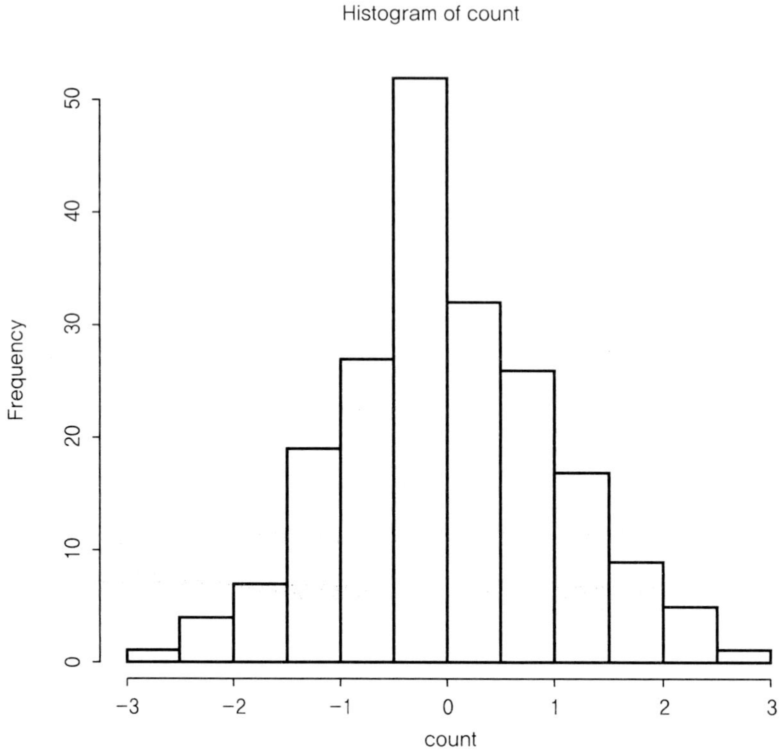

hist함수의 break인수를 이용하여 구간을 지정할 수 있다. break인수는 구간의 개수를 지정하는 하나의 숫자이거나 구간을 지정하는 벡터일 수 있다. 즉, break인수가

1) 숫자 하나이면 -> 구간의 개수

2) 벡터 이면 -> 구간

이다. 구간은 기본값으로 왼쪽이 개구간 오른쪽이 폐구간(left-open/right-closed interval)이다. 설정을 바꾸려면 right인수를 FALSE로 지정하면 된다.

```
> x<-c(3,0.5,0.5,0.5,3,2,0.5,0.5,3,3,1)
> tmp<-hist(x)
```

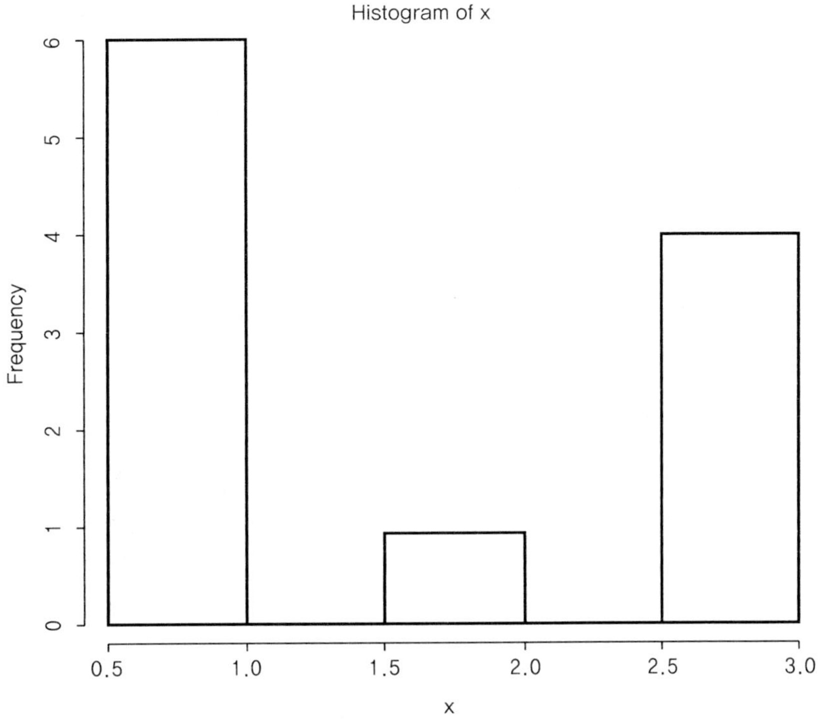

위 코드를 보면 2.0 항목이 1건인데, 히스토그램은 1.5 – 2.0 구간에 1건이 표시됨을 알 수 있다. 따라서 1.5–2.0구간은 1.5를 포함하지 않고, 2.0은 포함함을 알 수 있다. 즉 왼쪽불포함/오른쪽포함 (또는 왼쪽 개구간/오른쪽 폐구간)임을 확인할 수 있다.

다음으로 시작구간(0.5–1.0)을 보면 0.5항목이 5개인데, 1.0항목(1개)까지 포함되어 모두 6개가 표시되어 있다. 따라서 다음을 알 수 있다.

- 시작구간은 위 원칙이 적용되지 않고 왼쪽도 폐구간(포함)이다.

그리고 시작구간의 시작값과 종료구간의 종료값을 통해 다음을 알 수 있다.

- hist함수는 기본적으로 시작구간의 시작값은 최소값으로, 종료구간의 종료값은 최대값으로 설정된다.

그런데 시작구간에서 0.5항목과 1.0항목이 합쳐서 표시되는 것은 정확한 분포를 보여주지 못하므로 분리되게 표시하는 것이 좋을 것이다. 시작구간의 시작값을 0.5보다 작게 주면 해결할 수 있다. 앞에서 언급했듯이 구간설정은 break인수를 통해 할 수 있다.

```
> par(mfrow=c(1,2))
> tmp<-hist(x, main="default bin")
> tmp<-hist(x,breaks=seq(0,3,0.5),main="user defined bin")
```

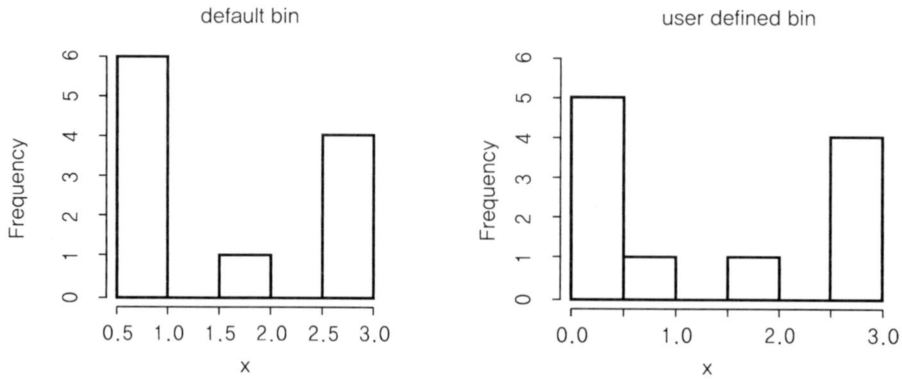

다음으로 이번 예시에서 보듯이 각 구간에 항목값이 하나만 있을 경우 구간을 하나의 항목값으로하여 구간의 중간에만 표시하는 것이 좋을 수도 있는데, hist함수의 기본값은 그렇지 못하다. 이 경우 axis함수를 이용할 수 있다. X축 눈금 라벨이 막대그래프의 중간에 오게하려면 원래 지정된 라벨을 지우고 axis함수의 at인수를 다음과 같이 지정하여 설정할 수 있다.

```
> par(mfrow=c(1,2))
> tmp<-hist(x,breaks=seq(0,3,0.5))
> tmp<-hist(x,breaks=seq(0,3,0.5),xaxt='n',main="x axis label")
> axis(1,at=tmp$mids,label=seq(0.5,3,0.5))
```

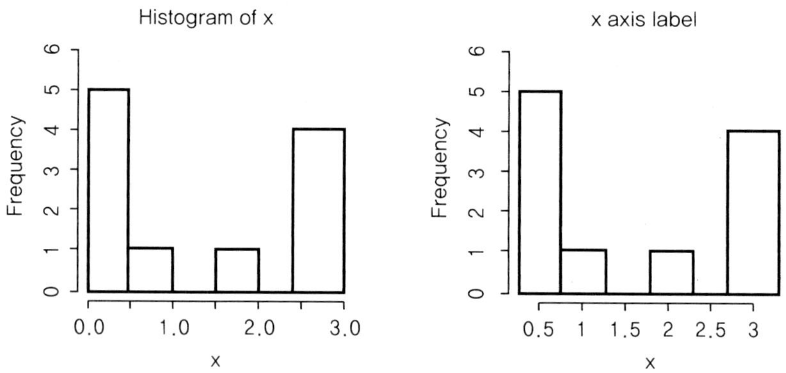

plot함수를 응용하면 위와 비슷한 효과를 낼 수 있다. 아래 코드를 보자.

```
01  x<-c(3,0.5,0.5,0.5,3,2,0.5,0.5,3,3,1)
02  plot(table(x),type='h',lwd=5,ylab="Freq")
```

1줄: 히스토 그램을 그릴 데이터이다.

2줄: x에 table함수를 적용한다. type을 h(histogram–like vertical lines)로 지정한다.

결과는 다음과 같다.

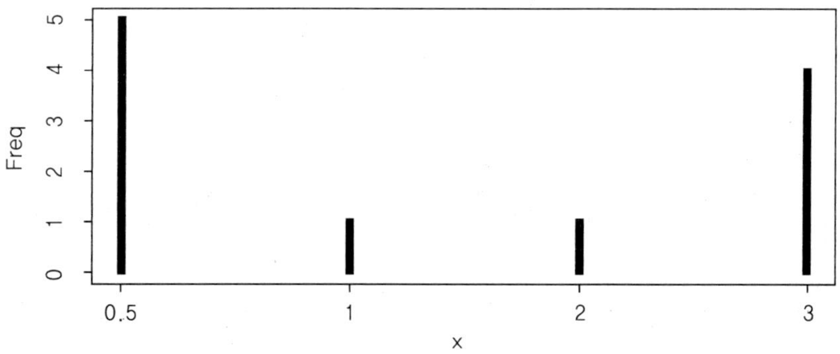

4.1.4 boxplot함수

boxplot은 통계학에서 말하는 "skeletal box-and-whisker plot"을 의미한다. 이는 자료의 최소값, 1사분위수(Q1), 2사분위수(Q2), 3사분위수(Q3), 최대값 등을 효과적으로 나타낼 수 있는 방법 중 하나이다. 아래 그림에서 네모난 사각형은 각각 1사분위수와 3사분위수로 구성되는 interquartile range를 의미하며, 가운데 굵은 선은 중앙값인 2사분위수를 의미한다. boxplot함수에서 "range"인수는 whiskers(박스 밖의 꼬리)를 어디까지 표시할 것인지를 나타내는 것로써, default 값은 1.5이다. 이는 박스로부터 interquartile range의 1.5배를 벗어나지 않는 데이터까지만 whiskers를 표시하도록 함을 의미한다. 반면 "range=0"으로 설정하면 최소/최대값까지 whiskers를 표시함을 의미한다.

boxplot 함수의 입력값은 data.frame이거나 matrix면 된다. 단, matrix는 각 열이 하나의 데이터 시리즈 이다.

```
graphics.off() #clear figures/plots
par(mfrow=c(2,2))

nmbCol<-5
nmbRow<-100
mat<-matrix(0,nmbRow,nmbCol)
for(i in 1:nmbCol){
  mat[,i]<-t(rnorm(nmbRow))
}
boxplot(mat)
boxplot(mat,range=0)
```

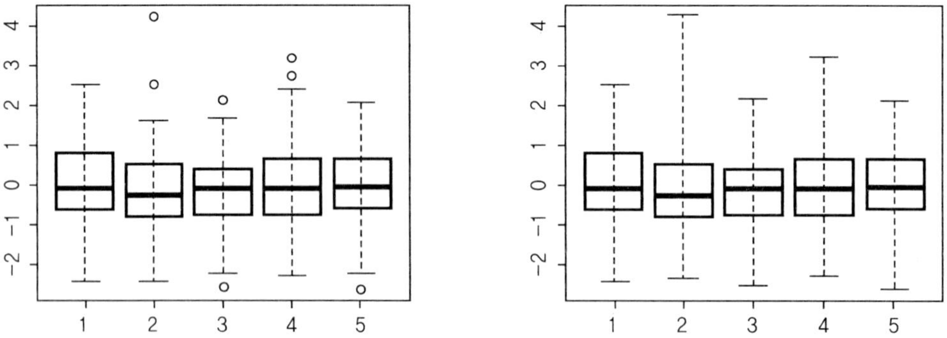

4.1.5 par함수

par 함수를 이용하면 그리기 관련 모수(plotting parameter)를 설정을 할 수 있다. par 함수를 실행한 뒤의 그래프부터 적용된다.

par함수의 인수 중 축눈금, 축라벨 등과 관련된 인수를 살펴보자.

(1) mar인수

mar는 여백(margin)의 크기를 지정하는 인수로 4개의 값을 갖는다. 순서대로 아래, 왼쪽, 위 그리고 오른쪽 순서(x축부터 시작해서 시계방향으로 회전하는 순서)로 4개의 값을 지정해 준다. 기본값은 (5.1, 4.1, 4.1, 2.1)이다.

```
> par("mar")
[1] 5.1 4.1 4.1 2.1
```

다음 실습을 통해 여백설정의 효과를 알아보자.

스크립트

```
x<-rnorm(200)
y<-25-22*x+5*x^2+rnorm(200)
par(mfrow=c(1,2))
plot(x,y)
par(mar=c(4,3,2,1))
plot(x,y)
```

콘솔에서 실행하면 다음 결과를 얻는다.

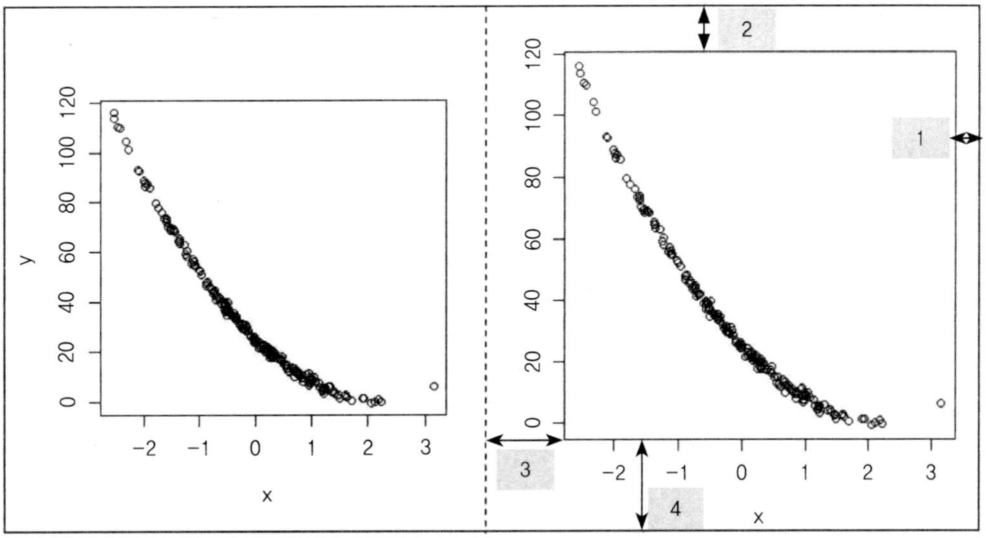

(2) mgp인수

mgp는 3개의 값을 갖는다. 그래프 안쪽 박스선을 기준으로 얼마나 떨어져 있는지를 지정해 준다. 차례 대로 축이름 위치(location of labels), 축눈금 라벨(tick−mark labels) 위치, 축눈금(tick-marks) 위치를 지정한다. 기본값은 (3,1,0)이다.

다음 코드는 현재 mgp설정을 알아보는 것이다.

```
> par("mgp")
[1] 3 1 0
```

다음 실습을 통해 축표시 설정의 효과를 알아보자.

스크립트

```
x<-rnorm(200)
y<-25-22*x+5*x^2+rnorm(200)
par(mfrow=c(1,2))
plot(x,y)
par(mgp=c(2,1,0))
plot(x,y)
```

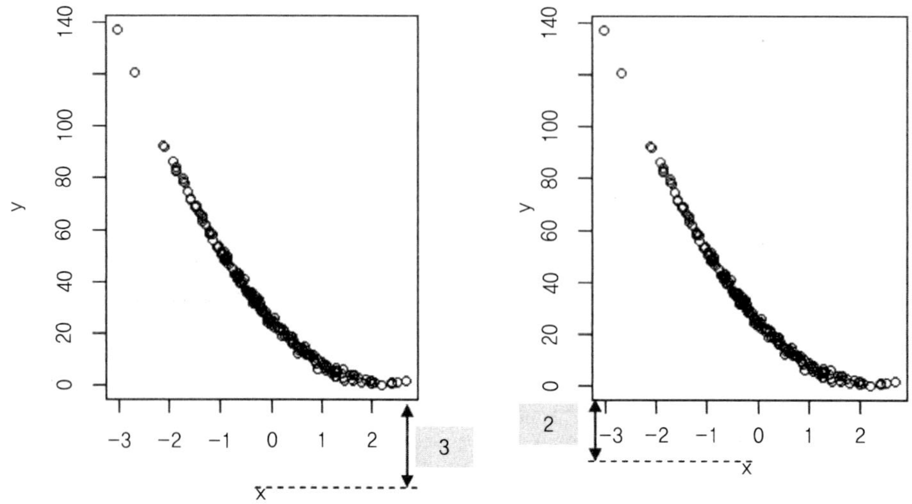

(3) las인수

las는 축눈금 라벨(tick-marks labels)의 방향을 지정한다. 기본값은 0이고 축에 평행한 방향을 의미한다. 항상 수평방향은 1, 축에 수직방향은 2, 항상 수직방향은 3이다.

다음 코드는 현재 las설정을 알아보는 것이다.

```
> par("las")
[1] 0
```

다음으로 축눈금 라벨설정를 알아보자.

스크립트

```
01 x<-rnorm(200)
02 y<-25-22*x+5*x^2+rnorm(200)
03 par(mfrow=c(1,2))
04 plot(x,y)
05 par(las=2)
06 plot(x,y)
```

5줄: 축눈금을 수직방향으로 설정한다.

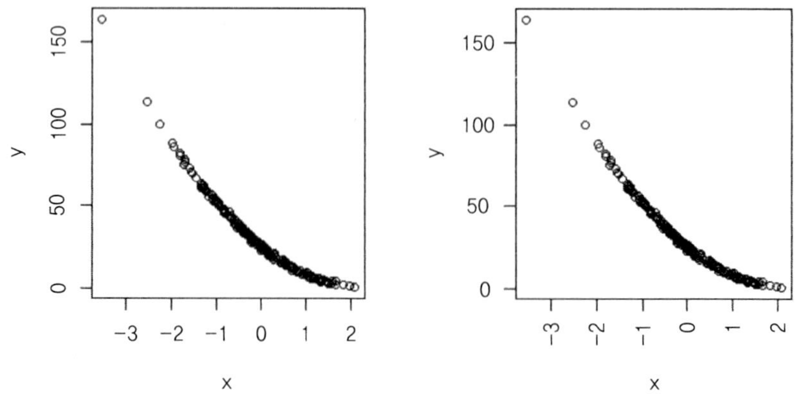

(4) mfrow인수

mfrow인수는 여러 그래프를 한꺼번에 그릴 때 사용한다. 크기가 2인 벡터를 인수로 받으며 첫 인수는 행의 개수, 두번째 인수는 열의 개수를 의미한다. 이 경우 행에 따라 배열한다(첫행을 먼저 채우고 다음으로 두번째 행을 채운다). 즉 mfrow=c(2,2)이고 그래프가 4개 있다면 다음 순서대로 그래프를 배열한다.

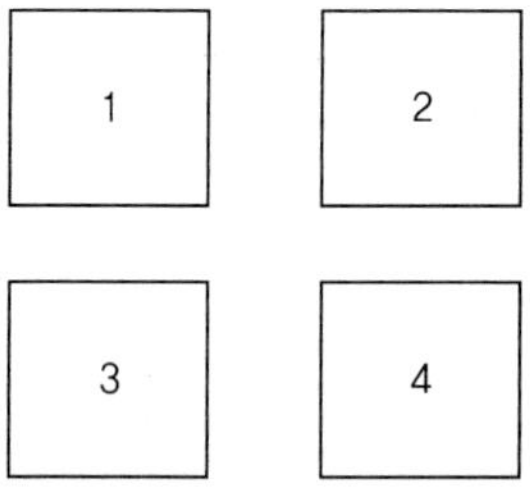


```
01    par(mfrow=c(2,2))
02    plot(x1,y1)
03    plot(x2,y2)
04    curve(dnorm(x))
05    curve(sin)
```

1줄: 2 × 2로 그림을 배열한다

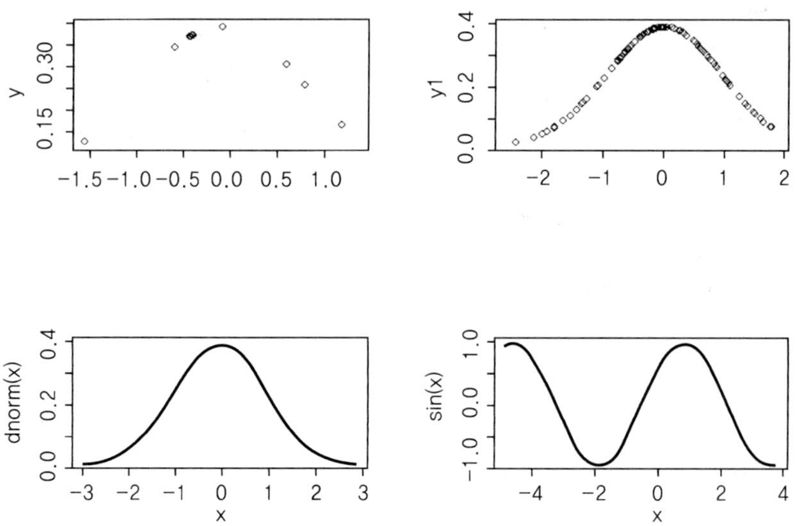

문제

mfcol인수는 무엇을 의미할까?

4.2 저수준 그래프 함수

4.2.1 points와 lines

points(x,y), lines(x,y) 형태로 사용하며 각각 점 그래프와 선 그래프를 그려준다.

```
attach(cars)
plot(cars,xlab="speed[mph]",ylab="distant[ft]")
points(speed[speed<15],dist[speed<15],pch="s",col="blue")
points(speed[speed>=15],dist[speed>=15],pch="f",col="green")
lines(lowess(cars),col="red")
```

cars는 자동차의 속도와 제동거리를 모아놓은 R 내장 데이터이며, lowess()는 "locally weighted polynomial regression"을 통해서 데이터들을 fit하는 함수의 한 종류이다. 자세한 내용은 R의 도움말을 참고하길 바란다.

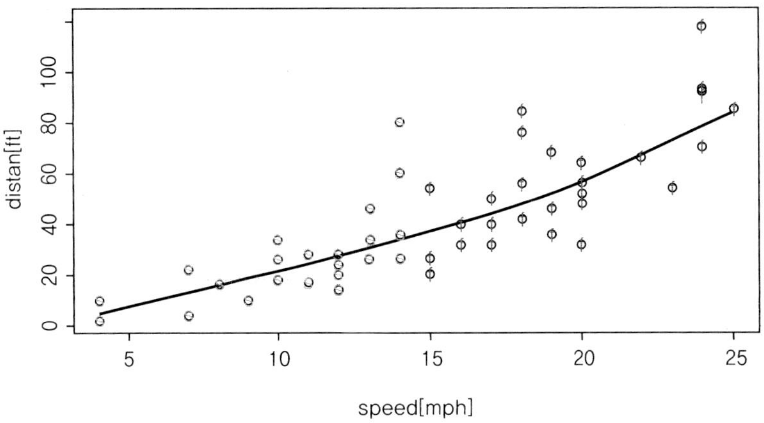

4.2.2 abline

abline함수를 이용하면 XY 기준축을 그릴 수 있다. 기본적으로 abline(a,b)는 a+bx직선을 그린다. abline(h=y)는 수평선을, abline(v=x)는 수직선을 그린다. 다음 코드는 원점을 지나는 수직선과 수평선을 그려준다.

```
curve(x^2-0.5,-1,1,bty='n')
abline(h=0,v=0,col='red')
```

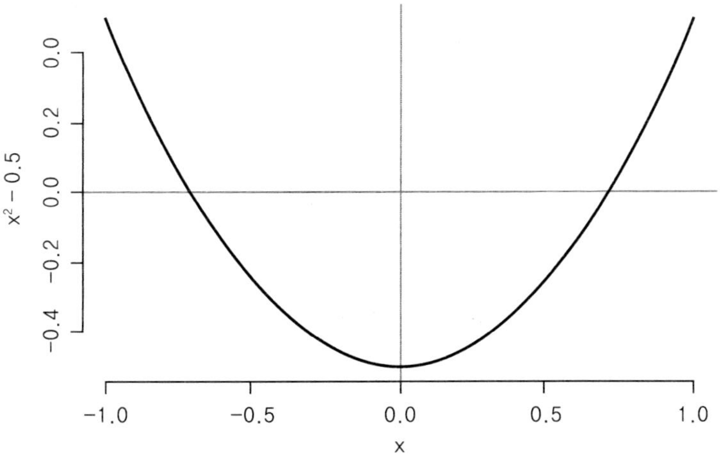

4.2.3 legend함수

legend함수를 이용하면 범례를 설정할 수 있다. legend함수의 첫번째, 두번째 인수는 X좌표와 Y좌표이다. 좌표대신 다음 문자열을 X좌표에 투입하고, Y좌표를 생략하면 미리 정해진 위치에 범례를 표시할 수 있다.

`"bottomright", "bottom", "bottomleft", "left", "topleft", "top", "topright", "right" and "center".`

세번째 인수는 label로 표시할 내용이다. 네번째 이후 인수는 다음과 같은 것이 있다.

인수	내용
pch	점 모양을 지정한다.
lty	선모양을 지정한다.
lwd	선굵기를 지정한다.
col	색깔을 지정한다.

그리고 bty인수는 범례 상자에 대한 설정인데, 기본값은 "o" (박스표시하기)이고 표시하지 않으려면 "n"을 주면 된다.

```
x<-seq(-1,1,0.05)
plot(x,x,type='l',col=1,lty=1)
for(i in 2:4) lines(x,x^i,col=i,lty=i)
legend('bottomright',c("1","2","3","4"),col=1:4,lty=1:4)
```

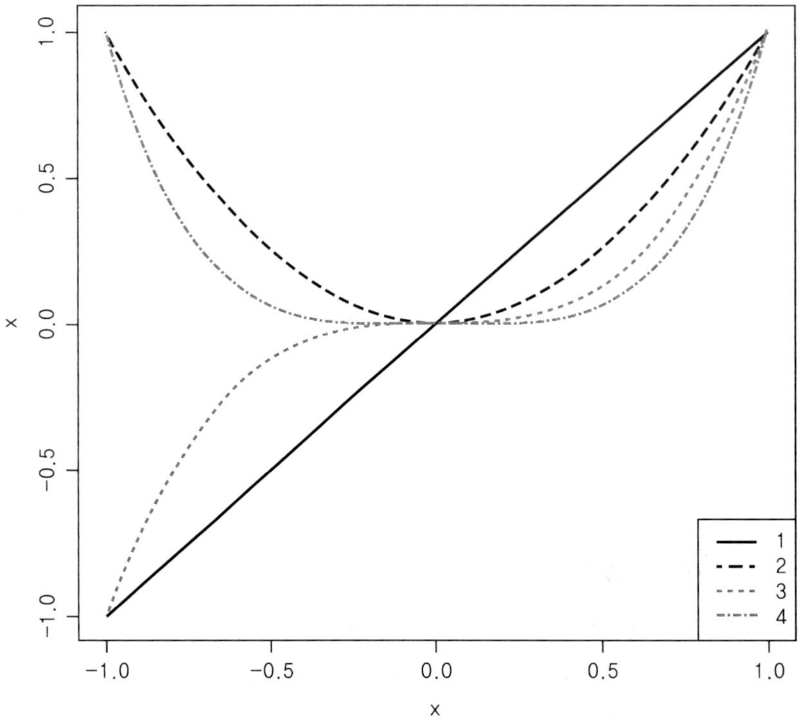

4.2.4 title함수

title(main, sub) 함수는 큰 제목과 그 아래 작은 제목을 지정한다.

4.2.5 axis함수

axis(side,…) 함수를 이용하면 축에 대한 설정을 할 수 있다. 첫 인수는 어느 축인지를 지정하는 것으로 아래쪽 축부터 시계방향으로 1,2,3,4의 값을 갖는다. 다른 인수는 축의 위치, 축눈금의 위치, 라벨 등을 지정한다. plot함수의 인수 중 axes=FALSE로 지정하거나 XY축 중 특정 축에만 적용할 경우 xaxt='n' 또는 yaxt='n'을 지정한 뒤 사용가능하다.

```
01    > mat<-c(0,5,10,15,20)
02    > plot(mat,xaxt='n')
03    > lab<-c("a","b","c","d","end")
04    > axis(side=1,at=seq(1,5,1),labels=lab)
```

4줄: 1번 축(x축)의 원래 (1,2,3,4,5) 자리 대신에 lab벡터("a","b","c","d","end")를 넣으라는 명령이다.

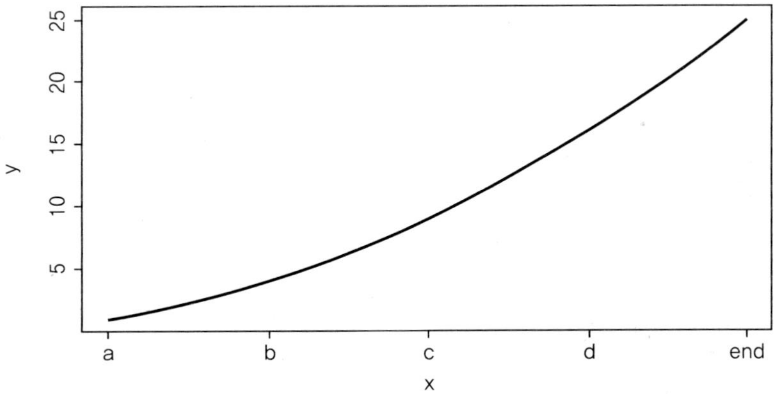

4.2.6 text함수

text(x,y,labels…)함수는 지정된 문자를 (x,y) 좌표에 출력한다.

```
x<-1:5
y<-sin(x)
plot(x,y,col='red')
curve(sin(x),add=TRUE)
text(x[3]+0.7,y[3],"<- this is (x[3],y[3])")
```

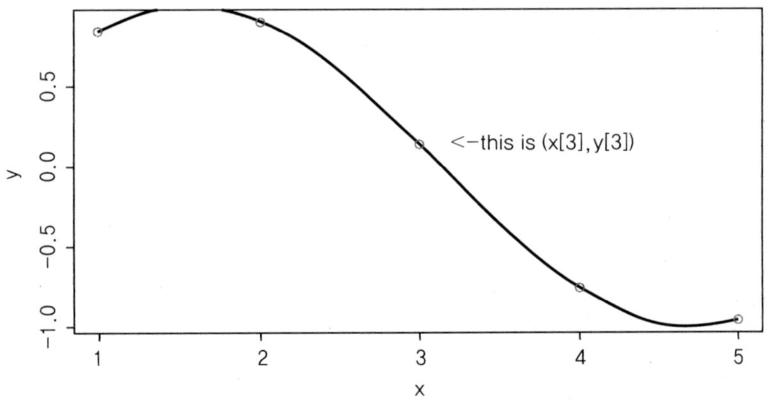

4.3

기타 이슈

4.3.1 그리드추가하기

grid함수를 이용하여 그래프에 격자를 표시할 수 있다.

```
x<-1:20
y<-sin(x)*abs(x)
plot(x,y,col='red')
curve(sin(x)*abs(x),add=TRUE)
grid(col='blue')
```

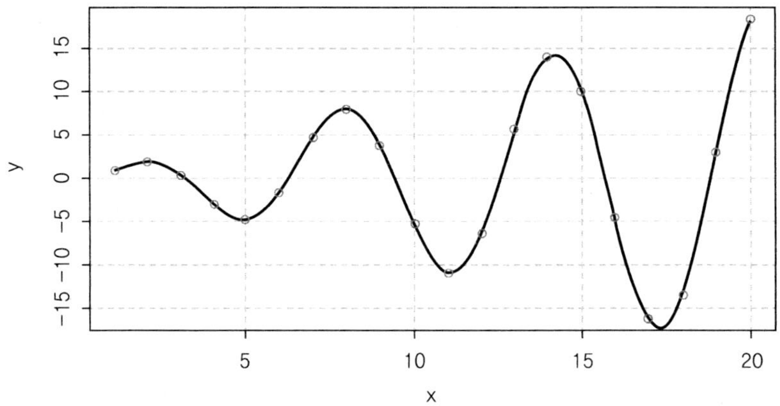

4.3.2 그래프의 특정 영역 칠하기

(1) 영역에 점을 찍는 방법

우선 직관적인 방법으로 해당영역에 임의로 점을 찍어보는 방법이 있을 수 있다. 다음은 이 아이디어를 구현한 코드이다.

```
x<-seq(-3,3,0.02)
nx<-length(x)
dy<-1/length(x)
y<-seq(0,1-dy,dy)
ny<-length(y)
vy<-rep(y,ny)
```

```
07  vx<-NULL
08  for(i in 1:nx){
09    vx<-c(vx,rep(x[i],ny))
10  }
11  xin<-vx[vy<dnorm(vx)]
12  yin<-vy[vy<dnorm(vx)]
13  plot(xin,yin,cex=0.1,col='gray')
14  curve(dnorm(x),-3,3,add=TRUE)
15  grid()
```

2줄: x벡터의 크기를 알아 낸다.

3줄: y축의 간격을 정한다.

4줄: y축 좌표를 생성한다.

5줄: y좌표 벡터의 크기를 알아낸다.

6줄: y벡터를 ny만큼 반복해서 총 (ny × ny)개의 원소를 가진 벡터를 생성한다.

8~10줄: x[i]를 ny개만큼씩 옆으로 늘려붙인 벡터를 생성한다.

11줄: vy각 요소와 dnorm(vs)각요소를 비교하여 후자가 큰 경우에 해당하는 vx요소를 구한다.

12줄: vy각 요소와 dnorm(vs)각요소를 비교하여 후자가 큰 경우에 해당하는 vy요소를 구한다.

13줄: 위에서 구한 요소 쌍을 찍는다.

14줄: 그 위에 정규분포 그래프를 그려준다.

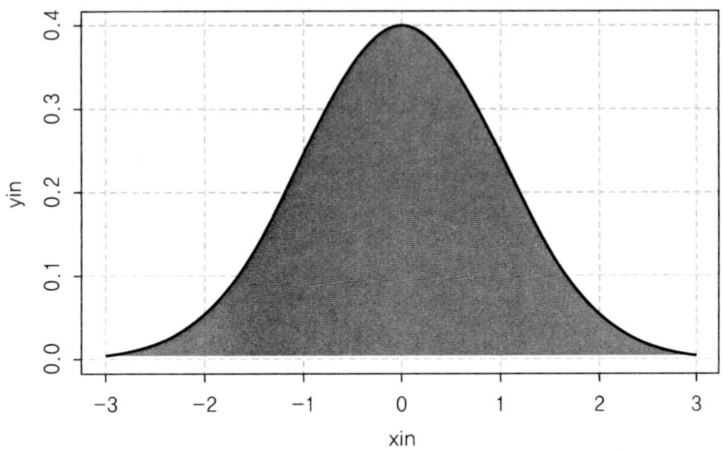

(2) polygon함수를 이용하는 방법

정규분포함수에서 확률변수 z가 0에서 1.5사이에 있을 확률을 빗금으로 보여주고자 한다.

다음 코드를 실행해보자.

```
01    plot(dnorm,xlim=c(-3,3))
02    x<-seq(0,1.5,0.1)
03    polygon(c(0,x,1.5),c(0,dnorm(x),0),density=10)
04    abline(h=0,col='gray')
```

3줄: density인수를 10으로 하면 45도 각도의 빗금으로 다각형 안을 채운다.

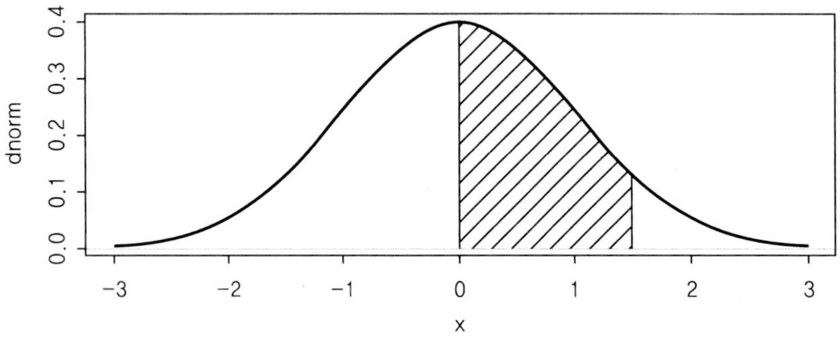

연습

만약 위에서 3줄을 다음과 같이 썼다면 어떤 결과를 얻었을까?

```
> polygon(x,dnorm(x),col='wheat')
```

연습

아래 그래프에서 함수와 x축으로 둘러싸인 부분을 표시하려면 어떻게 하면될까?

```
> curve(x*x*sin(1/x),-0.1,0.1)
```

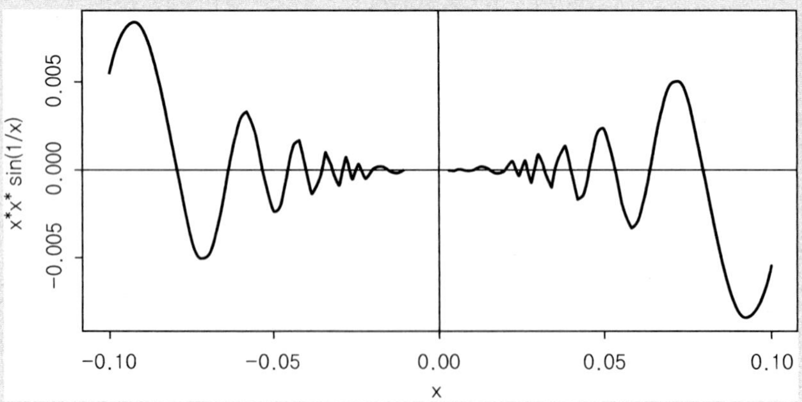

연습

아래 그래프를 그려보자.

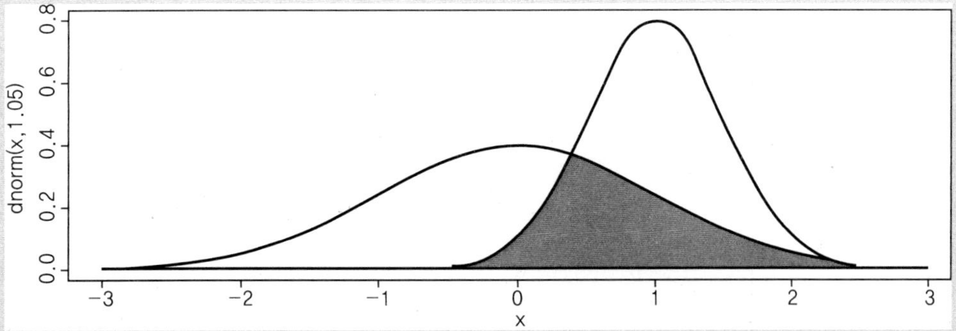

정답은 다음과 같다.

```
01  > x<-seq(-3,3,0.1)
02  > plot(x,dnorm(x,1,0.5),xlim=c(-3,3),type='l')
03  > curve(dnorm,add=T)
04  > y<-pmin(dnorm(x,1,0.5),dnorm(x,0,1))
05  > polygon(x,y,col='gray')
```

2줄: 평균이 1이고 분산이 0.5인 정규분포를 (−3,3)구간에 그린다.
3줄: 표준정규분포(평균이 0, 분산이 1)를 그 위에 추가로(add=T) 그린다.
4줄: x가 주어졌을 때, 평균이 1이고 분산이 0.5인 정규분포함수 값과 표준정규분포함수값을 비교하여 작은 값을 y에 저장한다.
5줄: (x,y)좌표쌍으로 둘러싸인 다각형을 그리고, 그 내부를 회색으로 칠한다.

4.3.3 회귀분석결과 그리기

독립변수 x와 종속변수 y에 대한 회귀분석결과를 원래 데이터와 함께 그리는 방법은 다음과 같다.

```
01  set.seed(1)
02  err<-rnorm(100)
03  x<-1:100
04  y<-x/10+err
05  m<-lm(y~x)
06  plot(y~x)
07  abline(m,col='red')
```

5줄: lm(y~x)는 y를 x에 관해 선형회귀분석함을 의미한다(자세한 내용은 계량부분 참조).

결과

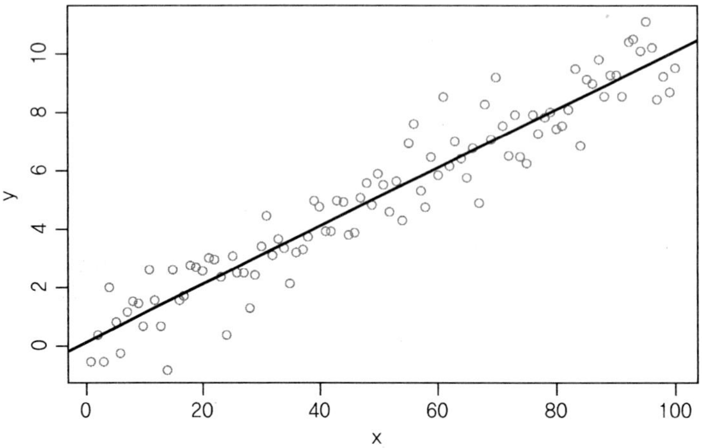

주의

다음 두 명령은 다르다.

```
plot(y~x)
plot(y,x)
```

예를 들어 다음 코드를 실행시켜보자

```
x<-seq(0,2,0.01)
y<-sin(x)+rnorm(201)/20
plot(x,y)
plot(x~y)
```

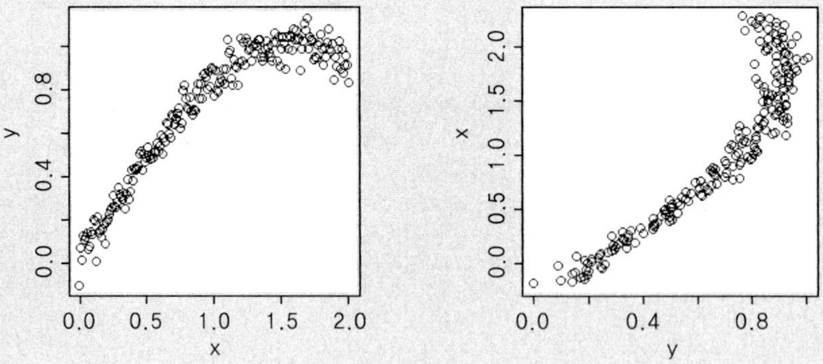

4.3.4 그래프를 파일로 출력하기

png 또는 pdf 함수 등을 이용하면 그림을 파일로 출력할 수 있다. 우선 png함수를 이용해 보자.

```
01  png("test.png")
02  x<-seq(0,2,0.01)
03  y<-sin(x)*x+rnorm(201)/20
04  plot(x,y)
05  dev.off()
```

1줄: 그래프 출력결과를 test.png라는 파일로 저장할 것을 지시한다. 이후 그려지는 그래프는 이 파일에 저장된다.

5줄: 그래프 그리기가 완료되면 해당 파일을 닫는다.

결과는 다음과 같다.

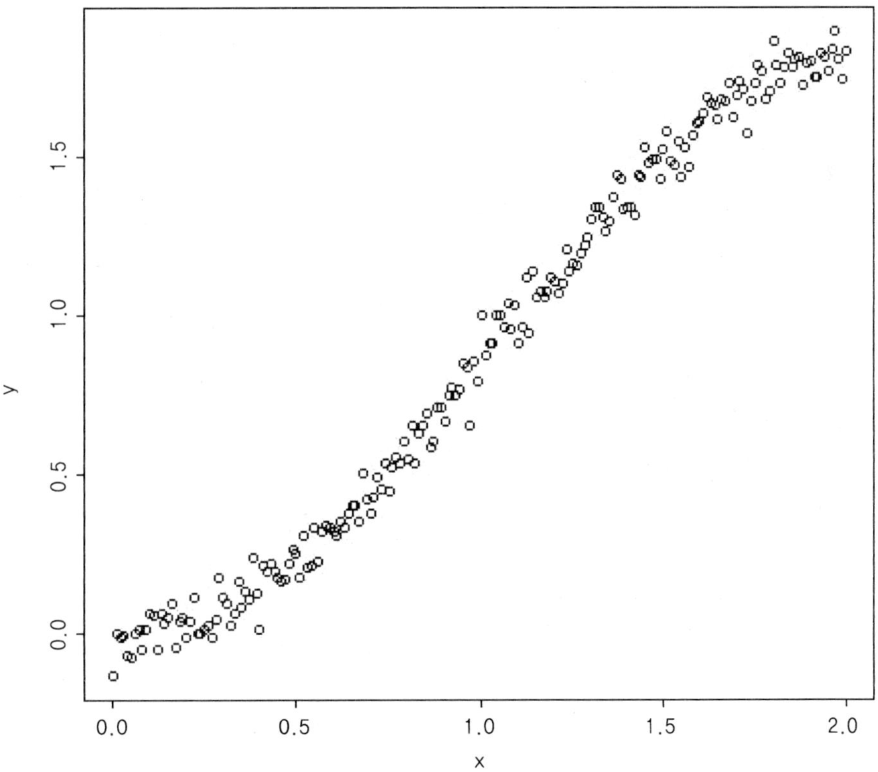

pdf함수를 이용하면 pdf파일로 그림을 저장할 수 있다.

```
pdf("test.pdf")
hist(rnorm(100))
dev.off()
```

작업 디렉토리에 위의 그림과 같은 내용을 담은 PDF파일(test.pdf)가 생성된다.

그림 파일의 해상도, 파일의 크기 등은 함수의 인수를 통해 설정이 가능하다. 다음 예제를 실행해보자.

```
x<-1:100
y<-x^2
tiff("test.tif",width=4*2,height=4*2,units='in',res=300)
plot(x,y,type='l')
dev.off()
```

실행하면 16MB 정도의 그림 파일이 생성된다.

4.3.5 두 개의 그래프 겹쳐서 그리기

하나의 차트(또는 그래프)에 여러 데이터 시리즈를 넣는 방법을 생각해보자. 두 그래프의 x축이 동일한지 y축이 동일한지, 그 크기(scale)가 비슷한지 등에 따라 여러 방법을 생각해 볼 수 있는데, 아래 그림은 이에 대한 분석용 흐름도(flow chart)이다.

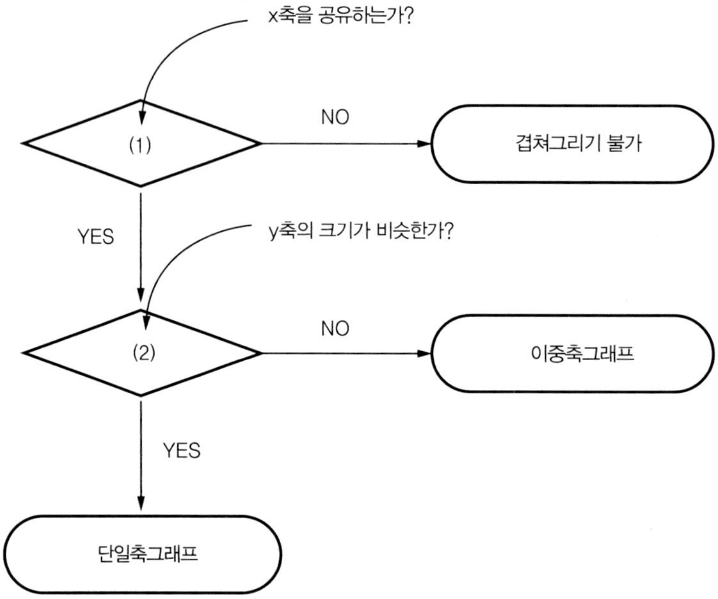

우리는 위 경우 중 마지막 경우(단일축그래프)를 살펴보자. 세 가지 방법 정도를 생각해 볼 수 있다. (1)par함수를 이용하는 방법, (2)저수준 그래프 함수를 이용하는 방법, (3) matplot함수를 이용하는 방법이 있다. 우선, par함수의 new인수를 이용해서 그래프를 겹치게 그릴 수 있다.

```
set.seed(1)
x1<-rnorm(20,mean=0,sd=1)
y1<-dnorm(x1,mean=0.2,sd=1)
plot(x1,y1)
x2<-rnorm(20,mean=0,sd=1)
y2<-dnorm(x2,mean=0,sd=1)
par(new=TRUE)
plot(x2,y2,col="red",pch=2)
```

7줄: par함수의 new인수가 TRUE이므로 이후에 그려지는 그래프는 앞에 그려진 그래프에 겹쳐서 그려진다.

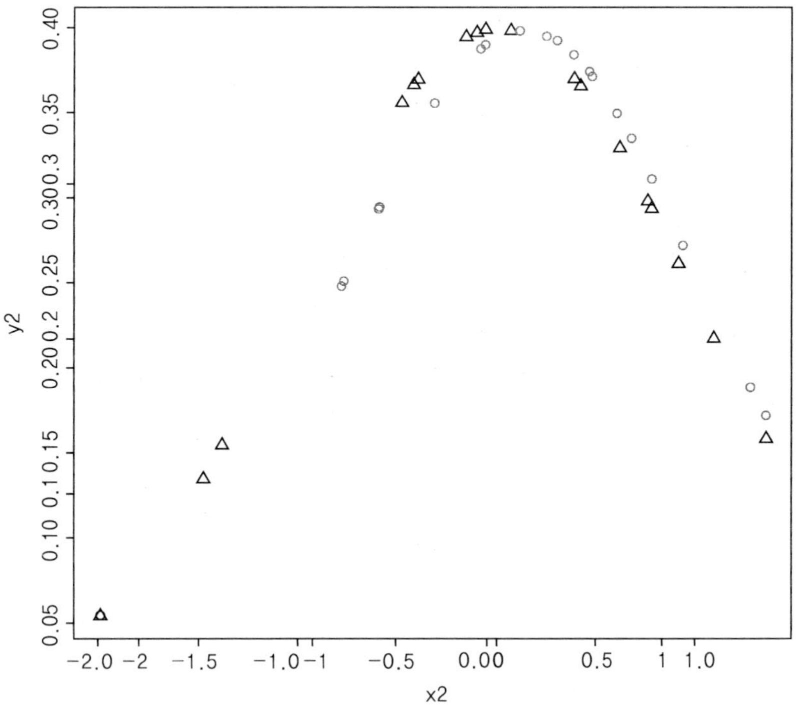

첫번째 plot에 의해 캔버스 크기가 고정되어 그림이 그려진다. 두 번째 그림의 범위가 이를 벗어날 수 있고 서로 다른 축이 겹쳐서 보인다. 따라서 이 방법을 사용하기 위해서는 축범위를 일치시켜주는 작업을 추가로 해주어야 한다.

두번째 방법으로 고수준 그래프 함수(plot 등)와 저수준 그래프 함수(points, curve 등)를 섞어 쓰면 축 범위가 다르거나 겹쳐보이는 현상을 막을 수 있다.

```
01  set.seed(1)
02  par(mfrow=c(1,2))
03  x<-1:10
04  x1<-rnorm(10)
05  y=x+x1
06  plot(y~x,pch=1)
07  y2=x
08  points(y2~x,pch=4,col="red")
```

2줄: 좌우 2개의 그래프를 그릴 준비를 한다. 왼쪽에는 points함수를 이용한 결과를, 오른쪽에는 curve함수를 이용한 결과를 그릴 것이다.

6줄: 우선 plot함수를 이용해 그래프를 그린다.

8줄: points함수를 이용해 그 위에 그래프를 그린다.

```
09    set.seed(1)
10    x<-1:10
11    x1<-rnorm(10)
12    y=x+x1
13    plot(y~x,pch=1)
14    f<-function(x) x
15    curve(f,add=TRUE,col='red')
```

13줄: 우선 plot함수를 이용해 그래프를 그린다.

15줄: curve함수를 이용해 그 위에 그래프를 그린다.

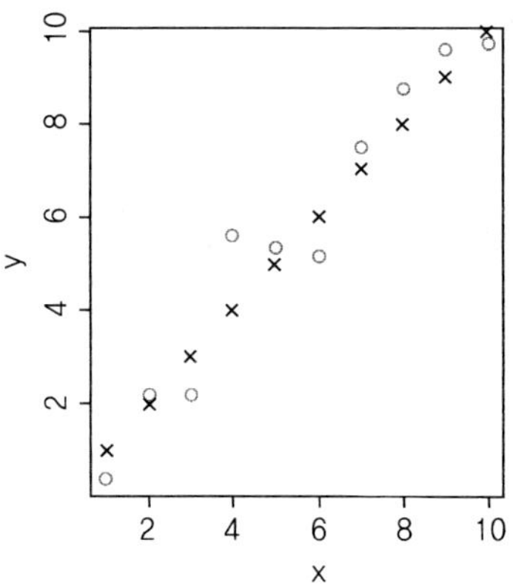

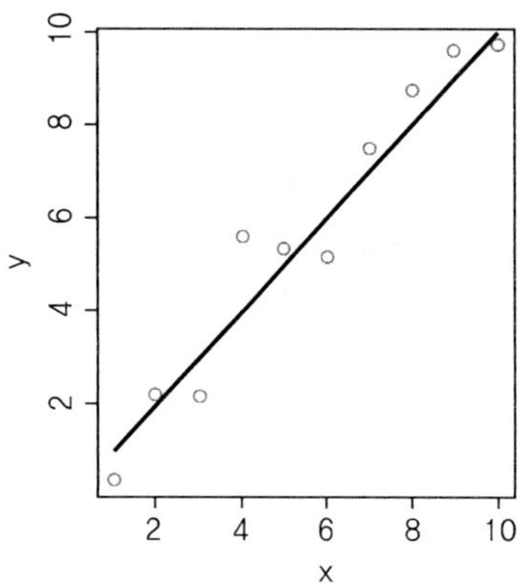

또 다른 방법으로 함께 그리고자 하는 데이터 시리즈를 하나의 행렬로 묶어주고 matplot 함수를 이용해서 그래프를 그릴 수 있다.

```
01    > x<-seq(-3,3,0.02)
02    > y1<-dnorm(x)
03    > y2<-dt(x,df=1)
04    > ymat<-cbind(y1,y2)
05    > matplot(x,ymat,type='l',bty='n')
```

5줄: student-t 분포함수이다.

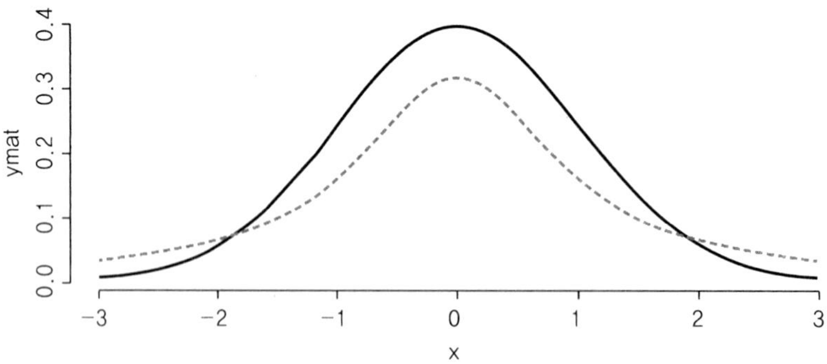

4.3.6 그래프에 수식 입력하기

다음 코드를 참고하여 그래프에 수식을 입력해보자.

```
01  par(mfrow=c(1,2))
02  curve(dnorm,from=-3,to=3,n=1000,
03        main="NormalProbabilityDensityFunction")
04  text(-2,0.3,
05      expression(f(x)==paste(frac(1,sqrt(2*pi*sigma^2)),
06                      "",e^{frac(-(x-mu)^2,2*sigma^2)})),cex=1.2)
07  x<-dnorm(seq(-3,3,0.001))
08  plot(seq(-3,3,0.001),cumsum(x)/sum(x),type="l",col="blue",
09       xlab="x",main="NormalCumulativeDistributionFunction")
10  text(-1.5,0.7,expression(phi(x)==paste(frac(1,sqrt(2*pi)),
11       "",integral(e^(-t^2/2)*dt,-infinity,x))),cex=0.8)
```

1줄: 가로로 2개의 그래프를 그린다.

2~3줄: 표준정규분포함수를 그린다.

4줄: 수식을 쓴다. 좌표는 (−2, 0.3)이다. 수식문자의 크기는 (보통문자의) 1.2배이다.

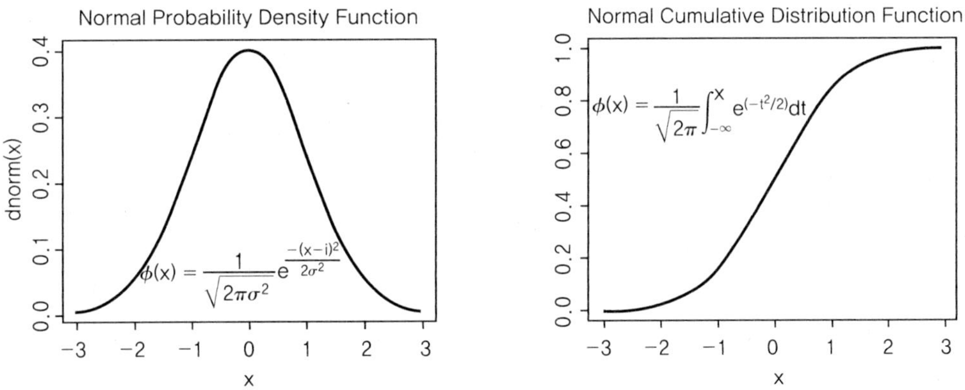

4.3.7 그래프에 그리스 문자 입력하기

expression함수를 이용하여 그리스 문자를 입력할 수 있다.

```
h<-rnorm(mean=5,sd=1,n=1000)
hist(h,main=expression(paste("sampledvalues:",mu,
"=5,",sigma,"=1")))
```

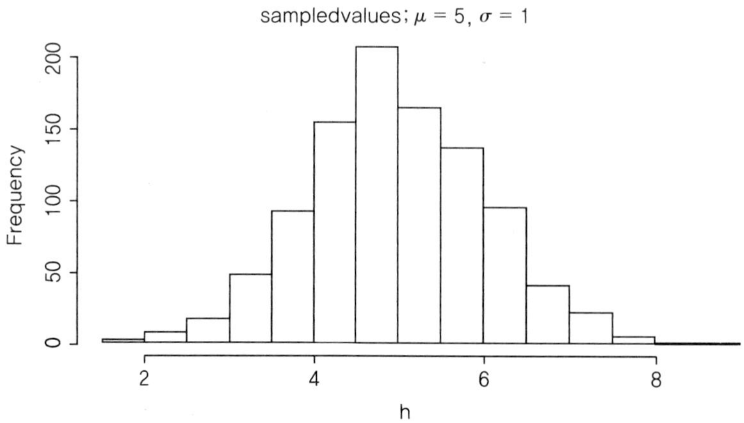

또는 substitute인수를 사용하면 그리스 문자를 입력할 수 있다.

```
x<-seq(-1,50,0.01)
y<-sin(x)*x
plot(x,y,main=substitute(y==Psi*z-sum(beta^gamma)),type='l')
text(0,10,substitute(Delta[k]==1))
text(30,40,substitute(Delta[k]==epsilon))
```

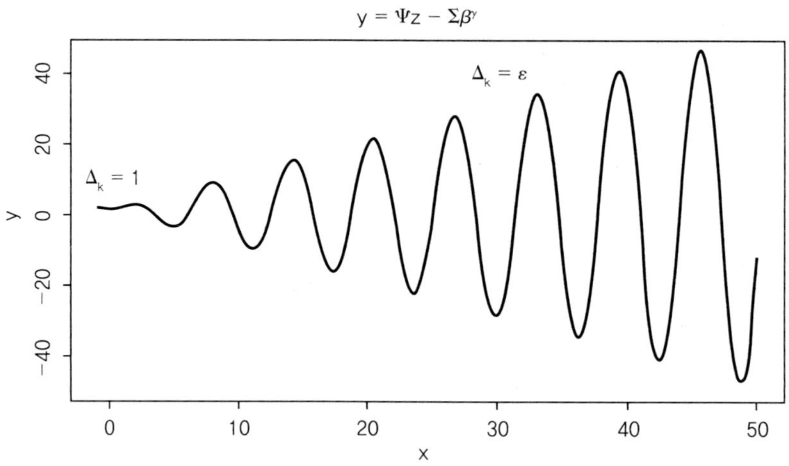

4.3.8 list를 plot하기

데이터 구조 중 리스트의 그래프를 그리는 방법을 생각해보자.

```
01  dat <- list(a=1:5,b=2:7,c=3:10)
02  plot(unlist(dat),type="n",xlim=c(1,max(sapply(dat,length))))
03  mapply(lines,dat,col=seq_along(dat),lty=2)
04  legend("topleft",names(dat),lty=2,col=seq_along(dat))
```

1줄: dat라는 이름의 다음 list를 생성한다.

```
> dat
$a
[1] 1 2 3 4 5

$b
[1] 2 3 4 5 6 7

$c
[1]  3  4  5  6  7  8  9 10
```

2줄: 다음의 복잡한 명령이 한 줄에 표현되어 있다.

1) dat를 그리기 위해 unlist함수를 이용하여 list를 해제한다.

2) type인수에 "n"을 부여하면 아무 것도 그리지 않는다. 즉 이 명령은 빈 그리기 공간을 만들어 준다.

3) x축의 범위를 지정한다. 최소값은 1이고, 최대값은 dat 리스트 중 가장 긴 것의 크기를 지정한다. sapply함수는 dat$a, data$b, data$c 순서대로 length함수를 적용한다.

3줄: lines함수를 이용하여 그래프를 그린다. mapply함수는 dat$a, data$b, data$c 순서대로 line함수를 적용한다.

4줄: seq_along은 인수의 길이에 해당하는 수열(여기서는 1,2,3)을 생성한다.

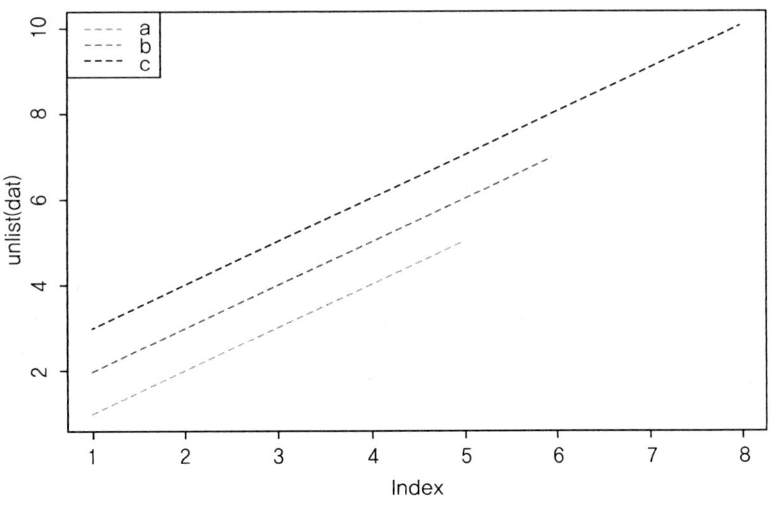

4.3.9 데이터 프레임과 그래프

다음으로 데이터프레임을 그래프로 그려보자.

```
> df<-data.frame(NULL)
> newrow<-1:3
```

```
03    > df<-rbind(df,newrow)
04    > newrow<-c(7,1,9)
05    > df<-rbind(df,newrow)
06    > colnames(df)<-c("a","b","c")
07    > x<-matplot(df,type='l')
08    > legend("topleft",legend=colnames(df),lty=1:3,bty="n")
```

7줄: matplot은 행렬을 그래프로 그려주는 함수이다. matplot에 데이터 프레임을 인수로 입력하면 자동으로 (데이터 계열(series) 개수에 맞춰) 순차적으로 선 종류 및 색깔을 사용한다.

8줄: legend함수는 그래프의 범례를 만들어주는 함수이다. 첫 인수는 범례의 위치를 지정하는데 예제와 같이 쓰면 상단좌측에 범례를 만든다. legend 인수는 범례에 사용될 문자를 지정하고, lty인수는 선의 종류를 지정한다. bty인수는 범례테두리를 설정하는 인수인데 "n"을 쓰면 테두리가 없어진다.

7줄은 다음과 같이 쓴 것과 동일하다.

```
07    x<-matplot(df,type='l',lty=1:3,col=1:3)
```

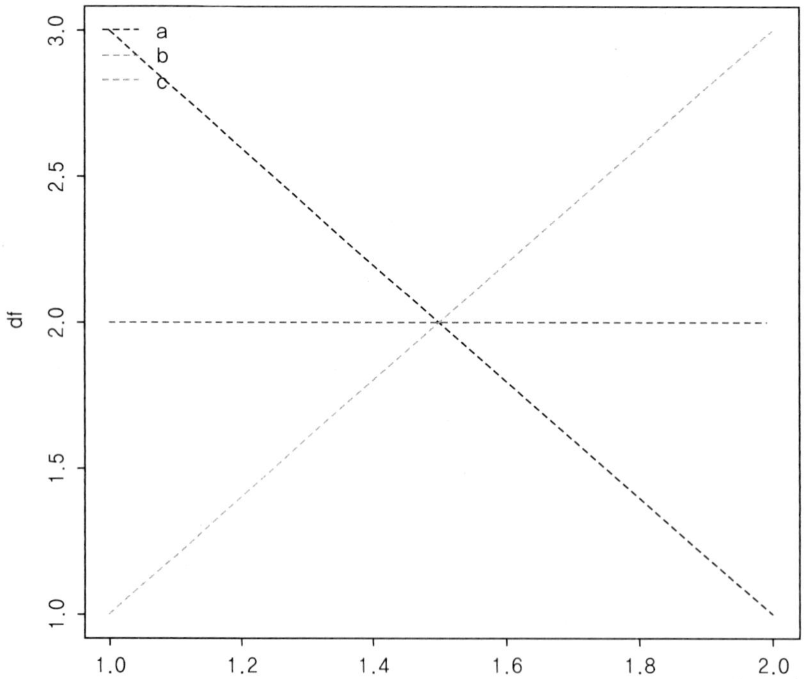

4.3.10 그래프에 다양한 색깔 적용하기

함수값이 특정조건일 때 그래프 색깔을 검정색이 아닌 다른 색깔로 표현하면 시각적으로 더 인식하기 쉬울 것이다. 다음 코드를 살펴보자.

```
01 set.seed(1)
02 x<-1:100/20
03 y<-sin(x)+rnorm(100)/5
04 cols<-ifelse(y>0,"black","gray")
05 par(mfrow=c(1,2))
06 plot(x,y,type='h',lwd=2)
07 plot(x,y,type='h',lwd=2,col=cols)
```

4줄: y의 값이 0보다 클 경우 검정색을, 그렇지 않을 경우 회색을 할당한다.

7줄: col인수에 위 결과를 대입하면 원하는 결과를 얻는다.

결과는 아래와 같다.

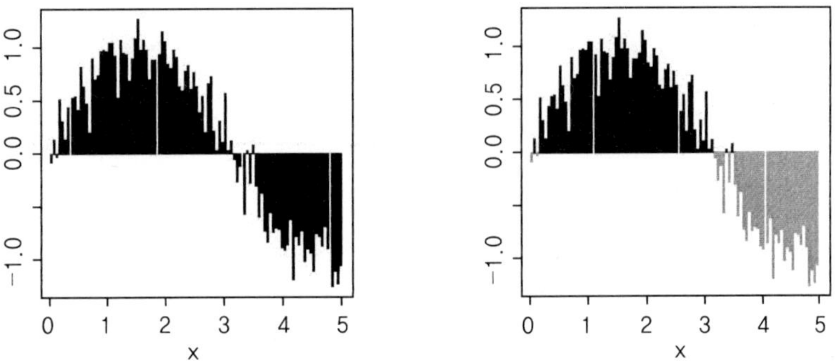

4.4

3차원 그래프

rgl 패키지는 대화형으로 작동하는 3차원 그래프(3D interactive graphics)를 지원한다. "rgl" package를 먼저 설치하자.

```
> install.packages("rgl")
```

plot3d함수를 이용하면 3차원 산점도(scattergram)을 그릴 수 있다.

```
01  library('rgl')
02  open3d()
03  x<-sort(rnorm(1000))
04  y<-rnorm(1000)
05  z<-rnorm(1000)+atan2(x,y)
06  plot3d(x,y,z,col=rainbow(1000))
```

5줄: atan2는 두 변수의 arc-tangent 함수를 의미한다.

결과는 다음과 같다.

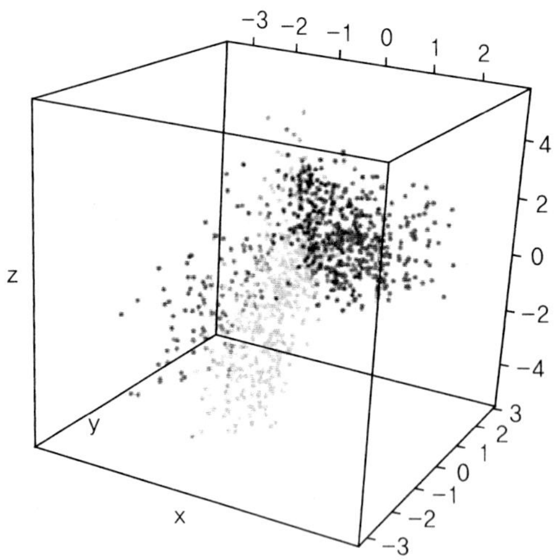

surface2d함수를 이용하면 3차원 면 그래프를 그릴 수 있다. 다음은 도움말에 제시된 예제를 실행한 결과이다.

```
01 data(volcano)
02 z<-2*volcano#Exaggeratetherelief
03 x<-10*(1:nrow(z))#10meterspacing(StoN)
04 y<-10*(1:ncol(z))#10meterspacing(EtoW)
05 zlim<-range(y)
06 zlen<-zlim[2]-zlim[1]+1
07 colorlut<-terrain.colors(zlen)#heightcolorlookuptable
08 col<-colorlut[z-zlim[1]+1]#assigncolorstoheightsforeachpoint
09 open3d()
10 surface3d(x,y,z,color=col,back="lines")
```

1줄: volcano는 R에 내장되어 있는 dataset중 하나이다.

실행결과는 다음과 같다.

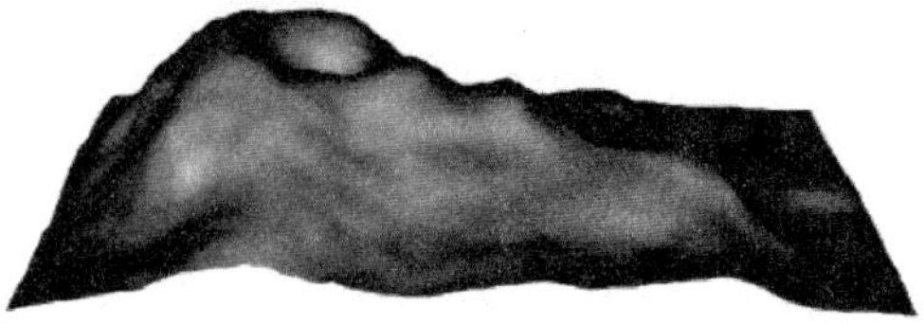

5 수치적 방법

5.1 수치적 방법의 기초

5.1.1 함수 그리기

간단한 방정식의 그래프는 curve함수를 이용해서 그릴 수 있다.

```
01  > curve(x^2+2*x,-2,1)
```

1줄: curve함수의 첫 인수는 그래프를 그릴 함수이고, 두 번째 인수와 세 번째 인수는 x축의 좌우측 범위이다. 생략하면 (0,1)범위에 대해 그래프를 그려준다.

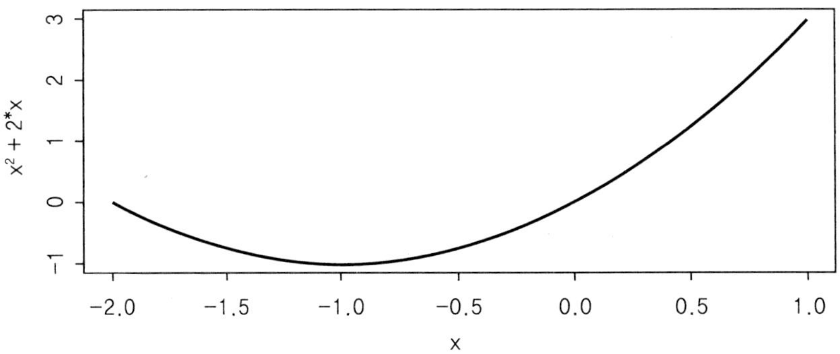

문제

다음 함수는 x=0에서 연속일까? x축의 범위를 좁혀가며 살펴보자.

```
> x<-seq(-2,2,0.001)
> plot(x,sin(1/x),type='l')
```

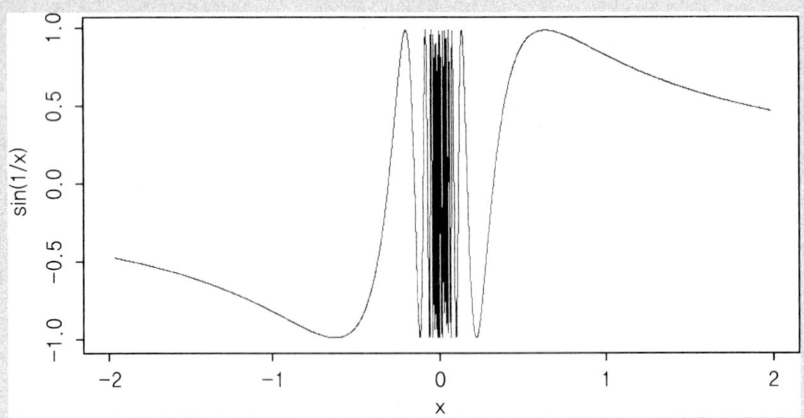

5.1.2 미분하기

미분은 추가 패키지 없이 기본적으로 수행할 수 있다. 다음 2차 방정식의 미분을 실행해 보자.

$$f(x) = x^2$$

미분은 기본적으로 D함수를 이용한다. 1차미분은 다음과 같다.

```
> fx=expression(x^2,"x")
> D(fx,'x')
2 * x
```

2차미분은 D함수를 두번 적용하면 된다.

```
> fx=expression(x^2,"x")
> D(D(fx,'x'),’x’)
2
```

앞의 경우와 달리 복잡한 수식의 미분을 생각해보자.

$$f(x) = x^5 - \frac{1}{x} + \cos(x)^x$$

```
> fx = expression(x^5-1/x+cos(x)^x, 'x')
> D(fx,'x')
5 * x^4 + 1/x^2 + (cos(x)^x * log(cos(x)) - cos(x)^(x - 1) *
    (x * sin(x)))
```

이번에는 입력변수가 2개 이상인 다변수 함수의 미분을 생각해보자. 구체적으로 다음 다변수 함수의 미분을 생각해보자.

$$f(x,y,z) = (xy)^5 - \frac{1}{x^2} + \cos(x)^x$$

deriv함수를 이용하면 다변수 함수의 미분을 구할 수 있다.

```
> fxyz = expression((x*y)^5-1/x^z+cos(x)^x)
> deriv(fxyz , c('x', 'y', 'z'))
expression({
    .expr1 <- x * y
    .expr3 <- x^z
    .expr6 <- cos(x)
    .expr7 <- .expr6^x
    .expr9 <- .expr1^4
    .expr15 <- .expr3^2
```

```
10        .value <- .expr1^5 - 1/.expr3 + .expr7
11        .grad <- array(0, c(length(.value), 3L), list(NULL, c("x",
12            "y", "z")))
13        .grad[, "x"] <- 5 * (y * .expr9) + x^(z - 1) * z/.expr15 +
14            (.expr7 * log(.expr6) - .expr6^(x - 1) * (x * sin(x)))
15        .grad[, "y"] <- 5 * (x * .expr9)
16        .grad[, "z"] <- .expr3 * log(x)/.expr15
17        attr(.value, "gradient") <- .grad
18        .value
19    })
```

10줄: 원래 함수를 알려준다.

13줄: x에 대한 미분이다.

15줄: y에 대한 미분이다(아래 코드를 참조하면 결과를 확인할 수 있다).

16줄: z에 대한 미분이다.

```
> fxyz = expression((x*y)^5-1/x^z+cos(x)^x)
> D(fxyz,'y')
5 * (x * (x * y)^4)
```

5.1.3 적분하기

정적분을 생각해보자. 구체적으로 다음 함수를 구간(0, ∞)에서 적분해보자.

$$y = \frac{1}{(x+1)\sqrt{x}}$$

우선 함수는 다음과 같이 생겼다.

```
> integrand<-function(x) 1/((x+1)*sqrt(x))
> curve(integrand)
```

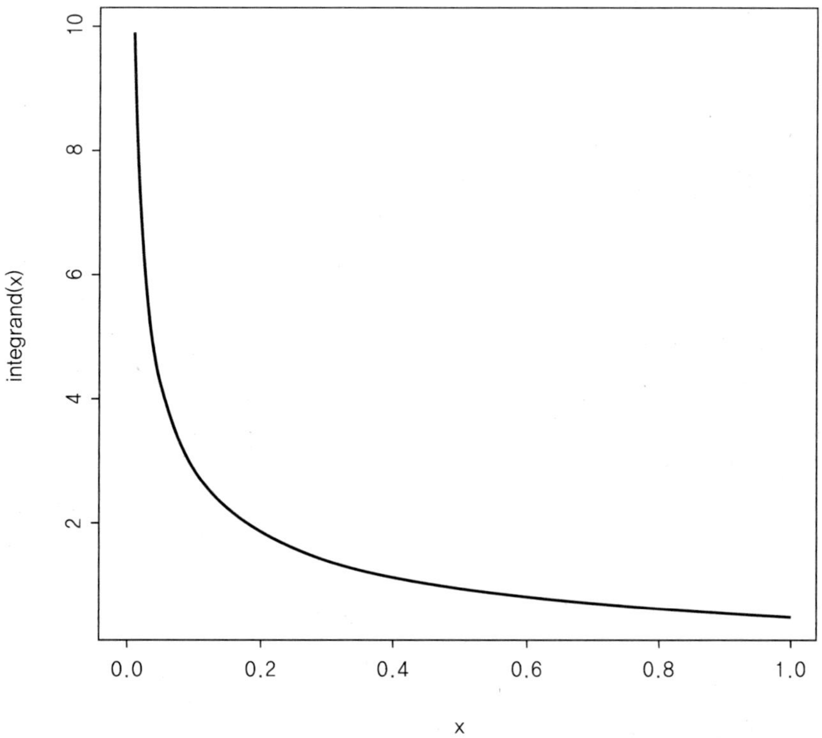

integrate함수를 이용하여 적분을 구할 수 있다. 다음 코드를 입력하면 적분결과를 얻는다.

```
> integrand<-function(x) 1/((x+1)*sqrt(x))
> integrate(integrand,lower=0,upper=Inf)
3.141593 with absolute error < 2.7e-05
```

부정적분은 기호연산을 수행해야 한다. 기호연산에 대해서는 부록을 참조하자. Sym함수를 이용하면되는데, Ryacas 패키지가 필요하다. Ryacas에서는 테일러 전개, 방정식 해찾기, 다항식 전개 등도 가능하다. 보다 자세한 내용은 아래 경로에 있는 Ryacas 매뉴얼을 참조하자.

- http://cran.r-project.org/web/packages/Ryacas/vignettes/Ryacas.pdf

Ryacas패키지가 설치되어 있다면 sin(x)의 적분은 다음과 같이 구할 수 있다.

```
> library(Ryacas)
> x<-Sym("x")
> Integrate(sin(x),x)
```

또는

```
01  > yacas("Integrate(x)Sin(x)")
02  -Cos(x);
```

2줄: 적분결과는 −cos(x)이다.

5.2 수치방법

5.2.1 시뮬레이션

시뮬레이션은 다양한 분야에 사용될 수 있는데, 간단한 사례로 다음 적분값을 시뮬레이션을 이용해 구해보자.

$$\int_0^2 x^2 dx = \left[\frac{x^3}{3}\right]_0^2 = \frac{8}{3} = 2.666...$$

우선 대략적인 함수형태와 적분구간은 다음과 같다.

```
n<-1000
f<-function(x) x^2
x<-runif(n,0,2)
y<-runif(n,0,4)
xin<-x[y<f(x)]
yin<-y[y<f(x)]
plot(xin,yin,xlim=c(0,2.5),ylim=c(0,2.5^2))
curve(x^2,0,2.5,add=T)
abline(h=0,col='red')
abline(h=4,col='red')
abline(v=0,col='blue')
abline(v=2,col='blue')
```

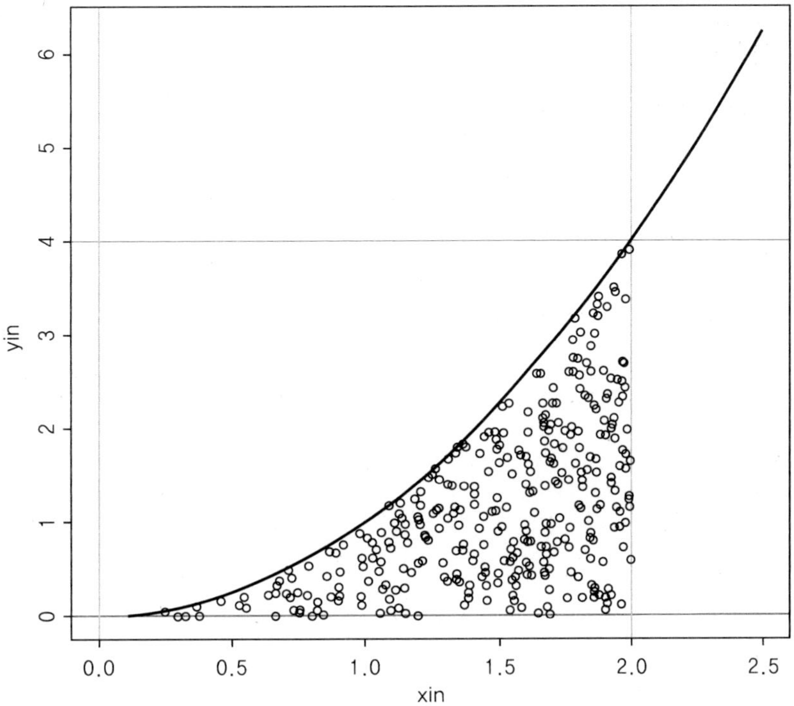

시뮬레이션을 이용한 적분 코드는 다음과 같다.

```
01  > set.seed(123)
02  > f<-function(x) x^2
03  > a<-0
04  > b<-2
05  > c<-0
06  > d<-4
07  > n<-10^5
08  > x<-runif(n,a,b)
09  > y<-runif(n,c,d)
10  > A*sum(y<f(x))/n
11  [1] 2.682
12  > integrate(f,a,b)
13  2.666667 with absolute error < 3e-14
```

8줄 및 9줄: 사각형 구간(0,0) ,(0,4), (2,0), (2,4)을 채울 점(좌표)을 만든다.

10줄: 생성된 점 중에서 함수아래 부분에 생성된 점의 비율을 구한 뒤 사각형의 넓이와 곱해준다.

5.2.2 최적화

다음 함수의 최소값을 찾아보자.

$$f(x) = x^2 + 2x - 2$$

대략적인 형태는 다음과 같다.

```
> curve(x^2+2*x-2,-2,2)
```

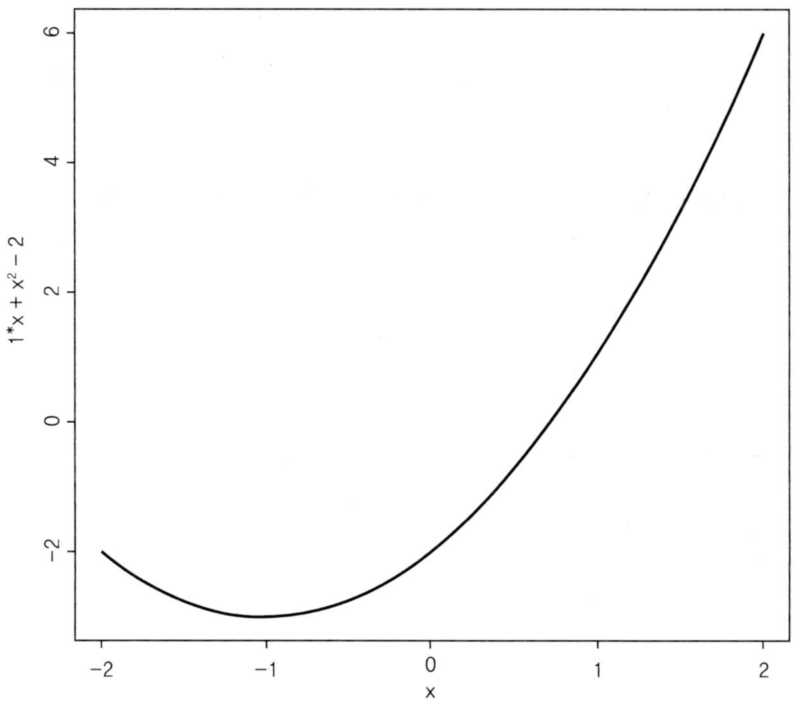

nlm(Non−Linear Minimization) 함수는 Newton 방법을 이용해서 함수의 최소값을 구해준다. 첫 번째 인수는 함수를 두번째 인수는 시작값을 지정한다.

```
> f<-function(x) x^2+2*x-2
> x<-nlm(f,0)
> x
$minimum
[1] -3

$estimate
[1] -1

$gradient
```

```
[1] 1.000089e-06

$code
[1] 1

$iterations
[1] 1
```

optimize함수도 유사한 기능을 한다.

optimize(f, lower=lowerBound, upper=upperBound, maximum=TRUE)

```
> f<-function(x) x^2+2*x-2
> optimize(f,lower=-20,upper=20)
$minimum
[1] -1

$objective
[1] -3
```

(Wild Function) 다음 함수의 극소값을 찾아보자.

$$y = 10\sin(0.3x)\sin(1.3x^2) + \frac{x^4}{100000} + 0.2x + 80$$

```
f<-function(x)10*sin(0.3*x)*sin(1.3*x^2)+x^4/100000+0.2*x+80
x<-seq(-50,50,length=1500)
plot(x,f(x),type="l")
```

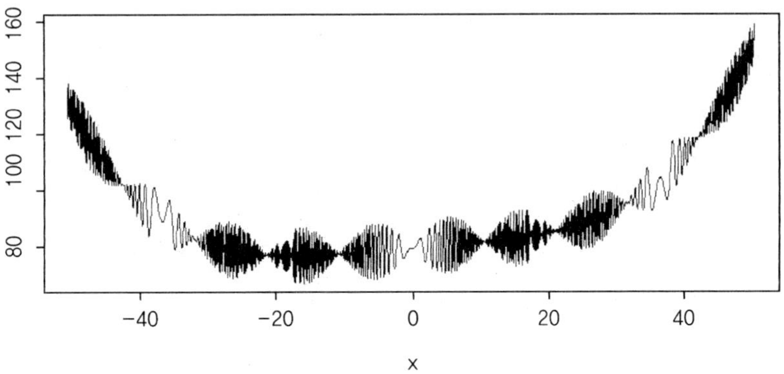

초기값을 3으로 줄 경우 nlm은 지역적 극소값만 찾는다.

```
> nlm(f,3)
$minimum
```

```
[1] 70.84539

$estimate
[1] -6.313905

$gradient
[1] 5.622307e-06

$code
[1] 1

$iterations
[1] 4
```

반면 optim 함수는 다양한 방법의 최적화 기능을 제공하는데, 그중 Simulation Annealing (SANN)방법을 사용하면 전역적 최소값(Global Minimum)을 찾을 수 있다.

```
01  > x<-optim(3,f,method="SANN",
02      control=list(maxit=20000,temp=20,parscale=20))
03  > x
04  $par
05  [1] -15.81459
06  
07  $value
08  [1] 67.47035
09  
10  $counts
11  function gradient
12     20000       NA
13  
14  $convergence
15  [1] 0
16  
17  $message
18  NULL
```

2줄: control인수는 최적화 방법에 필요한 통제 모수(control parmater)를 지정한다. 최적화 방법이 SANN일 경우, temp(temperature의 약자)는 시작점을 의미하고 parscale은 최적화 과정에서 모수을 조정하는 크기(rescaling of parameters)를 지정한다. parscale에 대한 자세한 설명은 다음 사이트를 참조하자.

- http://www.r-bloggers.com/tuning-optim-with-parscale/

4~5줄: 최적화를 통해 찾아낸 값이다.

7~8줄: 최적화 상태의 목적함수 값이다.

14~15줄: convergence가 0이면 최적화가 성공한 것이다. 0이 아니라면 실패한 것이다.

optim함수를 이용하면 다변량 최적화도 수행할 수 있다.

```
> fx<-function(x){x[1]^2+x[2]^2}
> optim(c(1,1),fx)
$par
[1] 3.754010e-05 5.179101e-05

$value
[1] 4.091568e-09

$counts
function gradient
      63       NA

$convergence
[1] 0

$message
NULL

>
```

만약 최대값을 찾으려면 control인수를 다음과 같이 지정해주면 된다.

```
> optiom(xs,f,control=list(fnscale=-1))
```

5.2.3 해찾기

다항식의 해는 polyroot함수를 이용해서 구할 수 있다.

$$1 + 2x + x^2 = 0$$

```
> polyroot(c(1, 2, 1))
[1] -1-0i -1+0i
```

유사하게 uniroot함수를 이용할 수도 있다.

$$f(x) = 2x + x^2 - 2$$

```
01  > f <- function(x) 2 * x + x^2 - 2
02  > uniroot(f, c(-2, 2))
03  $root
04  [1] 0.7320509
05
06  $f.root
07  [1] 4.266697e-07
08
09  $iter
10  [1] 7
11
12  $init.it
13  [1] NA
14
15  $estim.prec
16  [1] 6.103516e-05
```

2줄: uniroot(f,c(−2,2))는 −2~2사이에 속하는 근을 찾음을 의미한다.

찾아낸 값이 실제 답인지 확인해 보자.

```
> x<-0.7320509
> 2*x+x^2-2
[1] 3.201908e-07
```

함수값이 0에 가까운 것으로 구한 값이 답임을 알 수 있다.

5.2.4 보간법

보간법(Interpolation)은 알려진 일부분의 함수값을 이용해 전체함수를 추정하는 방법이다.

주어진 함수의 일부분만을 사용하므로 전체를 추정하기 위해서는 추가적인 가정 또는 정보가 필요하다. 아무런 추가정보가 없다면 가장 간단한 가정이 주어진 함수구간이 직선형태일 것이라고 가정하는 것(선형보간법)이다. 만약 추가적인 정보로 예를 들어 모든 함수구간이 부드럽게 이어져있어야 한다는 등의 조건이 주어진다면 보다 복잡한 함수꼴(다항함수나 스플라인 함수)을 생각해볼 수도 있을 것이다. R에서 제공되는 보간함수를 살펴보자

approxfun은 선형보간함수를 돌려준다

```
> x<-1:10
> y<-rnorm(10)
> f<-approxfun(x,y)
> curve(f(x),0,11,col="green2")
> points(x,y)
```

4줄: curve 함수는 x=0~1사이에서만 표시되는 것이 기본설정이므로, 아래와 같이 표현하기 위해서는 curve(f(x),0,11,⋯)과 같이 표현해 줄 필요가 있다.

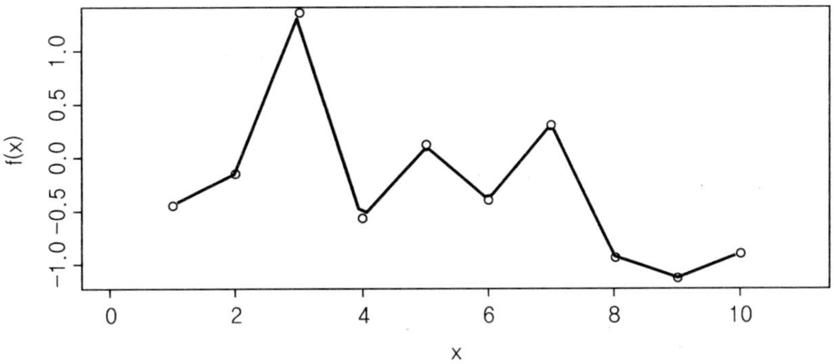

approxfun은 기본적으로 보외법(Extrapolation)을 적용하지 않는다. 따라서 보간구간 바깥 구역의 값은 NA를 돌려준다. 보외법을 적용하려면 rule인수에 2를 쓰면된다. 가장 바깥쪽의 값을 사용해서 보외법을 적용한다. 만약 왼쪽에는 보외법을 적용하고 오른쪽에는 그렇지 않다면 2:1값을 주면 된다.

```
> f<-approxfun(x,y,rule=2:1)
> f(0.5)
[1] -0.4415169
> f(11)
[1] NA
```

splinefun은 cubic (or Hermite) spline 방법을 통해 보간된 함수를 돌려준다

```
f<-splinefun(x,y)
curve(f(x),0,11,col="black")
points(x,y)
```

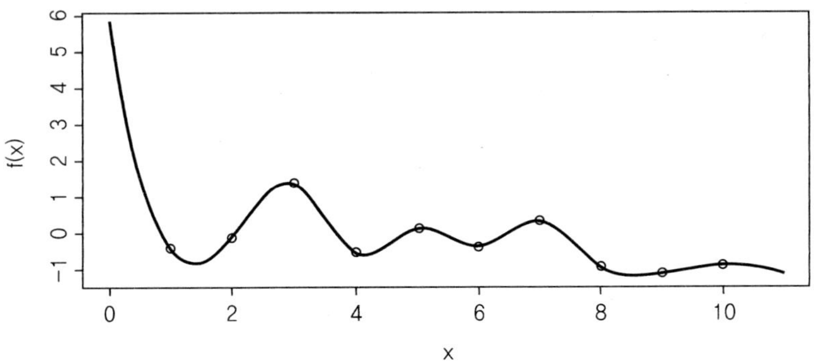

"polynom" 패키지를 이용하면 다항보간(Polynomial Interpolation)을 할 수 있다.

```
> install.packages('polynom')
```

poly.calc함수는 다항보간된 함수를 돌려준다.

```
> library(polynom)
> x<-c(1,2,3)
> y<-c(2,6,4)
> f<-poly.calc(x,y)
> g<-as.function(f)
> curve(g,0,4)
> points(x,y)
```

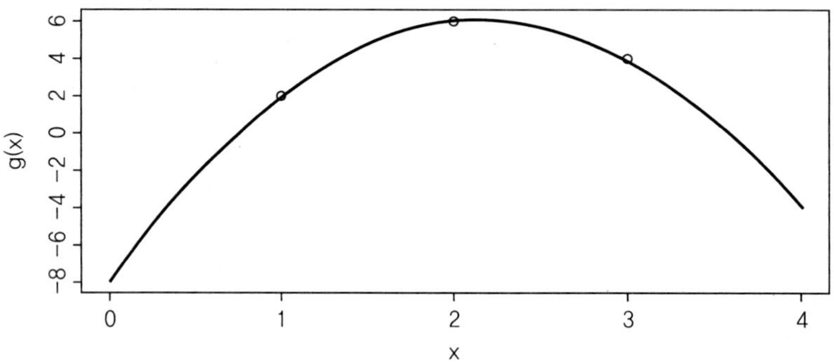

참고

poly.calc로 계산된 결과는 다항식이다.

```
> f
-8 + 13*x - 3*x^2
```

poly.calc함수의 tol 인수는 다항함수가 주어진 점을 정확히 지나도록 할 것인지를 지정하는 인수인데, 만약 지정하지 않으면 문제가 발생할 수 있다. 다음 코드를 실행시켜보자.

```
library("polynom")
a<-c(1129.976,1152.878,1173.103,1193.695,1217.796)
b<-c(0.10125,0.08925,0.08750,0.08925,0.10075)
g<-poly.calc(a,b)
f<-as.function(g)
plot(a,b)
curve(f(x),1120,1220,add=T)
```

그래프를 보면 추정된 다항함수(직선)가 주어진 값(점)을 전혀 맞추지 못하고 있다.

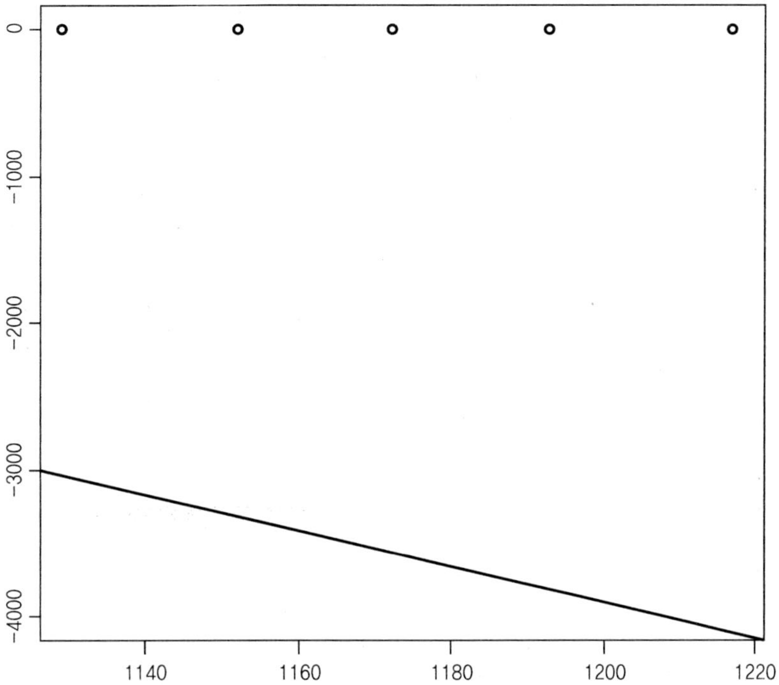

또한 결과로 나온 다항함수 식이 이상하다.

```
> g
3556.49 - 12.0998*x + 0.01544085*x^2 - 8.759439e-06*x^3
```

5개 점을 지나야 하므로 4차 방정식이어야 하는데 3차 방정식이다. 다음과 같이 수정해보자.

```
01  g<-poly.calc(a,b,tol=0)
02  f<-as.function(g)
03  plot(a,b)
04  curve(f(x),1120,1220,add=T)
```

1줄: tol 파라메터를 0으로 지정해 주었다.

결과로 나온 그래프는 다음과 같다.

추정된 다항함수가 주어진 함수값을 정확히 맞추고있는 것을 확인할 수 있다.

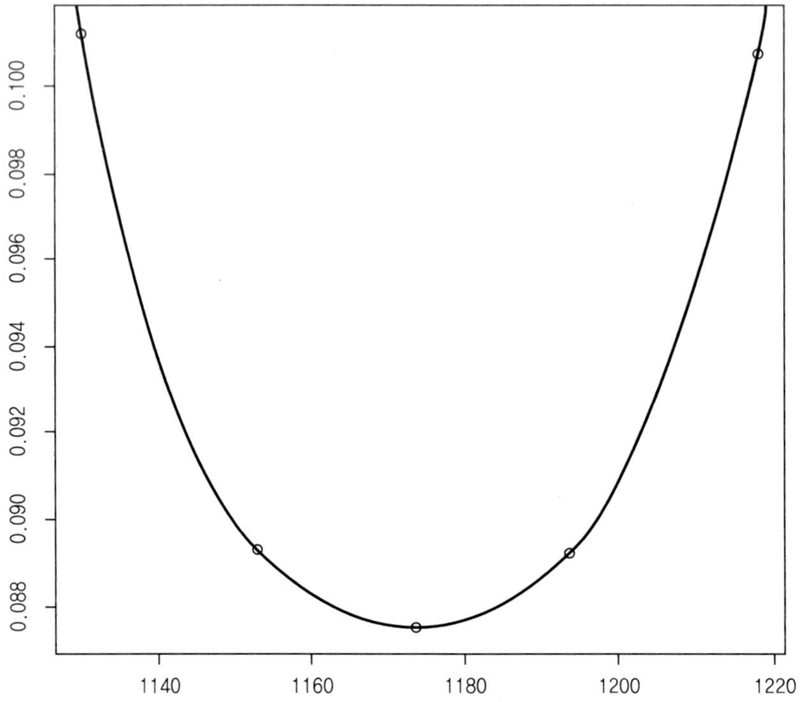

기호연산

다음 방정식을 풀어보자.

$$\frac{x}{1 + x} = a$$

이항하여 정리하면 다음 해를 얻을 수 있다.

$$x = \frac{a}{1 - a}$$

이 문제를 R의 기호연산 패키지를 이용해서 풀어보자. Ryacas는 yacas computer algebra system의 인터페이스다(yacas는 Yet Another Computer Algebra System의 약자이다). 따라서 Ryacas를 사용하려면 "yacas"가 설치되어 실행되고 있어야 한다. yacas 설치를 위해서는 yacasInstall 스크립트를 실행하면 된다. 그리고 yacas가 설치된 폴더로 가서 yacas를 실행해야 한다.

우선, Ryacas 패키지를 설치하자.

```
install.packages('Ryacas')
```

그리고 라이버러리를 로드한 뒤 yacas를 설치한다.

```
> library(Ryacas)
> yacasInstall()
```

다음으로, yacas가 설치된 폴더로 가서 다음 명령(도스 명령)을 실행한다.

```
yacas --server 9734
```

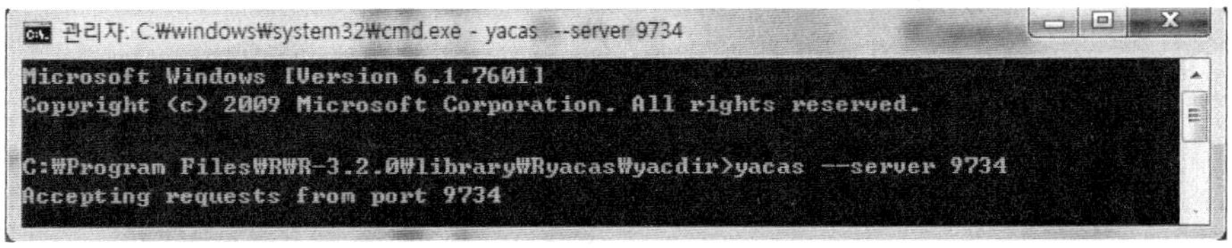

참고

만약 yacas를 실행하지 않았다면 아래 명령 실행할 때 다음 에러가 발생한다.

```
> yacas("Solve(x/(1+x)==a,x)")
[1] "Starting Yacas!"
Error in socketConnection(host = "127.0.0.1", port = 9734, server =
FALSE,  :
  cannot open the connection
```

이제 다음과 같이 입력하면 답을 얻을 수 있다.

```
> yacas("Solve(x/(1+x)==a,x)")
[1] "Starting Yacas!"
{x==a/(1-a)};
```

6 확률/통계/계량

6.1 확률 및 확률과정

6.1.1 난수 생성하기

runif함수는 균등분포(uniform distribution) 난수를 만든다. 첫 인수는 생성되는 난수의 개수이고, 다음 인수는 최소값, 세번째 인수는 최대값이다.

```
> x<-runif(100,0,1)
> y<-runif(100,0,1)
> plot(x,y)
```

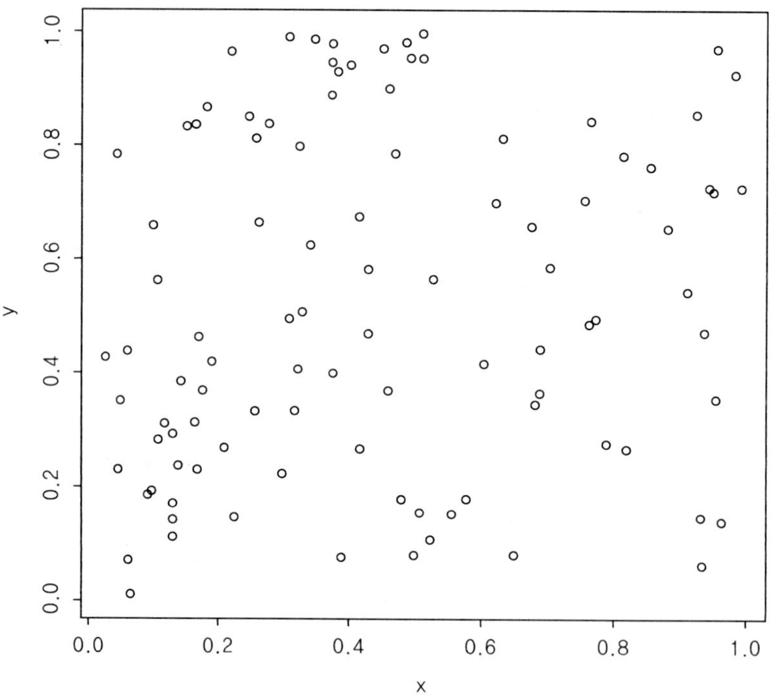

고정된 난수를 생성할 경우 초기값(seed)을 set.seed함수를 통해 고정해 주면 된다.

```
> set.seed(1)
> x <- 1000*runif(5)
> sprintf("$ %3.2f", x)
[1] "$ 265.51" "$ 372.12" "$ 572.85" "$ 908.21" "$ 201.68"
```

rnorm함수는 정규분포 난수를 생성한다. 첫인수는 개수, 두번째 인수는 평균, 세번째 인수는 표준편차이다.

```
> x<-rnorm(1000)
> hist(x)
```

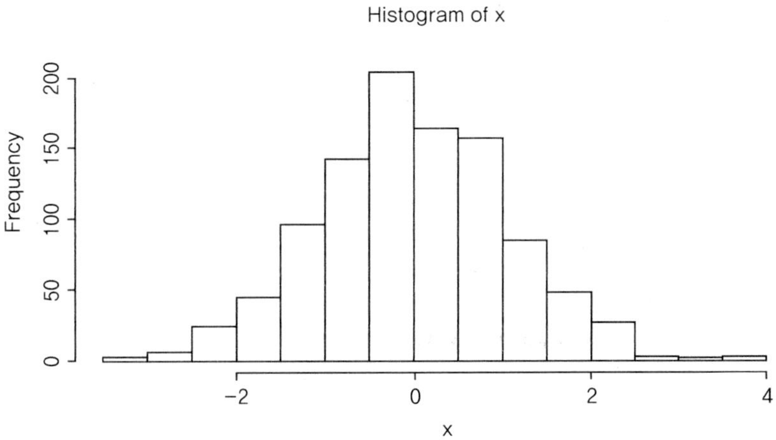

6.1.2 확률과정

(1) 임의보행(Random Walk)

임의보행은 일반적으로 술취한 사람의 걸음걸이로 표현되는데, 술취한 사람의 걸음걸이가 예측불가능한 점을 비유적으로 표현한 것이다.

어떤 사람 X의 걸음은 매번 왼쪽으로 한 걸음 가든지 오른쪽으로 가든지 동일한 확률로 임의로 정해진다고 하자. n번째 위치 p_n이 주어졌을 때, (n+1)번째 위치 p_{n+1}은 다음과 같이 표현할 수 있다.

$$p_{n+1}=p_n+\tilde{d}$$

여기서 $\tilde{d}$는 1/2확률로 +1을 갖거나 1/2확률로 −1을 갖는 확률변수이다(예를 들어 동전던지기를 생각할 수 있다).

현재위치를 0이라고 하면, n번 걸음 뒤의 위치는 다음과 같이 표현할 수 있다.

$$p_n=\sum_{i=1}^{n} \tilde{d}_i$$

즉, 매번 $\tilde{d}$ 확률변수 시행결과를 모두 더한 것이다. 만약 X의 걸음이 이제는 좌우뿐만 아니라 앞뒤로도 움직일 수 있다고 하면 이제 위치는 2차원으로 표시할 수 있고, 이는 2차원 임의보행에 해당한다.

2차원 임의보행을 시뮬레이션 해보자. 아래 코드는 매 시점마다 좌우(x축) 또는 상하(y축)으로 움직이는데 움직이는 양은 (−1,1)사이의 임의의 실수만큼 움직이는 임의보행을 시뮬레이션한 결과이다.

```
> set.seed(1)
> x<-runif(100,-1,1)
> y<-runif(100,-1,1)
> xs<-cumsum(x)
> ys<-cumsum(y)
> plot(xs,ys,lty='b')
```

여기서, cumsum함수는 누적합을 계산해주는 함수이다.

```
> x<-1:5
> cumsum(x)
[1]  1  3  6 10 15
```

결과는 다음과 같다.

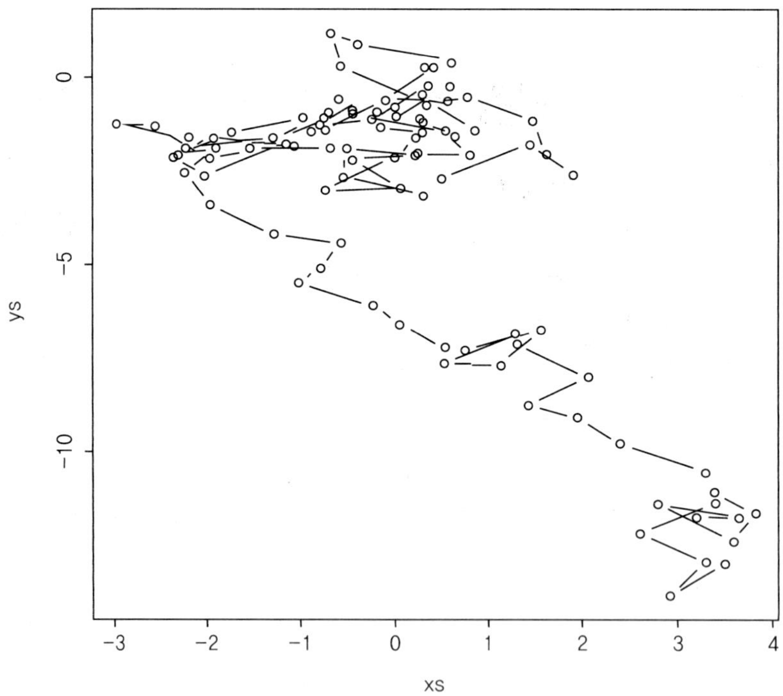

6.1.3 확률미분방정식

확률미분방정식은 직관적으로는 임의보행을 확장한 것으로 이해할 수 있는데 주식가격의 움직임 등을 표현할 때 금융분야에서는 자주 사용되는 방정식이다.

현재시점 t의 주식가격 S_t가 주어져 있을 때, 미래시점 t+dt에서 주식의 가격 S_{t+dt}는 다음과 같이 생각할 수 있다.

$$S_{t+dt}=S_t + 확정적\_부분(deterministic\_part; DP)+확률적\_부분(stochastic\_part; SP)$$

확정적 부분(DP)은 보통 경과시간동안의 기대수익률로 생각할 수 있으므로 연간 기대수익률이 μ라면 다음과 같이 표현할 수 있다.

$$DP=S_t \mu \, dt$$

다음으로 확률적 부분(SP)은 주가 수익률이 정규분포한다는 가정과 시간이 길어질수록 불확실성이 커질 것이라는 가정을 일반적으로 받아들이면 다음과 같이 표현할 수 있다.

$$SP=S_t \, \sigma \sqrt{dt} \, z$$

여기서 z는 평균이 0이고 분산이 1인 정규분포확률변수이다. 일반적으로 $\sqrt{dt}$ z를 위너(Wiener)과정 또는 브라운 운동(Brownian Motion)이라고 하고, dW_t라고 표기한다. 따라서 미래 주식가격의 움직임은 다음과 같이 표현할 수 있다.

$$S_{t+dt} - S_t = dS_t = S_t\mu dt + S_t \, \sigma \, dW_t$$

또는

$$\frac{dS_t}{S_t} = \mu dt + \sigma \, dW_t$$

sde패키지는 확률미분방정식(stochastic differential equations)에 대한 시뮬레이션과 추정을 해주는 패키지 이다. 패키지를 설치해보자.

```
> install.packages('sde')
```

설치된 sde패키지를 library 함수를 이용해 로드하자.

BM함수는 브라운 운동을 시뮬레이션 해준다. 첫번째 인수는 시작점, 두번째 인수는 시작 시점, 세번째 인수는 종료시점, 마지막 인수는 시간간격의 수이다. 다음 코드를 실행해보자.

```
> plot(BM())
```

아무 인수도 없으면 기본적으로 다음과 같은 시행(trial)을 수행한다.

```
> x<-BM(0,0,1,100)
> plot(x)
```

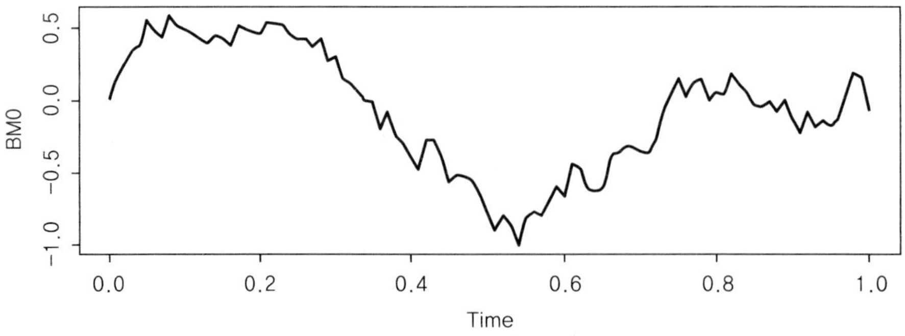

GBM은 기하브라운 운동을 시뮬레이션하며 첫 인수는 시작점, 두번째는 이자율, 세번째는 변동성, 네번째는 만기시점, 마지막은 시간간격수이다.

```
01    > plot(GBM(1,1,0.2,1,100))
```

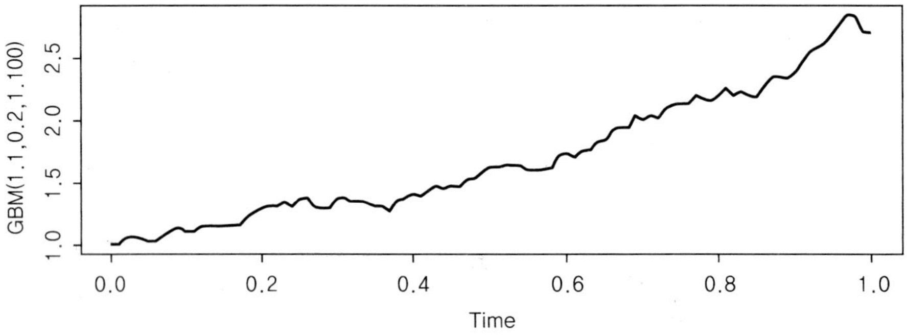

6.2

통계

기술통계(요약통계)

평균, 분산 등 간단한 요약통계량은 mean, sd, var 등의 함수를 이용해서 직접 계산할 수 있다. 데이터가 주어졌을 때 summary함수를 사용하면 대략적인 요약통계(평균, 중위수, 최대, 최소, 1분위수(25 percentile), 3분위수(75 percentile) 등)를 얻을 수 있다.

```
> set.seed(1)
> x<-rnorm(1000)
> summary(x)
    Min.  1st Qu.   Median     Mean  3rd Qu.     Max.
-3.00800 -0.69740 -0.03532 -0.01165  0.68840  3.81000
```

보다 자세한 정보를 얻으려면 pastecs 패키지를 이용한다. 다음 코드를 참고하자.

```
library(pastecs)
score<-c(88,43,57)
score<-rbind(score,c(90,80,70))
score<-rbind(score,c(70,80,75))
print(score)
print(stat.desc(score))
```

결과

```
[,1] [,2] [,3]
score   88   43   57
        90   80   70
        70   80   75
                        V1          V2           V3
nbr.val          3.0000000    3.000000    3.0000000
nbr.null         0.0000000    0.000000    0.0000000
nbr.na           0.0000000    0.000000    0.0000000
min             70.0000000   43.000000   57.0000000
max             90.0000000   80.000000   75.0000000
range           20.0000000   37.000000   18.0000000
sum            248.0000000  203.000000  202.0000000
median          88.0000000   80.000000   70.0000000
```

```
mean          82.6666667  67.666667  67.3333333
SE.mean        6.3595947  12.333333   5.3644923
CI.mean.0.95  27.3631274  53.066050  23.0815475
var          121.3333333 456.333333  86.3333333
std.dev       11.0151411  21.361960   9.2915732
coef.var       0.1332477   0.315694   0.1379937
```

SE.mean은 표본평균의 표준오차(standard error), CI.mean.0.95는 표본평균에 대한 95% 신뢰구간의 길이, std.dev는 표준편차, coef.var은 (표본표준편차/표본평균)으로 정의되는 변동계수(coefficient of variation)을 각각 의미한다.

6.3 계량경제

6.3.1 회귀분석

(1) formula

R의 통계함수, 예를 들어 aov, lm, glm 등은 입력변수로 model formula(또는 간단히 formula)를 받는다. formula는 독립변수(설명변수)와 종속변수의 관계를 표현한 개체이다. 다음은 formula에 사용되는 기호의 의미이다.

기호	의미
Y~X	X로 Y를 설명한다.
+	변수추가
:	상호작용(Interaction)
*	주효과와 상호작용(main effects + interaction) 즉 a*b=a+b+a:b
-1	상수항 제거

설정된 formula는 다음과 같이 회귀분석에 사용될 수 있다.

기호	의미
`reg<-lm(y~x)`	Fit model and save result
`glm(y~x,binomial)`	Losistic regression

회귀분석 결과는 summary 등의 함수를 이용해서 요약해 볼 수 있다.

기호	의미
`summary(reg)`	Coefficient, etc
`anova(reg)`	Analysis of variance table
`fitted(reg)`	Fitted values
`resid(reg)`	Residuals
`predict(reg, newdata)`	Predictions for new data frame

(2) 회귀분석 실습

이제 구체적으로 회귀분석을 수행해 보자. 다음과 같은 식에서 생성된 관측치로부터 원래 식을 추정하는 문제를 생각해보자.

$$Y = X - 2 + \varepsilon,\ \varepsilon \sim N(0,1)$$

생성된 난수는 다음과 같다.

```
01  > set.seed(1)
02  > x<-rnorm(1000)
03  > y<-(x-2)+rnorm(1000)
```

3줄: 마지막 rnorm(1000)이 없다면 y는 정확히 x에 2를 뺀 값이 된다. 마지막 항을 추가함으로써 오차가 발생한다.

다음 코드는 회귀분석을 수행한다.

```
04  > ans<-lm(y~x)
05  > summary(ans)
06
07  Call:
08  lm(formula = y ~ x)
09
10  Residuals:
11      Min       1Q   Median       3Q      Max
12  -3.2484 -0.6720 -0.0138  0.7554  3.6443
13
14  Coefficients:
15              Estimate Std. Error t value Pr(>|t|)
16  (Intercept) -2.01619    0.03290  -61.27   <2e-16 ***
17  x            1.00643    0.03181   31.64   <2e-16 ***
18  ---
19  Signif. codes:  0 '***' 0.001 '**' 0.01 '*' 0.05 '.' 0.1 ' ' 1
20
21  Residual standard error: 1.04 on 998 degrees of freedom
22  Multiple R-squared:  0.5008,    Adjusted R-squared:  0.5003
23  F-statistic:  1001 on 1 and 998 DF,  p-value: < 2.2e-16
```

위 결과를 그림으로 보면 다음과 같다.

```
> plot(x,y)
> abline(ans,col='brown',lwd=2)
```

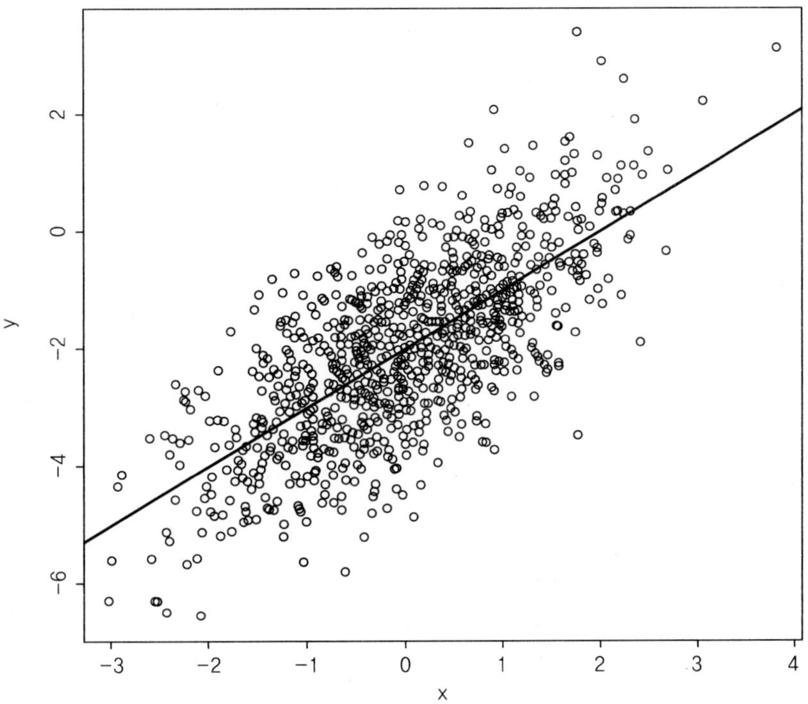

polynom패키지를 이용해서 회귀분석 결과를 함수로 전환할 수 있다.

```
> require(polynom)
Loading required package: polynom
> f<-as.function(polynomial(ans$coefficients))
```

회귀분석 결과를 담은 변수 ans는 다음과 같은 요소를 가지고 있다.

```
> names(ans)
 [1] "coefficients"  "residuals"     "effects"       "rank"
 [5] "fitted.values" "assign"        "qr"            "df.residual"
 [9] "xlevels"       "call"          "terms"         "model"
```

또한 회귀분석에 대한 요약결과인 summary(ans)는 다음과 같은 요소를 가지고 있다.

```
> names(summary(ans))
 [1] "call"          "terms"         "residuals"     "coefficients"
 [5] "aliased"       "sigma"         "df"            "r.squared"
 [9] "adj.r.squared" "fstatistic"   "cov.unscaled"
```

summary(ans)의 특정요소에 접근하기 위해서는 $연산자를 이용한다.

```
> summary(ans)$coefficient[2,1]
[1] 1.006433
```

이것은 ans$coefficient[2]를 적용한 것과 동일하다.

```
> ans$coefficient[2]
        x
1.006433
```

6.3.2 다변량 회귀분석

X, Y 두 개의 변수로 설명되는 Z라는 변수가 다음 관계가 있을 때,

$$Z = X + Y, X \sim N(0,1)$$
$$Y = 2X + \epsilon, \epsilon \sim N(0,1)$$

회귀분석은 다음과 같이 수행할 수 있다.

```
> x<-rnorm(100)
> y<-2*x+rnorm(100)
> z<-x+y
> reg<-lm(z~x+y)
```

6.3.3 최우추정법(MLE)

최우추정법을 수행하기 위해서는 stats4 패키지가 필요한데, 기본설치된 R에 포함되어 있다. 평균이 μ이고 분산이 σ^2인 정규분포에서 추출된 난수 1000개를 가지고 있다고 하자. 이 분포의 평균과 분산을 추정하고자 한다.

우도함수(likelihood function)는 다음과 같다.

$$f(\mu,\sigma^2) = \phi(\mu,\sigma^2:x)$$

여기서 ϕ는 확률밀도 함수이다.

참고

확률밀도함수는 모수(parameter)가 주어진 상황에서 확률변수가 특정한 값을 가질 가능성을 수치화하여 주는 함수인 반면, 우도함수는 확률변수의 관측치가 주어진 상황에서 모수가 특정한 값을 가질 가능성을 수치화하여 주는 함수이다. 확률밀도함수는 모수(parameter)가 주어진 상황에서 확률변수를 투입하면 확률을 추출해주는 함수임에 비해, 우도함수는 확률변수가 주어진 상황에서 모수를 투입하면 확률을 추출해준다.

최우추정법은 우도의 합이 가장 크게 되는 모수를 찾아내는 방법이다. 즉 다음 최적화 문제를 푸는 것이다.

$$\max_{\mu,\sigma^2} \sum_{i=1}^{n} \phi(\mu,\sigma^2 : x_i)$$

최우추정법을 실습하기 위해 다음 코드를 살펴보자.

스크립트

```
01 library("stats4")
02 set.seed(1)
03 x<-rnorm(1000,mean=5,sd=2)
04 log.lik<-function(mu,sigma)-sum(dnorm(x,mu,sigma,log=TRUE))
05 fit<-mle(log.lik,lower=c(0,0),method="L-BFGS-B")
```

3줄: 우선 난수를 생성한다.

4줄: 다음으로 목적함수(우도함수의 합)를 정의한다.

5줄: MLE를 적용한다.

결과는 다음과 같다.

콘솔

```
> source('test.r')
> fit

Call:
mle(minuslogl = log.lik, method = "L-BFGS-B", lower = c(0, 0))

Coefficients:
      mu    sigma
4.976704 2.068796
```

추정된 결과는 평균이 4.9767이고, 표준편차가 2.0688이다. 위 스크립트에서 우리가 난수를 생성하기 위해 실제 사용한 모수는 평균이 5, 표준편차가 2였던 점을 상기해보면, 최우추정법을 통한 추정결과가 상당히 모수에 근접함을 알 수 있다.

난수의 히스토그램과 추정된 분포함수를 비교해보면 다음과 같다.

```
> hist(x)
> f<-function(z) dnorm(z,4.976704,2.068796)*length(x)
> curve(f,col='red',add=T)
```

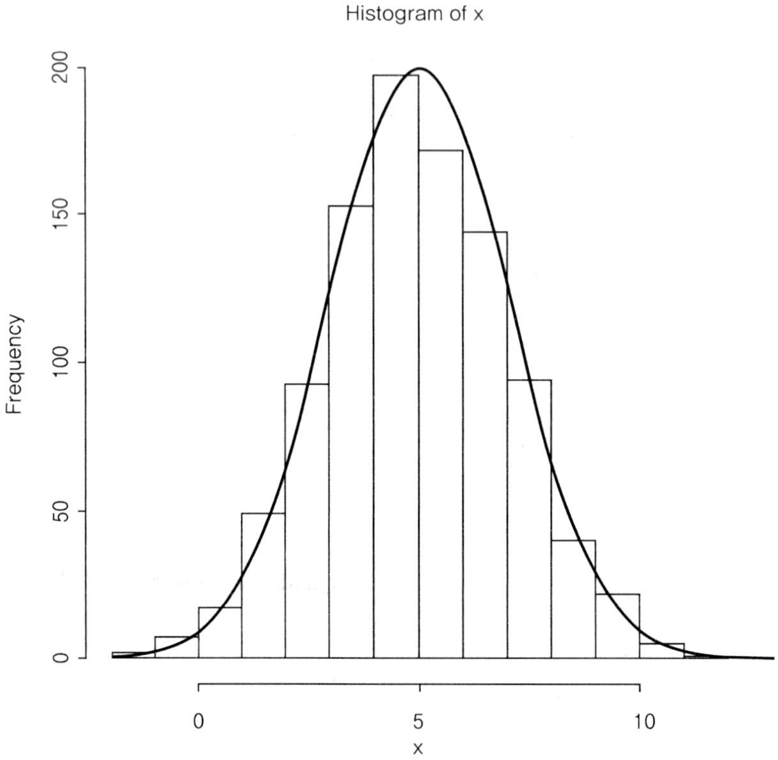

6.3.4 이분산성 및 자기상관

일반적으로 OLS(Ordinary Least Square)에서는 오차항 u가 iid(identical and independent distribution)를 만족한다고 가정한다. 하지만 실제 데이터는 그렇지 않은 경우가 많다. 특히 금융시계열의 경우 이분산성과 자기상관은 일반적으로 관찰되는 현상이다. 이분산성이 생기는 유형으로는 분산의 크기가 설명변수의 값에 비례하거나(비례적 이분산성, $\sigma_i^2 = \sigma^2 X_i$ 꼴), 기간에 따른 구조적 변화(분할된 이분산성, 예를 들어 금융위기에 분산이 커지고, 안정기에 낮은 경우)가 있을 수 있다.

이분산성이나 자기상관이 존재한다고 해도 OLS 추정치가 편의(bias)를 가진 추정치가 되는 것은 아니다. 즉 OLS추정치는 여전히 불편추정량이다. 하지만 표본분산이 달라짐에 따라 추정량에 대한 통계적 유의성이 달라지게된다. 표본오차가 달라지기때문이다. 분산-공분산 행렬을 추정하기 위해 동분산을 가정했을 경우 vcov함수를 사용하지만, 이분산성이 있을 경우 vcov함수 대신 hccm함수(car 패키지에 포함)나 vcovHC, vcovHAC, NeweyWest함수 (sandwich 패키지에 포함) 등을 사용할 수 있다.

이분산성이 없는 경우를 생각해보자.

```
set.seed(1)
x<-1:100
```

```
03  y<-1+0.2*x+rnorm(100)*mean(x)/2
04  model1<-lm(y~x)
05  vcv<-vcov(model1)
06  vcv.nw<-NeweyWest(model1)
07  print(coeftest(model1,vcv))
08  print(coeftest(model1,vcv.nw))
```

위에서 coeftest라는 명령을 사용하기 위해서는 lmtest라는 package가 추가되어야 한다. 위 코드에서는 $y_i = 1 + 0.2x_i + \varepsilon_i$, $V(\varepsilon_i) = \frac{1}{4}\bar{X}^2$이므로, 동분산이다.

7~8줄: coeftest함수는 회귀분석결과, 자유도, 분산공분산행렬을 투입하면 계수에 대한 검증결과를 보여준다. lmtest 패키지에 포함되어 있다.

결과는 다음과 같다.

```
01  t test of coefficients:
02
03                  Estimate Std. Error t value Pr(>|t|)
04  (Intercept)  4.32456     4.59291  0.9416  0.34873
05  x             0.18861     0.07896  2.3887  0.01882 *
06  ---
07  Signif. codes:  0 '***' 0.001 '**' 0.01 '*' 0.05 '.' 0.1 ' ' 1
08
09
10  t test of coefficients:
11
12                  Estimate Std. Error t value Pr(>|t|)
13  (Intercept)  4.32456     4.39302  0.9844  0.32734
14  x             0.18861     0.08191  2.3027  0.02341 *
15  ---
16  Signif. codes:  0 '***' 0.001 '**' 0.01 '*' 0.05 '.' 0.1 ' ' 1
```

1~7줄: 동분산성을 가정한 결과이다.

10~16줄: 이분산성을 가정한 결과이다.

두 결과에서 t value가 유사함을 알 수 있다. 이제 이분산성이 존재하는 경우를 살펴보자.

```
set.seed(1)
w<-1:100
z<-1+0.2*w+rnorm(100)*w/2
model2<-lm(z~w)
vcv<-vcov(model2)
vcv.nw<-NeweyWest(model2)
print(coeftest(model2,vcv))
```

```
print(coeftest(model2,vcv.nw))

par(mfrow=c(1,2))
plot(x,y)
abline(model1,col='red')
plot(w,z)
abline(model2,col='red')
```

위 코드에서는 $y_i = 1 + 0.2x_i + \varepsilon_i$, $V(\varepsilon_i) = \frac{1}{4}x_i^2$이므로, 이분산이다. 결과는 다음과 같다.

```
01  t test of coefficients:
02
03               Estimate Std. Error t value Pr(>|t|)
04  (Intercept) 1.945849   5.385609  0.3613  0.71865
05  w           0.231993   0.092587  2.5057  0.01387 *
06  ---
07  Signif. codes:  0 ‘***’ 0.001 ‘**’ 0.01 ‘*’ 0.05 ‘.’ 0.1 ‘ ’ 1
08
09
10  t test of coefficients:
11
12               Estimate Std. Error t value Pr(>|t|)
13  (Intercept)  1.94585    4.56521  0.4262  0.67087
14  w            0.23199    0.13455  1.7242  0.08783 .
15  ---
16  Signif. codes:  0 ‘***’ 0.001 ‘**’ 0.01 ‘*’ 0.05 ‘.’ 0.1 ‘ ’ 1
```

1~7줄: 동분산성을 가정한 결과이다.

10~16줄: 이분산성을 가정한 결과이다.

두 결과가 상이한데, 동분산을 가정한 경우 1% 유의수준에서 유의함에 비해, 이분산성을 가정할 경우 1%유의수준에서는 유의하지 않다. 두 가지 경우의 잔차를 그래프로 그려보면 이분산성을 명확히 볼 수 있다.

```
> par(mfrow=c(1,2))
> plot(model1$residuals)
> plot(model2$residuals)
```

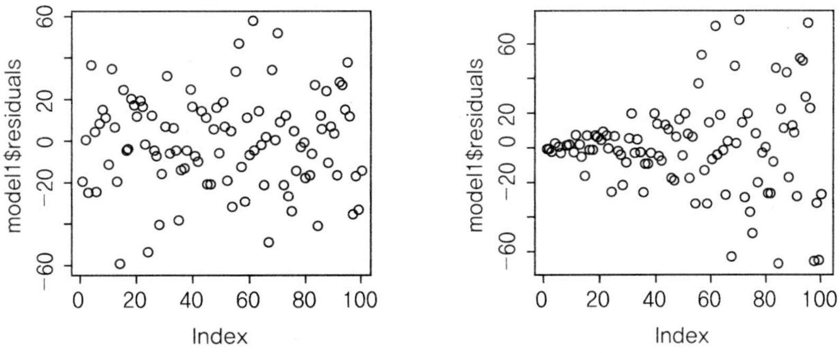

6.3.5 구조적 변화

구조적 변화(Regime Switching, Structural break)란 경제변수 또는 자산가격 등의 근본적 구조(fundamental structure)에 있어서 장기적 변이(long-term shift)를 의미한다. 구조적 변화가 존재하는지 여부와 언제 발생했는지 등은 금융자료 분석에서 중요한 이슈이다. R은 strucchange 패키지를 통해 구조적 변화를 분석할 수 있는 기능을 제공한다.

strucchange 패키지를 설치하자.

```
> install.packages('strucchange')
```

sctest함수는 구조적 변화를 검증하는 함수이다. 첫번째 인수는 검증에 사용할 formula(회귀식)이고, type은 검증방법, point는 구조적 변화지점이다. 인수 중 type인수를 "Chow"로 두면 Chow Test를 수행할 수 있다.

```
> require(strucchange)
> set.seed(1)
> x<-arima.sim(n=100,list(ar=0.5))
> data<-cbind(x,lx=lag(x))
> sctest(x~lx,data=data,type="Chow",point=10)

        Chow test

data:  x ~ lx
F = 0.07886, p-value = 0.9242
```

여기서 귀무가설(H0)은 '구조적 변화가 없다'는 것이다. p-value가 0.9242이고, 5%보다 크므로, 귀무가설을 기각할 수 없다. 즉 구조적 변화가 없는 것으로 해석할 수 있다.

다음으로 breakpoints함수는 구조적 변화가 발생한 지점을 찾아주는 함수이다. Bai & Perron의 방법을 구현한 것으로 자세한 설명은 다음 사이트를 참조하자.

- inside-R, http://www.inside-r.org/packages/cran/strucchange/docs/lines.breakpoints

실습을 위해 다음 상황을 생각해보자. 10개의 관측치가 있는데, 0~4까지는 값이 0이고, 5~10까지는 1이다. breakpoint함수를 이용해서 R이 구조적 변화 지점을 찾는지 확인해보자.

스크립트

```
library(strucchange)
y <- c( rep(0,5), rep(1,5) )
x<-breakpoints(Fstats(y ~ 1))
```

콘솔

```
01  > source('test.r')
02  Warning messages:
03  1: In Fstats(y ~ 1) : 'from' changed (was too small)
04  2: In Fstats(y ~ 1) : 'to' changed (was too large)
05  > x
06
07           Optimal 2-segment partition:
08
09  Call:
10  breakpoints.Fstats(obj = Fstats(y ~ 1))
11
12  Breakpoints at observation number:
13  5
14
15  Corresponding to breakdates:
16  0.4
17  > plot(y,type='b')
18  > abline(v=x$breakpoints[1],col='red',lwd=2)
```

12~13줄: 5번째 지점에 구조적 변화가 발생했다는 것을 정확히 찾아 냈다.

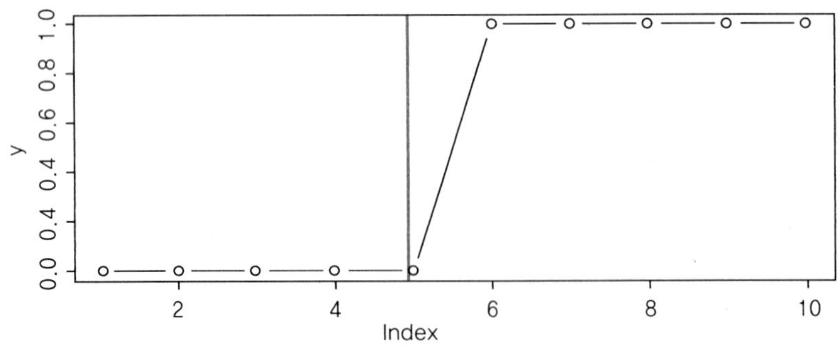

6.4 시계열분석

금융 데이터는 대부분 시계열 자료로 구성되어 있다. 시계열 자료분석에 대해 자세히 살펴보자.

6.4.1 시간 다루기

시간을 다루는 방법은 크게 두 가지로 나누어 볼 수 있다. 기준일자를 정하고 그로부터 경과 날짜수 또는 시간을 하나의 숫자로 표시하는 방법과 연월일시 등을 하나씩 개별요소로 나누어 구조체로 표시하는 방법이다. chron, Date, yearmon, yearqtr, POSIXct가 전자에 해당하고 POSIXlt가 후자에 해당한다. 다음 표를 참조하자.

class	package	설명
chron	chron	1970을 기준으로 경과한 시간(초)를 다룬다. 시간대(time zone)은 다루지 않는다.
Date	base	1970-01-01을 기준으로 경과한 날수를 다룬다.
yearmon	zoo	월별 자료를 다룬다. 1월은 0, 2월은 1 등으로 기록하고, ts클래스에서 frequency=12로 둔 경우와 같다.
yearqtr	zoo	분기별 자료를 다룬다. 1분기는 0, 2분기는 1 등으로 기록하고, ts클래스에서 frequency=4로 둔 경우와 같다.
POSIXct	base	1970년 기준으로 경고한 시간(초)를 다룬다. 시간대(GMT, KST 등)를 다룬다.
POSIXlt	Base	Date-time 요소(component)에 현지날짜와 시간 등을 기록한다.
timeDate	timeDate	Rmetrics 패키지에서 사용한다.

Date 클래스는 날짜만 다루고, 시간은 다루지 않는다. 따라서 시간정보가 필요없는 시계열 자료를 다룰 때 사용한다. 예를 들어 매일 종가정보를 사용한다면 Date 클래스가 적당하다. POSIXct와 POSIXlt는 일중 특정 시간대에 관측되는 금융자료를 다룰 때 적당하다. chron은 POSIX계열 클래스와 비슷하지만 자주 사용되지는 않는다. 일정한 간격의 월별, 분기별 자료를 다룬다면 yearmon과 yearqtr 클래스가 적당하다.

6.4.2 시계열 오브젝트

ts와 mts(multiple ts) 오브젝트는 R 기본 패키지에 포함되어 있다. 시간간격이 동일한 시계열 데이터(예를 들어 월간 GDP자료 등)를 다룬다. 시간간격이 불균등할 경우(예를 들어 거래체결 정보 등)에는 timeSeries, zoo 그리고 xts가 적절하다. 이들 오브젝트는 시간정보(time index)를 date-time 오브젝트를 이용하여 벡터로 저장하며, 데이터는 직사각형 형태의(rectangular) 오브젝트에 저장한다. 따라서 timeSeries, zoo 또는 xts 오브젝트는 시간정보와 자료정보를 묶어놓은 새로운 오브젝트로 볼 수 있다.

참고

index함수와 coredata함수를 이용하면 시계열 오브젝트에서 시간정보와 데이터를 분리할 수 있다.

날짜는 "YYYY/m/d" 또는 "YYYY-m-d"형식으로 입력한다. 만약 이와 다른 형식의 날짜를 입력하려면 format인수를 사용하면 된다.

```
> x<-as.Date("2015-06-29")
> y<-as.Date("2016-6-29")
> x
[1] "2015-06-29"
> y
[1] "2016-06-29"
> z<-as.Date("20150629",format="%Y%m%d")
> z
[1] "2015-06-29"
```

날짜형식코드는 다음과 같다.

Code	Value	예시
%d	날짜(숫자)	29
%m	월(숫자)	6
%b	월(문자, 축약형)	Jan
%B	월(문자)	January
%y	연도(2자리)	90
%Y	연도(4자리)	1990

기본적으로 1970년 1월 1일을 기준일로 사용하는데, 다른 기준일을 쓰고자 한다면 origin 인수를 사용하면 된다.

```
> x<-as.Date(32500, origin=as.Date("1900-1-1"))
> x
[1] "1988-12-25"
```

format함수를 사용하면 년월일 정보를 각각 추출할 수 있다.

```
01  > xyear<-format(x,"%Y")
02  > xyear
03  [1] "1988"
```

1줄: format함수의 두 번째 인수 "%Y"대신에 "%Y%m%d%H%M%OS"를 입력하면 년월일시분초 정보를 얻을 수 있다. 참고로 현재 날짜 및 시간정보는 now()함수를 통해 얻을 수 있다.

weekdays, months, quarters, julian함수를 이용하면 각각의 정보를 추출할 수 있다.

```
> weekdays(x)
[1] "일요일"
```

날짜정보는 숫자로 저장되므로 산술연산을 수행할 수 있다.

```
> x+7
[1] "1989-01-01"
> x>(x-2)
[1] TRUE
```

두 개의 Date 오브젝트를 빼면 difftime이라는 오브젝트가 생성되며 두 날사이의 날짜수를 돌려준다.

```
> x<-as.Date("2000-1-1")
> y<-as.Date("2001-1-1")
> y-x
Time difference of 366 days
```

seq함수를 이용하면 날짜열을 만들 수 있다.

```
> seq(as.Date("2000-1-1"),as.Date("2000-6-1"),"2 months")
[1] "2000-01-01" "2000-03-01" "2000-05-01"
> seq(as.Date("2000-1-1"),as.Date("2000-6-1"),"month")
[1] "2000-01-01" "2000-02-01" "2000-03-01" "2000-04-01" "2000-05-01"
[6] "2000-06-01"
```

seq함수를 활용하면 특정날로부터 특정 일, 주, 월, 년 지난 후의 날짜를 구할 수 있다.

```
01  > seq(Sys.Date(),by="2 weeks",length.out=2)[2]
02  [1] "2015-07-13"
```

1줄: 현재 날짜기준으로 2주 간격의 날짜를 추출하는데, 총 2개를 추출한다. 그 결과중 2번째 결과를 보여준다. 위 코드는 다음과 같이 변경해보면 보다 직관적이다.

```
> x<-seq(Sys.Date(),by="2 weeks",length.out=2)
> x[2]
[1] "2015-07-13"
```

다음에 나올 lubridate패키지를 사용하면 더 간단하게 위 작업을 수행할 수 있다.

6.4.3 POSIXt 클래스

POSIXt클래스는 두 종류의 하위 클래스를 가지고 있는데, POSIXct는 하나의 숫자로 시간정보를 저장하는 반면 POSIXlt는 구조체를 이용하여 시간정보를 저장한다.

POSIXct 클래스는 "YYYY/mm/dd hh:mm:ss" 또는 "YYYY-mm-dd hh:mm:ss"형식으로 입력한다.

```
> x<-"2015-6-1 12:11:13"
> y<-as.POSIXct(x)
> y
[1] "2015-06-01 12:11:13 KST"
> class(y)
[1] "POSIXct" "POSIXt"
> as.numeric(y)
[1] 1433128273
```

시간대를 지정하지 않으면 현지시간대를 저장한다. 현지시간대는 Sys.timezone함수를 이용해서 확인할 수 있다.

```
> Sys.timezone()
[1] "Asia/Seoul"
```

POSIXlt 클래스도 POSIXct 클래스와 동일하게 입력할 수 있다.

```
> x<-"2015-6-1 12:11:13"
> z<-as.POSIXlt(x)
> z
[1] "2015-06-01 12:11:13 KST"
```

POSIXlt 오브젝트의 요소(component)를 보기위해서는 unclass함수를 사용한 뒤 names 함수를 적용해야 한다(요소의 이름이 숨겨져 있기 때문이다).

```
> names(unclass(z))
 [1] "sec"    "min"    "hour"   "mday"   "mon"    "year"   "wday"
"yday"
 [9] "isdst"  "zone"   "gmtoff"
```

위 정보를 이용해서 필요한 정보를 추출할 수 있다(GMT기준으로 표시된다).

```
> z$mon
[1] 5
```

POSIXct와 POSIXlt는 전환이 가능하다. 전자를 후자로 전환하면 정보를 추출하기가 쉽다(예를 들어 초(second) 정보를 추출하는 경우).

```
> w<-as.POSIXct(z)
> class(w)
[1] "POSIXct" "POSIXt"
```

초고빈도 자료(Ultra High Frequency Data)를 다룰 경우 POSIXt 오브젝트를 사용할 수 있다.

POSIXt 오브젝트는 초(second)이하의 시간단위를 다룰 수 있다.

```
> x<-"2015-6-29 11:12:13.123"
> y<-as.POSIXct(x)
> y
[1] "2015-06-29 11:12:13 KST"
```

초이하의 단위를 보려면 options함수를 이용하면 된다.

```
> options(digits.secs=3)
> y
[1] "2015-06-29 11:12:13.123 KST"
```

6.4.4 lubridate 패키지

lubridate 패키지를 사용하면 보다 쉽고 다양하게 시계열 자료를 다룰 수 있다. 우선, lubridate 패키지를 설치하자.

```
> install.packages('lubridate')
```

lubridate 패키지의 now와 today함수를 쓰면 현재 시간과 날짜를 알 수 있다. 다음은 lubridate 패키지에 포함된 몇 가지 함수목록이다.

날짜정보	함수
연도	year
월	month
주	week
연중 날	yday

달중 날	mday
주 중 날	wday
시간	hour
분	minute
초	second
시간대	tz

```
> x<-now()
> yday(x)
[1] 180
```

위 함수는 정보추출뿐 아니라 정보변경에도 사용할 수 있다.

```
> x<-now()
> x
[1] "2015-06-29 11:47:57 KST"
> year(x)<-2014
> x
[1] "2014-06-29 11:47:57 KST"
```

6.4.5 시계열 데이터 다루기

tseries 패키지를 이용하면 금융 시계열 데이터를 쉽게 가져올 수 있다(현재 설치되어 있지 않다면 install.packages함수를 이용해서 설치하자). 우선 시계열 분석을 하기 전에 실습용 데이터를 가져오자(자료 가져오기에 대한 자세한 내용은 금융프로그래밍 부분을 참고하자).

```
> library(tseries)
> ss<-get.hist.quote("005930.KS",start="2015-6-20")
> hd<-get.hist.quote("005380.KS",start="2015-6-20")
```

불러온 데이터는 다음과 같다.

```
> ss
              Open    High     Low   Close
2015-06-18 1259000 1279000 1251000 1265000
2015-06-19 1266000 1278000 1260000 1266000
2015-06-22 1291000 1296000 1276000 1281000
2015-06-23 1309000 1328000 1291000 1321000
2015-06-24 1300000 1311000 1291000 1302000
```

```
2015-06-25 1290000 1303000 1269000 1269000
2015-06-26 1252000 1290000 1252000 1278000
> hd
              Open   High    Low  Close
2015-06-18 137000 137500 131000 131500
2015-06-19 132000 133000 128000 130000
2015-06-22 131000 133000 130000 132000
2015-06-23 133500 134000 131000 131000
2015-06-24 131500 133000 131000 133000
2015-06-25 133000 134500 131500 132000
2015-06-26 132000 136500 132000 135000
```

종가만을 사용할 것이므로 종가만 추출하자.

```
> ss.ts<-ss$Close
> hd.ts<-hd$Close
```

(자료의 병합과 분할) 두 자료를 병합하기 위해서는 cbind함수를 사용하면 된다[1]. 특정기간의 자료만 추출하기 위해서는 window함수를 사용하거나 날짜 인덱스틀 직접 사용할 수도 있다.

```
01  > z<-window(ss.ts,start=as.Date("2015/6/19"),end=
    as.Date("2015/6/24"))
02  > z
03  2015-06-19 2015-06-22 2015-06-23 2015-06-24
04     1266000    1281000    1321000    1302000
05  > z<-ss.ts[as.Date(c("2015-6-19","2015-6-23"))]
06  > z
07  2015-06-19 2015-06-23
08     1266000    1321000
```

1줄: 2015/6/19부터 2015/6/24일까지의 자료를 가져온다.

2줄: 특정 날짜의 데이터만 추출할 수도 있다.

데이터를 차분하거나 시차(lag)를 적용하기 위해서는 diff함수와 lag함수를 사용하면 된다. 우선 diff함수는 시계열 $\{x_t\}$로부터 다음 조건을 만족하는 새로운 시계열 $\{y_t\}$를 생성한다.

$$y_{i+lag} = x_{i+lag} - x_i$$

단, lag값은 음수가 들어갈 수 없다.

```
> w<-diff(ss.ts,1)
```

[1]앞에서 배운 merge함수를 이용해도 된다.

```
> cbind(ss.ts,w)
             ss.ts      w
2015-06-18 1265000     NA
2015-06-19 1266000   1000
2015-06-22 1281000  15000
2015-06-23 1321000  40000
2015-06-24 1302000 -19000
2015-06-25 1269000 -33000
2015-06-26 1278000   9000
```

날짜 오름차순(어제, 오늘, 내일 순)으로 데이터가 정렬되어있다면 diff(x,1)은 오늘 값에서 어제 값을 뺀 결과이다. 따라서 diff(x,1)은 재무에서 사용하는 수익금액 계산방법과 일치한다. 단, 차분한 데이터 개수는 원래 데이터 보다 1개 작다는 점에 유의해야 한다.

lag함수는 lag 숫자만큼 자료를 이동한다. lag숫자가 양수면 앞으로 이동시키고, 음수면 뒤로 이동시킨다. 다음 결과를 살펴보자.

```
> w<-lag(ss.ts,2)
> cbind(ss.ts,w)
             ss.ts       w
2015-06-18 1265000 1281000
2015-06-19 1266000 1321000
2015-06-22 1281000 1302000
2015-06-23 1321000 1269000
2015-06-24 1302000 1278000
2015-06-25 1269000      NA
2015-06-26 1278000      NA
```

diff함수의 경우 lag숫자가 1일 경우 자료가 뒤로 밀리는 반면, lag함수의 경우 앞으로 밀리는 점에 유의하자.

따라서 다음과 같이 일별 주가수익률을 구할 수 있다. 만약 주별 주가수익률을 구하려면 lag인수를 5(일주일은 거래일 기준으로 5일이다)로 사용하면 된다.

```
> ret.ss<-diff(ss.ts,1)/lag(ss.ts,-1)
> cbind(ss.ts,ret.ss)
             ss.ts        ret.ss
2015-06-18 1265000            NA
2015-06-19 1266000  0.0007905138
2015-06-22 1281000  0.0118483412
2015-06-23 1321000  0.0312256050
2015-06-24 1302000 -0.0143830431
2015-06-25 1269000 -0.0253456221
2015-06-26 1278000  0.0070921986
```

동일하게 현대자동차의 주가수익률을 구한 뒤 병합해보자.

```
> ret.hd<-diff(hd.ts,1)/lag(hd.ts,-1)
> x<-cbind(ret.ss,ret.hd)
> plot(x,plot.type='single',lty=1:2,col=1:2)
>
legend('topleft',legend=c('samsung','hyundai'),lty=1:2,col=1:2,bty='n'
)
```

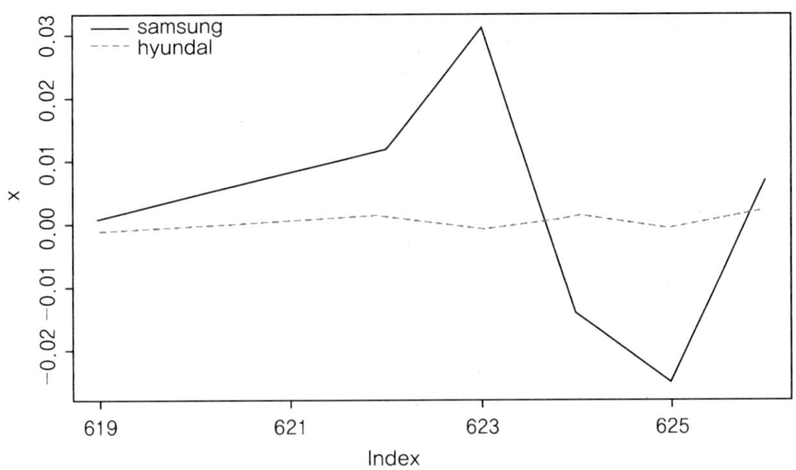

이 자료를 이용해서 시계열 분석을 해보자. 시계열 데이터의 함수 꼴을 추정하기 위해, 자기상관(autocorrelation)이나 편자기상관(partial autocorrelation)을 그려보는 것이 일반적이다. ts 패키지에 있는 acf함수와 pacf함수를 이용하면 이를 구할 수 있다(zoo 클래스는 ts 클래스를 확장한 것이므로 ts 클래스 함수를 대부분 사용할 수 있다).

```
01 > par(mfrow=c(1,2))
02 > acf(ss.ts,na.action = na.pass)
03 > acf(hd.ts,na.action = na.pass)
```

2줄: na.action인수는 기본적으로(by default) na 값이 있으면 에러를 내보낸다. na값을 무시하고 계산하기 위해서는 na.pass로 설정해야 한다(ts 클래스는 규칙적인 시간간격 자료만 다룰 수 있는데 ss.ts데이터는 일별데이터이지만 토요일과 일요일인 2015/6/20과 2015/6/21 자료가 없다. 따라서 ts 클래스 기준에서 두 자료는 na가 된다).

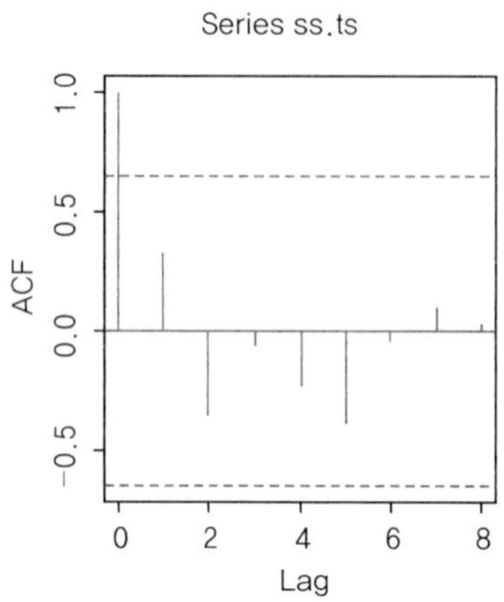

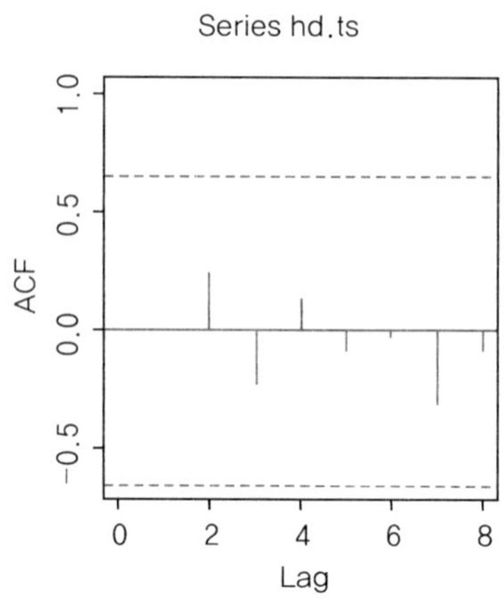

6.4.6 시계열 모형

시계열 모형은 대표적으로 자기회귀모형(Autoregressive model; AR)과 이동평균모형(Moving average model; MA)로 나누어 볼 수 있다.

자기회귀 모형: AR(p) 모형

$$X_t = c + \Phi_1 X_{t-1} + \ldots + \Phi_n X_{t-p} + \epsilon_t$$

이동평균 모형: MA(q) 모형

$$X_t = \mu + \epsilon_t + \theta_1 \epsilon_{t-1} + \ldots + \theta_q \epsilon_{t-q}$$

여기에 덧붙여 원래 비안정적인 데이터가 d번 차분해서 안정화 된다면 d차-차분 안정적이라고 표현한다. 이 모든 경우를 모아 ARIMA(p,d,q)라고 표현할 수 있는데, 예를 들어 이차 차분된 결과가 AR(1)의 정상적 시계열이라면 ARIMA(1,2,0)으로 표현할 수 있다.

arima.sim함수를 이용해서 다음의 시계열 자료를 만들어 보자.

$$X_t = 1.5 + 0.8X_{t-1} + \epsilon_t$$

arima.sim함수의 인수는 n, model 등이 있는데, n은 생성되는 난수의 개수, model은 list 변수인데, 요소 중 ar은 Autoregressive 모형의 계수 p개, ma은 Moving Average 모형의 계수 q개, order는 c(p,d,q)형태로 ARIMA(p,d,q)를 입력한다.

```
phi<-0.8
cons<-1.5

set.seed(1)
e<-rnorm(100)
x<-arima.sim(n=100,
```

```
07        model=list(ar=phi,order=c(1,0,0)),
08        start.innov=4.1,n.start=1,innov=cons+e)
09
10   y<-rep(NA,100)
11   y[1]<-4.1
12   for(i in 2:100) y[i]<-cons+phi*y[i-1]+e[i-1]
13
14   z<-filter(c(4.1,cons+e),filter=phi,method="recursive")
```

4~8줄: arima.sim 함수를 이용한 데이터 생성

10~11줄: 동일한 결과를 for 순환문을 이용해서 생성할 수도 있다.

14줄: 역시 동일한 결과를 filter함수를 이용해서 생성할 수도 있다.

위 3가지 방법이 동일함을 아래 그래프를 통해서 확인할 수 있다.

```
par(mfrow=c(2,2))
plot(x)
plot(z)
plot(y,type='l')
```

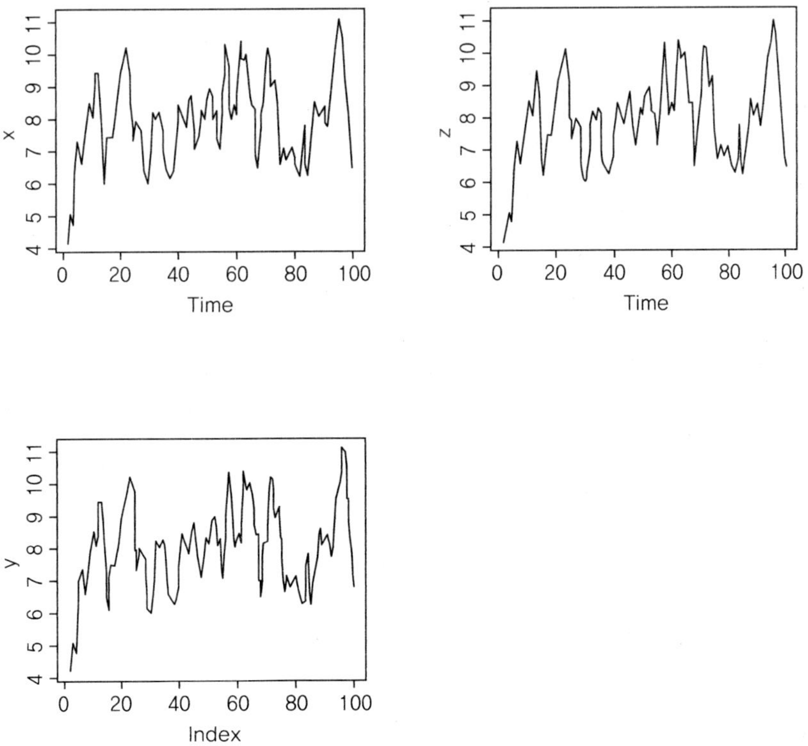

위에서 생성된 결과에 대해 통계 분석을 해보자.

```
> par(mfrow=c(1,2))
> acf(x)
> pacf(x)
```

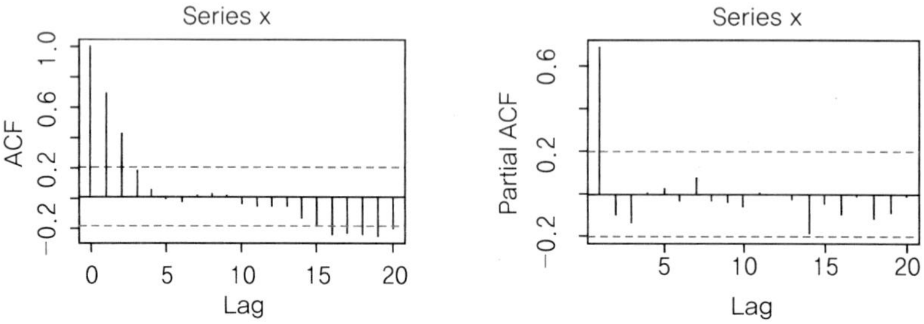

편자기상관 그래프를 보면 1차 자기상관이 존재함을 알 수 있다. 여기에 ARIMA(1,0,0) 모형을 추정한 결과는 다음과 같다. 인수 중 order는 c(p,d,q)형태로 ARIMA(p,d,q)를 입력한다.

```
01  > fit<-arima(x,order=c(1,0,0))
02  > fit
03
04  Call:
05  arima(x = x, order = c(1, 0, 0))
06
07  Coefficients:
08            ar1  intercept
09         0.7526     7.7989
10  s.e.   0.0709     0.3643
11
12  sigma^2 estimated as 0.8419:  log likelihood = -133.71,  aic = 273.42
```

8~9줄: intercept는 다음 AR(1) process의 상수항(α)에 해당하는데, x 계열의 단순 평균값과는 약간 다르다.

$$x_{t+1} = \alpha + \beta x_t + \epsilon_t$$

다음 코드로 확인해보자.

```
> mean(x)
[1] 7.951329
```

Box-Pierce 검증은 시계열 자료에 자기회귀성이 존재하는지 검증하는 방법이다. R에서는 Box.test함수를 이용해서 사용할 수 있다. 위에서 생성된 데이터에 이 검증을 적용해보자.

```
01  > Box.test(x,lag=1)
02  
03          Box-Pierce test
04  
05  data:  x
06  X-squared = 47.438, df = 1, p-value = 5.676e-12
07  
08  > Box.test(fit$residuals,lag=1)
09  
10          Box-Pierce test
11  
12  data:  fit$residuals
13  X-squared = 0.076506, df = 1, p-value = 0.7821
```

1~6줄: x 계열 자체에 검증해본 결과 자기상관이 존재하는 것으로 나타난다.

8~13줄: 잔차에 대해 검증해본 결과 자기상관이 존재하지 않는다.

선형필터(linear filter)

전통적인 시계열 분석에서 핵심 개념은 주어진 시계열 X_t을 추세(trend) T_t와 계절요인(seasonal component) S_t, 그리고 잔차(remainder) e_t로 분해하는 것이다. 추세를 분리해 내는 일반적인 방법이 주어진 시계열 데이터에 다음의 선형필터를 사용하는 것이다.

$$T_t = \sum_{i=-\infty}^{i=\infty} \lambda_i X_{t+i}$$

여기서 λ_i는 가중치이다.

가장 간단한 경우가 동일한 가중치를 사용하는 이동평균이다.

$$T_t = \frac{1}{2a+1} \sum_{i=-a}^{i=a} X_{t+i}$$

만약 a=2 라면, $\lambda_i = \left\{\frac{1}{5}, \frac{1}{5}, \frac{1}{5}, \frac{1}{5}, \frac{1}{5}\right\}$가 된다. 추세를 가진 AR(1) 과정을 생성해서 필터를 적용해보자(보통의 이동평균이라면 이동평균계산기간이 i={−a,⋯,a}.이 아니라 i=(−2a,⋯,−1)이 사용된다. 즉 선형필터는 이동평균기간이 현재시점 전후기간을 사용하는데 비해, 일반적 이동평균은 현재시점 이전의 정보만 사용한다.)

```
01  set.seed(1)
02  x<-arima.sim(n=100,model=list(ar=0.7))
03  trnd<-(1:100)/10
04  y<-x+trnd
05  plot(y)
06  f_y5<-filter(y,filter=rep(1/5,5))
07  lines(f_y5,col='red',lwd=2)
08  f_y25<-filter(y,filter=rep(1/25,25))
09  lines(f_y25,col='blue',lwd=2)
```

2줄: 추세가 없는 AR(1)과정을 생성한다.

4줄: 추세를 추가한다.

6줄: 5일 이동평균 필터를 적용한 결과

8줄: 25일 이동평균 필터를 적용한 결과

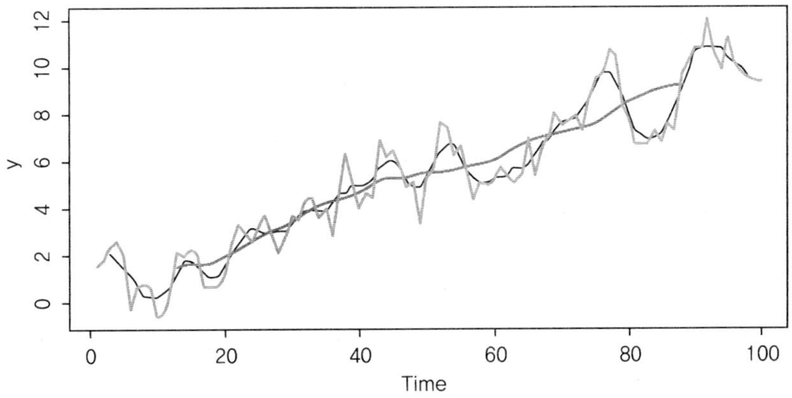

y
Time
0
2
4
6
8
10
12
0
20
40
60
80
100

7 금융프로그래밍 기초

금융 프로그래밍은 재무관련 패키지를 활용하거나 직접 만들어 볼 수가 있을 것인데, 이론에 대한 이해가 필요하거나 패키지가 없는 경우는 직접 만들어 보고, 결과만 활용할 경우에는 패키지를 이용하도록 하자.

다음 사이트를 보면 다양한 재무관련 패지키를 볼 수 있다.

- http://cran.r-project.org/web/views/Finance.html

대략적으로 몇가지만 살펴보면 다음과 같다.

패키지	설명
GUIDE	GUI for Derivatives in R의 약자
quantmod	Quantitative Financial Modelling Framework
fBasics	Rmetrics - Markets and Basic Statistics

여기서 각 패키지를 하나씩 자세히 설명하지는 않지만 이후 진행에 필요할 경우 각 패키지에 대한 설명도 포함될 것이므로 진도를 나가며 패키지를 이해해보자.

7.1 금융기초

7.1.1 금융시장

금융시장이 존재한다고 가정하자. 금융시장은 자금이 거래되는 시장이다. 자금은 다음과 같은 것이 있다.

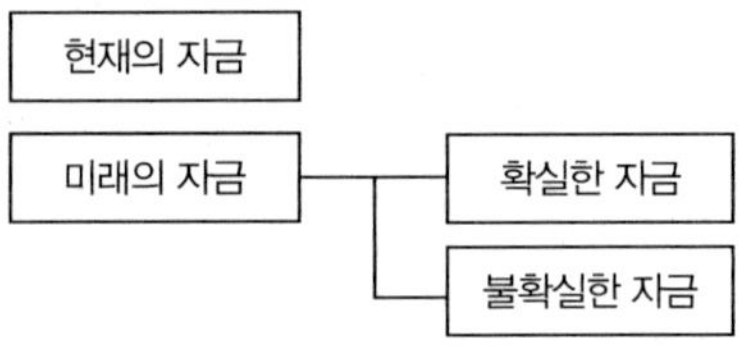

즉 금융 시장은 현재의 자금, 미래의 확실한 자금 그리고 미래의 불확실한 자금이 서로 교환되는 시장이다.

7.1.2 수익률

금융시장의 가격은 수익률(일종의 비율)로 표현되는데, 계산하는 방법에 따라 다양한 수익률이 나올 수 있다. 다음 경우를 생각해보자.

"지금 100(만원)을 투자하면 6개월 뒤에 105(만원)을 받는다"고 하자.

다음은 이러한 상황에 대한 다양한 표현들이다.

- 투자수익률이 5%이다.
- 연간 투자수익률이 10%이다.
- 월복리 수익률이 9.7978%이다.

수익률은 다양하게 표현이 가능하지만 금융시장에서는 기본적으로 다음과 같은 기준에 따라 표현한다.

- 1년을 기준으로 수익률을 표시한다.
- 복리기준은 문맥상 명확할 경우 생략하고, 그렇지 않을 경우 별도로 명시해야한다.

복리는 단리부터 연속복리까지 다양하게 존재할 수 있지만 주로 사용되는 것은 다음과 같다.

복리종류	연간복리회수(n)
연속복리	무한
일복리	365(달력일 기준), 252(영업일기준)
월복리	12
분기복리	4
연간복리	1
단리	0

위에서 살펴본 바에 따라 연간 n번 복리해 주는 수익률 y_n을 그 결정요소(만기 t, 복리회수 n, 투자원금 c_0, 만기회수금 c_t)의 함수로 표현하면 다음과 같이 쓸 수 있다.

다음 관계식으로부터

$$\frac{c_t}{c_0} = \left(1 + \frac{y_n}{n}\right)^{t \times n}$$

수익률은 다음과 같다.

$$\begin{aligned} y_n &= n\left[\left(\frac{c_t}{c_0}\right)^{\frac{1}{t_n}} - 1\right] \\ &= f(t,n,c_0,c_t) \end{aligned}$$

$c_0=1$, $c_t=1.05$, $t=1$일 때, n이 변함에 따라 y가 어떻게 변하는지 살펴보자.

```
01   > yn<-function(t,n,c0,ct) n*((ct/c0)^(1/(t*n))-1)*100
02   > n<-1:20
03   > c0<-1;ct<-1.05;t<-1
04   > plot(n,sapply(n,function(x) yn(t,x,c0,ct)),type='l',ylab='yield(%)')
```

1줄: 수익률 함수를 정의한다. 십진숫자(decimal)가 아닌 %로 표시된 값이 출력된다.

4줄: sapply함수를 이용해서 한번에 벡터연산을 수행한다.

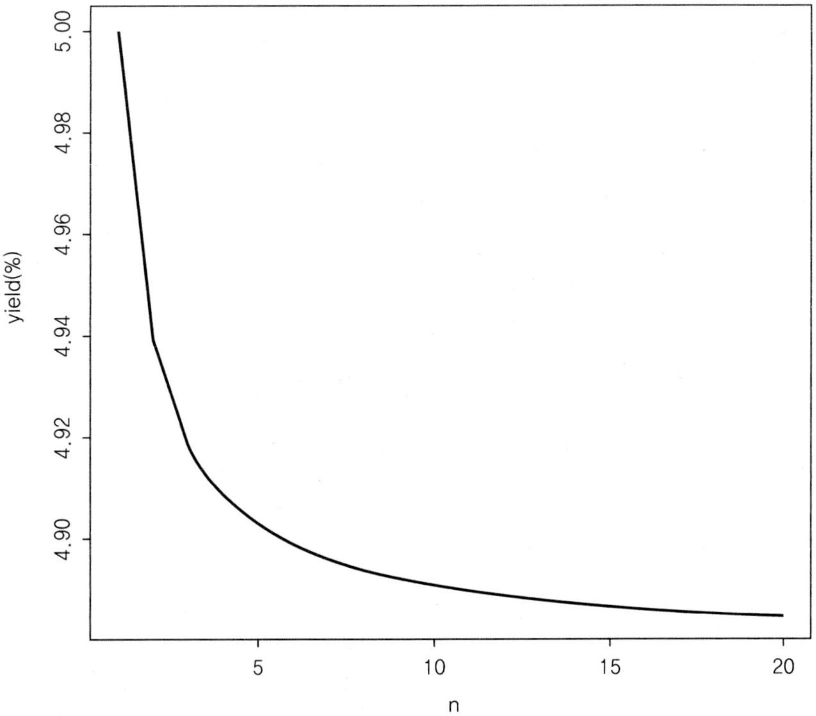

복리회수가 증가함에 따라 점점 연속복리 수익률에 접근하는 것을 볼 수 있다.

복리종류별 전환은 다음 식을 이용한다.

연간 n번 복리해주는 수익율 y_n과 연간 m번 복리해주는 수익율 y_m이 있다고 하자. 1원을 1년 동안 투자할 경우, 두 경우에 받는 최종금액은 일치해야 할 것이다. 따라서 다음 식이 성립한다

$$\left(1+\frac{y_n}{n}\right)^n=\left(1+\frac{y_m}{m}\right)^m$$

다음을 도출할 수 있다.

$$y_n=n\left[\left(1+\frac{y_m}{m}\right)^{m/n}-1\right]$$

위 예에서 나온 결과 중 월복리 수익률 9.7978%는 위 공식을 적용한 것이다. 다음 코드를 살펴보자.

```
> x<-((105/100)^(1/6)-1)*12
> x
[1] 0.09797815
```

7.1.3 미래가치

수익률이 주어지면 현재시점의 자금을 미래시점의 자금으로 환산할 수 있다. 이를 (현재자금의) 미래가치라고 한다. 예를 들어 지금 자금시장에서 모든 미래시점의 자금에 대해 연복리로 10%의 가격이 제시되고 있다고 하자. 즉 연복리 10%로 차입을 하거나 대출 또는 투자가 가능하다는 의미이다. 이 경우 현재시점 1(원)이 갖는 미래시점("만기"라고 한다)에 따른 미래가치는 다음과 같다.

```
> T<-1:50
> r<-0.1
> FV<-(1+r)^T
> plot(T,FV,type='l')
```

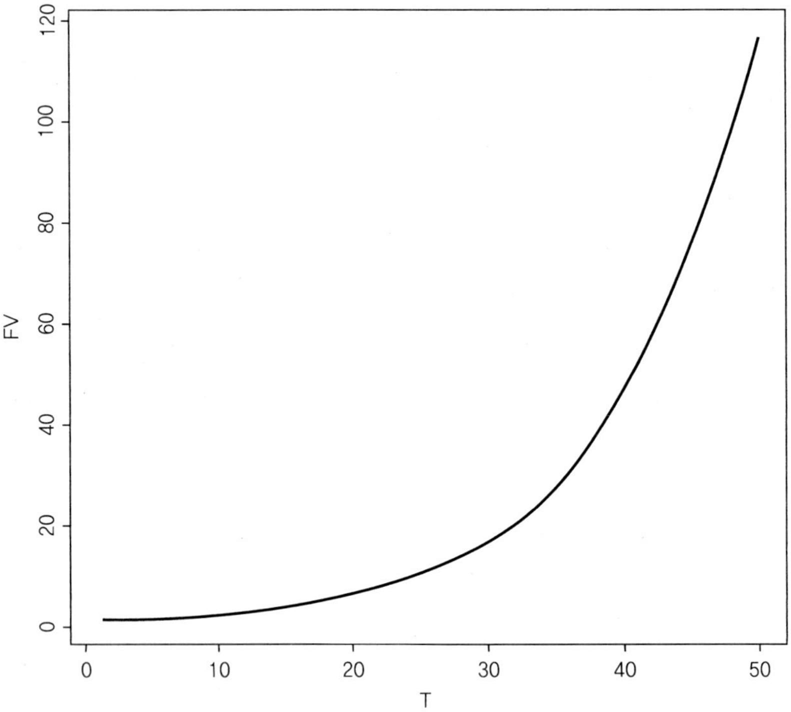

위 결과에 따르면 지금 1(원)은 50년 뒤에 약 120(원)의 가치를 갖는다.

7.1.4 현재가치

수익률이 주어지면 위와는 반대로 미래자금에 대한 현재시점의 가치(현재가치)를 알 수 있다. 위와 동일하게 연복리 10%인 경우 다양한 미래시점 1(원)에 대한 현재가치를 그려보면 다음과 같다.

```
01    > T<-1:50
02    > r<-0.1
03    > PV<-1/(1+r)^T
04    > plot(T,PV,type='l')
```

3줄: 현재가치는 미래가치의 역수이다.

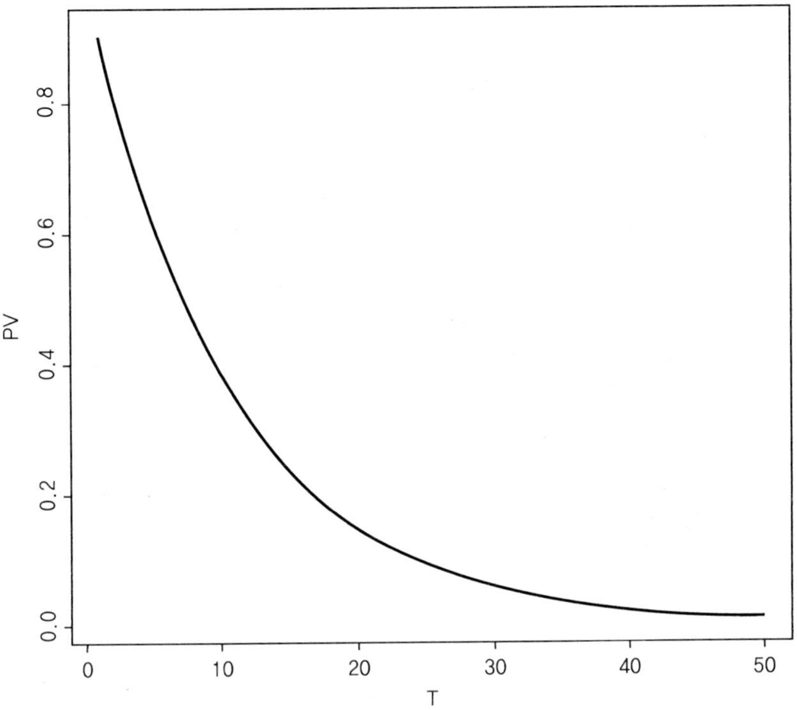

위 결과에 따르면 20년 뒤의 1원은 현재 0.2(원)의 가치도 갖지 못한다.

이번에는 만기별, 수익률별 현재가치와 미래가치를 살펴보자.

```
> T<-0:10
> rates<-1:20/100
> par(mfrow=c(1,2))
> r<-max(rates)
> FV<-(1+r)^T
> plot(T,FV,type='n')
> for(r in rates) lines(T,(1+r)^T)

> r<-max(rates)
> PV<-1/(1+r)^T
> plot(T,PV,type='n')
> for(r in rates) lines(T,1/(1+r)^T)
```

1줄: 현재시점(0)부터 1,2,…,10년까지 현재가치와 미래가치를 살펴본다.

2줄: 금리는 0.1%부터 20%까지 살펴본다.

3줄: 가로로 2개의 그래프를 그린다.

4~6줄: lines함수를 이용해서 여러 개의 그래프를 겹쳐서 그릴 예정인데, lines함수는 저수준함수이므로 그래프창을 생성하지 못한다. 따라서 plot함수를 이용해서 먼저 창을 생성해두기 위한 부분이다. type인수가 n이면 아무것도 그리지 않는다.

7줄: 금리별 만기별 미래가치 그래프를 그리는 부분이다.

8~11줄: 현재가치도 동일하게 작업을 한다.

결과는 다음과 같다.

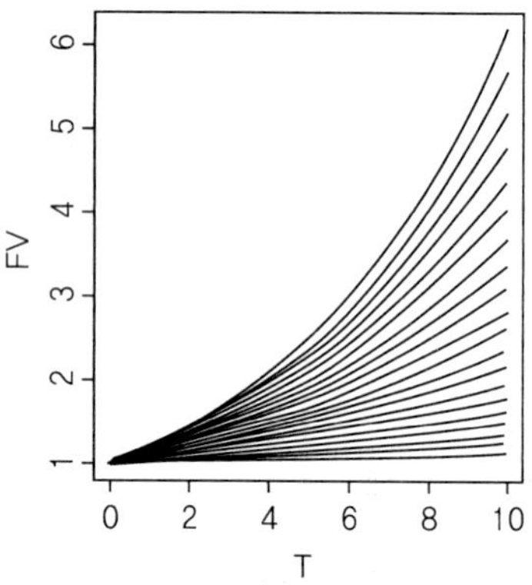

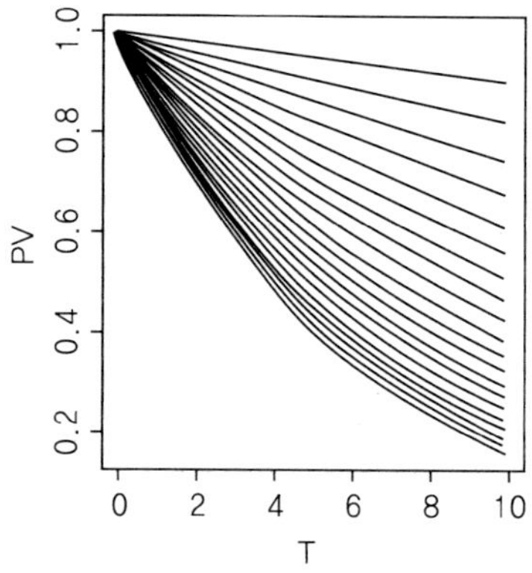

7.2 주식 및 포트폴리오

7.2.1 주가추이분석

주식가격을 분석하기위해서는 주식가격을 구해야 한다. R에서 제공하는 다음 패키지를 이용해서 주식가격을 가져와 보자.

- tseries
- quantmod
- fImport

(1) tseries패키지 이용

get.hist.quote함수는 tseries 패키지에 포함되어 있다. 패키지가 없다면 아래와 같이 설치하자.

```
> install.packages('tseries')
```

get.hist.quote함수는 인터넷(WWW)에서 특정 데이터 공급자(data provider)로부터 과거 금융 데이터를 내려받는 함수이다.

> **참고**
> 주식기호(ticker)는 다음 사이트에서 확인할 수 있다.
> http://finance.yahoo.com/lookup

야후에서 미국 애플사의 주가를 받아보자.

```
01  require('tseries')
02  aapl<-get.hist.quote("AAPL",quote="AdjClose",
03                       quiet=TRUE,
04                       start=as.Date('2003-01-01'),
05            end=as.Date('2007-01-01'))
06  plot(aapl,main="APPLE Closing Prices on NASDAQ")
```

1줄: tseries 패키지를 로드한다.

2줄: 애플사의 티커는 AAPL이다.

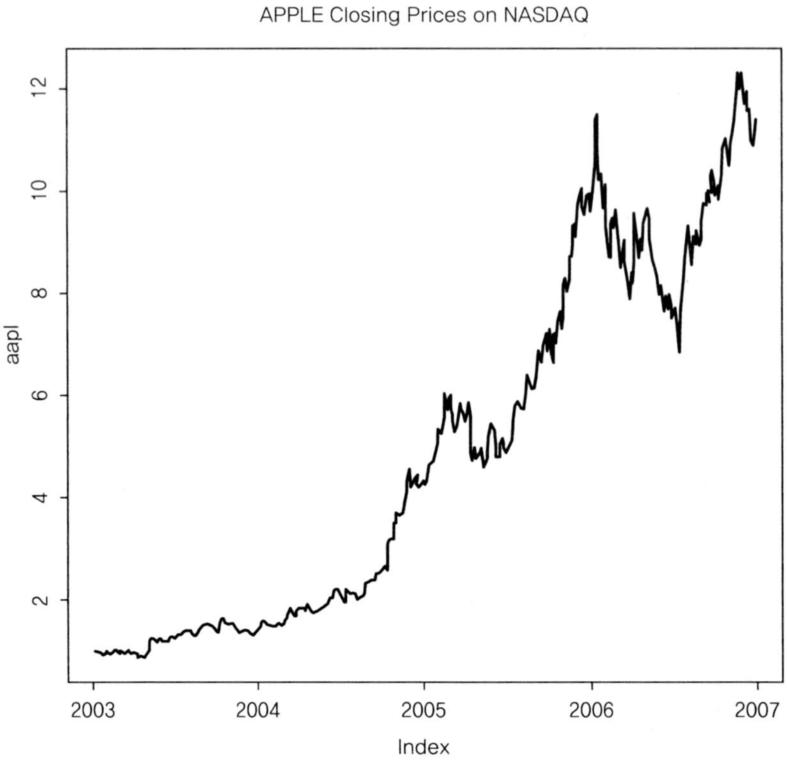

대략적으로 데이터 살펴보기

head 함수나 tail 함수를 이용해서 자료의 대략적인 모습을 살펴 볼 수 있다.

```
    > head(aapl)
AdjClose
2003-01-02  0.99715
2003-01-03  1.00390
2003-01-06  1.00390
2003-01-07  1.00052
2003-01-08  0.98032
2003-01-09  0.98907
> tail(aapl)
AdjClose
2006-12-21 11.17085
2006-12-22 11.07653
2006-12-26 10.98355
2006-12-27 10.98489
2006-12-28 10.89731
```

수익률계산하기

단순수익률은 다음 식을 이용해서 구할 수 있다.

$$r_{simple} = \frac{p_t - p_{t-1}}{p_{t-1}}$$

p_t = 당일 주가

p_{t-1} = 전일 주가

```
> ret_simple<-diff(aapl)/lag(aapl,k=-1)*100
> plot(ret_simple)
```

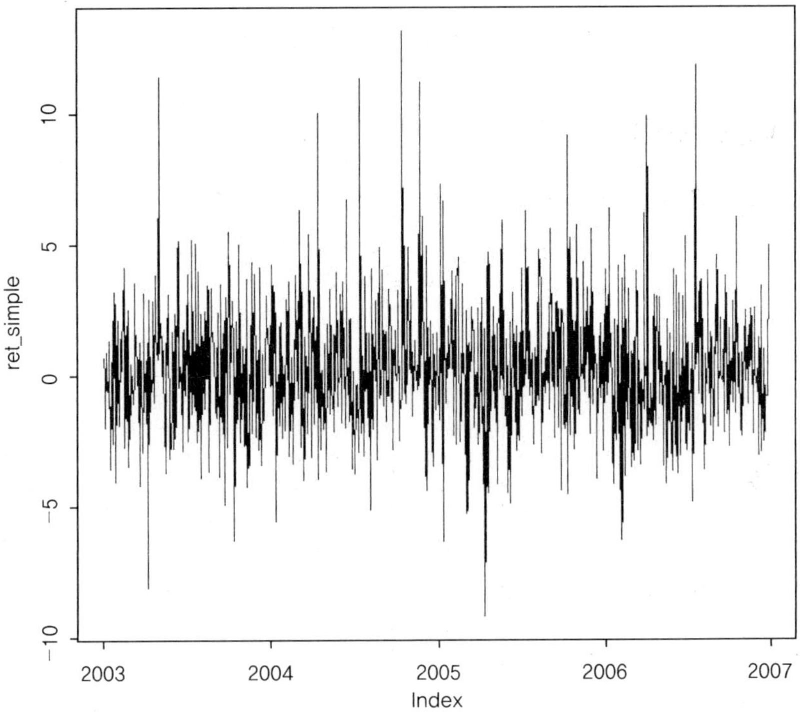

로그수익률

로그 수익률은 다음 식을 이용해 구할 수 있다.

$$r_{\log} = \log\left(\frac{p_t}{p_{t-1}}\right) = \log(p_t) - \log(p_{t-1})$$

p_t = 당일 주가

p_{t-1} = 전일 주가

```
ret_log<-diff(log(aapl))*100
```

요약통계 보기

summary 함수를 이용하면 데이터의 요약통계(평균, 중위수, 최빈수 등)를 볼 수 있다.

```
> summary(ret_simple)
     Index                   AdjClose
 Min.   :2003-01-03   Min.    :-9.2105
 1st Qu.:2004-01-02   1st Qu.:-1.1269
 Median :2005-01-01   Median : 0.1800
 Mean   :2005-01-01   Mean    : 0.2722
 3rd Qu.:2005-12-29   3rd Qu.: 1.5479
 Max.   :2006-12-29   Max.    :13.1573
```

히스토그램 그리기

```
hist(ret_simple)
```

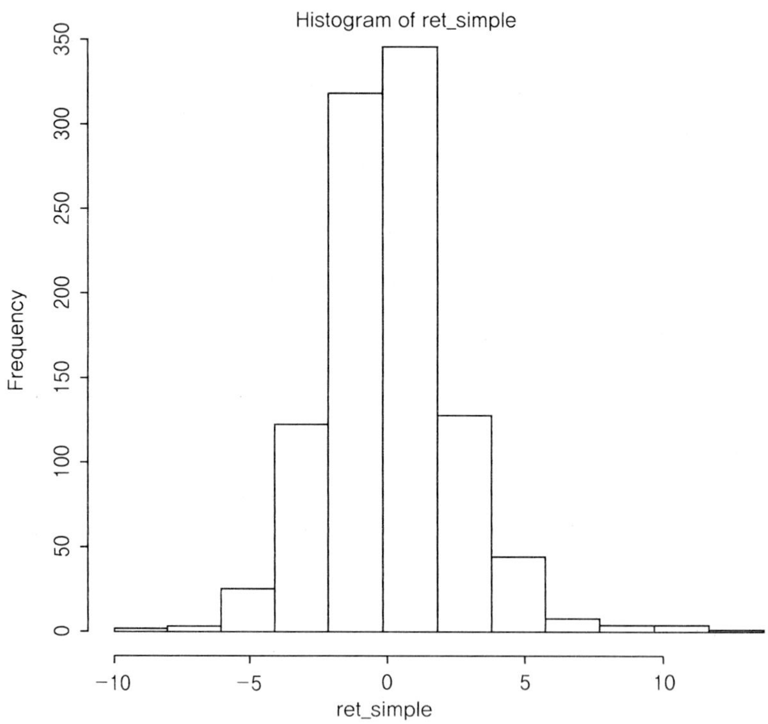

특정 기간의 데이터 보기

2006년 1월 1일부터 같은 해 12월 31일까지 애플사의 주식가격을 보려면 다음과 같이 window함수를 이용하면 된다.

```
> aapl_2006<-window(aapl,start='2006-01-01',end='2006-12-31')
> plot(aapl_2006)
```

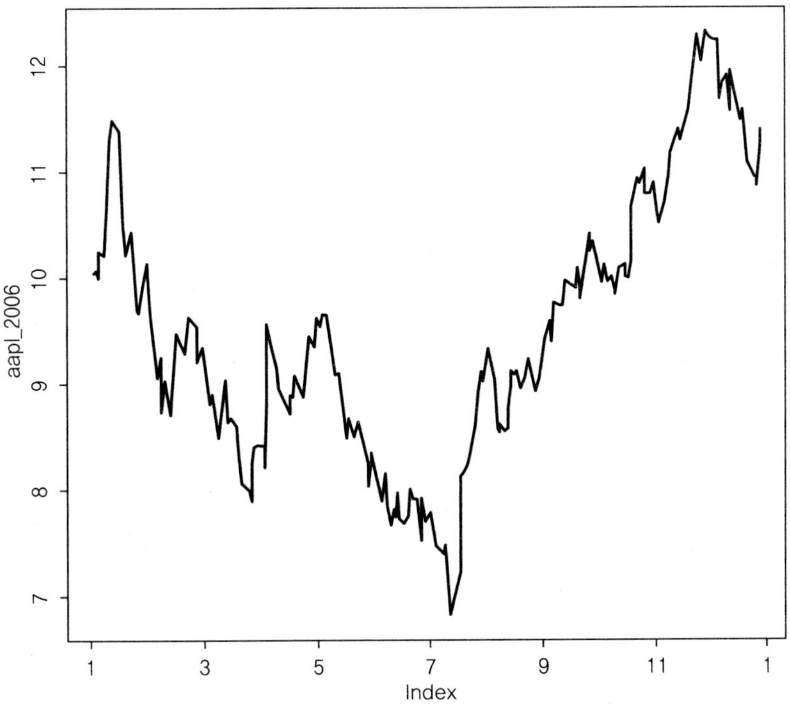

(2) quantmod 패키지 이용

getSymbols함수를 사용하기 위해서는 quantmod 패키지를 로드해야 한다. 데이터 소스는 yahoo가 기본값이고 src="google" 파라메터를 지정해주면 구글 데이터를 쓸 수 있다. 엔씨소프트(한국거래소 코드 036570)의 자료를 받아보자.

```
01  ncsoft<-getSymbols("KRX:036570",src="google",auto.assign=F)
02  > head(ncsoft)
03       KRX:036570.Open KRX:036570.High KRX:036570.Low KRX:036570.Close
04  <NA>            53600           54400          53300
05  53800
06  <NA>            54000           54100          52800
07  52800
```

1줄: 첫 열은 날짜인데 NA가 나온다. 지역설정(localization)과 날짜형식(date format)에 문제가 있기 때문이다. 위 코드를 실행시키기 전에 아래 코드를 먼저 실행시킨 뒤 실행해보자

```
invisible(Sys.setlocale("LC_MESSAGES", "C"))
invisible(Sys.setlocale("LC_TIME", "C"))
```

이유가 밝혀지긴 했지만 추가적인 절차가 귀찮으므로, 이런 오류가 없도록 자료출처(src 인수)를 야후로 바꾸어 동일한 작업을 실행해보자. 이번에는 삼성전자의 자료를 받아보자.

```
> require(quantmod)
> ss<-getSymbols("005930.KS",auto.assign=F)
> head(ss)
```

```
             005930.KS.Open 005930.KS.High 005930.KS.Low 005930.
KS.Close
2007-01-01         613000         613000         613000
613000
2007-01-02         620000         627000         616000
625000
2007-01-03         627000         628000         611000
611000
2007-01-04         611000         612000         603000
607000
2007-01-05         608000         609000         595000
595000
2007-01-08         592000         594000         579000
582000
             005930.KS.Volume 005930.KS.Adjusted
2007-01-01                0           588191.8
2007-01-02           351400           599706.1
2007-01-03           387600           586272.7
2007-01-04           362500           582434.6
2007-01-05           562300           570920.2
2007-01-08           657100           558446.4
```

참고 quantmod와 xts의 관계

quatmod를 설치하면 xts패키지가 설치된다. quantmod가 xts를 사용하기 때문이다. quantmod는 xts를 사용하고, xts는 zoo를 사용한다. 위에서 구한 ss 변수에 class함수를 적용해보면 확인해 볼 수 있다.

```
> class(ss)
[1] "xts" "zoo"
```

컬럼이름은 colnames()로 바꿀 수 있다.

```
> colnames(ss)<-c("op","hi","lo","close","vol","adj")
> head(ss)
               op     hi     lo  close    vol      adj
2007-01-01 613000 613000 613000 613000      0 588191.8
2007-01-02 620000 627000 616000 625000 351400 599706.1
2007-01-03 627000 628000 611000 611000 387600 586272.7
2007-01-04 611000 612000 603000 607000 362500 582434.6
2007-01-05 608000 609000 595000 595000 562300 570920.2
2007-01-08 592000 594000 579000 582000 657100 558446.3
```

이번에는 애플사의 주가를 가져와 보자.

```
require(quantmod)
getSymbols("AAPL")
```

데이터를 가져오면 chartSeries함수를 이용하여 다양한 차트를 그릴 수 있다.

```
01    chartSeries(AAPL, theme = "white", TA = NULL)
```

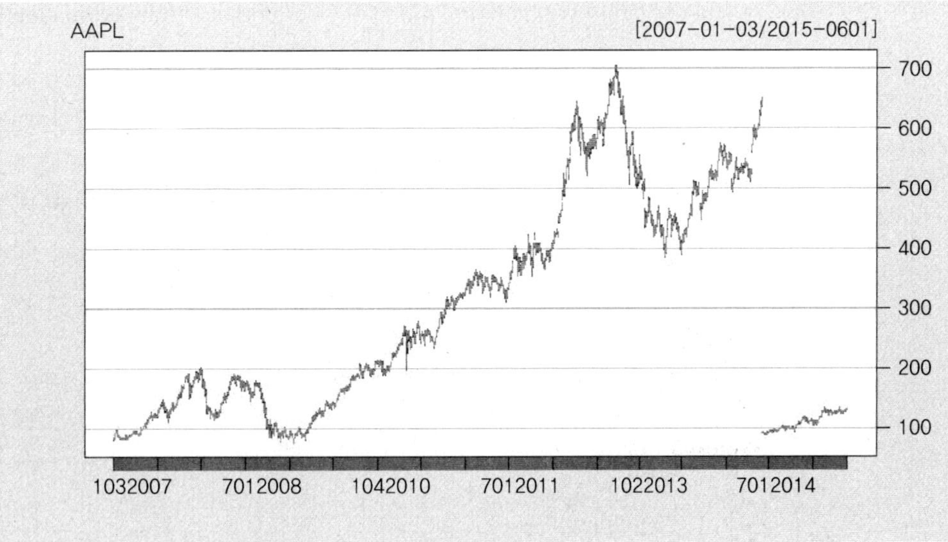

이번에는 앞에서 구한 삼성전자 주가를 캔들챠트로 그려보자.

```
01    > candleChart(ss,subset='2014-01::2015',theme='white')
```

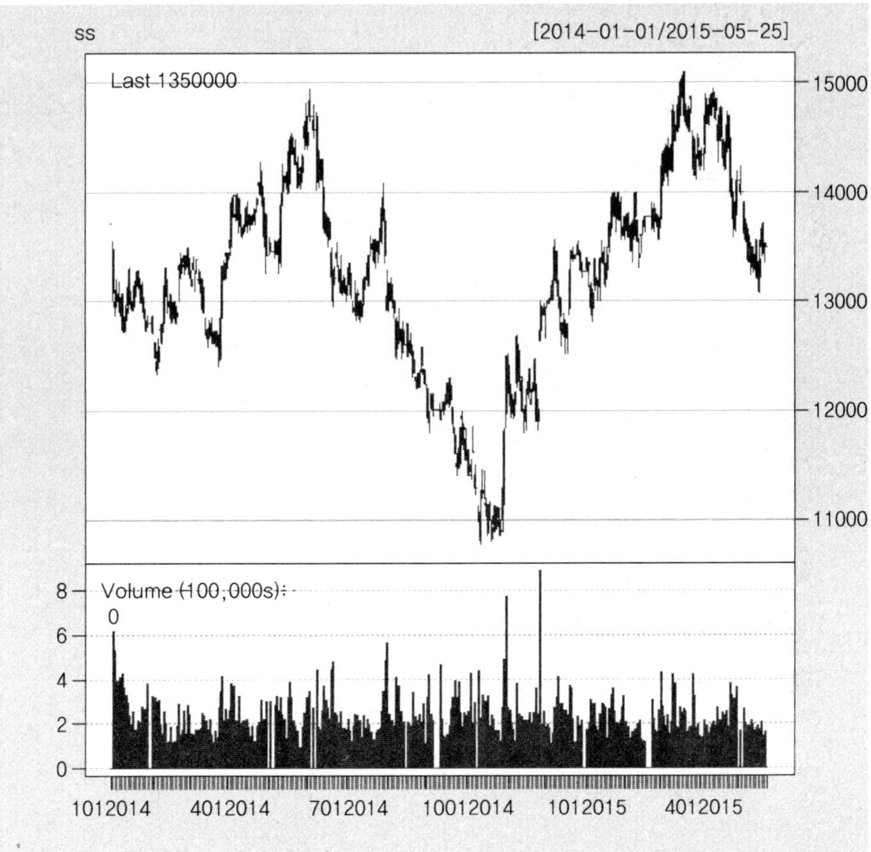

차트위에 기술적 분석을 덧붙여 표시할수도 있다.

```
> chartSeries(ss,theme='white',TA="addVo();addBBands();addCCI()")
```

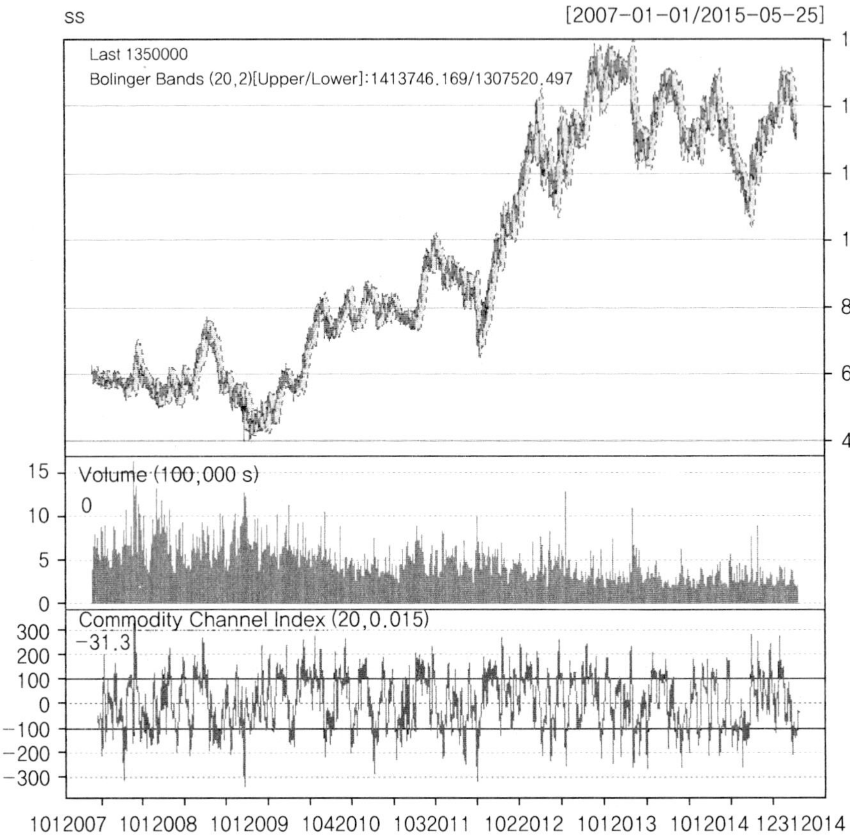

위 결과는 대화식으로(interactively) 다음과 같이 실행할 수도 있다.

```
01  > ss<-getSymbols("005930.KS",auto.assign=F)
02  > chartSeries(ss,theme='white')
03  > addVo()
04  > addBBands()
05  > addCCI()
```

3줄: 거래량을 추가한다.

4줄: Bollinger Bands를 추가한다.

5줄: Commodity Channel Index를 추가한다.

Bollinger Band와 Commodity Channel Index(CCI)

Bollinger band는 1980년대 John Bollinger에 의해 개발된 기술적 지표 중 하나로써, 주가의 추세선을 중심으로 상한선과 하한선으로 구성되는 밴드이다. 시장의 과매도 · 과매입 상태를 판별하는 대표적인 가격균형지표의 하나일 뿐 아니라, 밴드 폭의 축소 · 확대 및 밴드로의 이탈 · 진입 등에 기초하여 유용한 매매지표로도 널리 사용된다. 일반적으로 추세중심선은 n일의 이동평균선, 상한선 및 하한선은 추세중심선$\pm 2\sigma$ (단, σ는 추세중심선의 표준편차)로 설정된다. Bollinger band (20,2)는 20일 이동평균선을 추세중심선으로 하여 $\pm 2\sigma$를 상하한선으로 설정된 밴드를 의미한다.

CCI는 1980년 Donald Lambert에 의해 개발된 기술적 지표로써, 현재 가격이 이동평균수준에서 얼마나 멀리 떨어져 있는지를 측정한 후 이를 평균오차로 조정하여 계산된다. 대개의 경우 CCI는 ±100 사이에 포함되지만, 이를 벗어나게 되면 시장의 과열 정도를 판별하거나 혹은 유용한 매매지표로 활용된다. CCI(20,0.015)는 20일 이동평균선을 기준으로 가격 괴리도를 측정하되, 표준화 과정에서 평균오차에 0.015를 곱한 값을 사용함을 의미한다.

(3) fImport 패키지 이용

fImport 패키지는 인터넷이나 다른 출처(sources)에서 데이터를 받거나 관리하는 함수를 제공한다. 그 중 yahooSeries함수는 chart.yahoo.com에서 금융시계열자료를 가져오는 함수이다. fImport 패키지가 없다면 다음 명령을 이용하여 설치하자.

```
> install.packages("fImport")
```

삼성전자 자료를 받아보자.

```
> require(fImport)
> data<-yahooSeries("005930.KS",from="2010-01-01")
> S<-data[,"005930.KS.Close"]
> X<-returns(S)
```

quantmod의 lineChart함수를 이용해서 그래프를 그려보자.

```
> require(quantmod)
> par(mfrow=c(1,2))
> lineChart(S,layout=NULL,theme="white")
> lineChart(X,layout=NULL,theme="white")
```

결과는 다음과 같다.

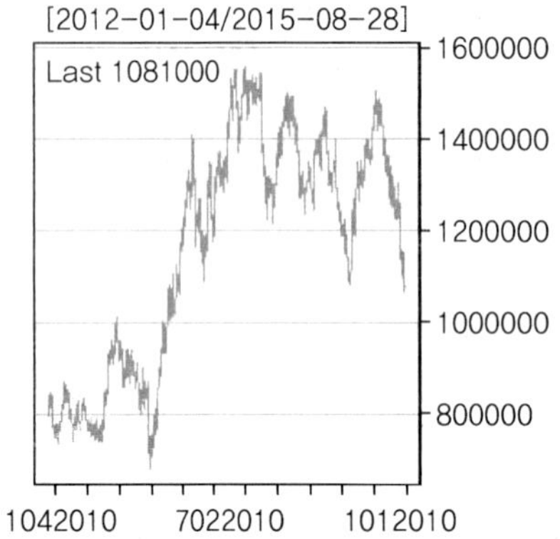

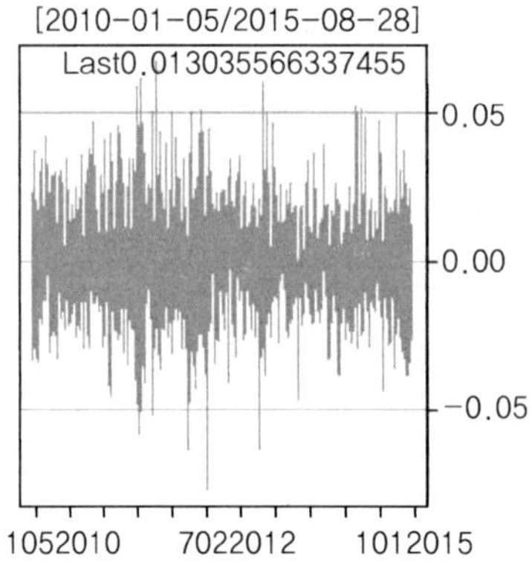

(4) 주가수익률 분포 추정하기

지금까지 구한 주가자료를 이용해서 주가분포를 가장 잘 설명하는 분포를 찾아보자. fBasics 패키지는 금융분야에서 자주 사용되는 분포에 대한 모수(parameters)를 추정하는 함수를 제공한다. 기본적 아이디어는 기초자산의 로그-수익률을 구한 뒤 특정 분포에 적합(fit)시키는 것이다.

fBasics 패키지의 Fit계열 함수를 이용하면 로그 스케일로 표시된 추정 확률밀도(estimated densities)를 그려볼 수 있다. nFit함수는 가우스 모형(Gaussian model; 기하브라운 과정 Geometric Brownian Modtion process)을, nigFit함수는 Normal Inverse Gaussian 모형을, hypFit함수는 generalized hyperbolic distribution 모형을, ghFit함수는 Generalized Hyperbolic 모형을 추정한다.

fBasics 패키지를 설치하자.

```
> install.packages('fBasics')
```

다음 코드를 실행해서 주가분포가 정규분포를 따르는지 확인해보자.

```
library(fBasics)
nFit(X)
Title:
 Normal Parameter Estimation

Call:
 nFit(x = X)

Model:
 Normal Distribution

Estimated Parameter(s):
        mean            sd
```

```
14  0.0003242723 0.0171368689
15
16  Description:
17   Thu Jun 04 11:47:35 2015 by user: AAA
```

12~13줄: 평균0.0003242723, 분산 0.0171368689인 정규분포를 따르는 것으로 추정되었다(주의할 것은 여기에 나오는 값은 연율이 아니라 일간 데이터이다).

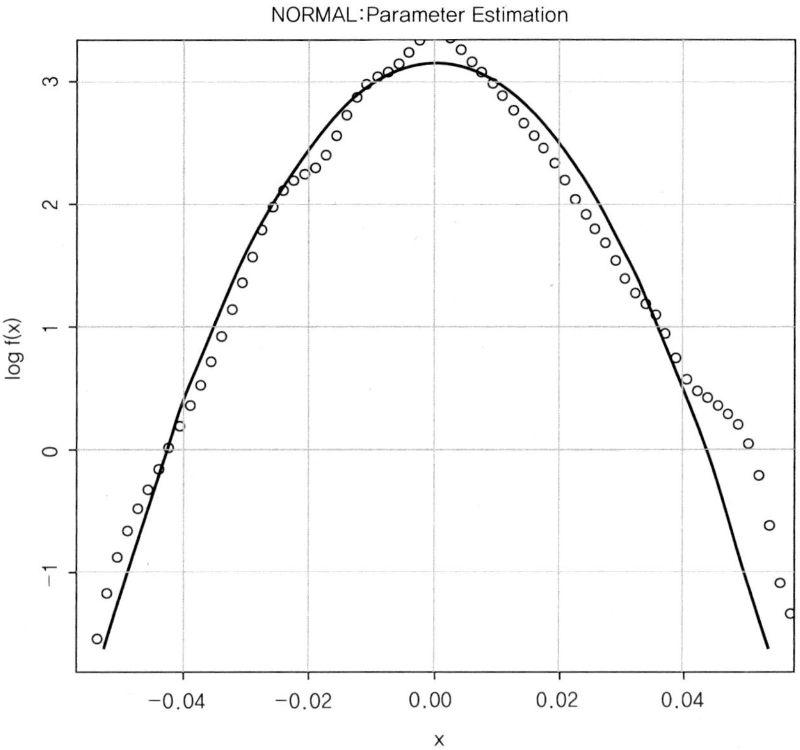

다음으로 NIG분포를 따르는지 분석해보자.

```
nigFit(X,trace=FALSE)

Title:
 Normal Inverse Gaussian Parameter Estimation

Call:
 .nigFit.mle(x = x, alpha = alpha, beta = beta, delta = delta,
    mu = mu, scale = scale, doplot = doplot, span = span, trace =
trace,
    title = title, description = description)

Model:
```

```
 Normal Inverse Gaussian Distribution

Estimated Parameter(s):
       alpha         beta         delta            mu
74.779646062  6.754895570  0.021945630 -0.001666228

Description:
 Thu Jun 04 11:49:44 2015 by user: AAA

Warning message:
In sqrt(diag(fit$cvar)) : NaNs produced
```

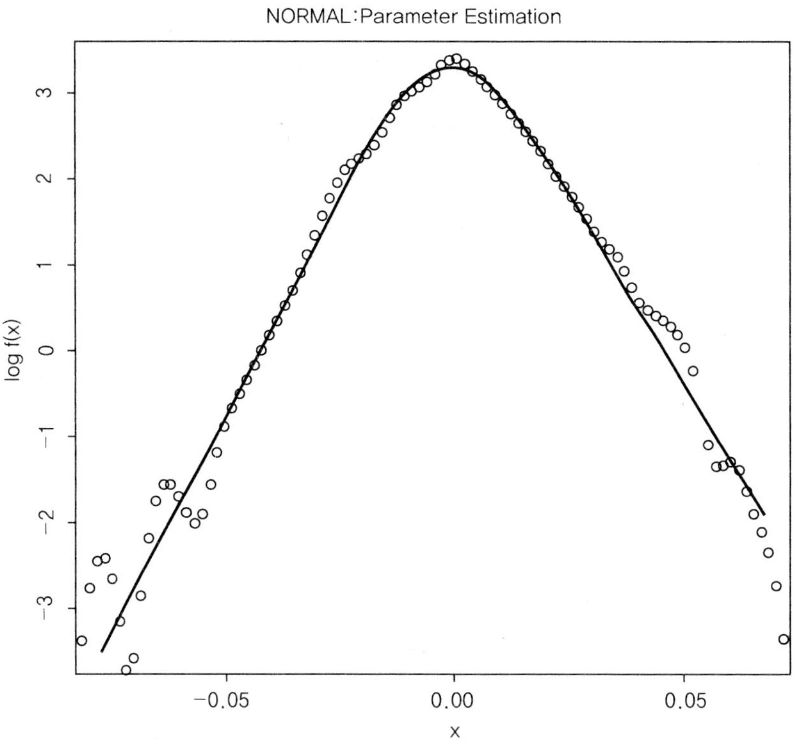

NIG 분포는 Barndorff-Nielsen(1997) 등에 의해 주가 수익률의 분포를 적합시키기 위해 사용되기 시작하였으며, 일반적인 정규분포와는 달리 skewness 및 fat tail과 같은 수익률의 특성을 반영하는데 용이하다. 위 결과에서 확인되는 바와 같이 alpha (tail heaviness parameter), beta (asymmetry parameter), delta (scale parameter), mu (location parameter)의 네 가지 모수로 구성되며, 이들에 의해 수익률의 평균, 표준편차, 왜도, 초과첨도 등을 계산할 수 있다. 위에서 추정된 모수를 바탕으로 이들을 각각 계산해 보면, 수익률 평균은 0.0325%, 표준편차는 1.7237%로써 가우스 모형에 의해 추정된 결과와 거의 유사하다. 반면 수익률 왜도는 0.2120, 초과첨도는 1.8954로써 가우스 모형과는 다른 결과를 볼 수 있다.

7.2.2 포트폴리오

Markowitz(1952)의 포트폴리오 이론은 현대 투자이론의 시작을 알리는 기념비적인 연구로써, Sharpe(1964), Lintner(1965), Mossin(1966), Merton(1973) 등 주요 자산가격 결정이론들의 토대를 이루고 있을 뿐만 아니라, 투자의사결정을 위한 유용한 벤치마크 모형으로써 지금도 실무에서 널리 활용되고 있다. “평균-분산 모형”으로 알려진 이 이론에서 투자자들은 투자의 평균수익률과 수익률 분산(또는 표준편차)에만 관심을 가지게 되는데, 이는 자산의 수익률이 정규분포를 따르거나 혹은 투자자들의 효용함수(utiity function)가 이차함수 형태를 가지고 있다고 전제하고 있기 때문이다. 비록 이러한 가정이 현실적인지에 대해서는 많은 비판이 제기될 수 있지만, 수익률의 비정규성이 강한 일부 자산(예를 들어 헤지펀드와 같은 대체투자자산, 옵션과 같은 파생상품 등)들을 제외하면 적어도 벤치마크모형으로써는 충분히 기능할 수 있다는 사실에 큰 이견이 없다.

(1) 분산효과 (Diversification effect)

개별 자산에 각각 투자할 때에 비해 포트폴리오를 구성하게 되면 분산효과로 인해 투자의 위험이 감소한다는 사실은 익히 알려져 있다. 이는 매우 간단한 통계학적 과정을 통해 쉽게 증명할 수 있으며, 이 때 분산효과의 크기는 자산들간의 상관계수에 의해 결정된다.

$$f(a) = Var(aX + (1 - a)Y) = a^2\sigma_x^2 + (1 - a)^2\sigma_y^2 + 2a(1 - a)Cov(X,Y)$$

$$f(a) = Var(aX + (1 - a)Y) = a^2\sigma_x^2 + (1 - a)^2\sigma_y^2 + 2a(1 - a)\rho\sigma_x\sigma_y$$

상관계수에 따른 포트폴리오 분산의 형태를 살펴보자.

```
a_seq<-seq(-0.2,1.2,length=100)
rhos<-c(-1,-0.5,0,0.5,1)
out<-matrix(0,nrow=100,ncol=5)
for(i in 1:5){
out[,i]<-sapply(a_seq,function(a){
   rho<-rhos[i]
   ans<-a^2*0.2^2+(1-a)^2*0.3^2+2*a*(1-a)*rho*0.2*0.3
   return(ans)
})
}
matplot(a_seq,out,type='l')
nms<-c('rho=-1','rho=-0.5','rho=0.0','rho=0.5','rho=+1')
legend("topright",legend=nms,lty=1:5,col=1:5,bty="n")
```

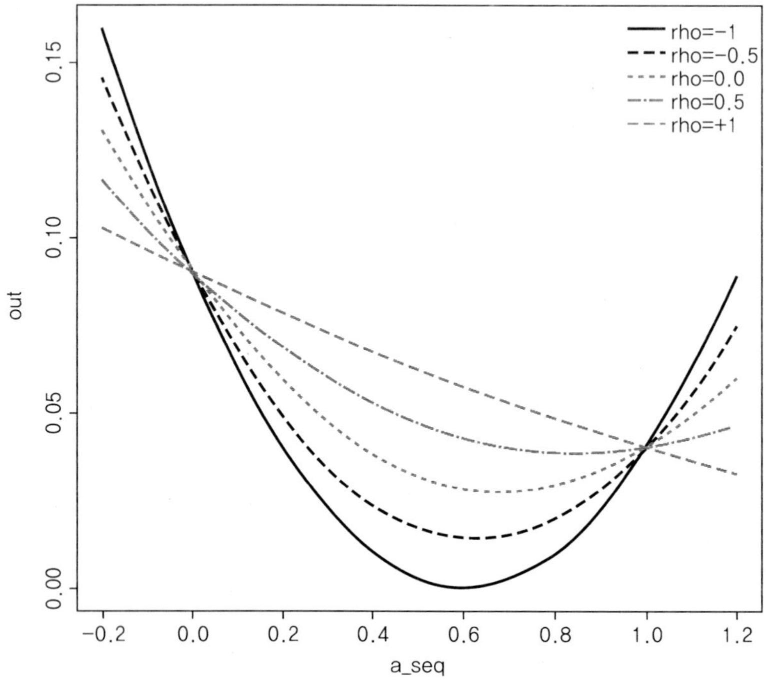

7.2.3 포트폴리오 최적화: 효율적 경계선

Markowitz(1952)가 증명한 포트폴리오 이론의 핵심은 포트폴리오를 구성함에 따라 투자의 위험이 감소한다는 단순한 분산효과의 존재를 보인데 있는 것이 아니라, 포트폴리오를 구성함으로써 투자의 위험을 감소 혹은 적어도 유지시키면서도 수익성을 더 개선할 수 있다는 사실을 보인 것에 있다. 이는 이른바 효율적 경계선(efficient frontier)이 어떻게 구성되는지를 살펴보는 것으로 쉽게 확인할 수 있다. 효율적 경계선이란 동일한 수익률 표준편차 수준에서 기대수익률이 가장 높은 포트폴리오 또는 동일한 기대수익률 수준에서 수익률 표준편차, 즉 위험이 가장 낮은 포트폴리오들의 집합을 의미하며, 아래와 같이 수식화할 수 있다.

$$\text{Max } E(r_p) \text{ subject to } \sigma_p = \bar{\sigma} \text{ and } w'\vec{1} = 1, \qquad \text{(A)}$$

또는

$$\text{Min } \sigma_p \text{ subject to } w'\vec{1} = 1 \text{ and } E(r_p) = \mu \qquad \text{(B)}$$

단, $E(r_p) = E(\vec{r})'w$: 포트폴리오의 기대수익률, $\sigma_p^2 = w'Qw$: 포트폴리오의 수익률 분산, w는 포트폴리오를 구성하기 위해 개별 자산에 투자한 투자비중 ($n \times 1$ 벡터), Q는 수익률의 분산-공분산 행렬 ($n \times n$ 행렬), $E(\vec{r})$은 개별 자산의 기대수익률 ($n \times 1$ 벡터), $\vec{1}$은 $n \times 1$ 단위벡터, $\bar{\sigma}$ 및 μ는 목표 수익률 표준편차 또는 목표 기대수익률을 의미함.

위 수식 (B)의 최적화 문제에서 FOC(first order condition)을 구하면, 아래 행렬과 같이 표현된다. (공분산 행렬에 2행과 2열이 추가된 꼴)

$$\begin{bmatrix} Q & \vec{1} & E(\vec{r}) \\ \vec{1}' & 0 & 0 \\ E(\vec{r})' & 0 & 0 \end{bmatrix} \begin{bmatrix} w \\ \lambda_1 \\ \lambda_2 \end{bmatrix} = \begin{bmatrix} \vec{0} \\ 1 \\ \mu \end{bmatrix}$$

1행: $Qw + \vec{1}\lambda_1 + E(\vec{r})\lambda_2 = \vec{0}$

2행: $\vec{1}'w = 1$

3행: $E(\vec{r})'w = \mu$

삼성전자, 현대자동차 그리고 SKT의 수익률 데이터를 이용하여 효율적 경계를 구해보자. 우선 각 주식의 수익률 데이터를 구하자.

```
require(fImport)
ss_raw<-yahooSeries("005930.KS",from="2010-01-01")
ss<-ss_raw[,"005930.KS.Close"]
hd_raw<-yahooSeries("005380.KS",from="2010-01-01")
hd<-hd_raw[,"005380.KS.Close"]
sk_raw<-yahooSeries("000660.KS",from="2010-01-01")
sk<-sk_raw[,"000660.KS.Close"]
r_ss<-returns(ss)
r_hd<-returns(hd)
r_sk<-returns(sk)
```

효율적 경계 함수를 만든다.

```
frontier<-function(ret,bound=FALSE){
 Q<-cov(ret)
 n<-ncol(ret)
 r<-colMeans(ret)
 Q1<-rbind(Q,rep(1,n),r)
 Q1<-cbind(Q1,rbind(t(tail(Q1,2)),matrix(0,2,2)))
 lb<-0.05/365; ub<-0.12/365
 if(bound==T){lb<-min(r);ub<-max(r)}
 rbase<-seq(lb,ub,length=100)
 s<-sapply(rbase,function(x){
  y<-head(solve(Q1,c(rep(0,n),1,x)),n)
  ans<-y%*%Q%*%y
  sqrt(ans)
 })
```

```
15    return(list(stdev=s,ret=rbase))
16  }
```

8줄: bound인수가 TRUE일 경우 공매도 포지션이 발생하지 않도록 수익률 범위를 제한한다.

효율적 경계를 그린다.

```
01  ret0<-cbind(r_ss,r_hd,r_sk)
02  ans0<-frontier(ret0)
03  plot(ans0$stdev,ans0$ret,type='l',lwd=2)
04  
05  ret1<-cbind(r_ss,r_sk)
06  ans1<-frontier(ret1,T)
07  lines(ans1$stdev,ans1$ret,type='l')
08  
09  ret2<-cbind(r_ss,r_hd)
10  ans2<-frontier(ret2,T)
11  lines(ans2$stdev,ans2$ret,type='l')
12  
13  ret3<-cbind(r_sk,r_hd)
14  ans3<-frontier(ret3,T)
15  lines(ans3$stdev,ans3$ret,type='l')
16  
17  points(sd(r_ss),mean(r_ss))
18  text(sd(r_ss)+0.0015,mean(r_ss),"samsung")
19  points(sd(r_hd),mean(r_hd),col='red')
20  text(sd(r_hd)+0.0015,mean(r_hd),"hyundai")
21  points(sd(r_sk),mean(r_sk),col='blue')
22  text(sd(r_sk)+0.0015,mean(r_sk),"skt")
```

1~3줄: 3개 주식으로 구성된 효율적 경계를 그린다.

5~7줄: 삼성전자와 SKT로 구성된 포트폴리오 조합을 그린다.

9~11줄: 삼성전자와 현대차로 구성된 포트폴리오 조합을 그린다.

13~15줄: SKT와 현대차로 구성된 포트폴리오 조합을 그린다.

17~22줄: 각 주식의 위치를 표시한다.

실행

```
> source('portfolio.r')
```

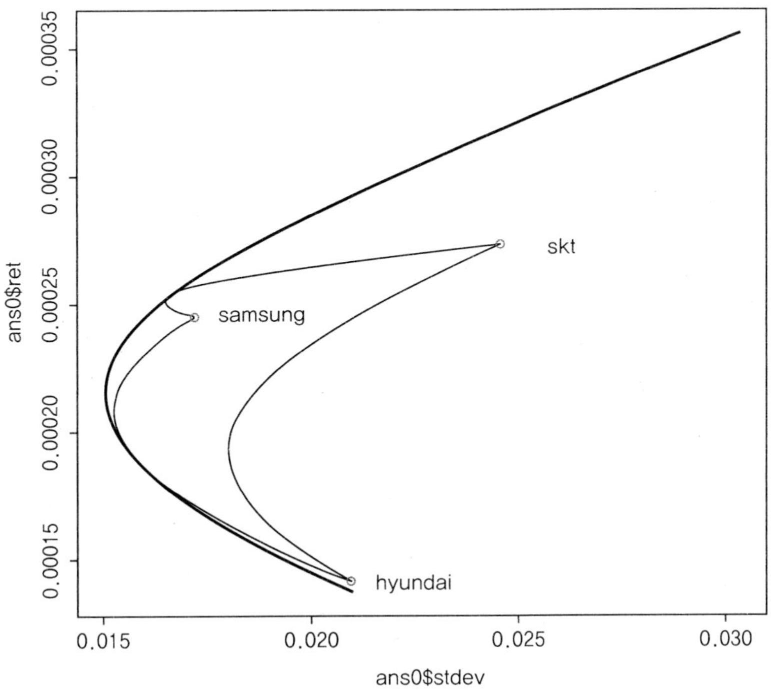

만약 위 3개의 주식으로 임의의 포트폴리오를 구성할 경우 포트폴리오의 위치가 효율적 경계를 벗어나지는 않을까? 시뮬레이션을 통해서 이를 확인해보자.

우선 위 코드에서 효율적 경계를 다시 그리자.

```
ret0<-cbind(r_ss,r_hd,r_sk)
ans0<-frontier(ret0)
plot(ans0$stdev,ans0$ret,type='l',lwd=2)
```

난수를 통해 임의의 포트폴리오 1000개를 생성해서 위 그래프 위에 찍어보자.

```
set.seed(1)
for(i in 1:1000){
  w1<-rnorm(1)
  w2<-rnorm(1)
  w3<-1-w1-w2
  w<-c(w1,w2,w3)

  Ep<-w%*%colMeans(ret0)
  Q<-cov(ret0)
  Vp<-w%*%Q%*%w
  sig<-sqrt(Vp)
  points(sig,Ep,pch=4)
}
```

결과는 다음과 같다.

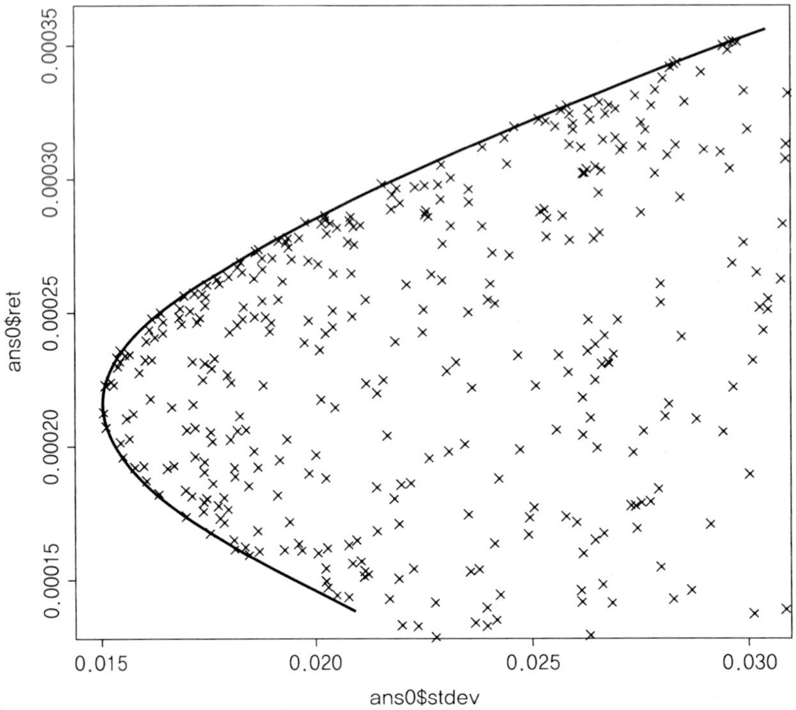

7.2.4 최적위험포트폴리오(optimal risky portfolio)와 분리정리(Two Fund Separation Theorem)

이제 항상 일정한 수익을 제공하는 무위험자산(risk-free asset)이 존재한다고 가정해 보자. 이 경우 새로운 효율적 경계선은 무위험자산의 수익률을 y-절편으로 하고 포물선 형태로 표시된 위 그림의 효율적 경계선에 접하는 직선 형태로 나타난다. 이를 확인하기 위해서는 앞서 살펴보았던 최적화 문제에서 Q, $E(\vec{r})$, w, $\vec{1}$ 등을 아래와 같이 수정한 후, 재실행하면 된다.

$$\text{New } Q = \begin{bmatrix} Q & 0 \\ 0 & 0 \end{bmatrix}, \quad (n+1) \times (n+1) \ \text{matrix}$$

$$\text{New } E(\vec{r}) = \begin{bmatrix} E(\vec{r}) \\ r_f \end{bmatrix}, \quad (n+1) \ \text{vector}$$

$$\text{New } w = \begin{bmatrix} w \\ w_{n+1} \end{bmatrix}, \quad (n+1) \ \text{vector}$$

$$\text{New } \vec{1} = \begin{bmatrix} \vec{1} \\ 1 \end{bmatrix}, \quad (n+1) \ \text{vector}$$

단, w_{n+1}은 무위험자산에 대한 투자비중, r_f는 무위험자산의 수익률을 의미함 아래 코드는 무위험자산의 수익률을 연 5%로 가정한 후, 최적화 문제를 재계산한 예이다 (단, 위험자산은 2개로 조정하였다).

```
> r_f<-rep(0.05/365,length(r_hd))
> ret2<-cbind(r_f,r_ss,r_hd)
> ans2<-frontier(ret2)
> plot(ans2$stdev,ans2$ret,type='l')
> lines(ans1$stdev,ans1$ret,col='red')
> abline(v=0,col='blue')
> abline(h=0,col='blue')
```

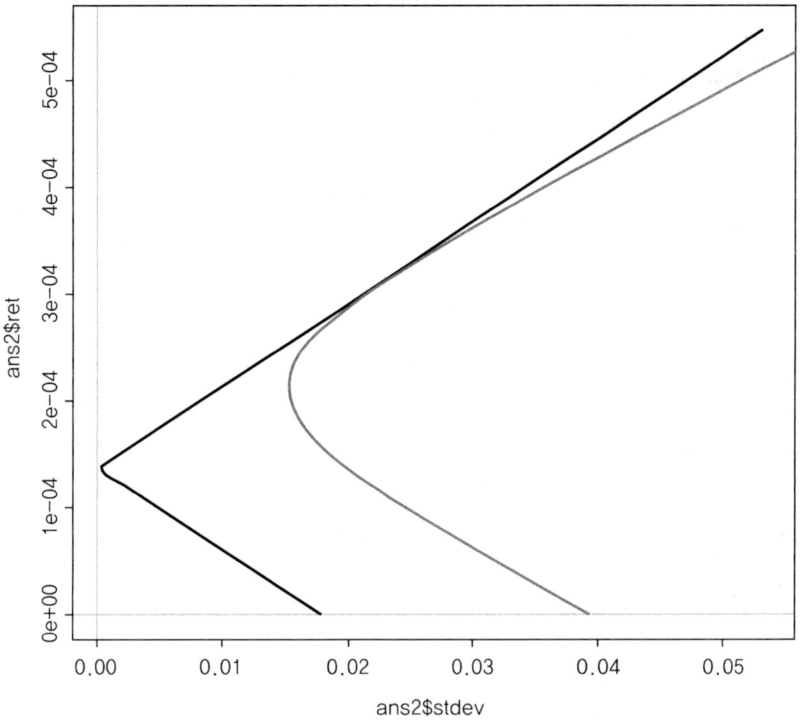

위 그림에서 직선 상의 모든 점들, 즉 모든 효율적 포트폴리오들은 결국 무위험자산과 접점 포트폴리오(tangent portfolio)의 선형 결합으로 나타낼 수 있다. 아울러 접점 포트폴리오는 포물선 상에 존재하기 때문에, 무위험자산이 전혀 포함되지 않은 즉 위험자산만으로 구성된 포트폴리오이다. 이에 이러한 접점 포트폴리오를 흔히 최적위험포트폴리오라고 부르는데, 이는 위험자산들로 구성된 최적의 포트폴리오라는 의미이다. 위 예에서 최적위험포트폴리오는 아래 수식과 같이 구할 수 있다.

$$w^* = \frac{\begin{bmatrix} w_1^* & w_2^* & w_3^* & \cdots & w_n^* \end{bmatrix}'}{\sum_{i=1}^{n} w_i^*}$$

여기서 w^*_i는 효율적 포트폴리오에서 위험자산 i에 대한 투자비중을 의미한다.

즉, 무위험자산에 대한 투자금액을 배제하고, 위험자산들에 투자된 금액만을 대상으로 서로 간의 상대적 투자비중을 구하면, 이와 같이 구성되는 포트폴리오가 바로 최적위험포트폴리오이다. 위 예에서 투자자의 목표 기대수익률이 얼마인지에 무관하게 최적위험포트폴리오는 모두 동일함을 확인할 수 있으며, 이는 투자의사결정이 결국은 무위험자산과 최적위험포트폴리오 간의 자산배분 문제로 귀결된다는 분리정리를 의미한다. 이 결과를 확인해보자.

우선 포트폴리오 투자비중을 찾기위한 함수를 정의한다.

스크립트

```
frontier_weight<-function(ret,target_rate){
 Q<-cov(ret)
 n<-ncol(ret)
 r<-colMeans(ret)
 Q1<-rbind(Q,rep(1,n),r)
 Q1<-cbind(Q1,rbind(t(tail(Q1,2)),matrix(0,2,2)))
 y<-head(solve(Q1,c(rep(0,n),1,target_rate)),n)
}
```

콘솔

```
01  > source('portfolio.r')
02  > x<-frontier_weight(ret2,0.01/365)
03  > x
04          SS.1     samsung     hyundai
05   1.6120950 -0.8824784  0.2703835
06  > w1<-x[2:3]/sum(x[2:3])
07  > w1
08     samsung     hyundai
09   1.4417346 -0.4417346
10  > y<-frontier_weight(ret2,0.1/365)
11  > y
12          SS.1     samsung     hyundai
13   0.2348813  1.1030981 -0.3379794
14  > w2<-y[2:3]/sum(y[2:3])
15  > w2
16     samsung     hyundai
17   1.4417346 -0.4417346
```

9줄 및 17줄: 목표수익률이 연 1%일 때 삼성전자와 현대자동차 투자비중과 연 10%일 때 투자비중이 같음을 알 수 있다.

최적위험포트폴리오는 아래와 같은 수식을 통해서도 쉽게 구할 수 있다.

$$w^* = \frac{Q^{-1}\left(E(\vec{\mathrm{r}}) - r_f\right)}{\mathrm{Sum}\left[Q^{-1}\left(E(\vec{\mathrm{r}}) - r_f\right)\right]}$$

스크립트

```
frontier_risky_weight<-function(ret,r_f){
 Q<-cov(ret)
 n<-ncol(ret)
 r<-colMeans(ret)
 tmp<-solve(Q)%*%(r-rep(r_f,n))
 ans<-tmp/sum(tmp)
}
```

콘솔

```
> source('portfolio.r')
> x<-frontier_risky_weight(ret1,0.05/365)
> x
              [,1]
samsung  1.4417346
hyundai -0.4417346
```

결론적으로 Markowitz(1952)의 포트폴리오 이론 및 분리정리에 따르면 위험을 회피하는 성향이 강한 보수적인 투자자라고 해서 위험도가 높은 위험자산(i.e., 소형주)에 대한 투자비중을 줄이고 위험도가 낮은 위험자산(i.e., 대형주)에 대한 투자비중을 늘릴 이유는 전혀 없다. 보수적인 성향의 투자자와 공격적인 성향의 투자자가 내리는 투자의사결정의 차이는 무위험자산에 대한 투자비중의 차이일 뿐이다. 위험자산들 간의 상대적 투자비중, 즉 최적위험포트폴리오는 포트폴리오 분석의 투입변수인 Q와 $E(\vec{r}) - r_f$에 의해 기계적으로 결정될 뿐이며, 투자자들의 위험회피성향과는 무관하다.

7.2.5 베타 및 증권시장선

Markowitz(1952)의 포트폴리오 이론에서 모든 투자자들이 homogeneous expectation을 가진다는 가정(즉, $E(\vec{\mathrm{r}})$ 및 Q 에 대한 추정치가 모든 투자자에 대해 동일하다는 가정)을 추가하게 되면, 잘 알려진 자본자산가격결정모형(CAPM)이 이론적으로 도출된다. 이 모형에서 개별 위험자산의 체계적 위험은 시장 포트폴리오(market portfolio)와의 민감도를 나타내는 베타에 의해 결정되며, 그 이외 나머지 기업 고유의 위험들은 효율적 포트폴리오를 구성함에 따라 모두 제거 가능하다. 이러한 논의를 이론적으로 좀 더 확장/정리하면 개별 위험자산의 기대수익률은 아래 수식에서와 같이 결정됨을 보일 수 있다.

$$E(r_i) - r_f = \beta_i(E(r_M) - r_f), \qquad \beta_i = \frac{COV(r_i, r_M)}{Var(r_M)}$$

단, r_i는 개별 위험자산의 수익률, r_M은 시장 포트폴리오의 수익률을 각각 의미함

흔히 증권시장선(security market line)이라고 불리는 위 수식은 개별 위험자산의 초과기대수익률이 시장위험에 대한 민감도를 나타내는 베타계수와 시장위험을 감수함으로써 얻는 보상인 시장위험프리미엄(market risk premium)의 곱으로 표현됨을 말해주고 있다.

이론적인 관점에서 시장 포트폴리오는 시장에 존재하는 모든 위험자산들을 시가총액 비율대로 투자한 포트폴리오를 의미하기 때문에, 이를 실제 현실에서 측정하기란 거의 불가능에 가깝다. 이에 실무적으로는 시장의 대표 주가지수를 벤치마크로 준용하는 것이 일반적이며, 아래 코드는 KODEX 200 ETF를 벤치마크로 해서 삼성전자 주식의 베타계수를 추정한 예이다.

```
01  require(fImport)
02  ss_raw<-yahooSeries("005930.KS",from="2010-01-01",
03            to="2014-12-31")
04  ks_raw<-yahooSeries("069500.KS",from="2010-01-01",
05            to="2014-12-31")
06  ss<-ss_raw[,"005930.KS.Close"]
07  ks<-ks_raw[,"069500.KS.Close"]
08  r.ss<-returns(ss)
09  r.ks<-returns(ks)
10  z<-merge(r.ss,r.ks)
11  x<-na.omit(z)
12  colnames(x)<-c("rss","rks")
13  cr<-cov(x$rss,x$rks)
14  vr<-var(x$rks)
15  beta<-cr/vr
16
17  plot(x$rks,x$rss)
18  rg<-lm(x$rss~x$rks)
19  abline(rg,col='red')
```

2~4줄: 주가데이터 받기

6~7줄: 종가데이터만 뽑아내기

8~9줄: 수익률 데이터로 변환

10줄: 삼성전자와 KODEX200ETF 데이터 개수가 다를 수 있기 때문에 두 데이터를 합친 뒤

11줄: 데이터가 없는 날짜를 지워서 데이터 개수를 일치시킨다.

12줄: 데이터 이름을 알기쉽고 간단히 바꿔어 준다.

13~15줄: 베타 공식에 따라 베타를 계산한다.

18줄: 회귀분석을 통해 베타를 계산한다.

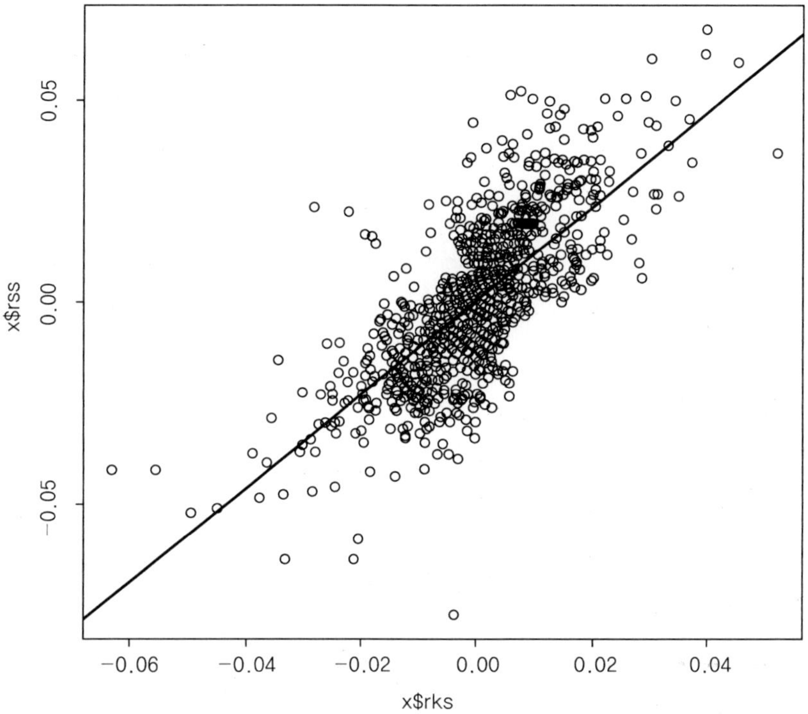

콘솔

```
01  > beta
02  [1] 1.155319
03  > rg
04
05  Call:
06  lm(formula = x$rss ~ x$rks)
07
08  Coefficients:
09  (Intercept)         x$rks
10    0.0003503     1.1553190
```

2줄 및 **10줄:** 베타공식으로 도출한 베타와 회귀식의 베타가 일치함을 알 수 있다.

7.2.6 파마-프렌치 3요인모형

전통적인 가격결정모형에서는 개별 자산 혹은 포트폴리오의 수익률을 하나의 위험요인으로 설명하는 것이 일반적이다. 일례로 CAPM에서는 시장위험요인(market risk factor)이라는 유일한 위험요인에 대해 민감도가 서로 다르기 때문에, 개별 자산 또는 포트폴리오의 수익률 차이가 발생함을 시사하고 있다. 그러나 많은 실증연구들을 통해 이와 같은 단일요인모형(single factor model)만으로 개별 자산의 수익률 차이를 설명하기에는 부족하다는 비판이 제기된 바 있으며, 이에 Fama and French(1992, 2000)는 규모요인(size factor)과 장부가/시가요인(book to market factor; BM factor)을 추가한 3-요인모형을 제시하였다. 이는 아래와 같은 수식으로 표현된다.

$$E(r_i) - r_f = a_i + b_i(E(r_M) - r_f) + s_iE(SMB) + h_iE(HML)$$

단, *SMB*는 소기업 포트폴리오 수익률과 대기업 포트폴리오 수익률 차이, *HML*은 장부가/시가비율이 높은 기업들로 구성된 포트폴리오 수익률과 장부가/시가비율이 낮은 기업들로 구성된 포트폴리오 수익률의 차이를 각각 의미함

만약 위 세 요인에 의해 개별 자산들의 수익률 차이가 완벽하게 설명된다면, 절편항 a_i가 0이 되어야 함은 당연하다.

Kenneth French의 웹사이트[http://mba.tuck.dartmouth.edu/pages/faculty/ken.french/data_library.html]에서는 위 모형을 적용해 볼 수 있도록 1926년부터 최근까지 미국주식시장의 자료를 토대로 다양한 데이터들을 제공하고 있다. 그 중 포트폴리오 하나를 선택해 모형을 확인해보자.

우선 요인자료를 받는다. 인터넷 상에 해당파일에 대한 표시는 다음과 같다.

Fama/French 3 Factors TXT CSV Details

TXT파일과 CSV자료가 제공되는데, CSV자료를 받아보자. 받은 자료의 형태는 다음과 같다.

	A	B	C	D	E	F	G	H
1	This file was created by CMPT_ME_BEME_RETS using the 201506 CRSP database.							
2	The 1-month TBill return is from Ibbotson and Associates Inc.							
3								
4		Mkt-RF	SMB	HML	RF			
5	192607	2.96	-2.3	-2.87	0.22			
6	192608	2.64	-1.4	4.19	0.25			
7	192609	0.36	-1.32	0.01	0.23			

자료를 R에서 읽어들이기 쉽도록 1-3행을 삭제하자. 그리고 아래와 같이 1070행 이하는 연간 자료가 포함되어 있는데 이 자료(2015년 8월 기준이므로 이후에 작업을 할 경우 달라질 수도 있음에 유의하자)도 삭제하고 [factor.csv]파일로 저장하자.

1069	201506	-1.53	2.84	-1.02	0			
1070								
1071	Annual Factors: January-December							
1072		Mkt-RF	SMB	HML	RF			
1073	1927	29.47	-2.46	-3.75	3.12			
1074	1928	35.39	4.2	-6.15	3.56			

다음으로 포트폴리오의 수익률 자료를 받아보자. 기업규모(Size)와 장부가대비 시가비율(Book-to-Market)에 따라 분류된 6개 포트폴리오 자료를 이용하자. 인터넷 상에 해당 파일에 대한 표시는 다음과 같다.

6 Portfolios Formed on Size and Book-to-Market (2 x 3) TXT CSV Details

각 포트폴리오를 다음과 같이 표시하자.

구분	Small	Medium	Big
High BM	SH	ME1	BH
Low BM	SL	ME2	BL

여기서도 CSV 자료를 받자. 받은 자료의 형태는 다음과 같다.

	A	B	C	D	E	F	G	H
1	This file was created by CMPT_ME_BEME_RETS using the 201506 CRSP database.							
2	It contains value- and equal-weighted returns for the intersections of 2							
3	ME portfolios and 3 BE/ME portfolios.							
4								
5	The portfolios are constructed at the end of Jun. ME is market cap at the end							
6	of Jun. BE/ME is book equity at the last fiscal year end of the prior calendar							
7	year divided by ME as of 6 months before formation. Firms with negative							
8	BE are not included in any portfolio.							
9								
10	The annual returns are from January to December.							
11								
12	Missing data are indicated by -99.99 or -999.							
13								
14	The break points include utilities and include financials.							
15								
16	The portfolios include utilities and include financials.							
17								
18								
19	Average Value Weighted Returns -- Monthly							
20		SMALL Lo	ME1 BM2	SMALL Hi	BIG LoBM	ME2 BM2	BIG HiBM	
21	192607	1.37	0.91	-0.07	5.72	1.96	1.42	
22	192608	0.61	1.51	5.38	2.72	2.68	6.32	

이 자료도 1-19행은 지우고, 중간에 1070행 이하 자료도 지운 나머지 부분을 [ret.csv]로 저장하자(1070행 이하 자료는 아래에 보는 바와 같이 단순평균 포트폴리오 수익률 등의 자료이다).

1069	201506	2.24	0.66	0.21	-1.69	-2.02	-1.71
1070							
1071							
1072	Average Equal Weighted Returns -- Monthly						
1073		SMALL Lo	ME1 BM2	SMALL Hi	BIG LoBM	ME2 BM2	BIG HiBM
1074	192607	1.83	0.11	-0.35	3.25	1.79	2.33
1075	192608	0.32	0.78	5.24	1.75	2.05	6.75

이제 시장모형(market model)과 파마-프렌치의 3요인 모형(FF3 model)을 비교해보자.

```
01  fac<-read.csv('factor.csv',head=TRUE)
02  ret<-read.csv('ret.csv',head=TRUE)
03  colnames(fac)<-c("mon","mktrf","SMB","HML","RF")
04  colnames(ret)<-c("mon","SL","ME1","SH","BL","ME2","BH")
05
06  w<-merge(fac,ret,by="mon")
07
08  y<-w$SL
09  x1<-w$mktrf
10  market_model<-lm(y~x1)
11
12  x2<-w$SMB; x3<-w$HML
13  ff3_model<-lm(y~x1+x2+x3)
```

6줄: 요인자료(factor.csv)와 수익률자료(ret.csv)의 길이가 다를 수 있으므로 merge함수를 이용하여 날짜정보(mon)에 따라 두 자료를 합친다.

8~10줄: 시장모형 회귀분석

12~13줄: FF3 model 회귀분석

시장모형을 실행한 결과는 다음과 같다.

```
> source('ff.r')
> summary(market_model)

Call:
lm(formula = y ~ x1)

Residuals:
    Min      1Q  Median      3Q     Max
-20.050  -1.851  -0.099   1.752  32.975

Coefficients:
             Estimate Std. Error t value Pr(>|t|)
(Intercept)   0.16795    0.10512   1.598     0.11
x1            1.25047    0.01936  64.600   <2e-16 ***
```

```
15  ---
16  Signif. codes:  0 ‘***’ 0.001 ‘**’ 0.01 ‘*’ 0.05 ‘.’ 0.1 ‘ ’ 1
17
18  Residual standard error: 3.411 on 1066 degrees of freedom
19  Multiple R-squared:  0.7965,    Adjusted R-squared:  0.7963
20  F-statistic:  4173 on 1 and 1066 DF,  p-value: < 2.2e-16
```

19줄: 시장모형의 설명력(R^2)은 약 0.79(79%) 정도이다.

FF3 model을 실행한 결과는 다음과 같다.

```
01  > summary(ff3_model)
02
03  Call:
04  lm(formula = y ~ x1 + x2 + x3)
05
06  Residuals:
07      Min      1Q  Median      3Q     Max
08  -5.8804 -0.6108  0.0250  0.6301  9.3766
09
10  Coefficients:
11               Estimate Std. Error t value Pr(>|t|)
12  (Intercept)  0.122544   0.037362    3.28  0.00107 **
13  x1           1.077004   0.007401  145.51  < 2e-16 ***
14  x2           1.035421   0.012152   85.20  < 2e-16 ***
15  x3          -0.183122   0.010761  -17.02  < 2e-16 ***
16  ---
17  Signif. codes:  0 ‘***’ 0.001 ‘**’ 0.01 ‘*’ 0.05 ‘.’ 0.1 ‘ ’ 1
18
19  Residual standard error: 1.207 on 1064 degrees of freedom
20  Multiple R-squared:  0.9745,    Adjusted R-squared:  0.9745
21  F-statistic: 1.358e+04 on 3 and 1064 DF,  p-value: < 2.2e-16
```

20줄: FF3 model의 설명력은 약 0.97(97%)로 시장모형에 비해 많이 높아진 것을 볼 수 있다.

7.2.7 Black-Litterman Model

Markowitz(1952)의 포트폴리오 이론은 투자의사결정을 위한 매우 유용한 수단을 제공해 주지만, 투입변수인 개별 자산의 기대수익률($=E(\vec{r})$)과 분산-공분산 행렬($=Q$)의 값에 따라 최적 포트폴리오의 구성이 크게 변화한다는 특성을 가지고 있다. 따라서 과거 시계열 자료로부터 이들 투입변수들을 통계적으로 추정하여 모형을 적용하면, 결과적으로 도출되는 최적 포트폴리오가 비상식적인 행태를 가지게 되는 경우가 비일비재하다.

아래 예는 4개 위험자산과 1개 무위험자산이 존재할 때, 2010년 이후 시계열 자료로부터 기대수익률 및 분산–공분산 행렬을 추정하고, 이로부터 최적위험포트폴리오를 구한 예이다.

우선 대표적 4개 주식(삼성전자, 현대자동차, 한국전력, SK 텔레콤)의 과거 주가를 구한다.

스크립트

```
require(fImport)
ss_raw<-yahooSeries("005930.KS",from="2010-01-01")
ss<-ss_raw[,"005930.KS.Close"]
hd_raw<-yahooSeries("005380.KS",from="2010-01-01")
hd<-hd_raw[,"005380.KS.Close"]
ke_raw<-yahooSeries("015760.KS",from="2010-01-01")
ke<-ke_raw[,"015760.KS.Close"]
sk_raw<-yahooSeries("000660.KS",from="2010-01-01")
sk<-sk_raw[,"000660.KS.Close"]

r_ss<-returns(ss)
r_hd<-returns(hd)
r_ke<-returns(ke)
r_sk<-returns(sk)
```

앞에서 만들어 둔 "frontier_risky_weight"함수를 이용해서 최적 포트폴리오를 구한다.

콘솔

```
> source('bl.r')
> w<-frontier_risky_weight(ret1,0.10/365)
> w
                        [,1]
005930.KS.Close -0.1742929
005380.KS.Close  2.0725550
015760.KS.Close -0.2203422
000660.KS.Close -0.6779199
```

위 예에서 보듯이 개별 자산들의 최적투자비중은 상식적으로는 납득하기 어려운 값임을 쉽게 확인할 수 있다(위 계산결과는 현대자동차 주식에는 현재 재산의 2배를 투자하고, 나머지 주식은 모두 공매도하라는 의미인데 현실적으로 구현하기 어려운 포지션이다). 이에 Black and Litterman(1991)이 제시한 방법(BL Approach)은 이러한 문제를 해결할 수 있는 유용한 수단 중 하나이다.

BL Approach에서는 벤치마크 포트폴리오를 상정한 후, 특별한 추가적인 정보가 없다면 해당 벤치마크 포트폴리오를 능가하는 포트폴리오를 구성하기 어렵다고 가정한다. 즉, 벤치마크 포트폴리오가 최적이라는 전제를 바탕에 두고, 전술한 포트폴리오 이론에서 투자자의 최적위험포트폴리오가 벤치마크 포트폴리오와 동일해지기 위한 투입변수를 역으로 추정해 낸다. 이는 다음과 같은 수식을 통해서 간단히 보일 수 있다.

$$E(\vec{r}) = Qw_B \times (Normalized\,Factor) + r_f = Qw_B \times \frac{E(r_B) - r_f}{w_B{}' Q w_B} + r_f$$

단, w_B는 벤치마크 포트폴리오에서 개별 자산의 구성비중, $E(r_B)$는 벤치마크 포트폴리오의 기대수익률을 각각 의미함

아래 코드는 위 예에서 4개 위험자산에 1/4씩 투자된 포트폴리오를 벤치마크로 가정한 후, 각 자산의 기대수익률을 역으로 추정한 예이다.

```
01  > r_f<-0.10
02  > ret1<-cbind(r_ss,r_hd,r_ke,r_sk)
03  > wb<-rep(1/4,4)
04  > Q<-cov(ret1)
05  > Erb<-0.15
06  > Er<-Q%*%wb*(Erb-r_f)/as.numeric(wb%*%Q%*%wb)+rep(r_f,4)
07  > Er
08                        [,1]
09  005930.KS.Close 0.1456569
10  005380.KS.Close 0.1519388
11  015760.KS.Close 0.1310782
12  000660.KS.Close 0.1713262
```

6줄: `wb%*%Q%*%wb` 의 연산결과는 1×1 행렬인데 "/"연산을 적용할 수 없으므로 스칼라(scalar)로 변환해주기 위해 `as.numeric` 함수를 적용한다.

만약 KOSPI200 지수를 벤치마크 포트폴리오로 한다면, KOSPI200을 구성하는 개별 종목들의 시가총액 비율을 w_B로 한 다음, 위 과정을 동일하게 적용하면 KOSPI200 포트폴리오가 최적이기 위한 개별 자산들의 기대수익률을 역으로 계산해 낼 수 있다.

BL Approach에서는 전술한 예를 통해 추정한 결과에 투자자들이 가진 추가적인 정보를 반영하여 이를 갱신할 수 있도록 한다. 이에 대한 자세한 설명은 Benniga(2008)를 참고하길 바란다.

7.3

거래전략

7.3.1 짝 거래(Pair Trading)

두 개의 주식이 일정한 관계를 가지고 움직인다면 그 관계를 이용해서 수익을 낼 수 있다. 일정한 관계를 벗어날 경우 거래에 진입하거나 거래를 종결(exit)하여 수익을 추구하는 전략을 생각해보자.

우선 인터넷에서 데이터를 가져오자. 삼성전자와 현대자동차의 데이터이다.

```
> ss<-getSymbols("005930.KS",auto.assign=F)
> hd<-getSymbols("005380.KS",auto.assign=F)
```

분석대상 날짜범위를 정하고 데이터를 추출하자.

```
> sTime<-"2010-01-01"
> eTime<-"2014-01-01"
> rangeT<-paste(sTime,"::",eTime,sep="")
> tss<-ss[,6][rangeT]
> thd<-hd[,6][rangeT]
```

다음으로 수익률과 헤지비율을 구해보자.

```
> pdtss<-diff(tss)[-1]
> pdthd<-diff(thd)[-1]
> model<-lm(pdtss~pdthd-1)
> hr<-as.numeric(model$coefficients[1])
```

삼성전자 주가에서 현대자동차 주가를 뺀 차이(Spread; sp)를 만들고 그래프를 그려보자.

```
> sp<-tss-hr*thd
> meant<-as.numeric(mean(sp,na.rm=T))
> sdt<-as.numeric(sd(sp,na.rm=T))
> upbound<-meant+1*sdt
> dnbound<-meant-1*sdt
> plot(sp,main="ss vs hd spread(in-sample)")
> abline(h=meant,col='red',lwd=2)
> abline(h=meant+1*sdt,col='blue',lwd=2)
> abline(h=meant-1*sdt,col='blue',lwd=2)
```

이번에는 Spread의 분포를 그려보자.

```
> hist(sp,col="blue",breaks=100,main="spread histogram")
> abline(v=meant,col="red",lwd=2)
```

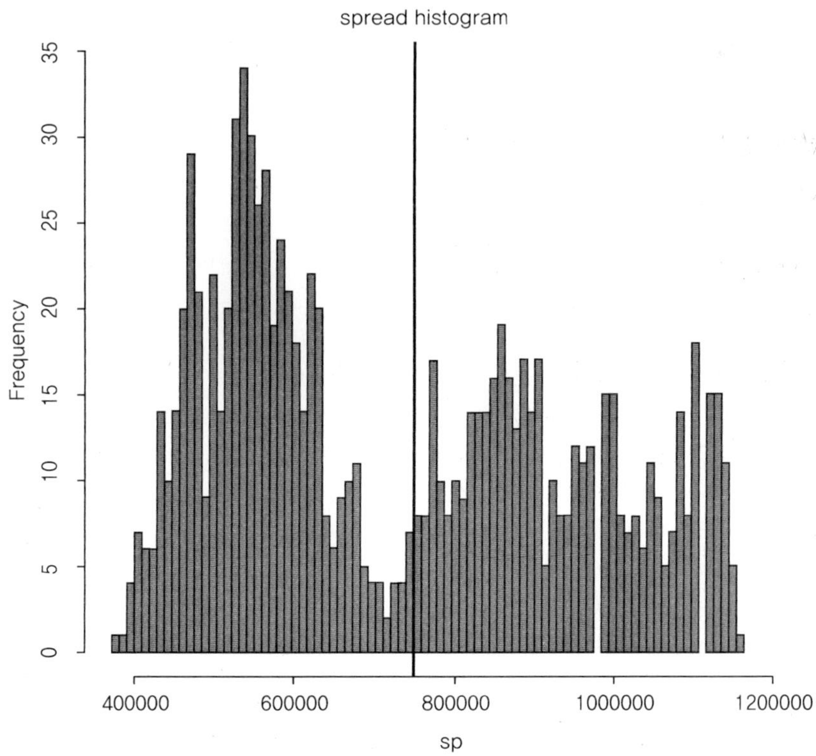

이제 다음과 같은 거래규칙을 정하자.

- Spread가 상한보다 커지면 삼성전자를 팔고, 현대차를 산다.
- 반대로 하한보다 작아지면 삼성전자를 사고 현대차를 판다.

이제 거래를 분석해보자.

```
01 > splen<-length(sp)
02 > pxbuy<-c(rep(NA,splen))
03 > pxsell<-c(rep(NA,splen))
04 > spx<-as.numeric(sp)
05 > tradeQty<-100
06 > total_p<-0
07 > for(i in 1:splen){
08 + spTemp<-spx[i]
09 + if(spTemp<dnbound){
10 + if(total_p<=0){
11 + total_p<-total_p+tradeQty
12 + pxbuy[i]<-spTemp
13 + }
14 + } else if(spTemp>upbound){
15 + if(total_p>=0){
16 + total_p<-total_p-tradeQty
17 + pxsell[i]<-spTemp
18 + }
19 + }
20 + }
```

10줄/15줄: 거래에 한번만 진입후 한번만 진출하도록 확인하는 부분이다.

이 결과를 시각화 해보자.

```
> plot(sp,main="spread trade")
> abline(h=meant,col='red',lwd=2)
> abline(h=meant+sdt,col='blue',lwd=2)
> abline(h=meant-sdt,col='blue',lwd=2)
> points(xts(pxbuy,index(sp)),col='green',cex=1.9,pch=19)
> points(xts(pxsell,index(sp)),col='red',cex=1.9,pch=19)
```

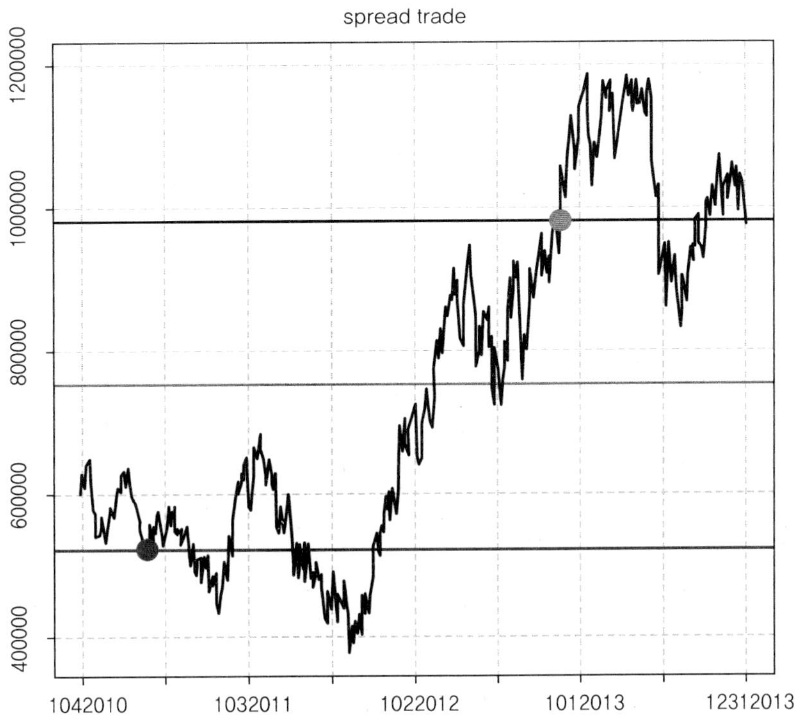

2010년 상반기에 거래에 진입하여 2012년 하반기에 거래에서 빠져나온 것을 볼 수 있다.

연습

다음을 고려하여 위 거래전략을 수정해보자.

1) 최적 진입/진출 경계(upper/lower bound)를 1표준편차가 아닌 다른 기준을 사용해보자.

2) 두 주가의 차이가 큰 점을 감안 스프레드를 1:1이 아닌 1:x로 둘 경우 최적 x는 어떻게 정해야 할까?

3) 한번 진입하면 진출할 때까지 다시 진입하지 않는 것으로 가정하지말고 진출전에 여러 번 진입할 수 있도록 해보자.

7.3.2 포트폴리오 보험전략

포트폴리오 보험전략은 크게 2가지로 나뉜다.

- 옵션기반 포트폴리오 보험전략(OBPI)
- 고정비율 포트폴리오 보험전략(Constant Portion PI; CPPI)

CPPI전략 중 하나인 Black-Jones(1987) 포트폴리오 보험 전략을 살펴보자.

주어진 자금이 있고, 다음 전략에 따라 주식과 채권에 투자하는 경우를 생각해보자.

(전략1) 주식을 $\phi_t = \frac{mc_t}{s_t}$ 만큼 보유한다. 나머지는 채권으로 보유한다.

V_0=초기 투자금액

ϕ_t=the number of shares of stock at time t

K=a nonnegative number smaller than V_0 (일종의 floor)

$c_t = V_t - K$, (일종의 cushion)

m=a fixed multiple

여기서 m은 이 전략의 공격성(위험 회피정도, 주식보유비중)를 나타낸다. 전략1은 주식의 가치가 항상 mc_t가 되도록 하는 전략이다. 간단히 m=1이라고 보면 cushion만큼만 주식을 보유하는 전략이다.

정리

전략1을 따를 경우, 포토폴리오의 가치는 항상 K보다 크다.

다음 예제를 통해 위 정리를 확인해보자.

$V_0 = 10$, $S_0 = 1$, $K = 8$, $m = 2.5$인 경우를 생각해보자. 이 경우 최초에 주식 5주와 채권 5(원 어치)로 시작한다(이자율은 0이라고 가정하자). 다음기(초)의 포트폴리오 가치는 다음과 같다.

$$V_t = \phi_{t-1}S_t + (V_{t-1} - \phi_{t-1}S_{t-1})$$

전략1에 따라 포지션을 재조정하면 다음과 같다.

$$\phi_t = \frac{mc_t}{S_t} = \frac{2.5(V_t - 8)}{S_t}$$

주식가격이 1에서 시작해서 매일 1%씩 하락하는 경우에 전략1에 따른 포트폴리오 가치가 어떻게 변하는지 살펴보자.

```
par(mfrow=c(1,2))
s<-matrix(0,ncol=nsim,nrow=nt)
s[1,]<-1
for(i in 2:nt){
  s[i,]<-s[i-1,]*0.99
}
matplot(s,type='l')

v0<-10;s0<-1;K<-8;m<-2.5
v<-matrix(0,ncol=nsim,nrow=nt)
phi<-matrix(0,ncol=nsim,nrow=nt)
v[1,]<-v0
```

```
phi[1,]<-m*(v[1,]-K)/s[1,]
for(i in 2:nt){
  Vstock<-phi[i-1,]*s[i,]
  Vbond<-v[i-1,]-phi[i-1,]*s[i-1,]
  v[i,]<-Vstock+Vbond
  phi[i,]<-m*(v[i,]-K)/s[i,]
}

matplot(v,type='l')
```

콘솔

```
> source('port_ins.r')
```

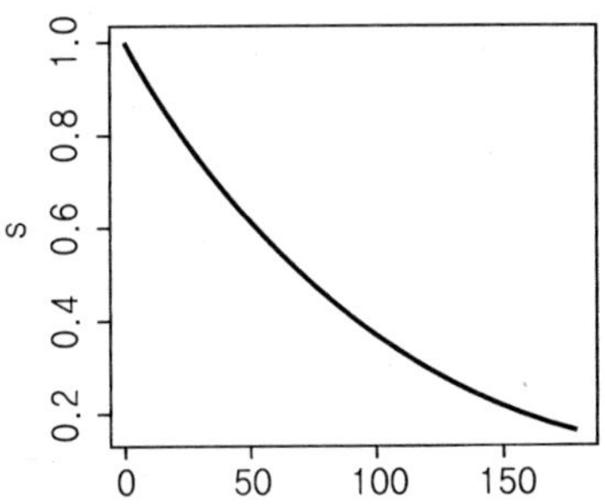

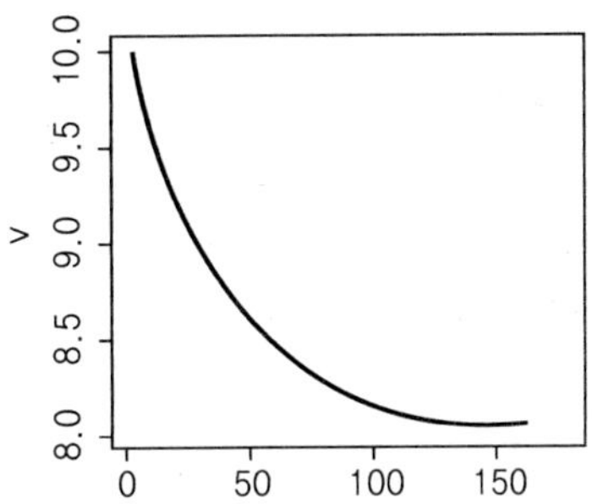

왼쪽은 주식가격이고 오른쪽은 포트폴리오의 가치이다. 주식은 지속적으로 하락하여 0.2(원)까지 떨어지지만, 포트폴리오의 가치는 8(원)에서 더 이상 떨어지지 않는다.

이제 주식가격을 난수를 이용해서 시뮬레이션하고 그 결과를 살펴보자(주식 가격 시뮬레이션에 대해서는 옵션에 관한 부분을 참고하자).

```
par(mfrow=c(1,2))
set.seed(3)
mu<-0.04;vol<-0.5;t<-0.5;nt<-180;nsim<-50
dt<-t/nt
s<-matrix(0,ncol=nsim,nrow=nt)
s[1,]<-1
for(i in 2:nt){
  w1<-rnorm(nsim,0,1)
  s[i,]<-s[i-1,]*exp((mu-0.5*vol^2)*dt+vol*sqrt(dt)*w1)
}
matplot(s,type='l')

v0<-10;s0<-1;K<-8;m<-2
v<-matrix(0,ncol=nsim,nrow=nt)
phi<-matrix(0,ncol=nsim,nrow=nt)

```

```
v[1,]<-v0
phi[1,]<-m*(v[1,]-K)/s[1,]
for(i in 2:nt){
  Vstock<-phi[i-1,]*s[i,]
  Vbond<-v[i-1,]-phi[i-1,]*s[i-1,]
  v[i,]<-Vstock+Vbond
  phi[i,]<-m*(v[i,]-K)/s[i,]
}

matplot(v,type='l')
```

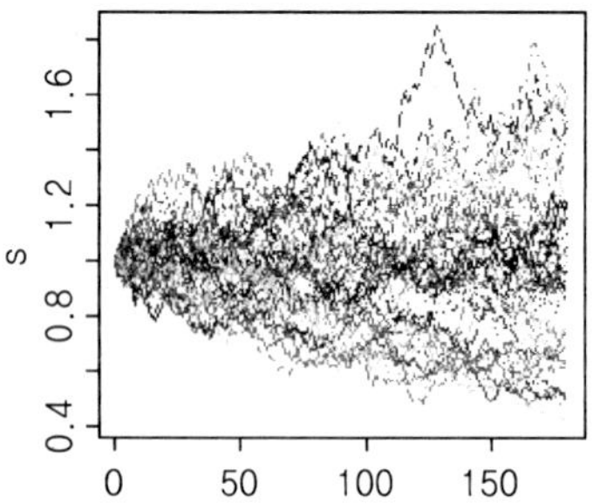

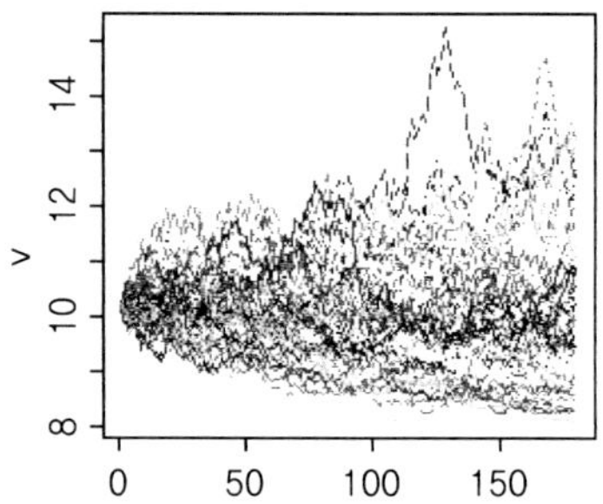

주식은 0.4(원)까지 떨어지는 경우도 있지만 포트폴리오의 가치는 8(원)이하로 떨어지지 않는다. 이 전략은 흡수점(Absorbing point)이 존재하는데 위 경우에서 포트폴리오의 가치가 8이 되면 다시는 8을 벗어나지 못한다. 따라서 8이 흡수점이 된다.

포트폴리오 전략에 대한 다음 자료를 참고하여 다양한 전략을 평가해보자.

- 이차변동 기반 거래전략(Quadratic-Variation-Based Trading): Bick (1995)
- 옵션을 이용한 전략: 예를 들어 단순히 풋옵션을 매입하는 것도 포트폴리오 보험전략 중 하나다. 이 경우 포트폴리오 가치는 풋옵션의 행사가격 이하로 떨어지지 않을 것이다. 유사한 전략으로 콜옵션 복제전략도 포토폴리오 보험전략으로 볼 수 있다.

7.4

채권 및 이자율 상품

7.4.1 채권

만기가 T년이고 원금이 1, 연지급이표가 c, 연지급회수가 m인 채권의 수익률이 y일 때 가격 p은 다음과 같이 구할 수 있다.

$$p = \sum_{i=1}^{n} \mathrm{CF}_i \left(\frac{1}{1 + y/m}\right)^i$$

$\mathrm{CF}_i = \frac{c}{m}$ for $i = 1, \cdots \mathrm{n} - 1$

$\mathrm{CF}_n = \frac{c}{m} + 1 \; n = m \times T$

r(공비)을 다음과 같이 정의하면

$$\mathrm{r} = \frac{1}{1 + \mathrm{y/m}}$$

채권가격은 현금흐름과 등비수열 의 내적으로 볼 수 있다.

$$p = [\mathrm{CF}_1, \mathrm{CF}_2, \cdots, \mathrm{CF}_n] \begin{bmatrix} r^1 \\ r^2 \\ \cdots \\ r^n \end{bmatrix}$$

등비수열은 다음과 같이 간단히 구할 수 있다. 예를 들어 $2^1, 2^2, 2^3, \ldots$ 등비수열 중에서 세번째 항까지는 다음과 같이 구할 수 있다.

```
> 2^(1:3)
[1] 2 4 8
```

연습

2^2:5과 2^(2:5)은 어떻게 다를까?

전자는 2의 제곱(즉 4)부터 5까지 수열을 만들어 주고, 후자는 2^2, 2^3, 2^4, 2^5의 수열을 만들어 준다(제곱(^)연산자가 범위연산자(:) 먼저 적용되기 때문에 나타나는 현상이다).

```
> 2^2:5
[1] 4 5
> 2^(2:5)
[1]  4  8 16 32
```

이를 이용해서 채권가격을 계산해보자.

스크립트

```
01  bond.price<-function(T,c,y,m=2){
02    r<-1/(1+y/m)
03    n<-T*m
04    dfs<-r^(1:n)
05    cfs<-c(rep(c/m,n-1),c/m+1)
06    ans<-sum(dfs*cfs)
07  }
```

1줄: T는 채권의 만기(연간기준), c는 이표율, y는 수익률, m은 연간 이자지급횟수이다.

6줄: 행렬곱을 사용해서 다음과 같이 써도 동일하다.

```
06  ans<-t(dfs)%*%cfs
```

위 함수를 실행해보면 다음과 같은 결과를 얻는다.

콘솔

```
> source('test.r')
> x<-bond.price(3,2.5/100,1.8/100)
> x
[1] 1.020354
```

참고

엑셀에서 제공되는 채권 가격계산함수 price를 이용하면 동일한 결과를 얻을 수 있다.

	A	B	C	D	E	F	G
1	102.0354	=PRICE("2015-1-1","2018-1-1",2.5/100,1.8/100,100,2,0)					

채권가격 공식의 이해

우선 등비수열의 합 공식은 다음과 같다.

$$\sum_{i=0}^{n-1} ar^i = \frac{a(1-r^n)}{1-r}$$

a = 초항

r = 공비

n = 항의 개수

지수 i가 0부터 (n−1)까지 움직이는 점에 유의한다. 다음으로 채권가격 공식 중 이표(coupon) 부분은 다음과 같다.

$$pv_{coupon} = \sum_{i=1}^{n} \frac{c}{m} \frac{1}{(1 + y/m)^i}$$

위 형태는 등비수열의 합에 해당하는데 등비수열의 합 공식과는 달리 지수 i가 1부터 n까지 움직이는 점이 다르다. 따라서 다음과 같이 변경해 주면 지수가 일치한다.

$$pv_{coupon} = \sum_{i=0}^{n-1} \frac{c}{m} \frac{1}{(1 + y/m)^{i+1}}$$

각 항목을 등비수열의 합 공식의 항목에 대응시켜보면 다음과 같다(사실은 지수를 1부터 n까지 움직여도 결과는 동일하다).

$$a \to \frac{c}{m} \frac{1}{(1 + y/m)}$$
$$r \to \frac{1}{(1 + y/m)}$$

따라서 쿠폰의 현재가치 pv_{coupon}는 다음과 같이 쓸 수 있다.

$$\begin{aligned} pv_{coupon} &= \frac{a(1 - r^n)}{1 - r} \\ &= \frac{c}{m} \frac{1}{(1 + y/m)} \left(1 - \frac{1}{(1 + y/m)^n}\right) \Big/ \left(1 - \left(\frac{1}{1 + y/m}\right)\right) \\ &= \frac{c}{y}\left(1 - \frac{1}{(1 + y/m)^n}\right) \end{aligned}$$

그러면 채권가격 P는 다음과 같이 간단히 쓸 수 있다.

$$P = \frac{c}{y}\left(1 - \frac{1}{(1 + y/m)^n}\right) + \frac{1}{(1 + y/m)^n}$$

(1) 고정금리채권의 분해

위 공식을 이용해 채권을 분해해보자. 우선 위 가격 공식은 다음과 같이 쓸 수 있다.

$$P = \frac{c}{y} - \frac{c}{y}\frac{1}{(1+y/m)^n} + \frac{1}{(1+y/m)^n}$$

위 식 우변의 첫번째 항은 맨 1/m년 마다 매기 c/m을 지급하는 영구연금(perpetuity) 또는 영구채권(perpetual bond)의 현재가치이다(단, 시장수익률은 y이다. 이자는 매년 m번 지급되고 y는 연율임에 유의하자). 이 영구연금을 A라고 하자. 우변의 두번째 항은 A와 유사하지만 이자지급이 (T+1/m)년부터 시작되는 점이 다르다. 따라서 두번째 항도 (지급이 늦게 시작되는) 영구채권으로 볼 수 있고 이를 B라고 하자. 마지막으로 우변의 세번째 항은 T년 만기의 할인채권 C으로 볼 수 있다. 따라서 고정금리채권은 다음과 같이 분해해서 생각해볼 수 있다.

$$\mathrm{P} = \mathrm{P_A} - \mathrm{P_B} + \mathrm{P_C}$$

또는

$$\mathrm{P} = \mathrm{P_A} - \mathrm{P_A P_C} + \mathrm{P_C}$$

채권가격의 민감도

P를 y에 대해 미분해보자. 우선 수식을 간단히 표기하기 위해 X = 1 + y/m로 두면 다음과 같다.

$$\mathrm{P} = \frac{\mathrm{c}}{\mathrm{y}}(1 - \mathrm{X}^{-\mathrm{n}}) + \mathrm{X}^{-\mathrm{n}}$$

미분을 하면 다음과 같다.

$$\begin{aligned}\frac{\mathrm{dP}}{\mathrm{dy}} &= -\frac{c}{y^2}(1 - X^{-n}) + \frac{c}{y}nX^{-n-1}\frac{1}{m} - nX^{-n-1}\frac{1}{m} \\ &= -\frac{c}{y^2}(1 - X^{-n}) + \left(\frac{c}{y} - 1\right)\frac{n}{m}X^{-n-1} \\ &= -\frac{c}{y^2}\left(1 - \frac{1}{(1+y/m)^n}\right) + \left(\frac{c}{y} - 1\right)\frac{n}{m}\frac{1}{(1+y/m)^{n+1}}\end{aligned}$$

만약 c=y라면 즉 채권이 액면가채권(par bond)이라면 미분결과는 다음과 같이 간단히 표현된다.

$$\frac{\mathrm{dP}}{\mathrm{dy}} = -\frac{1}{y}\left(1 - \frac{1}{(1+y/m)^n}\right)$$

T(=n/m)년 동안 지급하며, 1년에 m번 지급하고 매 지급시점마다 1/m만큼 지급하는 현금흐름을 CV01(Coupon Value of an '01)이라고 하자. 그 현재가치는 다음과 같다.

$$\text{CV01} = \sum_{i=1}^{n} \frac{1}{m} \frac{1}{(1+y/m)^i} = \frac{1}{\text{y}}\left(1 - \frac{1}{(1+y/m)^n}\right)$$

이 식은 위에서 구한 채권의 미분결과와 일치한다. 즉 다음을 알 수 있다.

정리

액면가 채권의 금리민감도(미분 결과의 절대값)는 CV01과 일치한다. CV01은 Annuity, PVBP(Present Value of one Basis Point), level 등이라고도 한다.

위 결과의 직관적 이해

채권가격을 결정하는 요인 중 수익률 y과 이표 c만 관심이 있다고 하자. 채권가격 함수는 다음과 같이 쓸 수 있다.

$$p = p(y,c)$$

수익률과 이표가 조금 움직였을 때 채권의 가격은 테일러 전개를 이용하면 다음과 같이 표현할 수 있다.

$$p(y + dy, c + dc) = p(y, c) + \frac{\partial p}{\partial y}dy + \frac{\partial p}{\partial c}dc + \ldots$$

그런데 원래 채권이 액면가 상태(y=c)이고 dy=dc라면 위 식의 좌변과 우변의 첫번째 항은 채권의 액면가격으로 동일하다. 즉 다음이 성립한다.

$$0 = \frac{\partial p}{\partial y}dy + \frac{\partial p}{\partial c}dc + \ldots$$

2차 미분이하를 무시하면 다음과 같이 쓸 수 있다.

$$-\frac{\partial p}{\partial y} = \frac{\partial p}{\partial c}$$

이것은 앞에서 채권가격 공식을 이용해 도출한 결과와 동일한 결과이다.

(2) 채권가격과 수익률의 관계

고정금리부 채권의 가격은 수익률, 즉 시장금리와 역의 관계에 있음이 익히 알려져 있다. 이는 수익률이 높을수록 미래에 수취하기로 약속된 확정 현금흐름의 현재가치가 감소하기 때문이다.

스크립트

```
bond_price<-function(T,c,y,m=2){
  x<-1+y/m
  n<-T*m
  ans<-c/y*(1-1/x^n)+1/x^n
}
```

콘솔

```
> yseq<-seq(0,0.2,length.out=100)
> price<-bond_price(5,0.10,yseq)
> plot(yseq,price,type='l')
```

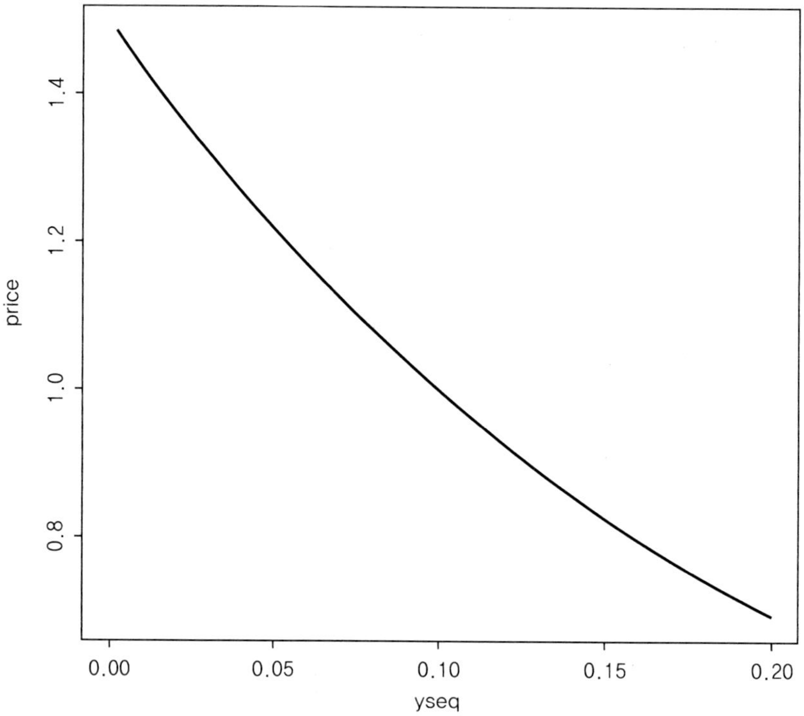

(3) 채권의 위험지표

채권투자에는 이자율 위험, 신용위험, 유동성 위험 등 다양한 위험이 수반된다. 이 중에서도 이자율 위험은 발행자의 신용도나 시장 유동성 등과 무관하게 모든 종류의 채권에 공통적으로 수반되는 위험이라는 측면에서 채권투자의 가장 핵심적인 위험으로 간주된다. 이러한 이자율 위험은 다시 가격위험(price risk)과 재투자위험(reinvestment risk)으로 구분할 수 있는데, 듀레이션(duration)과 컨벡시티(convexity)는 채권의 가격위험을 측정하는 대표적인 지표로써 만기 보유가 아닌 매매 목적으로 채권에 투자할 때 가장 중요한 위험지표 중 하나이다.

채권의 듀레이션을 측정하는 방법으로는 크게 Macaulay 듀레이션 방법과 수정(modified) 듀레이션 방법이 있다. Macaulay 듀레이션 방법은 Frederick Macaulay(1938)에 의해 제시된 것으로써, 아래 수식에서와 같이 채권투자로부터 발생하는 현금흐름의 가중평균만기로써 듀레이션을 측정한다.

$$\text{Macaulay Duration} = \frac{\sum_t^T t \times PV(CF_t)}{P}$$

단, PV(·)는 현금흐름의 현재가치, CF_t는 t시점의 현금흐름, P는 채권의 가격을 의미함

반면 수정 듀레이션은 아래 수식에서와 같이 수익률 변화에 대한 채권가격의 변화율을 직접 미분을 통해 계산함으로써 측정된다.

$$\text{Modified Duration} = -\frac{\partial \mathrm{p}}{\partial \mathrm{y}} \times \frac{1}{\mathrm{p}}$$

고정금리부 채권의 경우 Macaulay 듀레이션과 수정 듀레이션은 아래와 같은 긴밀한 관계에 있음을 간단한 수학 연산을 통해 보일 수 있다.

(1) y가 연속복리 수익률인 경우: Modified Duration = Macaulay Duration

(2) y가 이산복리 수익률인 경우: Modified Duration = Macaulay Duration $\times \frac{1}{1+\mathrm{y}/\mathrm{m}}$

원칙적으로 Macaulay 듀레이션은 채권현금흐름의 가중평균만기, 즉 채권 투자 시 평균회수기간을 측정하기 위한 것이며, 현금흐름이 사전에 확정되어 있는 고정금리부 채권의 경우에는 수익률 변화에 따른 채권가격의 변화율과도 밀접한 연관이 있을 뿐이다. 따라서 분석의 주목적이 채권의 가격위험을 측정하기 위한 것이라면, 모든 유형의 채권에 공통적으로 적용 가능한 수정 듀레이션을 사용하는 것이 바람직하다.

채권의 컨벡시티는 채권가격과 수익률 간의 비선형 관계(non-linear relationship)를 측정하기 위한 지표로써, 아래 수식과 같이 측정된다.

$$\text{Convexity} = \frac{\partial^2 \mathrm{p}}{\partial \mathrm{y}^2} \times \frac{1}{\mathrm{p}}$$

현실에서 관찰되는 수익률 변화는 수학에서 가정하는 바와 같이 극소변화(infinitesimal change)가 아니므로, 수익률 변화에 대한 채권가격의 예상 변화를 Taylor Series Expansion에 따라 근사시키면 아래 수식과 같다.

$$\Delta \mathrm{P} \approx \mathrm{P} \times \mathrm{MD} \times \Delta \mathrm{y} + \frac{1}{2} \times P \times C \times (\Delta y)^2$$

단, MD는 수정 듀레이션, C는 컨벡시티

따라서 수익률의 변화폭이 매우 작을 때에는 듀레이션만으로도 채권가격의 변화를 비교적 잘 예상할 수 있지만, 그렇지 않을 때에는 컨벡시티까지 동시에 고려해 줄 필요가 있다.

이표율이 10%이고, 매년 2회 이자를 지급하는 10년만기 채권을 생각해보자. 수익률에 따른 채권의 가격과, 현재시점에서의 듀레이션만 감안한 채권가격을 그려보자.

스크립트

```
bond_price<-function(T,c,y,m=2){
  x<-1+y/m
  n<-T*m
  ans<-c/y*(1-1/x^n)+1/x^n
}

duration<-function(T,c,y,m=2){
  nt<-T*m
  p<-bond_price(T,c,y)
  tmp<-sum((1:nt)/m*c/m*1/(1+y/m)^(1:nt))+T/(1+y/m)^nt
  ans<-tmp/p
}

md<-function(T,c,y,m=2) duration(T,c,y,m=2)/(1+y/m)

p1<-function(y) 1-md(T,c,0.1)*(y-0.1)

yseq<-seq(0.05,0.4,length.out=100)
price<-bond_price(10,0.10,yseq)
plot(yseq,price,type='l')
curve(p1,add=TRUE,col='red')
abline(v=0.1,lty=2)
abline(h=1.0,lty=2)
abline(v=0.2,lty=2,col='blue')
abline(h=p1(0.2),lty=2,col='blue')
abline(h=bond_price(T,c,0.2),lty=2,col='blue')
```

콘솔

```
> source('bond.r')
```

아래 그림에서 곡선이 실제 채권가격이고 우하향하는 직선이 듀레이션만 감안한 채권가격이다.

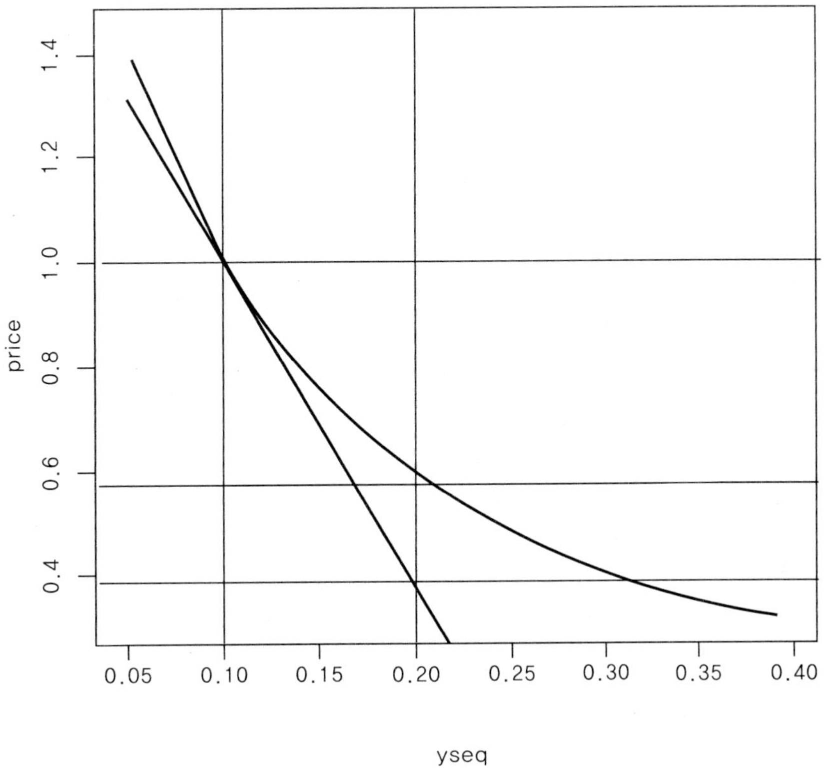

현재 채권 수익률이 10%라면 채권의 가격은 1(원)이다. 수익률이 20%로 상승하는 경우, 듀레이션만 고려해서 채권가격을 추정하면 약 0.38(원)인데 비해, 실제 가격은 약 0.57(원)이다. 두 가격의 차이가 컨벡시티에 의해서 발생하는 것이다.

```
> p1(0.2)
[1] 0.3768895
> print(bond_price(T,c,0.2))
[1] 0.5743218
```

연습

채권의 발행일 또는 이자지급일이 아닌 날에 채권의 가격을 평가해보자. 이때 경과이자와 거래일~다음 이자지급일까지의 할인방법에 대해 고려해야 한다.

연습

채권의 듀레이션과 컨벡시티를 구해보자.

7.4.2 이자율 스왑

이자율 스왑은 장외시장의 대표적인 파생상품 중 하나로써, 가장 거래가 활발하고 시장규

모가 큰 상품 중 하나이다. 표준적인 이자율 스왑(vanilla IRS)은 고정금리 현금흐름과 변동금리 현금흐름을 주기적으로 교환하는 계약으로써, 대개 변동금리는 Libor 금리나 CD 금리 등을 적용하는 것이 일반적이다. 이자율 스왑의 가치평가를 위해서는 우선 현재 이자율 스왑시장에서 관찰되는 만기별 스왑금리로부터 수익률 곡선(즉, IRS curve)을 도출해야 하는데, 이는 부트스트래핑(bootstrapping) 방법에 의해 비교적 간단하게 수행 가능하다.[1]

(1) 이자율 스왑 수익률 곡선의 도출

매 3개월마다 이자를 교환하는 이자율 스왑을 생각해보자. 매 3개월마다의 교환시점에 1,2,....,n의 지수(index)를 부여하자(여기서 만약 1년 만기 이자율 스왑을 고려한다면 n은 4가 될 것이다). 구체적으로 A가 B에게 고정금리를 주고 변동금리를 받는다면 다음과 같은 그림으로 표현할 수 있다.

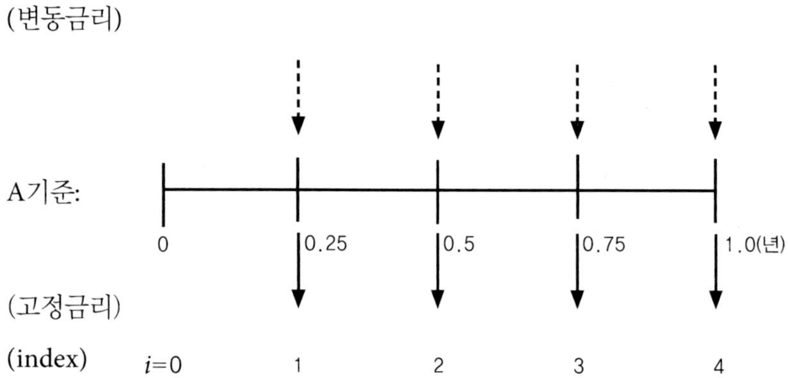

부트스트래핑 공식은 아래와 같다(도출과정은 박건엽(2008)을 참조하자).

$$d_n = \frac{1 - R_n \sum_{i=1}^{n-1} d_i \alpha_i}{1 + R_n \alpha_n}$$

여기서 d_n은 n번째 할인계수, R_n은 n번째 이자율 스왑금리, α_i는 (i−1, i)기간 동안의 기간(연율로 표시: 예를 들어 3개월이면 0.25)이다.

[1] 채권시장에서 수익률 곡선을 도출하기 위해서는 McCulloch(1971, 1975), Vasicek and Fong(1982), Nelson and Siegel(1987), Svensson(1994) 등에서와 같이 비교적 복잡한 통계적 방법론이 도입되어야 하지만, 이자율 스왑 시장에서는 만기별로 스왑의 시장금리가 오직 1개 존재하기 때문에 간단한 부트스트래핑 방법만으로도 수익률 곡선의 도출이 가능하다.

이자율 스왑 시장의 스왑금리 정보를 미리 입력해두자

〈data_term.txt〉	〈data_irs.txt〉
0.25	1.8
0.5	1.7325
0.75	1.7175
1	1.715
1.5	1.745
2	1.7725
3	1.8675
4	1.9525
5	2.04
6	2.1125
7	2.155
8	2.195
9	2.2325
10	2.275
11	2.31
12	2.345
15	2.395
20	2.51

위 표의 왼쪽은 만기(연율)이고 오른쪽은 이자율스왑금리(%단위)이다. 현재 원화(KRW) 스왑시장에서 관찰되는 이자율 스왑금리는 위 표에서 보는 바와 같이 3개월(CD수익률), 6개월, 9개월, 1년, 1년6개월 등의 간격으로 주어진다(시장 이자율 스왑금리 정보는 Reuters나 Bloomberg 등 정보제공회사 또는 중개회사, 예를 들어 한국자금중개(http://www.kmbco.com/) 등을 통해서 구할 수 있다.)

부트스트래핑을 적용하기 위해서는 이자율 정보를 매 3개월(0.25년) 단위로 알아야 한다. 현재 시장정보는 이 조건을 만족하지 못하므로, 부족한 정보를 보간법을 적용하여 채워야 한다. 다음 코드를 실행하자.

스크립트

```
01  term.raw<-read.table("data_term.txt")
02  rate.raw<-read.table("data_irs.txt")
03  term<-term.raw[,1] #list -> number
04  rate<-rate.raw[,1]/100
05  f<-approxfun(term,rate)
```

3줄, 4줄: read.table로 읽은 결과는 list이므로 이것을 숫자로 변경해 준다.

5줄: 맨 0.25년 간격 시장금리가 필요하므로 보간함수를 만들어 둔다.

이제 부트스트래핑을 해보자. 아래 코드를 실행해보자.

```
06  tenor.set<-seq(0,20,0.25)
07  df<-NULL
08  df[1]<-1
09  for(i in 2:length(tenor.set)){
10    irs_rate<-f(i*0.25-0.25)
11    if(i==2) bunja<-1
12    else     bunja<-1-sum(df[2:(i-1)])*0.25*irs_rate
13    df[i]<-bunja/(1+irs_rate*0.25)
14  }
15  dfx<-approxfun(tenor.set,df)
```

8줄: 첫번째 할인계수는 현재시점의 할인계수로 항상 1이다.

9줄: 이하 순환문에서 인덱스가 2부터 시작함에 유의한다.

콘솔

```
> source('test.r')
> plot(tenor.set,df,xlab="tenor(year)",ylab="discount factor",
+ ylim=c(dfx(20),1))
```

결과

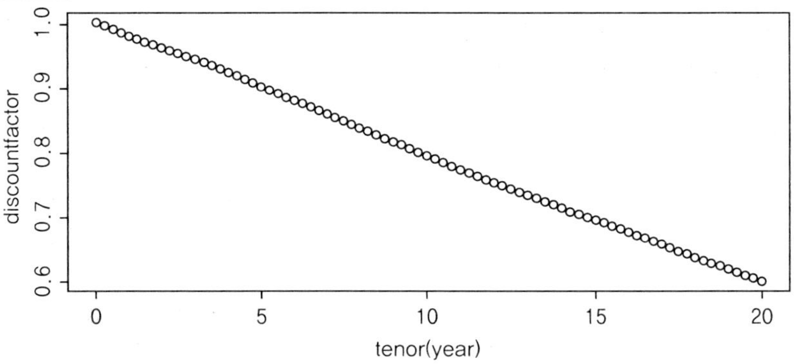

(2) 이자율 스왑의 가치평가

이제 할인계수를 구했으므로 이를 이용해서 이자율 스왑의 가치를 계산해보자.

스크립트

```
swap.value<-function(Tswap,fix_rate,payrec=1,effective=0){
  payments<-seq(effective+0.25,Tswap,0.25)
  pv_fix_leg<-sum(dfx(payments)*fix_rate*0.25)
  if(effective==0)pv_float_leg<-1-dfx(Tswap)
  else pv_float_leg<-dfx(effective)-dfx(Tswap)
  ans<-(pv_fix_leg-pv_float_leg)*payrec
```

```
07      return(ans)
08  }
```

2줄: 이자교환일 벡터를 만든다.

3줄: 고정금리 현금흐름의 현재가치를 구한다.

4줄: 변동금리 현금흐름의 현재가치를 구한다. 이때 이자기산이 즉시 시작되는지 확인한다(만약 이자기산이 즉시 되지 않는다면 다음에 살펴 볼 선도 이자율스왑이다). 변동금리 현금흐름의 현재가치는 매 이자지급기의 변동금리를 추정할 필요없이 최초이자기산일의 할인계수에서 만기일의 할인계수를 빼서 구할 수 있다.[2]

6줄: 두 현재가치의 차이가 스왑의 가치가 된다.

제대로 작성되었는지 4년 만기 고정금리 1.9525% 수취 이자율 스왑의 가치를 계산해보자(이 조건은 현재 시장가격이므로 스왑의 가치가 0이어야 한다).

콘솔

```
01  > source('test.r')
02  > x<-swap.value(4,1.9525/100)*10000
03  > x
04  [1] 5.551115e-13
```

4줄: 시장가치가 0임을 확인할 수 있다(5.55×10^{-13}은 거의 0이다).

고정금리가 1bp 높아지면 스왑의 가치가 얼마나 변하는지 보자.

```
> y<-swap.value(4,1.9625/100)*10000
> y-x
[1] 3.847057
```

스왑의 가치가 약 3.85bp 상승한다. 이 값은 채권의 듀레이션과 유사한 개념으로 4년 만기 채권의 듀레이션과 비슷함을 알 수 있다. 이론적으로 이자율 스왑은 "고정금리부 채권과 변동금리부 채권의 교환"으로 간주될 수 있고, 이 때 변동금리부 채권의 듀레이션이 거의 0에 가깝기 때문에, 결과적으로 이자율 스왑의 듀레이션은 동일한 만기를 가지는 고정금리부 채권의 듀레이션과 거의 유사해진다.

연습

고정금리를 바꾸지 말고, 시장금리를 변동시켰을 때 가치변화는 얼마인지 계산해보자. 각 만기별 시장금리 변동에 따라 스왑의 가치가 어떻게 변하는지 표를 만들어보자.

---

[2] 이 관계는 변동금리채권(Floating Rate Note; FRN)의 발행시점 시장가격이 항상 액면가(Face Value)와 같다는 사실을 이용하면 도출할 수 있다.

연습

보다 다양한 다음 조건의 스왑 가격을 계산할 수 있는 함수를 만들어 보자.

- 변동금리에 가산금리가 추가되는 스왑
- 계산원금이 계약기간 중에 변하는 스왑(amortizing swap)

(3) 선도 이자율 스왑

거래체결 시점에 이자가 기산(起算 effective)되는 이자율 스왑을 현물 이자율 스왑이라고 하며, 이자기산일이 미래의 특정시점일 경우에는 선도 이자율 스왑이라고 한다. 선도이자율스왑의 가치를 0이 되도록 하는 고정금리를 액면가 선도 이자율 스왑금리(par forward swap rate)라고 할 수 있다. 이 금리는 그 정의로부터 직접 계산할 수 있다.

계산원금이 1(원)이고 이자기산 시점이 t_α, 최종만기가 t_β, 이자지급일이 $\{t_{\alpha+1},\dots,t_\beta\}$, 고정금리 K를 수취하는 선도이자율 스왑의 가치는 다음과 같다.

$$PV_{\text{forward swap rate}} = \sum_{i=\alpha+1}^{\beta} d_i K \frac{\text{days}_i}{365} - \sum_{i=\alpha+1}^{\beta} d_i f_i \frac{\text{days}_i}{365}$$

그 가치가 0이 되는 고정금리 수준 $F_{\alpha\beta}$는 다음과 같다.

$$F_{\alpha\beta} = \sum_{i=\alpha+1}^{\beta} d_i f_i \frac{\text{days}_i}{365} \Big/ \sum_{i=\alpha+1}^{\beta} d_i \frac{\text{days}_i}{365} = \left(d_\alpha - d_\beta\right) \Big/ \sum_{i=\alpha+1}^{\beta} d_i \frac{\text{days}_i}{365}$$

위에서 구한 $F_{\alpha\beta}$가 액면가 선도이자율 스왑금리이다.

1년에 4회 이자를 지급하는 액면가 선도 이자율 스왑금리를 구하는 함수는 다음과 같다.

```
calc.fsr<-function(Tfwd,Tswap){
  tset<-seq(Tfwd+0.25,Tfwd+Tswap,0.25)
  bunja=0
  bunmo=0
  for (t in tset){
    d0=dfs(t-0.25)
    d1=dfs(t)
    frate=(d0/d1-1)*4
    bunja=bunja+0.25*frate*dfs(t)
    bunmo=bunmo+0.25*dfs(t)
  }
  ans=bunja/bunmo
  return(ans)
}
```

여기서 Tfwd=t_α, Tswap=$t_\beta - t_\alpha$이다.

7.4.3 R패키지 이용

이번에는 패키지를 이용해서 채권가격을 구해보자.

채권관련 함수를 포함하는 패키지로는 다음과 같은 것이 있다.

- GUIDE
- RQuantLib

이 중에서 RQuantLib 패키지를 사용해 보자.

```
> install.packages('RQuantLib')
```

이제 고정금리채권 가격을 계산해보자. 다음은 RQuantLib 매뉴얼에 있는 예제이다.

```
require('RQuantLib')
params <- list(tradeDate=as.Date('2004-09-20'),
               settleDate=as.Date('2004-09-22'), dt=.25,
               interpWhat="discount",
               interpHow="loglinear")
setEvaluationDate(as.Date("2004-09-20"))

tsQuotes <- list(d1w = 0.0382,
                 d1m = 0.0372,
                 fut1=96.2875,
                 fut2=96.7875,
                 fut3=96.9875,
                 fut4=96.6875,
                 fut5=96.4875,
                 fut6=96.3875,
                 fut7=96.2875,
                 fut8=96.0875,
                 # s2y = 0.037125, ## s2y perturbs
                 s3y = 0.0398,
                 s5y = 0.0443,
                 s10y = 0.05165,
                 s15y = 0.055175)
times <- seq(0,10,.1)
setEvaluationDate(params$tradeDate)
discountCurve <- DiscountCurve(params, tsQuotes, times)

bond <- list(settlementDays=1,
             issueDate=as.Date("2004-11-30"),
             faceAmount=100,
```

```
30                 accrualDayCounter='Thirty360',
31                 paymentConvention='Unadjusted')
32 schedule <- list(effectiveDate=as.Date("2004-11-30"),
33                  maturityDate=as.Date("2008-11-30"),
34                  period='Semiannual',
35                  calendar='UnitedStates/GovernmentBond',
36                  businessDayConvention='Unadjusted',
37                  terminationDateConvention='Unadjusted',
38                  dateGeneration='Forward',
39                  endOfMonth=1)
40 calc <- list(dayCounter='Actual360',
41              compounding='Compounded',
42              freq='Annual', durationType='Modified')
43 rates <- c(0.02875)
44 ans<-FixedRateBond(bond, rates, schedule, calc,
45  discountCurve=discountCurve)
```

1줄: source를 쓰면 안되는 경우가 있다. require를 쓰자.

2~25줄: 할인계수 계산

27~45줄: 채권가격 계산

결과는 다음과 같다.

```
Concise summary of valuation for FixedRateBond
 Net present value :  94.19306
       clean price :  94.863
       dirty price :  94.863
    accrued coupon :  0
             yield :  0.042686
          duration :  3.6982
   settlement date :  2004-11-30
        cash flows :
       Date   Amount
 2005-05-31   1.4375
 2005-11-30   1.4375
 2006-05-31   1.4375
 2006-11-30   1.4375
 2007-05-31   1.4375
 2007-11-30   1.4375
 2008-05-31   1.4375
 2008-11-30   1.4375
 2008-11-30 100.0000
```

7.5 옵션(기초)

7.5.1 옵션개요

콜옵션은 미리 약정한 가격에 기초자산을 살 수 있는 권리이고, 풋옵션은 팔 수 있는 권리이다. 따라서 만기시점의 기초자산가격에 따른 옵션의 손익구조(payoff)는 아래 수식과 같이 표현될 수 있으며, 이는 다음 코드로 확인 가능하다.

$$\mathrm{C(T)} = \max(S(T) - K, 0)$$
$$\mathrm{P(T)} = \max(K - S(T), 0)$$

단, S(T)는 옵션 만기시점의 기초자산가격, K는 행사가격을 의미함

여기서 C(T)는 콜옵션의 손익구조를 P(T)는 풋옵션의 손익구조를 의미한다.

```
01  f.call<-function(x)sapply(x,function(x)max(c(x-K,0)))
02  f.put<-function(x)sapply(x,function(x)max(c(K-x,0)))
03  K<-100
04  curve(f.call,50,150, col="blue", lty=1,
05        lwd=1, ylab=expression(f(x)))
06  curve(f.put,50,150,col="black",add=TRUE,lty=2,lwd=2)
07  legend("top",c("call","put"),lty=c(1,2),
08          col=c("blue","black"),lwd=c(2,2),bty="n")
```

1줄: 기초자산 가격수준에 따른 콜 옵션의 손익구조를 그리기 위해 벡터화함수 sapply를 적용한다.

2줄: 풋옵션도 동일하게 적용한다.

3줄: 행사가격을 100으로 둔다.

4줄: 콜옵션 그래프를 그린다.

6줄: 풋옵션도 동일하게 그래프를 그린다.

7줄: 범례를 표시한다.

결과

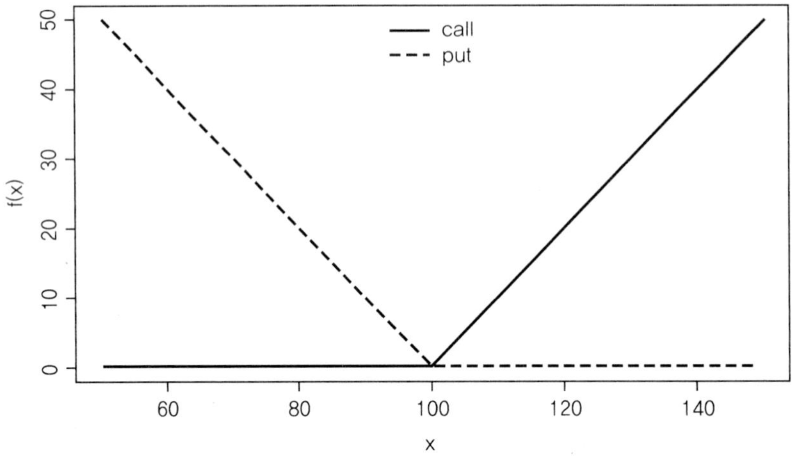

7.5.2 블랙숄즈 공식

프로그래밍을 가장 처음하면 만드는 것이 Hello World 출력 프로그램이다. 옵션 프로그래밍에서는 블랙숄즈(1973) 공식을 만드는 것이 여기에 해당한다. 블랙숄즈 공식은 그만큼 기본적이고 중요한 부분이다. 블랙숄즈 모형은 유럽형 옵션의 가치를 평가하기 위한 대표적인 모형으로써, 기초자산의 수익률이 아래와 같은 기하 브라운 운동과정(Geometric Brownian motion process)을 따른다는 전제에 기초하고 있다.

$$\frac{dS}{S} = (\mu - q)dt + \sigma dz$$

단, S는 기초자산의 가격, μ는 drift parameter, σ는 volatility parameter, q는 배당수익률, dz는 wiener process를 각각 의미함

위 가정으로부터 행사가격이 K이고 잔존만기가 T인 유럽형 콜옵션의 이론가격은 아래 수식에서와 같이 도출된다.

$$\mathrm{C} = Se^{-qT}N(d_1) - Ke^{-rT}N(d_2)$$

단, $d_1 = \dfrac{\log\frac{S}{K} + \left(r - q + \frac{1}{2}\sigma^2\right)T}{\sigma\sqrt{T}}$, $d_2 = d_1 - \sigma\sqrt{T}$

정리

블랙숄즈 공식 숫자예

앞으로 실습에서 코딩의 결과를 확인하기 위한 숫자 예로써 아래의 경우를 미리 알아두자.

- 기초자산 가격 S=100
- 행사가격 k=100
- 변동성 vol=0.2
- 무위험 이자율 rf=0.04
- 배당률 q=0
- 만기 t=0.5

이때 옵션가격 및 민감도는 다음과 같다.

	Price	Delta	Gamma	Vega	Theta	Rho
Call	6.627	0.584	0.028	27.582	-7.587	25.886
put	4.647	-0.416	0.028	27.582	-3.666	23.12

(1) 콜옵션 가격

우선 콜옵션 가격함수를 만들어 보자.

스크립트

```
01  bso<-function(s,k,r,q,v,t){
02    d1<-log(s/k)+(r-q+0.5*v*v)*t
03    d1<-d1/(v*sqrt(t))
04    d2<-d1-v*sqrt(t)
05    nd1<-pnorm(d1)
06    nd2<-pnorm(d2)
07    ans<-s*exp(-q*t)*nd1-k*exp(-r*t)*nd2
08    return(ans)
09  }
```

2줄: d_1을 계산하기 전에 분자부분을 먼저 계산해둔다.

콘솔

```
> source('test.r')
> bso(100,100,0.04,0,0.2,0.5)
[1] 6.627068
```

변동성에 따른 옵션가치의 변화를 살펴보자.

```
s<-100;r<-0.04;t<-1;q<-0
p<-function(v)bso(s,k,r,q,v,t)
k<-80
curve(p,0,1,xlab=expression(sigma),ylab=expression(P[t]),ylim
=c(0,40))
```

```
06  k<-100
07  curve(p,0,1,add=TRUE,lty=2)
08  k<-120
09  curve(p,0,1,add=TRUE,lty=3)
10  legend("bottomright",c("K=80","K=100","K=120"),lty=1:3,bty="n")
```

3줄: 함수를 먼저 정의하고(2줄) 나중에 입력인수가 아닌 입력값을 넣어 줘도 반영이 된다.

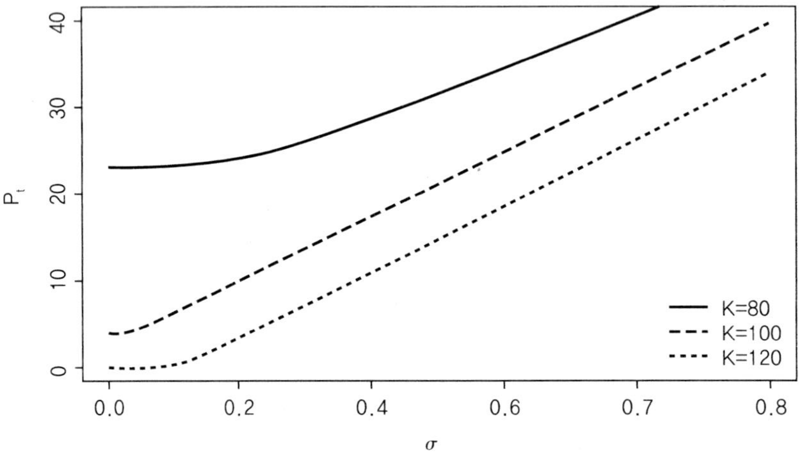

시간에 따른 옵션가격 변화를 알아보자.

```
01  s<-75:125
02  opt<-bso(s,100,0.04,0,0.2,0.5)
03  plot(s,opt,type="l",bty="n")
04  t.seq<-seq(0,0.5,0.1)
05  for(t in t.seq){
06    f<-function(x) bso(x,100,0.04,0,0.2,t)
07    curve(f,add=TRUE)
08  }
```

4줄: 만기를 0년에서 0.5년까지 0.1년 단위로 생성한다.

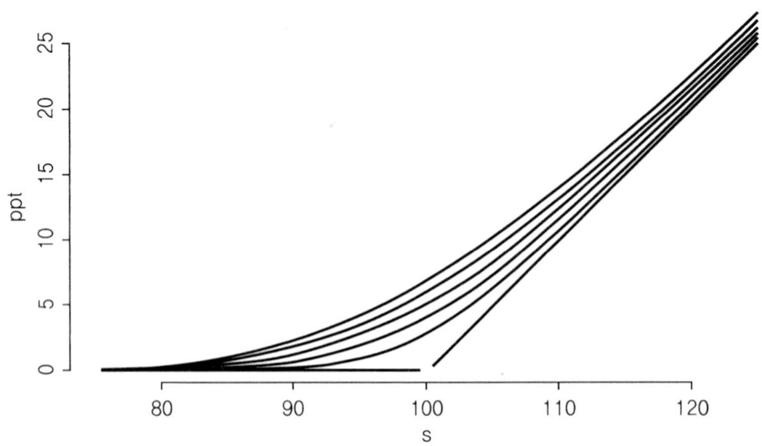

(2) 풋콜옵션을 반영한 가격함수

아래 코드는 콜옵션 및 풋옵션 여부를 확인하여 옵션가치를 반환하도록 설계된 예이다.

```
01 bso<-function(s,k,r,q,v,t,putcall){
02   d1=log(s/k)+(r-q+0.5*v*v)*t
03   d1=d1/(v*sqrt(t))
04   d2=d1-v*sqrt(t)
05   nd1=pnorm(d1)
06   nd2=pnorm(d2)
07   ans=s*exp(-q*t)*nd1-k*exp(-r*t)*nd2
08   if(putcall=='put') {
09     nd1=pnorm(-d1)
10     nd2=pnorm(-d2)
11     ans=k*exp(-r*t)*nd2-s*exp(-q*t)*nd1
12   }
13   if(t<=0)
14   {
15     ans=max(s-k,0)
16     if(putcall=='put') ans=max(k-s,0)
17   }
18   return(ans)
19 }
```

2~7줄: 콜 옵션가격을 계산한다.

8~12줄: 만약 putcall이 'put'이면 풋옵션가격을 계산한다.

연습

풋옵션의 가격은 콜옵션의 가격공식에 풋-콜 패리티 조건을 적용하여 쉽게 도출 가능하다. 콜옵션가격함수가 주어진 경우 풋-콜 패리티를 이용하여 풋옵션 가격을 계산하는 함수를 만들어 보자.

(3) 옵션 민감도

옵션의 가격은 기초자산가격, 변동성, 이자율, 잔존만기 등과 같은 요인들에 의해 영향을 받는다. 이들 요인들의 변화에 따라 옵션가격이 변화하는 정도를 옵션 민감도 혹은 그릭(Greeks)이라고 하며, 블랙숄즈 모형하에서 유럽형 콜옵션의 민감도는 아래와 같이 계산된다.

$$\text{델타(Delta)} = \frac{\partial C}{\partial S} = e^{-qT}N(d_1)$$

$$\text{베가(Vega)} = \frac{\partial C}{\partial \sigma} = Se^{-qT}\phi(d_1)\sqrt{T}$$

$$\text{쎄타(Theta)} = \frac{\partial C}{\partial t} = -e^{-qT}\frac{S\phi(d_1)\sigma}{2\sqrt{T}} - rKe^{-rT}N(d_2) + qSe^{-qT}N(d_1)$$

$$\text{로우(Rho)} = \frac{\partial C}{\partial r} = KTe^{-rT}N(d_2)$$

$$감마(Gamma) = \frac{\partial^2 C}{\partial S^2} = e^{-qT} \frac{\phi(d_1)}{S\sigma\sqrt{T}}$$

단, $\phi(\cdot)$는 표준정규분포의 확률밀도함수를 의미함

이들 이외에도 Vanna, Volga, Charm, Zomma 등 다양한 민감도 지표들이 존재하지만, 위 다섯 가지는 가장 널리 활용되는 대표적인 지표들이다.

아래 코드는 이러한 옵션 민감도를 계산한 예이며, 위 수식을 직접 적용하기보다는 개별 요인들의 값을 기준값의 1/10000만큼 변화시킨 후 옵션가치를 재평가함으로써 민감도를 산출하고자 하였다(차분을 이용한 만감도 산출법). 이러한 방식은 미분(derivative)에 상응하는 수준의 극소변화가 현실에서는 존재하기 어려움을 고려하여, 실무에서는 더 널리 준용되는 계산 방법이다.

델타

```
bsoDelta<-function(s,k,r,q,v,t,putcall){
  ds=s/10000
  p0=bso(s,k,r,q,v,t,putcall)
  p1=bso(s+ds,k,r,q,v,t,putcall)
  ans=(p1-p0)/ds
  return(ans)
}
```

감마

```
bsoGamma<-function(s,k,r,q,v,t,putcall){
  ds=s/10000
  p0=bso(s,k,r,q,v,t,putcall)
  pu=bso(s+ds,k,r,q,v,t,putcall)
  pd=bso(s-ds,k,r,q,v,t,putcall)
  ans=(pu+pd-2*p0)/(ds^2)
  return(ans)
}
```

베가

```
bsoVega<-function(s,k,r,q,v,t,putcall){
  dv=v/10000
  p0=bso(s,k,r,q,v,t,putcall)
  pu=bso(s,k,r,q,v+dv,t,putcall)
  ans=(pu-p0)/dv
  return(ans)
}
```

세타

```
bsoTheta<-function(s,k,r,q,v,t,putcall){
  dt=t/10000
  p0=bso(s,k,r,q,v,t,putcall)
  pu=bso(s,k,r,q,v,t+dt,putcall)
  ans=-(pu-p0)/dt
  return(ans)
}
```

(4) 델타를 행사가격으로 변환

옵션시장에서 행사가격은 대개 기초자산의 가격 단위로 설정되는 것이 일반적이지만, 옵션의 델타에 기준하여 행사가격이 설정되는 예외적인 경우가 간혹 있다. 일례로 장외통화옵션시장에서는 행사가격이 25Delta (즉, 콜옵션 및 풋옵션의 델타가 각각 0.25 및 −0.25), 10Delta(즉, 콜옵션 및 풋옵션의 델타가 각각 0.10 및 −0.10) 등과 같이 설정되는 것이 오히려 더 일반적이다. 따라서 이러한 경우에는 옵션가격을 구하기 위해서 특정 델타에 대응되는 행사가격을 역으로 계산하는 과정이 필요하며, 아래 코드는 이러한 변환 과정을 수행한 예이다.

```
01  bsD2K<-function(delta,s,r,q,v,t,putcall){
02    kd=s/100;ku=s*2
03    for (i in 1:30)
04    {
05      km=(kd+ku)/2
06      dm=bsoDelta(s,km,r,q,v,t,putcall)
07      if (putcall=="call")
08        if(dm>delta) kd<-km else ku<-km
09      else
10        if(abs(dm)>abs(delta)) ku<-km else kd<-km
11    }
12    return(km)
13  }
```

2줄: 주어진 델타에 맞는 행사가격을 찾기위해 이분탐색법(bisectional search)을 적용한다. 우선 탐색범위의 하한(kd)와 상한(ku)를 지정한다.

3줄: 30번의 반복 후에 결과값을 반환한다.

4~13줄: 이분탐색을 반복적으로 수행하는 부분이다.

옵션의 가격공식을 미분하여 델타공식을 도출할 수 있는데 이 공식은 행사가격을 투입하면 델타를 산출해주는 함수로 볼 수 있다. 여기서 우리가 찾고자하는 것은 반대의 경우인데, 델타를 투입해서 행사가격을 산출하고자 한다. 이는 델타함수의 역함수로 볼 수 있는데, 델타함수의 역함수는 공식이 주어져 있지 않으므로, 함수값을 구하기 위해서는 수치적 방법을 사용해야한다. 여기서는 가장 직관적인 방법으로 이분탐색법을 사용하였는데, 효율성 면에서 Newton 방법 등보다 뒤진다. 수치적 탐색법에 대한 자세한 설명은 박건엽(2008)을 참고하기 바란다.

7.5.3 옵션가치평가를 위한 수치적 방법론(numerical method)

표준적인 유럽형 옵션의 경우에는 블랙숄즈 모형에 따라 옵션가격을 계산해 주는 폐쇄해(closed form solution)가 존재하지만, 미국형 옵션이나 이색옵션(exotic option)과 같은 경우에는 옵션 이론가격에 관한 폐쇄해를 구할 수 없는 경우가 많다. 이에 이러한 옵션들의 이론가격을 근사적으로 구하기 위한 여러 가지 수치해석적 방법론이 개발되어 왔으며, 이항모형(Binomial Tree) / 몬테카를로 시뮬레이션(Monte-Carlo Simulation; MCS) / 유한차분법(Finite Difference Method; FDM) 등이 대표적이다. 주가연계증권(ELS), 구조화채권(Structured note) 등 실제 현실에서 접하는 대부분의 상품들이 표준옵션이 아닌 이러한 이색옵션에 기초하고 있다는 점을 고려할 때, 수치해석적 방법론들의 실무적 중요도는 매우 높으며 관련 실무자라면 이에 대한 깊은 이해를 필요로 한다.

(1) 이항모형

이항모형은 기초자산의 가격이 짧은 시간 간격동안 상승 또는 하락의 두 가지 시나리오에 따라 변화함(evolve)을 가정하여, 연속확률과정(continuous stochastic process)을 이산적으로 근사시키려는 시도이다. 대표적으로 Cox, Ross, and Rubinstein(1979, CRR model)에서는 블랙숄즈 모형에서 가정하고 있는 Geometric Brownian Motion(GBM) process를 이산적으로 구현할 수 있는 효율적인 이항모형을 제시한 바 있으며, 여기서 각 이산 노드(node)에서의 옵션가치는 아래의 수식에 따라 결정된다.

$$C = e^{-r\Delta t}(pC_u + (1-p)C_d)$$

$$p = \frac{e^{(r-q)\Delta t} - d}{u - d},\ u = e^{\sigma\sqrt{\Delta t}},\ d = \frac{1}{u}$$

단, C는 현재 노드에서 옵션의 가격, C_u 및 C_d는 다음 기에 기초자산가격이 상승 및 하락하였을 때 옵션의 가치, Δt는 이항모형에서 노드 간의 시간 간격, p는 기초자산가격이 다음 기에 상승할 위험중립확률(risk neutral probability)을 각각 의미함

위 수식을 살펴보면, 결국 특정 노드에서 옵션의 가치는 다음 기의 옵션 가치를 평균한 다음, 이를 현재가치로 할인해 준 개념과 동일하다. 다만 실제 확률측도(physical probability measure) 하에서 평균을 구한 후 이를 옵션의 실제적인 위험을 반영한 요구수익률로 할인해 주기보다는, 가상의 위험중립확률측도(risk neutral proability measure) 하에서 평균을 구한 후 이를 무위험이자율로 할인해 주었다는 점에 주의할 필요가 있다.

즉, 위험중립가치평가기법(risk neutral valuation method)을 옵션에 적용한 개념과 동일하다.

위 수식을 바탕으로 이항모형을 구현하기 위해서는 다음과 같은 단계를 거치는 것이 일반적이다.

(Step 1) 옵션의 잔존만기를 Δt 간격으로 잘게 자른 후, 위 수식의 u와 d를 이용하여 주가의 트리를 구성한다.

(Step 2) 구성된 주가 트리 중 만기시점 노드에서부터 출발하여 위 수식을 반복적으로 적용함으로써(backward induction), 옵션가격으로 구성된 트리를 재구성한다.

(Step 3) 위 단계에서 도출된 옵션가격 트리 중 최초 시점 노드에서의 값이 바로 오늘의 옵션 가격이다.

다음 숫자 예를 이용하여 이항모형을 코딩해보자.

숫자예

s	100	u	1.15191		stock process		
k	100	d	0.868123		100		115.191
r	0.04	dt	0.5				86.81234
div	0.02	adj	1.01005				
t	0.5	dsc	0.980199		option process		
v	0.2	pu	0.500118		6.461736		0
		pd	0.499882				13.18766
nt	1	<-number of period					

코딩 결과는 다음과 같다.

```
s0<-100;k<-100;r<-0.04;div<-0.02;Topt<-0.5;v<-0.2

nmb_p<-1 #number of period
nt<-nmb_p+1 #number of time nodes, index start at 1 not 0

ns<-nt
dt<-Topt/nmb_p
st<-matrix(0,nt,ns)
opt<-matrix(0,nt,ns)
u<-exp(v*sqrt(dt))
d<-1/u

adj<-exp((r-div)*dt)
dsc<-exp(-r*dt)
pu<-(adj-d)/(u-d)
pd<-1-pu
st[,1]<-s0*d^(0:(nt-1))
for(i in 2:nt){
```

```
  st[i,2:i]<-st[(i-1),1:(i-1)]*u
}
opt[nt,]<-pmax(k-st[nt,],0) #not max!!
for(i in (nt-1):1){
  opt[i,1:i]<-(opt[i+1,1:i]*pd+opt[i+1,2:(i+1)]*pu)*dsc
}
print(c("option price = ",opt[1,1]))
```

위 코드를 실행하면 위 숫자예와 동일한 결과를 얻을 수 있다.

이번에는 미국형 옵션 조건을 반영한 함수를 만들어 보자 . 이항옵션에서 미국형 옵션은 매우 간단하게 처리할 수 있는데, 이항모형을 구현하기 위한 단계 중 (Step 2)에서 위험중립가치평가방법에 따라 계산된 옵션가격 C와 해당 노드에서 조기행사할 때 획득 가능한 행사가치 max(S − X,0) (콜옵션의 경우) 또는 max(X − S,0) (풋옵션의 경우) 중 더 큰 값을 해당 노드의 옵션가격으로 대체하기만 하면 된다.

스크립트

```
01  put.option<-function(s0,k,r,div,Topt,v,nmb_p,euro){
02    nt<-nmb_p+1 #number of time nodes, index start at 1 not 0
03    ns<-nt
04    dt<-Topt/nmb_p
05    st<-matrix(0,nt,ns)
06    opt<-matrix(0,nt,ns)
07    u<-exp(v*sqrt(dt))
08    d<-1/u
09
10    adj<-exp((r-div)*dt)
11    dsc<-exp(-r*dt)
12    pu<-(adj-d)/(u-d)
13    pd<-1-pu
14    st[,1]<-s0*d^(0:(nt-1))
15    for(i in 2:nt){
16      st[i,2:i]<-st[(i-1),1:(i-1)]*u
17    }
18    opt[nt,]<-pmax(k-st[nt,],0) #not max!!
19    for(i in (nt-1):1){
20      opt[i,1:i]<-(opt[i+1,1:i]*pd+opt[i+1,2:(i+1)]*pu)*dsc
21      if(euro==FALSE) opt[i,1:i]<-pmax(opt[i,1:i],k-st[i,1:i])
22    }
23    ans<-opt[1,1]
24  }
```

21줄: 미국형 옵션의 조기행사 가치를 반영한 부분이다.

콘솔

```
> x<-put.option(s0,k,r,div,Topt,v,10,TRUE)
> y<-put.option(s0,k,r,div,Topt,v,10,FALSE)
> x
[1] 4.937409
> y
[1] 5.078344
```

연습

위 모형에서 콜옵션 가격을 반영해보자.

위 코드의 일부를 다음과 같이 변경하면 된다.

```
18   opt[nt,]<-pmax(st[nt,]-k,0)
     ... ...
21   if(euro==FALSE) opt[i,1:i]<-pmax(opt[i,1:i],st[i,1:i]-k)
```

연습

이항모형을 이용하여 배리어 옵션 가격을 계산해보자.

(2) 시뮬레이션

몬테카를로 시뮬레이션 기법은 확률변수의 분포를 알고 있을 때, 해당 분포에 기초하여 미래의 확률변수가 취할 수 있는 값의 시나리오를 반복적으로 생성한 후 각 시나리오별로 필요한 분석을 수행하는 기법이다. 블랙숄즈가 가정한 바와 같이 주가의 프로세스를 기하 브라운 운동으로 가정할 경우,

$$\frac{dS}{S} = (\mu - q)dt + \sigma dz$$

주가 시나리오는 다음과 같이 생성할 수 있다.

$$S_{t+\Delta t} \approx S_t \exp\left(\left(\mu - q - \frac{1}{2}\sigma^2\right)\Delta t + \sigma \Delta z_t\right) = S_t \exp\left(\left(\mu - q - \frac{1}{2}\sigma^2\right)\Delta t + \sigma\sqrt{\Delta t}\,\epsilon_t\right),$$

$$\epsilon_t \sim N(0,1)$$

아래 코드는 배당수익률 q가 0인 경우 위 수식에 따라 주가 시나리오를 생성하기 위한 예이다.

```
mu<-0.04;vol<-0.2;t<-0.5;nt<-10;nsim<-100
dt<-t/nt
s<-matrix(0,ncol=nsim,nrow=nt)
s[1,]<-100
set.seed(1)
```

```
for(i in 2:nt){
  w1<-rnorm(nsim,0,1)
  s[i,]<-s[i-1,]*exp((mu-0.5*vol^2)*dt+vol*sqrt(dt)*w1)
}
matplot(s,type='l')
```

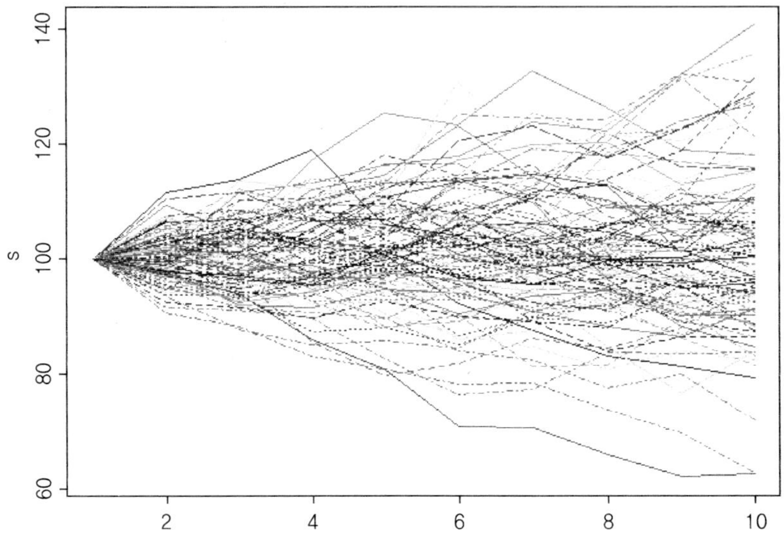

(3) 옵션가격 계산하기

주가의 시나리오를 위에서와 같이 생성하고 나면, 이에 기초하여 옵션의 가격을 평가할 수 있다. 단, 이 때 위험중립가치평가기법을 적용하기 위해서는 아래 수식과 같이 주가의 시나리오를 위험중립확률측도 하에서 생성해야 한다.

$$S_{t+\Delta t} \approx S_t \exp\left(\left(r - q - \frac{1}{2}\sigma^2\right)\Delta t + \sigma\sqrt{\Delta t}\epsilon_t\right), \epsilon_t \sim N(0,1)$$

만약 표준적인 유럽형 옵션의 가치를 평가하기 위한 목적이라면, 만기 시점의 주가 시나리오만 생성하면 되기 때문에 아래 수식을 적용한 후, 매 시나리오마다 만기 시점의 옵션 가치 평균을 구한 후 이를 무위험이자율로 할인하면 된다.

$$S_T \approx S_t \exp\left(\left(r - q - \frac{1}{2}\sigma^2\right)(\mathrm{T} - \mathrm{t}) + \sigma\sqrt{\mathrm{T} - \mathrm{t}}\,\varepsilon\right), \varepsilon \sim N(0,1)$$

$$C_t = \frac{1}{\mathrm{N}}\sum_{i=1}^{N} e^{-r(T-t)} C_T = \frac{1}{\mathrm{N}}\sum_{i=1}^{N} e^{-r(T-t)} \max(S_T - K, 0)$$

만약 표준적인 유럽형 옵션이 아니라 주가 경로에 의존적인 특수 옵션 유형이라면, 필요한 매 시점마다의 주가 시나리오를 모두 생성한 후, 이로부터 옵션가치의 평균을 구하고 이를 무위험이자율로 할인하면 된다.

아래 코드는 유럽형 옵션의 가격을 시뮬레이션 기법에 따라 계산한 예이다.

스크립트

```
MCPrice<-function(s=1,t=1,r=1,sigma=1,nsim=1000,f){
```

```
    u<-rnorm(nsim)
    st<-s*exp((r-0.5*sigma^2)*t+sigma*sqrt(t)*u)
    payoff<-sapply(st,f)
    mean(payoff)*exp(-r*t)
}
k<-100
f<-function(s) max(0,s-k)
set.seed(1)
nsim<-10000
t<-0.5
print(MCPrice(s=100,t=t,r=0.04,sigma=0.2,nsim=nsim,f=f))
```

콘솔

```
> source('test.r')
[1] 6.640672
```

(4) 대조변수법(Antithetic variable method)

몬테카를로 시뮬레이션 기법은 경로의존적인 옵션의 가치 계산에 매우 유용하다는 장점이 있지만, 유사난수(pseudo random number)를 발생시켜 시나리오를 생성하기 때문에 매번 실행 시마다 계산되는 옵션의 가격이 달라진다는 한계점이 있다. 즉, 추정된 옵션가격에 구조적으로 오차가 발생할 수밖에 없다. 따라서 이러한 오차를 줄이기 위한 다양한 기법들이 개발되어 왔으며, 대표적으로 통제변수법(control variate technique), 대조변수법(antithetic variable technique), 층화추출법(stratified sampling), 중요성추출법(importance sampling), 준 시뮬레이션법(Quasi-Monte Carlo method) 등이 있다. 이 중 가장 간단하면서도 널리 활용되는 대조변수기법(antithetic variable method)은 $\varepsilon = \{\varepsilon_1, \varepsilon_2, \ldots, \varepsilon_M\}$에 기초하여 기초자산가격의 시나리오를 생성한 후 이로부터 평가한 옵션가치와 $\bar{\varepsilon} = \{-\varepsilon_1, -\varepsilon_2, \ldots, -\varepsilon_M\}$에 기초하여 기초자산가격의 시나리오를 생성한 후 이로부터 평가한 옵션가치의 평균으로써 옵션가격을 결정하는 방법이다. 이 때 각각의 시뮬레이션 회수 M을 N/2로 설정하게 되면, 일반적인 시뮬레이션을 N번 수행하는 경우와 소요되는 시간은 거의 비슷하면서도 추정값의 오차는 크게 줄일 수 있다. 이러한 대조변수(Antithetic variable) 기법은 옵션의 만기수익함수가 강단조증가 또는 강단조감소함수(strictly increasing or decreasing function)일 때, 특히 그 효과가 뛰어나다. 따라서 심외가격(deep out of the money) 옵션보다는 등가격 또는 내가격 옵션의 가치평가에서 오차를 줄여주는 효과가 매우 크다.

아래 코드는 대조변수(antithetic variable) 기법을 적용하여 유럽형 옵션의 이론가격을 계산한 예이다.

```
MCPrice_Ant<-function(s=1,t=1,r=1,sigma=1,nsim=1000,f){
    u<-rnorm(nsim/2)
    st<-s*exp((r-0.5*sigma^2)*t+sigma*sqrt(t)*u)
    st<-c(st,s*exp((r-0.5*sigma^2)*t+sigma*sqrt(t)*(-u)))
    payoff<-sapply(st,f)
```

```
    mean(payoff)*exp(-r*t)
}
k<-100
f<-function(s) max(0,s-k)
set.seed(1)
nsim<-10000
t<-0.5
print(MCPrice_Ant(s=100,t=t,r=0.04,sigma=0.2,nsim=nsim,f=f))
```

```
> source('test.r')
[1] 6.796966
```

일반 시뮬레이션과 대조변수법(Antithetic Variable Method)의 수렴도를 비교하기 위해 다음 코드를 실행해보자.

```
k<-100
t<-0.5
f<-function(s) max(0,s-k)
set.seed(1)
nsim<-seq(1000,100000,1000)
ans<-matrix(0,nrow=length(nsim),ncol=3)
for(i in 1:length(nsim)){
  ans[i,1]<-MCPrice(s=100,t=t,r=0.04,sigma=0.2,nsim=nsim[i],f=f)
  ans[i,2]<-MCPrice_Ant(s=100,t=t,r=0.04,sigma=0.2,nsim=nsim[i],f=f)
  ans[i,3]<-6.627068
}
matplot(nsim,ans,type='l')
legend('topright',c("normal","antithetic","bs"),lty=1:3,col=1:3,bty=
"n")
```

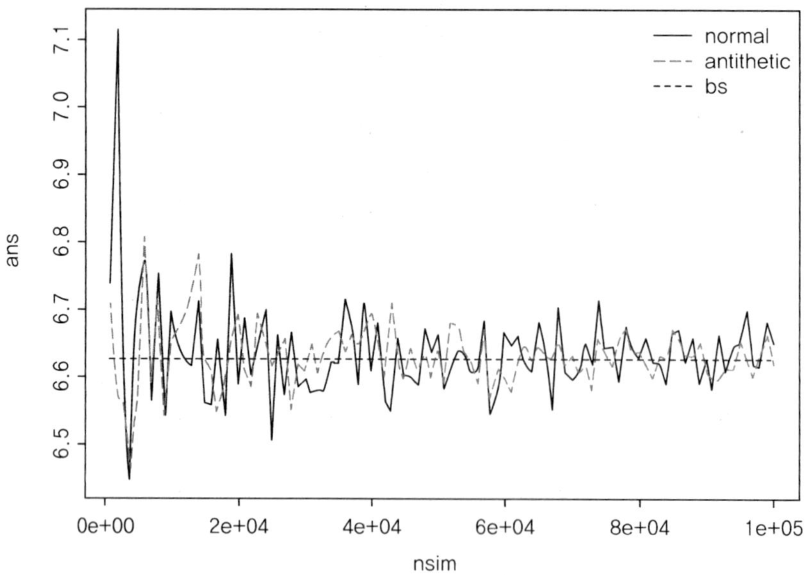

7.5.4 R패키지 이용

이제 지금까지의 결과를 R패키지를 이용해서 확인해보자. 옵션가격은 fOptions 패키지의 함수를 이용해서 계산할 수 있다.

우선 fOptions 패키지를 설치하자.

```
> install.packages('fOptions')
```

fOption 패키지의 확장된 블랙숄즈 공식(generalized Black−Scholes formula)을 이용해 보자.

```
> library('fOptions')
> GBSOption("c",100,100,0.5,0.04,0.04,0.2)

Title:
 Black Scholes Option Valuation

Call:
 GBSOption(TypeFlag = "c", S = 100, X = 100, Time = 0.5, r = 0.04,
     b = 0.04, sigma = 0.2)

Parameters:
           Value:
 TypeFlag c
 S        100
 X        100
 Time     0.5
 r        0.04
 b        0.04
 sigma    0.2

Option Price:
 6.627068

Description:
 Thu Jun 18 10:43:21 2015
```

여기서 b는 총보유비용(기초자산을 보유하는데 따른 편익과 비용을 합한 값)으로 r-q 즉 이자율에서 배당률을 뺀 값이다. 가격만 보고 싶다면 다음과 같이 실행한다.

```
> GBSOption("c",900,950,1/4,0.02,0.22,0.02)@price
[1] 4.230255
```

참고로 GBS계열함수는 다음과 같은 것이 있다.

- GBSOption(TypeFlag, S, X, Time, r, b, sigma, title = NULL, description = NULL)

- GBSGreeks(Selection, TypeFlag, S, X, Time, r, b, sigma)
- GBSCharacteristics(TypeFlag, S, X, Time, r, b, sigma)
- GBSVolatility(price, TypeFlag, S, X, Time, r, b, tol, maxiter)

인수는 다음과 같다.

- TypeFlag: 콜옵션은 "c", 풋옵션은 "p"
- Selection: "delat", "gamma", "vega", "theta", "rho"

다음으로 이항모형을 실행해보자. 이항모형은 CRRBinomialTreeOption함수를 이용해서 구현할 수 있다. 아래 코드를 실행해보자.

```
> CRRBinomialTreeOption("ce",900,950,1/4,0.02,0.02,0.22,3)@price
[1] 20.33618
```

이항모형의 결과뿐만아니라 중간계산과정을 그려볼 수 있는데, BinomialTreeOption함수와 BinomialTreePlot함수를 이용하면 된다.

```
> CRRTree<-BinomialTreeOption(TypeFlag="pa",S=50,X=50,
+       Time=0.4167,r=0.1,b=0.1,sigma=0.4,n = 5)
>
> BinomialTreePlot(CRRTree,dy=1,cex=0.8,ylim=c(-6,7),
+       xlab="n",ylab="Option Value")
>     title(main="Option Tree")
```

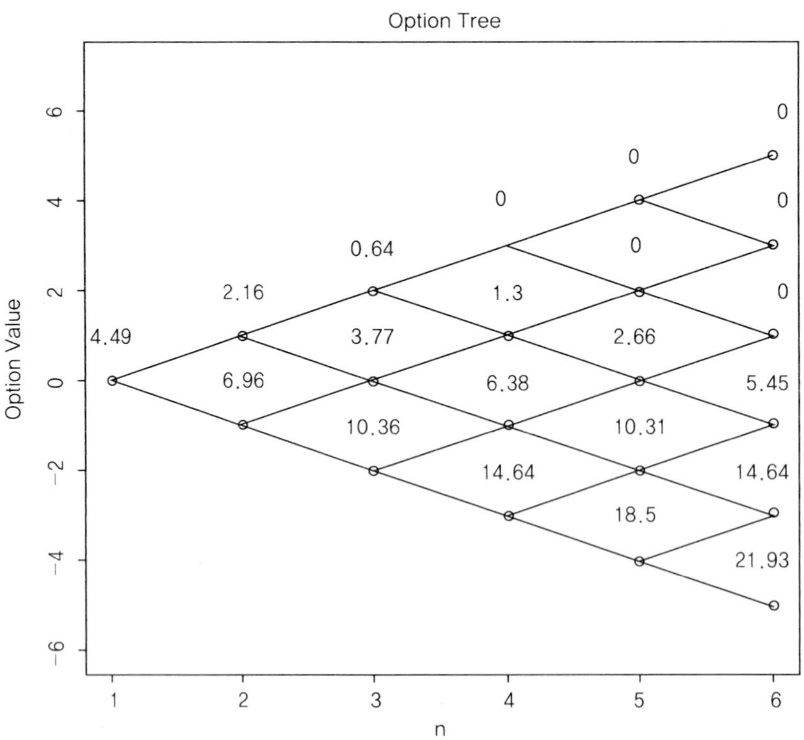

이항모형이 블랙숄즈 공식에 잘 수렴하는지 다음 코드를 실행시켜 확인해보자.

```
> prices<-sapply(1:200,function(n){CRRBinomialTreeOption("ce",
+ 900,950,1/4,0.02,0.02,0.22,n)@price})
> str(prices)
 num [1:200] 26.9 24.9 20.3 23.9 20.4 ...
> plot(1:200,prices,type='l')
```

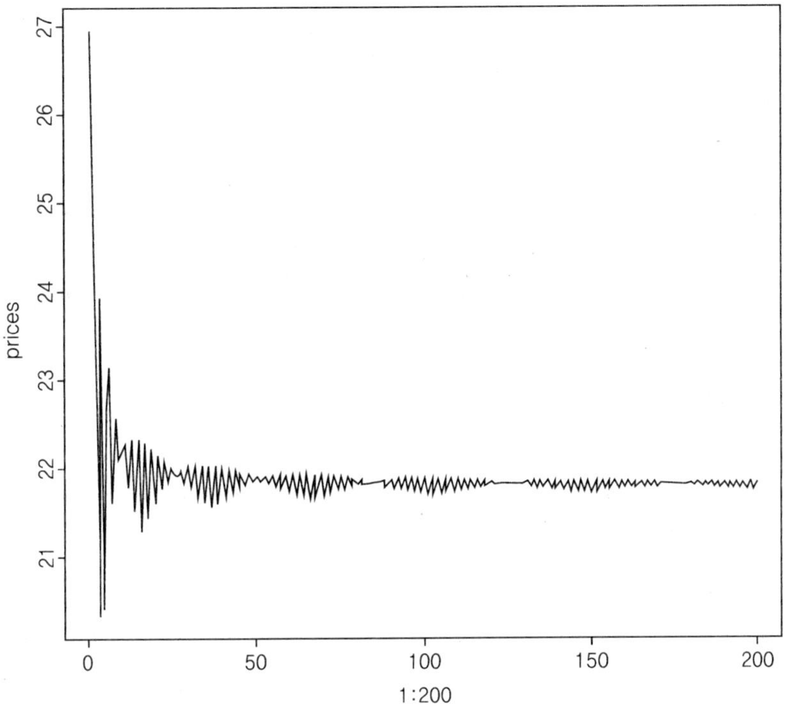

7.5.5 변동성

옵션은 대표적인 변동성 파생상품으로써 적절한 가치평가, 매매전략 수립, 위험관리 등을 위해서는 변동성에 대한 정보가 필수적으로 요구된다. 그러나 변동성은 기초자산가격이나 금리 등과는 달리 시장에서 직접적으로 관찰되지 않기 때문에, 이에 대한 추정이 필요하다. 변동성을 추정하는 대표적인 방법으로는 옵션의 시장가격으로부터 옵션 투자자들이 예상하는 미래의 실현 변동성을 추론하는 "내재변동성(implied volatility)" 방법과, 기초자산의 과거 시계열 자료로부터 미래의 실현 변동성을 통계적으로 추론하는 "역사적변동성(historical volatility)" 방법이 있다. 아래에서는 이 두 가지 사례를 간략히 살펴보기로 한다.

(1) 내재변동성

가장 널리 활용되는 내재변동성은 BS(블랙숄즈)-내재변동성과 MF(model-free)-내재변동성이 있다. BS 내재변동성은 옵션의 시장가격과 블랙숄즈 이론가격을 일치시켜 주는 변동성을 역으로 추정한 것이다. 이러한 BS 내재변동성은 계산이 비교적 간단하고 직관적으로 이해하기 쉽다는 장점이 있지만, 만약 블랙숄즈 모형의 가정이 현실에 잘 들어맞지 않을 경우 오차가 발생할 수 있다는 한계점이 있다. 이에 Britten-Jones and Neuberger(2000), Jiang and Tian(2005)에서는 주가의 프로세스에 대한 특별한 가정이 필요치 않은 MF-내재변동성을 제시하였으며, 오늘날 세계 각국 시장의 대표적인 변동성 지수인 VIX, VDAX, V-KOSPI200 등은 모두 이 방식을 준용하고 있다.

수 많은 연구를 통해 예측력 등에서 MF-내재변동성이 BS-내재변동성보다 더 우수하다는 사실이 널리 알려져 있지만, 그럼에도 불구하고 여전히 BS-내재변동성에 대한 깊은 이해가 중요한 데에는 여러 가지 이유가 있다. 첫째, MF-내재변동성 추정을 위해서는 상당수의 행사가격이 필요한 바, 충분한 개수의 행사가격이 존재하지 않는 장기옵션이나 장외옵션시장 등에서는 MF-내재변동성을 계산하기 쉽지 않다. 둘째, 지금도 여전히 옵션시장의 실무자들은 원활한 커뮤니케이션을 위해 BS-내재변동성에 기초하여 정보를 공유하고 해석한다. 셋째, 내재변동성 미소(implied volatility smile) 등 BS-내재변동성에 기초하여 관찰되는 시장 현상들은 우리에게 매우 중요한 경제적 시사점을 제공해 준다. 따라서 예측력 개선을 위해 MF-내재변동성 사용을 장려하는 것과는 별개로 BS-내재변동성의 추정과 해석에 대한 이해도를 높이는 것은 여전히 중요하다.

아래 코드는 fOptions 패키지에 포함된 GBSVolatility(price, TypeFlag, S, X, Time, r, b, tol, maxiter) 함수를 이용해서 BS-내재변동성을 계산한 사례이다.

```
> library(fOptions)
> imvol<-GBSVolatility(6.627068,"c",100,100,0.5,0.04,0.04)
> imvol
[1] 0.2
```

(2) 내재변동성 미소 (IV Smile) 및 기간구조(IV Term Structure)

만약 블랙숄즈의 가정이 현실과 정확히 부합한다면 콜/풋, 행사가격, 잔존만기 등과 무관하게 기초자산이 동일한 옵션으로부터 추정된 BS 내재변동성은 모두 동일해야 한다. 왜냐하면 BS 내재변동성은 기하 브라운 운동을 따르는 기초자산의 분포적 특성을 반영한 값이므로, 행사가격이나 잔존만기가 다른 옵션이라 하더라도 기초자산이 동일하다면 서로 다를 이유가 없기 때문이다. 그러나 실제 현실에서 BS 내재변동성을 살펴보면, 행사가격이나 잔존만기에 따라 서로 다른 현상이 일관되게 관찰된다. 시장가격을 통해 이를 확인해보자.

아래 자료는 2015년 8월 7일 현재 최근월물(2015년 8월 13일 만기) KOSPI200 옵션의 종가이다.

〈kospi_opt.txt〉

```
Strike put   call
210.00 0.01  30.10
212.50 0.01  30.60
215.00 0.01  25.05
217.50 0.01  21.75
220.00 0.01  20.30
222.50 0.01  17.80
225.00 0.02  14.45
227.50 0.02  13.00
230.00 0.05  9.55
232.50 0.12  7.05
235.00 0.34  4.84
237.50 0.86  2.87
240.00 1.87  1.37
242.50 3.47  0.51
245.00 5.64  0.14
247.50 7.93  0.04
250.00 10.50 0.02
252.50 12.90 0.01
255.00 15.40 0.01
257.50 17.25 0.01
260.00 19.10 0.01
262.50 22.85 0.01
265.00 21.90 0.01
267.50 27.95 0.01
270.00 31.00 0.01
```

유동성이 부족한 내가격 옵션자료보다는 등가격 및 외가격 콜/풋옵션 자료를 바탕으로 행사가격별 내재변동성을 산출하는 것이 보편적이므로, 등가격 및 외가격 옵션의 종가만을 추출하고, 내재변동성을 계산해보자. 아울러 당일 KOSPI200 지수는 239.73, 91일 CD 금리는 1.64%이다.

스크립트

```
raw_data<-read.table("kospi_opt.txt",head=TRUE)
nmb<-length(raw_data[,1])
k<-rep(NA,nmb)
imvol<-rep(NA,nmb)

s<-239.73; t1<-as.Date("2015-8-13")
t0<-as.Date("2015-8-7");t<-as.numeric(t1-t0)/365
r<-1.64/100;q<-0;b<-r-q;
for(i in 1:nmb){
  k[i]<-raw_data$strike[i]
  ty<-"c"
  px<-raw_data$call[i]
  if(raw_data$strike[i]<=s){
    ty<-"p"
    px<-raw_data$put[i]
```

```
16      }
17      imvol[i]<-GBSVolatility(px,ty,s,k[i],t,r,b)
18    }
19    plot(k,imvol)
```

10~16줄: 내가격(ITM) 옵션을 제외하는 부분이다.

콘솔

```
> library("fOptions")
> source('imvol.r')
```

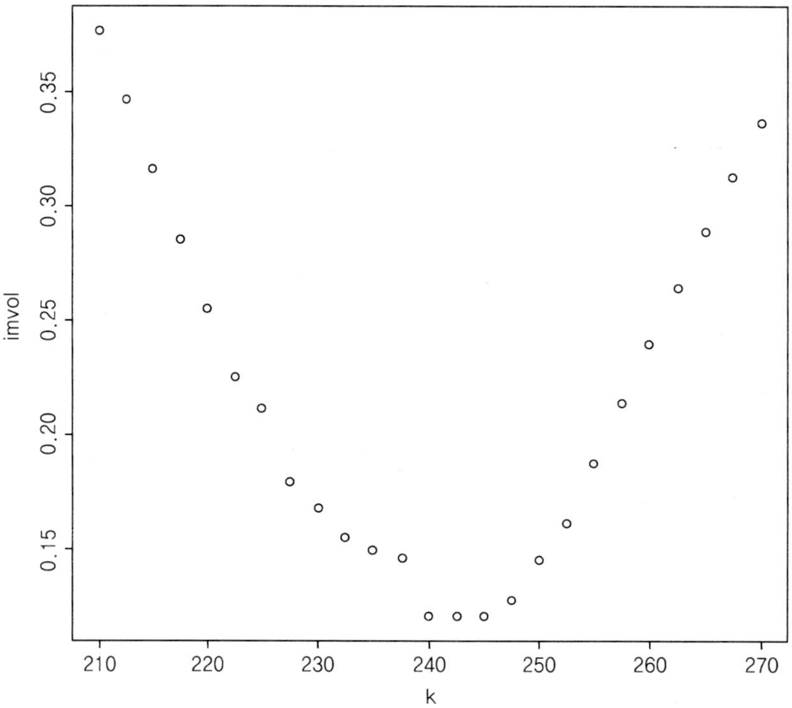

위 결과에서 확인되듯이 BS 내재변동성은 등가격 근처에서 가장 낮고, 외가격으로 갈수록 상승하는 'U'자형 패턴을 나타낸다. 경우에 따라서는 외가격 풋옵션에서 도출한 BS 내재변동성이 가장 높고, 외가격 콜옵션에서 도출한 BS 내재변동성이 가장 낮은 우하향 패턴도 자주 관찰된다. 전자를 흔히 '내재변동성 미소(IV smile)' 현상으로, 후자를 흔히 '내재변동성 조소(IV smirk or sneer)' 현상으로 지칭하는데, 이들을 광의의 '내재변동성 미소' 현상으로 통칭하기도 한다.

다음으로 아래 자료는 2015년 8일 7일 기준으로 잔존만기가 서로 다른 KOSPI200 등가격 옵션의 종가이다. KOSPI200 지수 종가 및 91일 CD 금리는 위에서와 같다.

〈kospi_opt2.txt〉

```
종목    maturity        strike price
코스피200C      2015-08-15      240.0   1.48
코스피200C      2015-09-15      240.0   3.77
코스피200C      2015-10-15      240.0   5.00
코스피200C      2015-11-15      240.0   6.38
코스피200C      2015-12-15      240.0   0.00
코스피200C      2016-01-15      240.0   6.71
코스피200C      2016-03-15      240.0   8.14
코스피200C      2016-06-15      240.0   10.25
코스피200C      2016-12-15      240.0   13.80
코스피200C      2017-06-15      240.0   15.20
코스피200C      2017-12-15      240.0   18.00
```

옵션만기는 입력의 편의를 위해 정확한 날짜 대신 만기월의 15일로 모두 통일하였다. 그리고 2015년 12월 만기 옵션의 가격은 0인데 오류가 있어 보여서 제외한다. 아래는 이를 바탕으로 잔존만기별 BS 내재변동성을 계산한 예이다.

스크립트

```
raw_data<-read.table("kospi_opt2.txt",head=TRUE)
nmb<-length(raw_data[,1])
imvol<-rep(NA,nmb)
t<-rep(NA,nmb)

s<-239.73;t0<-as.Date("2015-8-7")
r<-1.64/100;q<-0;b<-r-q;
for(i in 1:nmb){
  t[i]<-as.numeric(as.Date(raw_data$maturity[i])-t0)/365
  ty<-"c"
  px<-raw_data$price[i]
  imvol[i]<-GBSVolatility(px,ty,s,raw_data$strike[i],t[i],r,b)
}
plot(t,imvol)
```

콘솔

```
> library("fOptions")
> source('imvol.r')
```

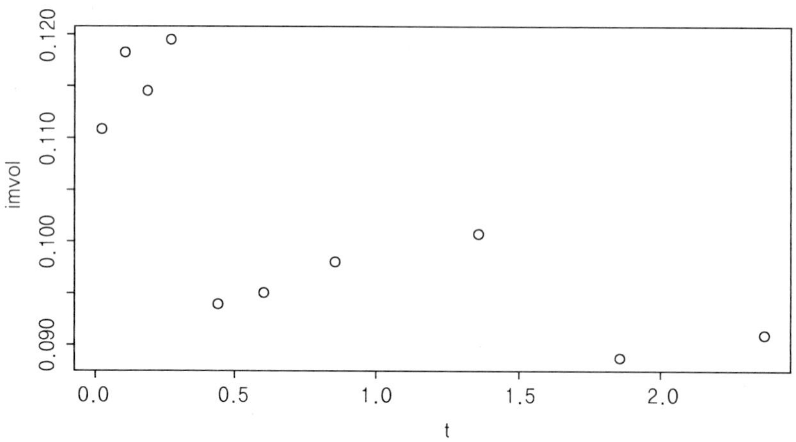

위에서 확인할 수 있듯이 만기별 BS 내재변동성 또한 동일하지 않으며, 이를 잔존만기에 따라 도표로 표시한 것을 '내재변동성 기간구조'라 한다.

위의 두 예를 보다 확장하여 행사가격을 X축, 잔존만기를 Y축에 두고, BS 내재변동성을 Z축에 표시한 것을 이른바 '내재변동성 표면(IV surface)'이라고 한다.

그렇다면 내재변동성 미소나 기간구조가 관찰되는 원인은 무엇일까? 사실 가격이 아주 낮은 심외가격 옵션이나 초단기 옵션의 경우에는 호가단위(tick size)에 따른 시장미시구조적인 문제가 없진 않다. 일례로 행사가격이 지나치게 낮은 풋옵션이나 지나치게 높은 콜옵션의 가격은 거의 0에 가까워야 하지만, 현실에서는 최소호가단위인 0.01 포인트 등에 거래되는 것이 일반적이다. 따라서 이러한 경우, BS 내재변동성을 추정하였을 때 과도하게 높은 변동성 수치가 추정될 소지가 분명히 있다. 그러나 가격이 일정 수준 이상되는 옵션에서도 일관되게 관찰되는 내재변동성 미소나 기간구조 현상은 이러한 방식으로는 설명하기 어렵다. 따라서 이에 대한 가장 합리적인 설명은 블랙숄즈 모형에서 가정하고 있는 이상적인 환경이 실제 현실에서는 유효하지 않다는 것이다.

특히 그 중에서도 많은 사람들에 의해 지지되고 있는 주식 수익률의 초과첨도(excess kurtosis; fat tail), 부(−)의 왜도(skewness) 등은 BS 내재변동성에 관한 이러한 현상을 초래할 수 있는 강력한 원인들이다.[3] 이에 블랙숄즈 모형의 대안으로 개발된 확률 변동성 모형(stochastic volatility model), 점프 모형(jump model) 등은 모두 이러한 주식 수익률의 분포적 특성을 반영할 수 있도록 설계되어 왔다.

(3) 역사적 변동성의 계산

역사적 변동성은 기초자산 수익률의 과거 시계열 자료로부터 통계적 기법을 적용하여 추정한 변동성이다. 역사적 변동성 추정에 활용되는 대표적인 통계적 기법은 단순 표준편차

---

[3]주식옵션뿐만 아니라 금리옵션, 통화옵션 등에서도 내재변동성 미소 또는 기간구조 현상은 동일하게 관찰된다. 다만 주가 수익률의 분포와 금리 및 환율의 분포 간에는 상이한 점이 존재하기 때문에, 이들 현상이 발현되는 형태는 다소 다를 수 있다.

방법, 지수가중이동평균(exponentially weighted moving average method: EWMA) 방법, GARCH (Generalized Auto-Regressive Conditional Heteroscedasticity) 방법 등이 있다. EWMA나 GARCH 모형은 변동성의 일반적인 특징이라고 알려져 있는 변동성 군집현상(volatility clustering)이나 평균회귀성향(mean-reversion property) 등을 반영하여 시계열적으로 변화하는 변동성을 추정하기 위한 것이다. 아래에서는 이 중 가장 간단한 단순 표준편차 방식으로 역사적 변동성을 추정하는 예를 소개한다.

단순 표준편차 방식에서 역사적 변동성 σ_{hist}은 과거 기초자산의 수익률을 이용해서 계산한 (연율로 환산된, annualized) 표본표준편차(sample standard deviation)를 말한다.

$$\sigma_{\text{hist}}^{2} = \frac{1}{n}\sum_{i=1}^{n}(\text{return}_i - \bar{r})^2$$

삼성전자의 2007년 이후 주가를 이용해서 역사적 변동성을 계산해보자.

```
> require(quantmod)
> ss<-getSymbols("005930.KS",auto.assign=F)
> head(ss)
           005930.KS.Open 005930.KS.High 005930.KS.Low 005930.KS.Close
2007-01-01         613000         613000        613000          613000
2007-01-02         620000         627000        616000          625000
2007-01-03         627000         628000        611000          611000
2007-01-04         611000         612000        603000          607000
2007-01-05         608000         609000        595000          595000
2007-01-08         592000         594000        579000          582000
           005930.KS.Volume 005930.KS.Adjusted
2007-01-01                0           588191.8
2007-01-02           351400           599706.1
2007-01-03           387600           586272.7
2007-01-04           362500           582434.6
2007-01-05           562300           570920.2
2007-01-08           657100           558446.3
> close<-ss[,"005930.KS.Close"]
> x<-diff(close)/close[-length(close)]
> plot(x)
> head(x)
           X005930.KS.Close
2007-01-01               NA
2007-01-02      0.019200000
2007-01-03     -0.022913257
2007-01-04     -0.006589786
2007-01-05     -0.020168067
2007-01-08     -0.022336770
```

```
29  > sd(x,na.rm=T)
30  [1] 0.01971767
31  > hist.vol<-sd(x,na.rm=T)*sqrt(252)
32  > hist.vol
33  [1] 0.3130084
```

2줄: 삼성전자 주가 자료를 받는다.

3줄: 대략적인 자료 형태를 살펴본다.

18줄: 종가자료만 추출한다.

19줄: 수익률을 계산한다.

20줄: 수익률의 형태를 살펴본다.

21줄: 수익률의 대략적인 형태를 살펴본다. 첫번째 값이 NA이다. 따라서 표준편차 계산 시 반영해야한다.

29줄: 결측치(NA)를 제외하고 표준편차를 구한다.

31줄: 역사적 변동성(연율로 환산)을 구한다.

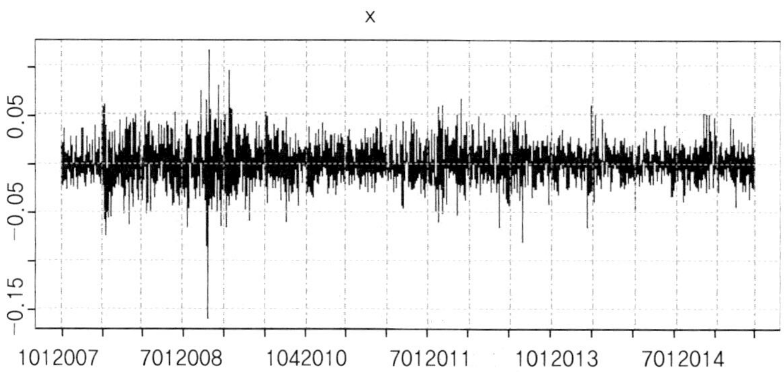

역사적 변동성을 실무적으로 적용할 때 고민스러운 부분 중 하나는 표본기간을 얼마나 길게 설정할 것인가의 여부이다. 지나치게 긴 표본을 설정할 경우에는 변동성 추정치가 안정적이라는 장점이 있는 반면 최근의 시장 환경 변화를 제대로 반영하지 못할 한계점이 있으며, 표본기간이 지나치게 짧을 경우에는 그 반대의 현상이 벌어지기 때문이다. 사실 역사적 변동성을 추정함에 있어서 자료의 시계열 표본기간을 얼마로 설정하는 것이 적합할지에 관한 이론적 정답을 찾기란 매우 어렵다. 다만 추정하고자 하는 변동성의 활용 용도 및 목적, 과거 시계열 자료의 안정성 및 시장 환경의 변화 속도 등을 종합적으로 고려할 필요가 있음은 당연하다. 일례로 BIS(국제결제은행)에서는 금융기관의 market VaR를 산출할 때 과거 1년 이내의 시계열 표본으로부터 변동성을 추정하도록 권고하고 있다. 이는 market VaR에서 목표기간이 1일 또는 10일로 비교적 짧고, 과거 1년 이전의 데이터를 포함할 경우 시장 여건의 변화를 적시에 반영하기 어렵다는 점 등을 종합적으로 고려한 결과이다.

(4) EWMA 및 GARCH

위험관리 분야 등에서 널리 활용되는 EWMA와 GARCH 모형은 시변(time varying)하는 조건부 분산(conditional variance)을 추정하기 위한 통계적 모형이다. 우선 EWMA를 살펴보도록 하자.

$$\sigma_t^2 = \lambda \sigma_{t-1}^2 + (1-\lambda) r_{t-1}^2$$

위 수식에서 λ는 평활상수(smoothing constatnt 또는 decay factor)로써, 0과 1 사이의 값을 가진다. 만약 λ가 1에 가깝다면 이는 최근의 수익률과 먼 과거의 수익률에 대한 가중치가 크게 다르지 않음을 의미하며, λ가 0에 가깝다면 최근의 수익률에 높은 가중치를 부여해서 조건부 분산이 추정됨을 의미한다. 이러한 EWMA는 변동성 군집(volatility clustering) 현상을 설명할 수 있다는 장점을 가지는데, λ가 1에 가까울수록 군집 현상, 즉 높은 변동성 후에는 또 다시 높은 변동성이 뒤따르는 현상이 강해짐을 시사한다. 아래 코드는 KOSPI200 일별 수익률의 시계열을 이용하여, λ를 최우추정법(MLE)에 따라 추정한 예이다.

직전 시점의 분산σ_{t-1}^2과 실현값r_{t-1}^2이 주어질 경우 현재시점의 분산σ_t^2은 EWMA식에 의해서 확정되고, 실현값은 다음 정규분포확률밀도함수를 따른다.

$$\phi(r_t \mid \mu, \sigma_t) = \frac{1}{\sigma_t \sqrt{2\pi}} \exp\left(-\frac{(r_t-\mu)^2}{2\sigma_t^2}\right)$$

이 때 대수 우도함수(log likelihood function)는 다음과 같다.

$$l(\sigma^2 \mid r_t) = -\frac{1}{2}\log 2\pi - \log\left(\sigma_t^2\right) - \frac{r_t^2}{2\sigma_t^2}$$

여기서 우변의 첫번째 항은 상수이므로 최적화 과정에서 무시해도 결과는 같다.

EWMA를 KOSPI200에 적용해보자.

우선 KOSPI200 데이터를 받는다.

```
require(fImport)
ksp<-yahooSeries("^KS11",from="2010-01-01")
ksp_close<-ksp[,6]
ret<-returns(ksp_close)
```

KOSPI200 지수와 수익률의 대략적인 형태는 다음과 같다.

```
par(mfrow=c(1,2))
plot(ksp_close,ylab="KOSPI200 index")
```

```
plot(ret,ylab="return of KOSPI200")
```

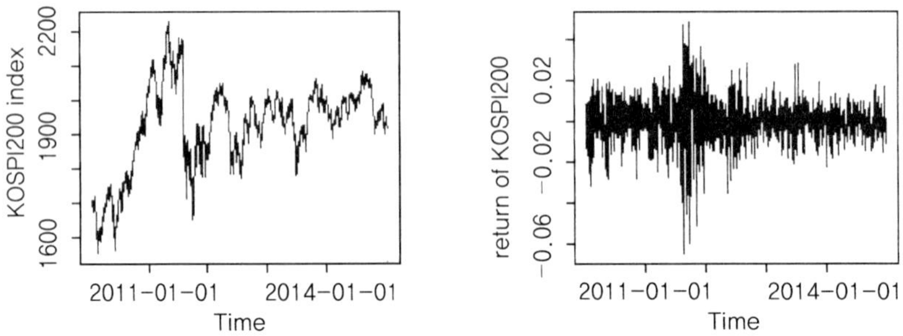

우도함수를 정의하고 최우추정값을 찾는다.

```
01  mle_ewma<-function(lambda){
02   nmb<-length(ret)
03   logL<-rep(0,nmb)
04   var<-var(0,nmb)
05   var[1]<-ret[1]^2
06   for(i in 2:nmb){
07     var[i]<-lambda*var[i-1]+(1-lambda)*ret[i-1]^2
08     logL[i]<-(-log(var[i])-ret[i]^2/var[i])
09   }
10   sum(logL)
11  }
12  ans<-optimize(mle_ewma,lower=0,upper=1,maximum=TRUE)
```

12줄: optimize함수는 기본적으로(by default) 최소값을 찾는다. 우리는 최대값을 찾아야 하므로 maximize인수에 TRUE를 부여한다.

콘솔

```
01  > source('vol.r')
02  > ans
03  $maximum
04  [1] 0.8671451
05
06  $objective
07  [1] 10994.85
```

4줄: 최우추정값은 0.867 정도이다.

참고로 모수범위가 0.7~0.9사이일 때 최우추정값의 형태를 그려보면 다음과 같다.

```
lam_seq<-seq(0.7,0.9,length.out=10)
y<-sapply(lam_seq,mle_ewma)
```

```
plot(lam_seq,y,ylab="loglike",xlab="lambda",type='l')
abline(v=0.8671451,lty=2,col='red')
```

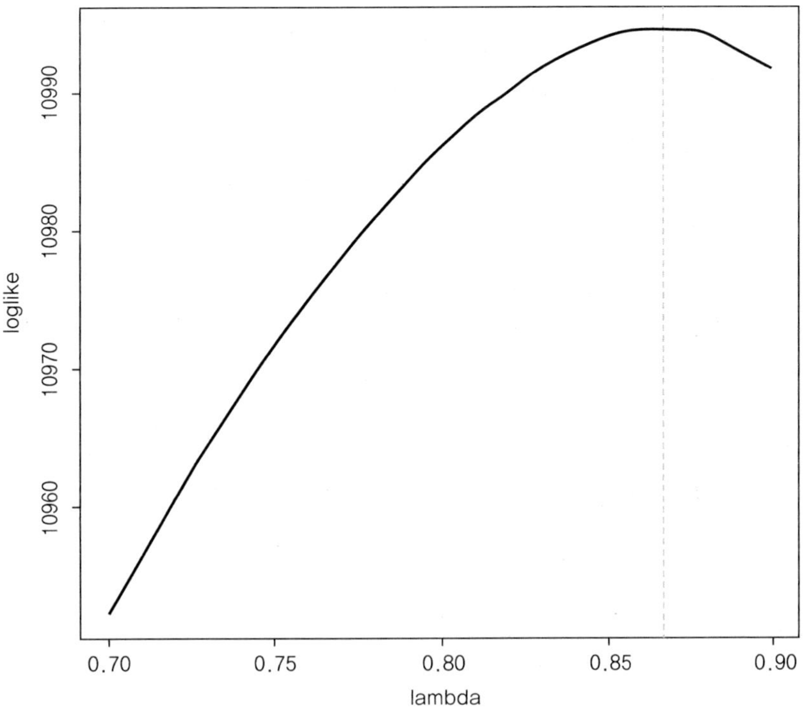

이러한 EWMA 현상은 변동성 군집 현상을 설명하기에 매우 유용하지만, 변동성의 또 다른 특징 중 하나인 평균회귀성향을 반영하지 못하는 한계점을 가진다. 사실 변동성 군집과 평균회귀성향은 의미상으로 모순되는 측면이 있다. 즉, 군집 현상이라 함은 변동성이 상승 또는 하락하였을 때 그 추세가 일정 기간 유지된다는 것을 의미하는 반면, 평균회귀성향은 상승과 하락이 장기 평균을 중심으로 반복적으로 일어남을 의미하기 때문이다. 따라서 변동성 군집 현상은 대개 변동성의 단기(short term) 특성으로, 평균회귀성향은 변동성의 장기(long term) 특성으로 이해하는 것이 보편적이다. 이를 고려하면 EWMA 모형을 변동성 장기 예측 등의 목적으로 활용하는 것은 바람직하지 않으며, 비교적 단기 예측에 국한하여 활용하는 것이 바람직하다. 실제 시장위험관리 등에서 VaR를 계산할 때 EWMA 등이 널리 활용되는데, 이는 시장위험관리의 목표기간이 1일 또는 10일로 비교적 단기이기 때문이다.

ARIMA 모형은 어떤 과정(또는 시계열)의 과거 자료가 주어졌을 때, 그 조건부 기대값을 모형화 할 수 있다. 이 경우 조건부 분산은 상수가 된다. 실제 금융 시계열 자료를 보면 다양한 특성이 있지만 가장 큰 특징이 변동성 집중(Volatility Clustering) 현상이다. 즉 상대적으로 조용한 기간이 있는가 하면 변동성이 폭발하는 기간이 끼어드는 상황이 자주 발생한다. GARCH는 이러한 전형적 현상을 고려한 모형이다.

한편 Engle(1982), Bollerslev(1986)에 의해 개발된 GARCH 계열의 모형 중 가장 널리

활용되는 GARCH(1,1) 모형은 아래와 같이 표현된다.

$$\sigma_t^2 = \omega + \beta\sigma_{t-1}^2 + \alpha r_{t-1}^2, \quad \alpha + \beta < 1, \alpha \geq 0, \beta \geq 0, \omega > 0$$

위 GARCH(1,1) 모형은 변동성의 평균회귀성향을 반영하기에 매우 유용한데, 위 수식에서 장기 분산(long run variance rate)은 $\frac{\omega}{1-\alpha-\beta}$로 추정된다. 아울러 $1 - \alpha - \beta$는 speed parameter로써 이 값이 클수록 분산이 장기 평균 수준에서 벗어났을 때, 다시 평균으로 회귀하는 속도가 빨라진다. 아래 코드는 KOSPI200 일별 수익률의 시계열을 이용하여, $\{\alpha,\beta,\omega\}$를 최우추정법(MLE)에 따라 추정한 예이다.

대수 우도함수(log likelihood function)은 EWMA와 동일하며 단지 분산결정만 변경되고 따라서 기존 코드에서 변동성과정을 표현한 부분만 수정해 주면 된다(모수도 수정이 필요하다).

스크립트

```
01  neg_mle_garch<-function(x){
02    nmb<-length(ret)
03    logL<-rep(0,nmb)
04    var<-var(0,nmb)
05    var[1]<-ret[1]^2
06    omega<-x[1];beta<-x[2];alpha<-x[3]
07    for(i in 2:nmb){
08      var[i]<-omega+beta*var[i-1]+alpha*ret[i-1]^2
09
10      logL[i]<-(-log(var[i])-ret[i]^2/var[i])
11    }
12    -sum(logL)
13  }
14
15  ans<-optim(c(0.1,0.1,0.1),neg_mle_garch)
```

15줄: optim함수는 최소화만을 수행하므로 원래 대수우도함수에 음수를 붙인 값을 목적함수로 정의하여 최대값 대신 최소값을 찾는다.

콘솔

```
> ans
$par
[1] 2.928331e-05 3.681993e-01 5.164413e-01

$value
[1] -10158.27

```

```
$counts
function gradient
     234        NA

$convergence
[1] 0

$message
NULL
```

GARCH(1,1) 모형은 변동성의 평균회귀성향 등을 잘 설명할 수 있다는 큰 장점이 있지만, 변동성과 가격 간의 상관관계를 설명하는데에는 한계를 보인다. 특히 주식시장의 경우 수익률과 수익률 변동성 간에는 Black(1976), Christie(1982), Pindyck(1984), French et al(1987) 등이 주장한 바와 같이 부(−)의 상관관계가 강하게 존재한다. 따라서 이러한 변동성의 특성을 추가로 반영하기 위해서는 GJR-GARCH(1993), NGARCH(1993) 등의 대안 모형을 도입할 필요가 있다.

7.5.6 동적델타헤지(dynamic delta hedge)

블랙숄즈가 가정한 이상적인 환경 하에서 옵션은 주식과 무위험채권의 연속매매로 복제가능한(replicable)한 잉여자산에 불과하다(물리학적 비유를 하면, 주식과 채권은 원소이지만 옵션은 합성물이다. 즉 주식과 채권이라는 원소로 합성할 수 있는 물질이다). 이를 달리 표현하면, 고객과 옵션계약을 체결한 금융회사는 기초자산과 무위험채권의 연속매매를 통해 옵션거래로부터 발생하는 손익의 불확실성을 제거할 수 있다. 흔히 동적델타헤지라 불리는 이러한 헤지기법은 보유 옵션 포지션에서 발생되는 델타를 중립으로 만들기 위해서 기초자산을 꾸준히 매매하고, 그로부터 발생되는 현금 포지션을 무위험채권으로 운용하는 전략을 말한다.

아래 코드는 만기가 30일 남은 가상의 등가격 콜옵션을 1계약 매도한 금융회사가 동적델타헤지를 수행하였을 때, 그 결과를 몬테카를로 시뮬레이션을 통해 살펴본 예이다. 단, 편의를 위해 현재 주가는 100, 이자율은 4%, 배당수익률은 0, 주식의 연평균 수익률은 12%, 연간 변동성은 25%, 동적델타헤지의 리밸런싱 주기는 1일이라고 가정한다.

스크립트

```
bso<-function(s,k,r,q,v,t){
  d1<-log(s/k)+(r-q+0.5*v*v)*t
  d1<-d1/(v*sqrt(t))
  d2<-d1-v*sqrt(t)
  nd1<-pnorm(d1)
  nd2<-pnorm(d2)
```

```
07      ans<-s*exp(-q*t)*nd1-k*exp(-r*t)*nd2
08      return(ans)
09    }
10    bsoDelta<-function(s,k,r,q,v,t){
11      ds=s/10000
12      p0=bso(s,k,r,q,v,t)
13      p1=bso(s+ds,k,r,q,v,t)
14      ans=(p1-p0)/ds
15      return(ans)
16    }
17    s0<-100;r<-0.04;q<-0;t<-30/365;k<-s0;nt<-30
18    nsim<-1
19    mu<-0.12
20    vol<-0.25
21    dt<-t/nt
22    s<-matrix(0,ncol=nsim,nrow=nt)
23    V<-matrix(0,ncol=nsim,nrow=nt)
24    dopt<-matrix(0,ncol=nsim,nrow=nt)
25    dund<-matrix(0,ncol=nsim,nrow=nt)
26
27    s[1,]<-s0
28    delta<-bsoDelta(s0,k,r,q,0.25,t)
29    cash<-bso(s0,k,r,q,vol,t)-delta*s[1,]
30    V[1,]<--bso(s0,k,r,q,vol,t)+delta*s[1,]+cash
31    set.seed(1)
32    vol_real<-0.25
33    for(i in 2:nt){
34      t<-t-dt
35      w1<-rnorm(nsim,0,1)
36      s[i,]<-s[i-1,]*exp((mu-0.5*vol_real^2)*dt+vol_real*sqrt(dt)*w1)
37      dopt[i,]<-bso(s[i,],k,r,q,vol,t)-bso(s[i-1,],k,r,q,vol,t)
38      dund[i,]<-delta*(s[i,]-s[i-1,])*(-1)
        V[i,]<-V[i-1,]-dopt[i,]-dund[i,]
      }
```

1~16줄: 동적헤지 계산에 필요한 옵션의 가격 및 델타 함수를 정의한다.

17~38줄: 동적헤지를 수행하는 부분이다.

여기서 계산의 편의를 위해 헤지비용 중 자금비용(자금의 조달 및 운용에 따르는 이자수익과 비용)은 무시하였다.

다음은 그래프를 그리기 위한 코드이다.

```
par(mfrow=c(1,2))
```

```
02    matplot(s,type='l')
03    plot(dund+dopt,type='l',ylim=c(-3,3),lwd=2)
04    lines(dund,col='blue')
05    lines(dopt,col='red')
06    abline(h=0,lty=2)
```

콘솔

```
01    > source('dhedge.r')
```

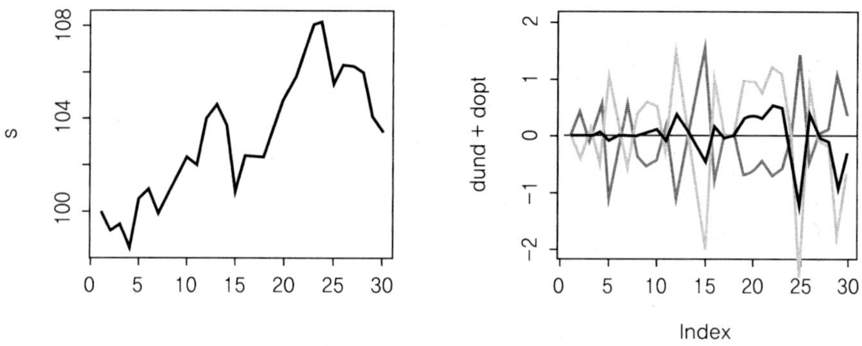

왼쪽은 주식가격의 시뮬레이션 결과이고, 오른쪽은 헤지포트폴리오의 손익이다. 붉은 색(가장 연한 색) 선은 옵션부분의 손익, 푸른 색 선은 기초자산에 대한 손익부분, 굵은 검은 색 선은 두 손익의 합계 즉 헤지포트폴리오의 손익이다. 옵션손익과 기초자산의 손익은 대체로 반대로 움직이는 것을 볼 수 있다.

헤지오차에 대한 히스토그램을 그리기 위해 시행횟수(위 코드의 18줄)를 500번으로 바꾸고 그래프를 다음과 같이 변경하자.

```
01    par(mfrow=c(1,2))
02    matplot(s,type='l')
03    hist(V[nt,],xlab="",main="")
04    xmean<-mean(V[nt,])
05    abline(v=xmean,lty=2,lbw=2)
06    text(xmean,100,paste("mean=",format(xmean,digit=5,nsmall=4)),pos=4)
```

6줄: 그래프에 텍스트를 추가하기 위해 text함수를 사용하는데, pos인수값이 4이면 기준점(현재는 (xmean, 100)에서 시작하여 오른쪽으로 문자를 찍는다. 기본값은 중앙정렬이고 1은 위쪽, 2는 왼쪽, 3은 위쪽이다. format함수는 출력되는 형식을 지정하는데, digit인수는 총 출력되는 자리수, nsmall은 최소 소수점 자리수를 지정한다.

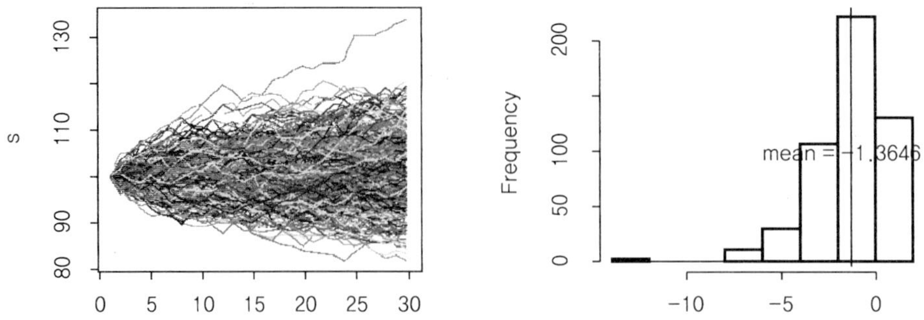

위 그림에서 확인할 수 있듯이 주가 수익률의 분포가 블랙숄즈 모형에서 가정한 바대로 형성되더라도, 금융회사의 손익 불확실성이 완벽하게 제거되지는 않고 일부 잔존하게 된다. 즉, 헤지오차가 발생하게 된다. 이는 블랙숄즈 모형의 또 다른 가정 중 하나인 '연속매매'를 가정하지 않고 하루에 1번만 리밸런싱을 하였기 때문이다. 만약 거의 실시간으로 리밸런싱을 수행하여 매순간 델타중립을 유지한다면, 헤지오차는 거의 0으로 수렴할 것이다. 그러나 이 경우 리밸런싱 과정에서 빈번한 거래가 발생할 수밖에 없기 때문에, 거래비용을 고려하면 현실적인 전략은 아니다.

이제 다음으로 위 예에서 주식의 연평균 수익률이 12%가 아니라 0% 또는 24%라고 가정해 보자. 이에 대한 결과는 아래와 같다(왼쪽이 0%, 오른쪽이 24%인 경우이다).

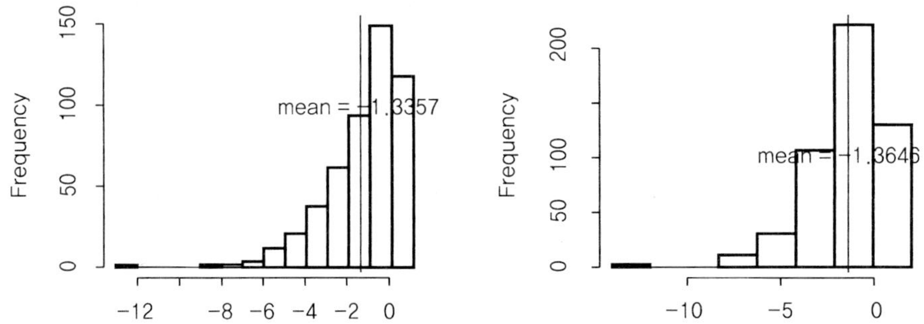

위에서 확인할 수 있듯이, 주식의 연평균 수익률이 크게 변화하더라도 금융회사의 헤지오차에는 거의 변화가 없다. 이는 동적델타헤지 자체가 주가의 방향성 위험을 제거하는 전략이기 때문이며, 블랙숄즈 모형에서도 주식의 평균 수익률은 옵션가치에 영향을 미치지 못함을 감안하면 당연한 결과이다.

반면 아래 예는 금융회사가 변동성에 대한 예측을 잘못한 채, 고객과 옵션계약을 체결하였을 때의 예이다. 즉, 고객과 옵션계약을 체결할 때에는 내재변동성 25%에 상응하는 옵션가격으로 매도하였지만, 실제 그 이후 30일간 실현된 주가 수익률의 연변동성은 40%인 경우이다. 이 경우 금융회사는 실현 변동성보다 낮은 변동성으로 옵션을 매도하였으므로, 지나치게 싼 가격에 옵션을 매도한 것과 동일하다(왼쪽이 실현변동성이 25%인 경우, 오른쪽이 실현변동성이 40%인 경우이다).

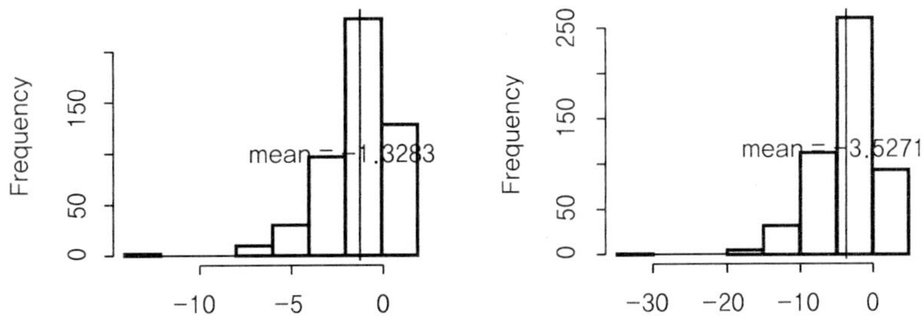

위에서 확인할 수 있듯이, 금융회사의 헤지오차 분포는 종전에 비해 크게 변화하며, 특히 종전과는 달리 헤지오차의 평균이 음(−)의 방향으로 크게 이동한다. 즉, 동적델타헤지를 열심히 수행하더라도 금융회사는 평균적으로 손실이 발생할 수밖에 없다는 의미이다. 이는 금융회사가 변동성을 과소 추정하여 옵션을 매도한 반면, 헤지 과정에서는 주가의 방향성 위험만을 헤지하였으므로 당연한 결과이다.

아래 수식은 이와 같이 옵션이 포함된 포지션에서 동적델타헤지를 수행하였을 때 손익의 변화가 어떻게 나타나는지를 블랙숄즈 모형 하에서 나타낸 것이다.

$$\Delta\Pi \cong \theta\Delta t + \frac{1}{2}\Gamma(\Delta S)^2$$

단, Π는 포지션의 가치, θ는 포지션 쎄타, Γ는 포지션 감마, ΔS는 주가의 변화를 의미함

옵션을 매도하고 동적델타헤지를 수행한 위 예의 금융회사는 포지션 쎄타가 (+)이고 감마가 (−)임이 당연하다. 따라서 옵션 계약 체결시 예상했던 변동성 수준보다 실제 변동성이 더 크다면, 즉 주가의 변화가 더 크게 발생하였다면 포지션 가치가 감소하여 손실이 발생함이 당연하다.

따라서 이러한 변동성 예측오차에서 기인하는 손익의 불확실성까지 제거하기 위해서는 델타헤지 뿐만 아니라 베가헤지 또는 감마헤지까지 병행할 필요가 있으며, 이는 동일한 기초자산에 대한 다른 옵션이나 혹은 분산 스왑(variance swap) 등을 통해 구현하는 것이 일반적이다.

8 금융프로그래밍 고급

8.1 이색옵션

이색옵션(exotic option)은 표준옵션(plain vanilla option)이 아닌 다른 모든 유형의 옵션을 총칭하는 용어로써, 옵션의 수익함수가 불연속적이거나(discountinuous), 중간 경로에 의존적이거나(path dependent), 혹은 기초자산이 여러 개인 것 등 독특한 성질들을 포함하고 있는 옵션이다. 이색옵션은 표준옵션에 비해 유동성이 매우 낮기 때문에 시장에서 직접 거래되기보다는, 대고객 금융상품을 구성하는 개별 요소(component; building block)로 활용되는 경우가 많다. 오늘날 주가연계증권(ELS), 구조화채권 등의 시장이 급성장하면서, 이들을 구성하는 주요 원재료인 이색옵션의 중요성도 점차 높아지고 있는 추세이다. 아래에서는 이색옵션 중 가장 대표적인 몇 가지 유형에 대해 살펴보기로 한다.

우선 이색옵션을 실습하기 위해 fExoticOptions 패키지를 이용하자. fExoticOptions 패키지는 다음과 같은 옵션가격공식을 제공한다.

- `AsianOptions`
- `BarrierOptions`
- `BinaryOptions`
- `CurrencyTranslatedOptions`
- `LookbackOptions`
- `MultipleAssetsOptions`
- `MultipleExercisesOptions`

8.1.1 디지털 옵션

표준옵션에서는 옵션이 행사될 때 기초자산가격과 행사가격의 차액만큼이 수익으로 확정되는 반면, 디지털 옵션(cash or nothing style)에서는 옵션이 행사되더라도 기초자산가격과는 무관하게 일정한 금액이 수익으로 확정된다. 이 때 두 가지 종류의 디지털 옵션을 고려할 수 있는데 다음과 같다.

- Cash or Nothiing Option(CNO): 옵션이 내가격(In The Money; ITM)상태가 되면 미리 정해진 금액의 돈을 주고 그렇지 않으면 아무 것도 주지 않는 옵션
- Asset or Nothing Option(ANO): 옵션이 내가격(In The Money; ITM)상태가 되면 미리 정해진 자산(보통 주식)을 주고 그렇지 않으면 아무 것도 주지 않는 옵션

위 두 종류의 디지털 옵션을 이용해서 유럽형 콜옵션을 다음과 같이 분해할 수 있다.

$$\text{Call option} = (+)\text{ANO}\ (-)\text{CNO}$$

이미 우리는 유럽형 콜옵션의 가격공식을 알고 있으므로 두 가지 디지털 옵션 중 한 가지 가격공식만 있으면 나머지 공식은 위 관계식을 이용해서 바로 구할 수 있다. 따라서 CNO 디지털옵션을 집중해서 알아보자. 디지털 콜옵션의 만기수익함수 DC_T는 아래와 같이 표현할 수 있다.

$$\text{DC}_\text{T} = \text{A}, \qquad \text{if S(T)} \geq K$$
$$\text{DC}_\text{T} = 0, \qquad \text{if S(T)} < K$$

여기서 A는 만기 지급금액이다.

따라서 행사될 때 1원을 지급(즉 A = 1)하는 디지털 콜옵션의 현재시점 가격 DC_0은 블랙숄즈 환경 하에서 아래와 같이 결정된다.

$$\text{DC}_0 = e^{-rT}N(d_2)$$

$$d_2 = \frac{\log\frac{S}{K} + \left(r - q - \frac{1}{2}\sigma^2\right)T}{\sigma\sqrt{T}} = \frac{\log\frac{F}{K} - \frac{1}{2}\sigma^2 T}{\sigma\sqrt{T}}$$

여기서 S는 기초자산가격, K는 행사가격, r은 무위험 이자율 q는 배당율, σ는 변동성 T는 옵션의 잔존 만기이다.

아래 코드는 이러한 디지털 콜옵션의 이론가격과 델타, 베가를 산출한 예이다.

가격

```
digitalCall<-function(f,k,v,t){
  d2=(log(f/k)-v^2/2*t)/(v*sqrt(t))
  ans=pnorm(d2) #non-discounted payoff
  return(ans)
}
```

델타

```
digitalCall.delta<-function(f,k,v,t){
  p0<-digitalCall(f,k,v,t)
  p1<-digitalCall(f+1/10000,k,v,t)
  ans<-p1-p0
  return(ans)
}
```

베가

```
digitalCall.vega<-function(f,k,v,t){
  p0<-digitalCall(f,k,v,t)
  p1<-digitalCall(f,k,v+1/100,t)
  ans<-p1-p0
  return(ans)
}
```

구체적 수치를 이용해서 가격과 델타를 기초자산가격에 따라 그려보면 다음과 같다.

```
f<-100;k<-100;v<-0.2;t<-0.5
f.seq<-seq(50,150,1)
fn<-function(x) digitalCall(x,k,v,t)
plot(f.seq,sapply(f.seq,fn),type='l',xlab="stock price",ylab="option
price")
fn<-function(x) digitalCall.delta(x,k,v,t)
plot(f.seq,sapply(f.seq,fn),type='l',xlab="stock price",ylab="option
delta")
```

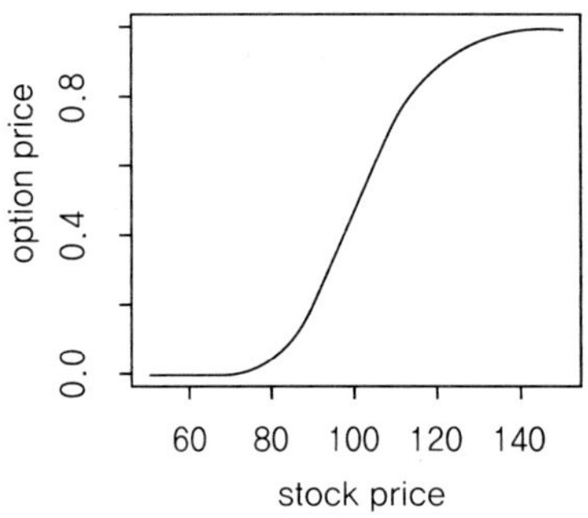

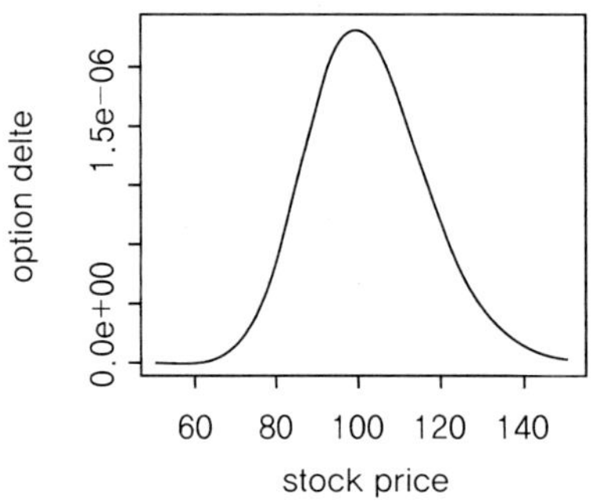

8.1.2 배리어 옵션

배리어(barrier) 옵션은 (1) 기초자산가격이 사전에 설정된 배리어를 중도에 한 번이라도 hit하면 소멸되는 넉아웃(knock-out) 유형과, (2) 기초자산가격이 사전에 설정된 배리어를 중도에 한 번이라도 hit 해야만 유효한 넉인(knock-in) 유형으로 구분할 수 있다. 아울러 이를 좀 더 세분화하여 up-and-in, up-and-out, down-and-in, down-and-out 유형으로 구분하기도 한다. 일례로 up-and-in 콜옵션 및 down-and-out 풋옵션은 각각 아래와 같은 수익함수로 표현할 수 있다.

- Up-and- in 콜옵션:

$$C(T) = \begin{cases} \max\left(S(T) - K, 0\right), & if \ \max(S(t)) \geq B, 0 \leq t \leq T \\ 0, & if \ \max(S(t)) < B, 0 \leq t \leq T \end{cases}$$

- Down-and-out 풋 옵션:

$$C(T) = \begin{cases} \max\left(K - S(T), 0\right), & if \ \max(S(t)) > B, 0 \leq t \leq T \\ R, & if \ \max(S(t)) \leq B, 0 \leq t \leq T \end{cases}$$

단, B는 배리어 수준, R은 리베이트로써 옵션 소멸시 수취하는 일정한 금액 (0이 될 수도 있음)

아래 코드는 down-and-out 풋옵션의 이론가격을 블랙숄즈 환경 하에서 계산한 예이다.

```
library(RQuantLib)
s <- seq(80, 150)
barrierPrice <- function(s) {
  BarrierOption(
       "downout", "put",
       underlying=s,
       strike=120,
       dividendYield=0.01,
       riskFreeRate=0.03,
       maturity=0.1,
       volatility=0.4,
       barrier=80)$value
}
plot(s,sapply(s,barrierPrice),ylab="Price",xlab="Underlying",type="l")
abline(v=120,lty=2,col='red')
abline(v=80,lty=2,col='blue')
abline(h=0)
```

여기서는 fExoticOptions 패키지 사용해도 되지만 RQuantLib 패키지 예제를 보여주기 위해 RQuantLib 패키지를 사용했다. 위 코드의 실행결과는 아래와 같다.

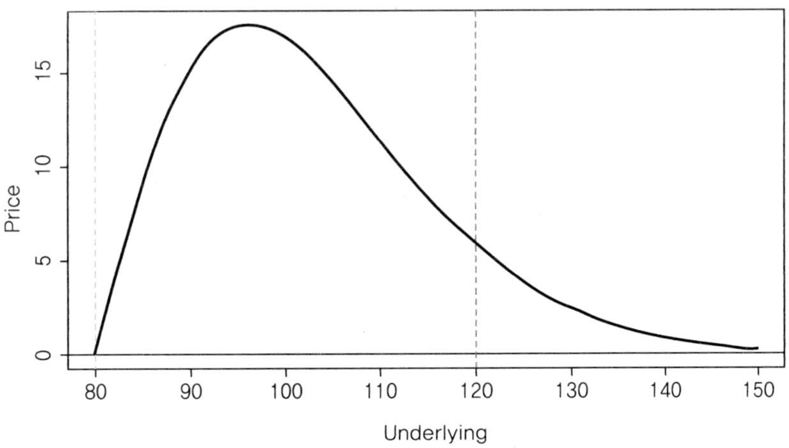

디지털 옵션이나 배리어 옵션과 같이 수익함수가 불연속적인 경우, 헤지 과정에서 직면하는 가장 어려운 문제 중 하나는 델타와 같은 민감도 지표가 불연속점 근방에서 매우 불안정하다는 점이다. 아래 코드는 이러한 현상을 보여주는 예이다.

스크립트

```
delta.bar<-function(ty,s,k,H,rebate=0,t,r,b,vol){
```

```
  p0<-StandardBarrierOption(ty,s,k,H,rebate,t,r,b,vol)@price
  ans<-StandardBarrierOption(ty,s+1,k,H,rebate,t,r,b,vol)@price-p0
}

s0<-100;r<-0.04;q<-0;mu<-0.12;vol<-0.4;t<-30/365
b<-r-q
k<-s0;H=115
nsim<-1;nt<-30
dt<-t/nt
s<-rep(0,nt)
dvanilla<-rep(0,nt)
dbarrier<-rep(0,nt)
s[1]<-s0
set.seed(1)
dvanilla[1]<-bsoDelta(s[1],k,r,q,vol,t)
dbarrier[1]<-delta.bar("cuo",s[1],k,H,0,t,r,b,vol)
for(i in 2:nt){
  t<-t-dt
  w1<-rnorm(nsim,0,1)
  s[i]<-s[i-1]*exp((mu-0.5*vol^2)*dt+vol*sqrt(dt)*w1)
  dvanilla[i]<-bsoDelta(s[i],k,r,q,vol,t)
  dbarrier[i]<-delta.bar("cuo",s[i],k,H,0,t,r,b,vol)
}
par(mfrow=c(1,2))
plot(s,type='l',xlab="stock price path")
plot(dbarrier,type='l',xlab="delta")
lines(dvanilla,lty=2)
```

콘솔

```
> source('barrier.r')
```

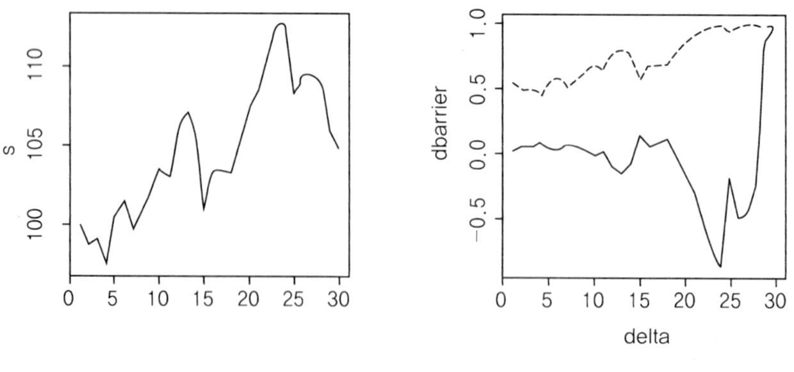

오른쪽 그림에서 점선이 표준적 콜옵션의 델타이고, 실선이 Up and Out 콜옵션의 델타이다.

위 결과에서 확인되듯이 만기일 근처에서 주가가 배리어 근처에 놓일 경우, 이색 옵션 델타가 표준옵션의 델타에 비해 심하게 움직임을 확인할 수 있다. 따라서 동적델타헤지를 수행하는 트레이더 입장에서는 델타 중립 포지션을 유지하기 위해 대규모 거래를 빈번하게 수행해야 하는 기술적 어려움에 직면한다. 국내에서도 ELS를 둘러싸고 증권사와 투자자들 간에 시세 조종에 관한 여러 법적 소송이 진행된 바 있는데, 이러한 사태를 초래한 원론적인 이유는 바로 위에서 살펴본 델타의 불안정성에서 기인한다.

8.1.3 아시안 옵션

아시안(Asian) 옵션은 1987년 Bankers Trust 동경지점에서 원유(crude oil) 관련 파생상품으로 처음 개발된 이색옵션으로, 만기시점의 기초자산가격이 아닌 만기까지 관찰된 기초자산가격의 평균에 의해 수익함수가 결정되는 특징을 가지고 있다. 대표적으로 Fixed strike option과 Floating strike option으로 구분할 수 있으며, 아래 수식은 이러한 예 중 일부를 표현한 것이다.

- Fixed strike 아시안 콜옵션:

$$C(T) = \max(A(T) - K, 0),\ A(T) = \text{Average}(S(t)),\ 0 \le t \le T$$

- Floating strike 아시안 풋옵션:

$$C(T) = \max(\alpha A(T) - S(T), 0),\ A(T) = \text{Average}(S(t)),\ 0 \le t \le T$$

즉, fixed strike 옵션에서는 만기 기초자산가격 대신에 기초자산가격의 평균값을 사용하며, floating strike 옵션에서는 행사가격으로 기초자산가격의 평균값을 사용한다. 아울러 평균을 계산하는 방식에 따라 산술평균옵션, 기하평균옵션 등으로 구분되기도 한다. 이러한 아시안 옵션 또한 배리어 옵션과 마찬가지로 대표적인 경로의존적 옵션에 속한다.

fExoticOptions 패키지에 포함된 다음 함수는 아시안 옵션 가격을 계산한다.

`GeometricAverageRateOption`	기하평균 아시안옵션
`TurnbullWakemanAsianApproxOption`	산술평균 아시안옵션 근사공식

함수는 다음과 같이 사용한다.

- GeometricAverageRateOption(TypeFlag, S, X, Time, r, b, sigma, title = NULL, description = NULL)
- TurnbullWakemanAsianApproxOption(TypeFlag, S, SA, X, Time, time, tau, r, b, sigma, title = NULL, description = NULL)

인수의 의미는 다음과 같다.

인수	의미
b	the annualized cost-of-carry rate, a numeric value; e.g. 0.1 means 10% pa.
description	a character string which allows for a brief description.
r	a numeric value, the annualized rate of interest; e.g. 0.25 means 25% pa.
S, SA	the asset price, a numeric value.
sigma	a numeric value, the annualized volatility of the underlying security; e.g. 0.3 means 30% volatility pa.
tau	is the time to the beginning of the average period.
time, Time	a numeric value, the time to maturity measured in years; e.g. 0.5 means 6 months.
title	a character string which allows for a project title.
TypeFlag	a character string either "c" for a call option or a "p" for a put option.
X	the exercise price, a numeric value.

아래는 fExoticOptions 패키지 설명서에 나와있는 예제이다.

스크립트

```
## Examples from Chapter 2.12 in E.G. Haug's Option Guide (1997)

## Geometric Average Rate Option:
ans1<-TurnbullWakemanAsianApproxOption(TypeFlag="p",S=90,SA=88,
X=95,Time=0.50,time=0.25,tau=0.0,r=0.07,
b=0.02,sigma=0.25)

## Turnbull Wakeman Approximation:
ans2<-GeometricAverageRateOption(TypeFlag="p",S=80,X=85,
Time=0.25,r=0.05,b=0.08,sigma=0.20)
```

실행결과는 다음과 같다.

콘솔

```
> install.packages('fExoticOptions')
> require(fExoticOptions)
> source('asian.r')
> ans1

Title:
 Turnbull Wakeman Asian Approximated Option

Call:
```

```
 TurnbullWakemanAsianApproxOption(TypeFlag = "p", S = 90, SA = 88,
     X = 95, Time = 0.5, time = 0.25, tau = 0, r = 0.07, b = 0.02,
     sigma = 0.25)

Parameters:
          Value:
 TypeFlag p
 S        90
 SA       88
 X        102
 Time     0.5
 time     0.25
 tau      0
 r        0.07
 b        0.02
 sigma    0.25

Option Price:
 5.848187

> ans2

Title:
 Geometric Average Rate Option

Call:
 GeometricAverageRateOption(TypeFlag = "p", S = 80, X = 85, Time =
0.25,
     r = 0.05, b = 0.08, sigma = 0.2)

Parameters:
          Value:
 TypeFlag p
 S        80
 X        85
 Time     0.25
 r        0.05
 b        0.08
 sigma    0.2

Option Price:
 4.69222
```

8.2

수치적 방법(고급)

앞에서 다루지 못한 수치적 방법의 고급이슈를 생각해보자.

8.2.1 미국형옵션과 시뮬레이션

미국형 옵션(American option)은 만기이전에 옵션을 행사할 수 있는 옵션이다. 따라서 만기이전에 옵션을 행사하는 것이 최적인지를 항상 고려해야 한다. 일반적인 시뮬레이션을 이용해서 옵션가격을 계산할 경우, 미래가치를 알 수 없으므로 조기행사 가능성을 고려할 수 없고 따라서 미국형 옵션가격을 정확히 계산할 수 없다. 이를 보완한 방법을 고려해보자.

이론적으로는 옵션의 가치를 최대로 하는 조기행사 전략을 찾는 것이 미국형 옵션 가격계산의 핵심이다. 다음 조기행사전략을 생각해보자.

- (전략1) ITM이 되면 무조건 행사한다.

이 전략을 사용할 경우 미국형 옵션의 가격 P_{am}이 유럽형 옵션의 가격 P_{eu}보다 크지 않을 경우가 생긴다. 다음 코드를 살펴보자.

```
t<-0.5;s0<-100;r<-0.05;sigma<-0.2;K<-95

set.seed(2)
ns<-10
nt.tmp<-10
nt<-nt.tmp+1 #index starts at 1
u<-rnorm(ns*nt)

s<-matrix(NA,nt,ns)
w<-matrix(u,nt,ns)
opt<-matrix(NA,nt,ns)
pt<-rep(0,ns)

dt<-t/nt.tmp
s[1,]<-s0
for(it in 2:nt){
  s[it,]<-s[it-1,]*exp((r-0.5*sigma^2)*dt+sigma*sqrt(dt)*w[it,])
}
```

```
for(is in 1:ns) pt[is]<-which(s[,is]<K)[1]

matplot(s,type='l')
abline(h=K,col='red',lwd=2,lty=2)
for(is in 1:ns) points(pt[is],s[pt[is],is],lwd=2)

p.eu<-mean(pmax(K-s[nt,],0)*exp(-r*t))

idx<-which(pt!="NA")
p.am<-sum((K-diag(s[pt[idx],idx]))*exp(-r*dt*(pt[idx]-1)))/ns
```

참고로 계산에 사용된 숫자를 보면 다음과 같다.

	A	B	C	D	E	F	G	H	I	J	K	L	M
1		simulation →											
2	time	V1	V2	V3	V4	V5	V6	V7	V8	V9	V10		
3	1	100	100	100	100	100	100	100	100	100	100		
4	2	100.9815	98.40664	109.2987	96.73122	109.4762	98.71397	98.02628	104.9769	101.8971	105.0799		
5	3	108.5757	94.07694	109.487	94.32983	108.1528	103.0876	98.54371	98.70955	109.6217	106.4713		
6	4	103.3783	102.0351	98.26442	87.45368	107.876	108.6387	94.81739	103.3606	118.3586	105.143		
7	5	103.1626	92.15413	100.5349	84.12001	107.1518	117.2472	91.12682	95.9557	112.425	101.8292		
8	6	103.9311	95.99104	98.03513	82.16607	101.7111	108.3982	92.62233	93.83458	105.9571	98.12458		
9	7	107.4354	96.2892	101.7231	81.38721	98.11563	118.8844	92.17556	88.38159	99.17497	107.6978		
10	8	106.4494	100.9022	103.204	80.12305	107.7759	115.3771	94.12672	80.1919	93.91077	112.4899		
11	9	116.5031	103.0261	106.8316	73.51209	105.2575	116.3706	94.04181	87.13079	102.6649	123.2475		
12	10	115.9561	113.2941	108.5291	70.90264	111.6045	119.2139	90.4387	84.74864	102.8542	121.1283		
13	11	118.3196	107.5359	114.051	77.31878	106.6565	115.0938	96.01141	83.80213	99.19913	119.4217		
14													가격
15	european	0	0	0	17.24467	0	0	0	10.9214	0	0		2.816607
16	최초ITM 주가		94.07694		94.32983			94.81739	93.83458	93.91077			
17	최초ITM 시점		2		2			3	5	7			
18	american	0	0.918461	0	0.666828	0	0	0.181246	1.15094	1.070331	0		0.398781

위 코드의 실행결과는 다음과 같다. 모두 10번의 시행을 하였는데, 동그라미로 표시된 부분이 행사지점이다. 모두 4번이 행사되었고, (전략1)에 따라 모두 내가격(ITM)상태가 되는 순간에 행사되었다

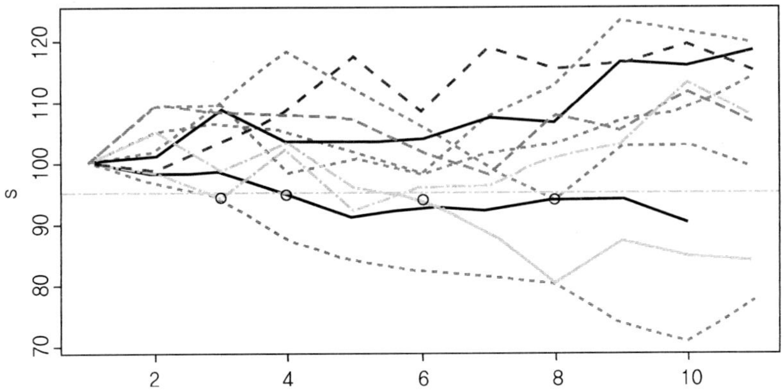

실행결과는 다음과 같다.

```
> source('american.r')
> p.eu
```

```
[1] 2.816607
> p.am
[1] 0.3987806
```

위 시뮬레이션 결과에 따르면 전략1을 따르면 미국형 옵션이 유럽형 옵션보다 가치가 작아진다. 이는 불가능한 일이다(왜 미국형 옵션의 가격이 유럽형 보다 작을 수 없을까?). 전략1에서 미국형 옵션의 가치가 작게 나오는 것은 많은 경우에 추가로 얻을 수 있는 이익을 포기했기때문이다. 즉 미래에 더 이익을 볼 가능성을 반영하지 않았기 때문이다. 따라서 이 전략은 최적이 아니다. 미래의 가능성을 반영하는 여러가지 방법 중 Longstaff and Schwartz (2001)가 제안한 방법은 회귀분석을 통해 조기행사여부를 판단하는 것이다(Least Square Monte Carlo Simulation; LSMC).

LSMC방법을 구현해보자.

```
s0<-100; K<-95; r<-0.05; sigma<-0.2;nt.tmp<-10; ns<-10;t<-0.5
 set.seed(2)
 nt<-nt.tmp+1 #index starts at 1
 u<-rnorm(ns*nt)

 s<-matrix(NA,nt,ns)
 w<-matrix(u,nt,ns)
 m.ex.rule<-matrix(0,nt,ns)

 dt<-t/nt.tmp
 s[1,]<-s0
 for(it in 2:nt){
   s[it,]<-s[it-1,]*exp((r-0.5*sigma^2)*dt+sigma*sqrt(dt)*w[it,])
 }
 cf.next<-pmax(K-s[nt,],0)
 for(it in (nt-1):1){
  cf.ee<-pmax(K-s[it,],0)
  idx<-(1:ns)[cf.ee>0]
  y<-cf.next[idx]*exp(-r*dt)
  x1<-s[it,idx]
  x2<-x1*x1
  if(length(idx)>=3)a<-lm(y~x1+x2)$coefficients
  else a<-c(1,1,1)
  cont.est<-a[1]+a[2]*x1+a[3]*x2
  ex.rule<-rep(0,ns)
  ex.rule[idx]<-(cf.ee[idx]>cont.est)
  cf.next<-(ex.rule==0)*cf.next*exp(-r*dt)+(ex.rule==1)*cf.ee
  m.ex.rule[it,]<-ex.rule
}
```

```
30  p.am<-mean(cf.next)
31  p.eu<-mean(pmax(K-s[nt,],0)*exp(-r*t))
```

15~29줄: 회귀분석을 이용한 옵션 조기행사여부를 판단하는 부분이다.

28줄: 행사여부에 대한 확인용으로 자료를 저장해둔다.

계산결과는 다음과 같다. 앞의 전략1과는 달리 미국형 옵션의 가치가 유럽형 옵션의 가치보다 크게 나온다.

```
> source('test.r')
> p.am
[1] 4.283033
> p.eu
[1] 2.816607
```

위 결과를 그래프로 그려보면 다음과 같다.

```
matplot(s,type='l')
for(is in 1:ns){
 idx<-(1:nt)[m.ex.rule[,is]==1]
 points(idx,s[idx,is],lwd=2)
}
abline(h=95,col='red',lty=2,lwd=2)
```

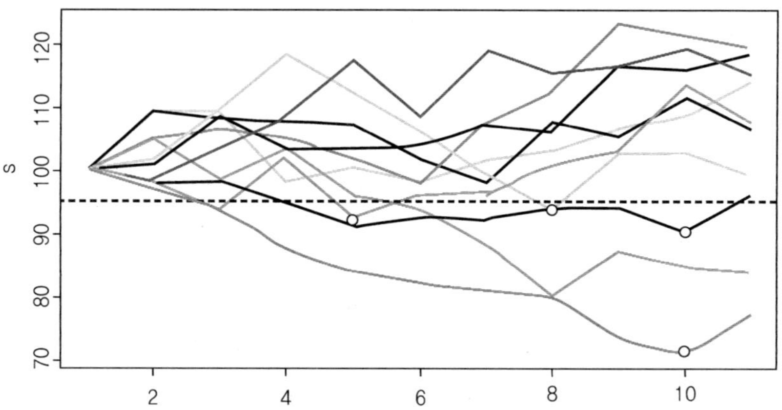

앞의 전략1과는 옵션 행사지점이 다른 것을 확인할 수 있다. 즉 ITM 상태라고 모든 옵션이 행사되는 것은 아니다. 옵션이 행사되는 시점은 2번 시나리오의 5번째 노드, 4번 시나리오의 10번째 노드, 7번 시나리오의 10번째 노드 그리고 마지막으로 9번 시나리오의 8번째 노드 등이다. 8번 시나리오는 6번째 노드에서 이미 ITM상태이지만 미래에 주가가 더 떨어지는 점을 감안해 조기행사가 되지 않았다. 이는 전략1에서 고려하지 못하는 점이다. LSMC는 회귀분석을 통해 이를 반영하고 있음을 알 수 있다.

위 결과를 함수로 만든 뒤, 이론적 가격과 비교해보자. 우선 LSMC를 이용한 미국형 풋옵션 가격계산함수는 다음과 같다.

```
am.put.sim=function(t=0.5,s0=100,r=0.05,
                              sigma=0.2,K=95,ns=10,nt.tmp=10){
 set.seed(2)
 nt<-nt.tmp+1 #index starts at 1
 u<-rnorm(ns*nt)

 s<-matrix(NA,nt,ns)
 w<-matrix(u,nt,ns)

 dt<-t/nt.tmp
 s[1,]<-s0
 for(it in 2:nt){
   s[it,]<-s[it-1,]*exp((r-0.5*sigma^2)*dt+sigma*sqrt(dt)*w[it,])
 }
 cf.next<-pmax(K-s[nt,],0)
 for(it in (nt-1):1){
  cf.ee<-pmax(K-s[it,],0)
  idx<-(1:ns)[cf.ee>0]
  y<-cf.next[idx]*exp(-r*dt)
  x1<-s[it,idx]
  x2<-x1*x1
  if(length(idx)>=3)a<-lm(y~x1+x2)$coefficients
  else a=c(1,1,1)
  cont.est<-a[1]+a[2]*x1+a[3]*x2
  ex.rule<-rep(0,ns)
  ex.rule[idx]<-(cf.ee[idx]>cont.est)
  cf.next<-(ex.rule==0)*cf.next*exp(-r*dt)+(ex.rule==1)*cf.ee
}
p.am<-mean(cf.next)
p.eu<-mean(pmax(K-s[nt,],0)*exp(-r*t))
eep<-p.am-p.eu
ans<-data.frame(p.am,p.eu,eep)
}
```

fOptions 패키지에 포함된 미국형 옵션가격계산 함수를 이용해서 위 옵션을 계산한 결과는 다음과 같다.

스크립트

```
require(fOptions)
x<-NULL
```

```
x[1]<-GBSOption("p",100,95,0.5,0.05,0.05,0.2)@price
x[2]<-BSAmericanApproxOption("p",100,95,0.5,0.05,0.05,0.2)@price
print(x)
```

콘솔

```
> source('test.r')
[1] 2.527191 2.587796
```

두 결과를 그래프로 비교해보면 다음과 같다.

```
> f<-function(x) am.put.sim(ns=x)$p.am
> g<-function(x) am.put.sim(ns=x)$p.eu
> x<-sapply(nsim.seq,f)
> y<-sapply(nsim.seq,g)
> plot(nsim.seq,x,type='l')
> lines(nsim.seq,y,col='red')
> abline(h=2.587796)
> abline(h=2.527191,col='red')
```

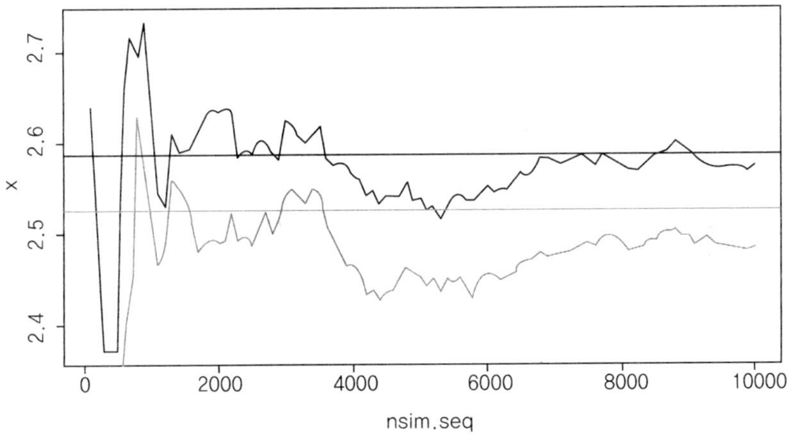

진한 실선이 American option이고 연한 실선이 European option이다.

8.2.2 유한차분법

유한차분법(Finite Difference Method; FDM)은 옵션가격도출에 사용되는 편미분방정식(Partial Differential Equation; PDE)을 수치적으로 직접 푸는 방법이다. 수치적으로 푸는 방법이 다양한데 여기서는 그 중에서 명시적 방법(Explicit Method)를 살펴보자. 우선 편미분방정식(Black−Scholes 가정에 따라 도출된 PDE를 생각해보자)은 다음과 같다.

$$\frac{\partial P}{\partial t} + rS\frac{\partial P}{\partial S} + \frac{1}{2}\sigma^2 S^2 \frac{\partial^2 P}{\partial S^2} = rP$$

P＝파생상품의 가격

S＝기초자산의 가격

r＝무위험이자율

t＝시간

σ＝변동성

위 각 항의 미분을 다음의 차분으로 대입하고

$$\frac{\partial P}{\partial t} \approx \frac{P_{j,i+1} - P_{j,i}}{\Delta t}$$

$$\frac{\partial P}{\partial S} \approx \frac{P_{j+1,i+1} - P_{j-1,i+1}}{2\Delta S}$$

$$\frac{\partial^2 P}{\partial S^2} \approx \frac{P_{j+1,i+1} + P_{j-1,i+1} - 2P_{j,i+1}}{\Delta S^2}$$

정리하면 다음의 방정식을 얻는다.

$$P_{j,i} = A_j P_{j+1,i+1} + B_j B_{j,i+1} + C_j P_{j-1,i+1}$$

$$A_j = \frac{\mathrm{dt}}{1+\mathrm{rdt}}\left(-\frac{1}{2}\mathrm{rj} + \frac{1}{2}\sigma^2 \mathrm{j}^2\right)$$

$$B_j = \frac{\mathrm{dt}}{1+\mathrm{rdt}}\left(\frac{1}{\mathrm{dt}} - \sigma^2 \mathrm{j}^2\right)$$

$$C_j = \frac{\mathrm{dt}}{1+\mathrm{rdt}}\left(\frac{1}{2}\mathrm{rj} + \frac{1}{2}\sigma^2 \mathrm{j}^2\right)$$

위 방정식과 경계조건(boundary condition)을 각 시간 및 주가 격자에 대해 적용하면 현재시점의 옵션가격을 구할 수 있다. 다음 미국형 풋옵션 가격계산 코드를 살펴보자.

스크립트 **FDM구현 부분**

```
AmericanPutExp<-
function(Smin=0,Smax,T=1,N=10,M=10,K,r=0.05,sigma=0.01){
 Dt=T/N
 DS=(Smax-Smin)/M
 t<-seq(0,T,by=Dt)
 S<-seq(Smin,Smax,by=DS)
 A<-function(j)(-0.5*r*j*Dt+0.5*sigma^2*j^2*Dt)/(1+r*Dt)
 B<-function(j)(1-sigma^2*j^2*Dt)/(1+r*Dt)
 C<-function(j)(0.5*r*j*Dt+0.5*sigma^2*j^2*Dt)/(1+r*Dt)
 P<-matrix(,M+1,N+1)
 colnames(P)<-round(t,2)
 rownames(P)<-round(rev(S),2)
```

```
13    P[M+1,]<-K
14    P[1,]<-0
15    P[,N+1]<-sapply(rev(S),function(x)max(K-x,0))
16    optTime<-matrix(FALSE,M+1,N+1)
17    optTime[M+1,]<-TRUE
18    optTime[which(P[,N+1]>0),N+1]<-TRUE
19    for(i in (N-1):0){
20     for(j in 1:(M-1)){
21       J<-M+1-j
22       I<-i+1
23       P[J,I]<-A(j)*P[J+1,I+1]+B(j)*P[J,I+1]+C(j)*P[J-1,I+1]
24       if(P[J,I]<P[J,N+1])
25         optTime[J,I]<-TRUE
26      }
27    }
28    colnames(optTime)<-colnames(P)
29    rownames(optTime)<-rownames(P)
30    ans<-list(P=P,t=t,S=S,optTime=optTime,N=N,M=M)
31    class(ans)<-"AmericanPut"
32    return(invisible(ans))
33  }
```

7~9줄: 명시적 FDM의 계수 구현 부분

10줄: 옵션가격 행렬 생성

11~12줄: 옵션가격 행렬의 행/열 이름 지정

14줄: 경계조건 중 하한 경계

15줄: 경계조건 중 상한 경계

16줄: 조기행사여부를 저장하는 행렬 생성

17줄: 하한경계에서의 옵션행사여부 저장

18줄: 만기시점의 옵션행사여부 저장

19~27줄: 시간을 거슬러오면서 옵션가격 계산(Backward Induction)

23줄: 명시적 방법을 구현한 부분

28~29줄: 조기행사 행렬의 행/열 이름 지정

30줄: 결과값을 저장

31줄: 결과값의 class을 지정

32줄: 결과값을 반환하지만 출력하지 않을 경우 invisible함수 사용한다. 이 경우 콘솔에서 이 함수를 실행해도 결과값은 출력되지 않는다.

스크립트 PLOT구현 부분

```
34 plot.AmericanPut<-function(obj){
35   plot(range(obj$t),range(obj$S),type="n",axes=F,xlab="t",ylab="S")
36   axis(1,obj$t,obj$t)
37   axis(2,obj$S,obj$S)
38   abline(v=obj$t,h=obj$S,col="darkgray",lty="dotted")
39   for(i in 0:obj$N){
40     for(j in 0:obj$M){
41       J<-obj$M+1-j
42       I<-i+1
43       cl<-"grey"
44       if(obj$optTime[J,I])
45         cl<-"black"
46       text(obj$t[i+1],obj$S[j+1],round(obj$P[J,I],2),cex=0.75,col=cl)
47     }
48   }
49   DS<-mean(obj$S[1:2])
50   y<-as.numeric(apply(obj$optTime,2,function(x) which(x)[1]))
51   lines(obj$t,obj$S[obj$M+2-y]+DS,lty=2)
52 }
```

35줄: 전체 윤곽을 그린다.

26~37줄: 축이름을 쓴다.

38줄: 격자를 그린다.

39~48줄: 옵션가격을 격자위에 쓴다.

51줄: 조기행사 경계선을 그린다.

콘솔 실행

```
> put<-AmericanPutExp(Smax=60,sigma=0.4,K=30)
> plot(put)
```

결과는 다음과 같다.

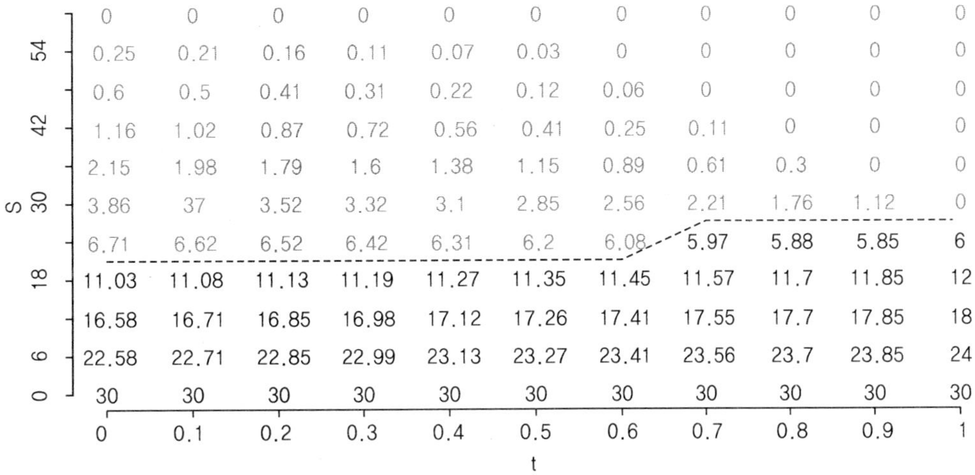

위 결과를 입체적으로 보려면 3차원 그래프 기능을 이용하면 된다. 우선 lattice 패키지에 wireframe함수를 이용해보자.

```
> install.packages('lattice')
> library(lattice)
> source('test.r')

> x<-AmericanPutExp(Smax=60,sigma=0.4,K=30)
> names(x)
[1] "P"         "t"         "S"         "optTime" "N"         "M"
> opt_rev<-x$P
> timeopt<-apply(opt_rev,2,rev)
> wireframe(opt,xlab='stock',ylab='time')
```

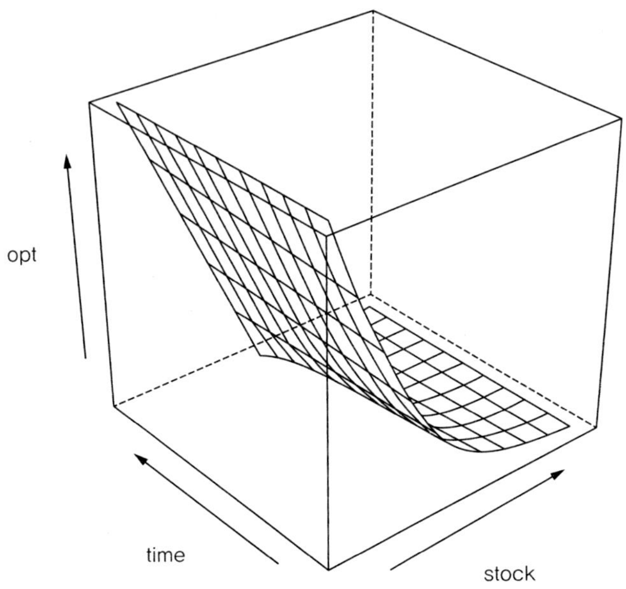

유사한 그림을 persp함수로 그릴 수 있다. persp함수는 R 기본 패키지에 포함되어 있다.

```
> par(mfrow=c(1,2))
> persp(x$S,x$t,opt)
> persp(x$S,x$t,opt,theta=30,phi=0)
```

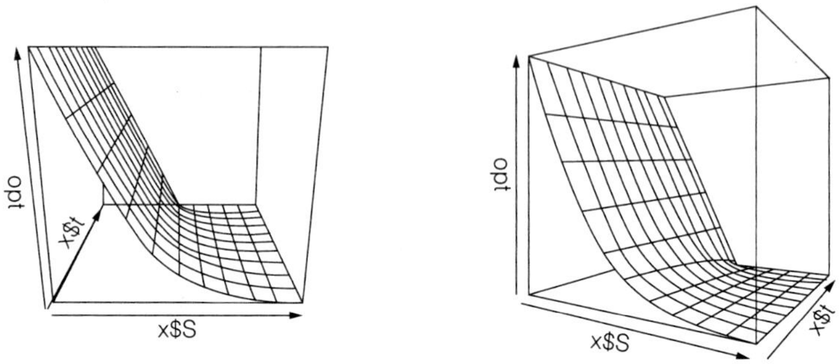

3차원 그래프를 움직이면서 보려면 rgl패키지에 persp3d함수를 이용하면 된다.

```
> library(rgl)
> open3d()
> source('test.r')

> x<-AmericanPutExp(Smax=60,sigma=0.4,K=30)
> names(x)
[1] "P"        "t"        "S"        "optTime" "N"        "M"
> opt_rev<-x$P
> opt<-apply(opt_rev,2,rev)
> persp3d(x$S,x$t,opt,col='gray')
```

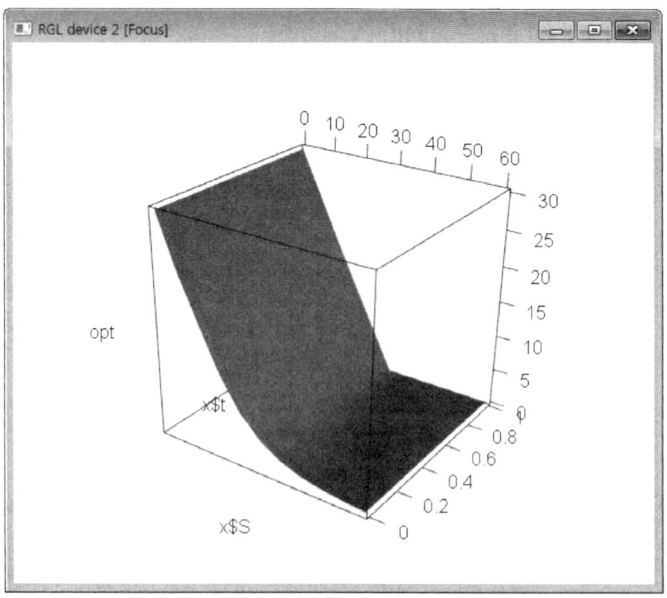

8.2.3 푸리에 변환(Fourier Transformation)

Heston (1993)이 푸리에 변환을 통해 확률적 변동성 아래에서 옵션가격 공식을 도출한 이래로 푸리에 변환을 이용한 옵션가격계산이 많이 도입되었다. Iacus (2011)을 참조하여 이 부분에 대해서 살펴보자.

어떤 함수 $f(x)$의 푸리에 변환은 다음과 같이 정의된다.

(푸리에 변환)

$$\phi(t) = \int_{-\infty}^{\infty} f(x)e^{itx}\,dx$$

$f(x)$를 확률밀도함수(Density function)로 보면 위 식은 다음과 같이 쓸 수 있다.

$$\phi(t) = \mathrm{E}[\mathrm{e}^{\mathrm{itX}}]$$

즉, 확률밀도함수의 푸리에 변환은 확률론에서 사용되는 확률밀도함수의 특성함수(Characteristic Function)와 같은 의미를 갖는다. 위 푸리에 변환의 역변환을 생각해 볼 수 있는데, 다음과 같이 정의된다.

(푸리에 역변환)

$$f(x) = \frac{1}{2\pi}\int_{-\infty}^{\infty} e^{-itx}\phi(t)\mathrm{dt}$$

즉 확률밀도함수를 푸리에 변환을 한 것이 특성함수이고 역으로 특성함수를 푸리에 역변환하면 확률밀도함수를 얻을 수 있다. 이 결과를 실제 수치를 이용해 확인해 보자.

스크립트

```
01  x<-seq(-3,3,length=20)
02  f<-function(x) dnorm(x)
03  y<-fft(f(x),inverse=TRUE)
04  invFFT<-as.numeric(fft(y)/length(y))
```

2줄: 표준정규분포 확률밀도함수를 구한다.

3줄: fft함수를 이용해서 푸리에 변환을 한다.

4줄: 푸리에 역변환을 수행한 결과가 invFFT에 저장된다. 아래에서 invFFT 값이 원래 확률밀도 함수 값과 일치함을 알 수 있다.

콘솔

```
> source('01.r')
Warning message:
```

```
In eval(expr, envir, enclos) : imaginary parts discarded in coercion
> head(f(x))
[1] 0.004431848 0.010873446 0.024145731 0.048529339 0.088279375
0.145346632
> head(y)
[1]  3.161856e+00+0.000000e+00i -1.911250e+00+3.027123e-01i
[3]  4.125760e-01-1.340541e-01i -3.528574e-02+1.797898e-02i
[5] -6.619828e-04+4.809586e-04i -9.869481e-04+9.869481e-04i
> head(invFFT)
[1] 0.004431848 0.010873446 0.024145731 0.048529339 0.088279375
0.145346632
>
```

위 결과를 이용하면, 만약 어떤 분포의 특성함수를 알고 있다면 위 결과를 이용하여 확률분포를 구할 수 있고, 옵션가격도 구할 수 있게 된다. 구체적인 사례로 다음을 생각해보자.

평균이 μ_z이고 분산이 σ_z인 정규분포의 특성함수는 다음과 같다.

$$\phi(u) = \exp\left(i\mu_z u - \frac{1}{2}\sigma_z^2 u^2\right)$$

주식의 가격이 기하브라운과정을 따를 경우 주가 수익률의 확률분포는 다음과 같다.

$$\log\frac{S_t}{S_0} \sim N\left(\left(r - \frac{1}{2}\sigma^2\right)t, \sigma\sqrt{t}\right)$$

따라서 이 경우 특성함수는 다음과 같다.

$$\phi(u) = \exp\left(iu\left(r - \frac{1}{2}\sigma^2\right)t - \frac{1}{2}\sigma^2 tu^2\right)$$

만약 위 경우에 확률분포는 모르고 특성함수만 알고 있다면 푸리에 (역)변환을 이용해 옵션가격을 구할 수 있다. 다음을 살펴보자.

스크립트

```
s0<-100
k<-100
t<-0.5
r<-0.04
sigma<-0.2
phi<-function(u) exp((0+1i)*u*(r-0.5*sigma^2)*t-0.5*sigma^2*t*u^2)

z<-seq(-100,100,length=1000)
```

```
09 dz<-z[2]-z[1]
10 density<-function(x)sum(0.5/pi*exp(-1i*z*x)*phi(z)*dz)
11 df<-function(x) Re(sapply(x,density))
12 par(mfrow=c(1,2))
13 x<-seq(-1,1,length=100)
14 y<-df(x)
15 plot(x,y,type='l',ylab='density(Fourier)')
16 plot(x,dnorm(x,(r-0.5*sigma^2)*t,sigma*sqrt(t)),type='l',
17      ylab='density')
18 
19 call.price<-sum(pmax(s0*exp(x)-k,0)*df(x)*dx)*exp(-r*t)
```

8~10줄: 푸리에 역변환(수치적분)을 통해 확률분포함수를 구한다.

11줄: 10줄의 결과로 나온 함수를 벡터처리가 가능하도록 벡터화한다. Re함수는 허수부분을 제거하는 함수이다.

콘솔

```
> source('01.r')
> call.price
[1] 6.631777
```

아래 그림에서 푸리에 변환을 통해 구한 확률밀도함수가 원래 확률밀도함수와 같음을 확인할 수 있다.

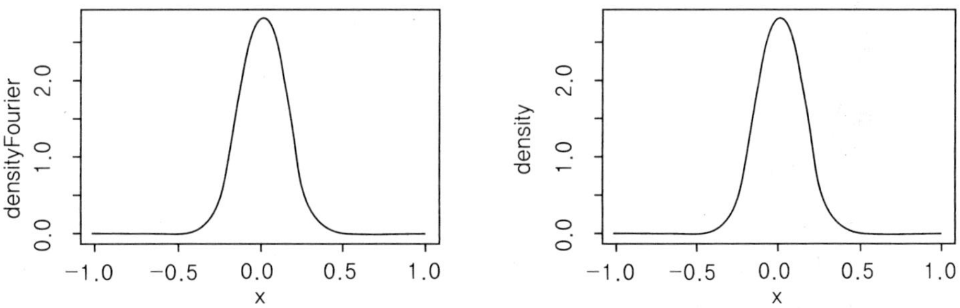

8.3 이자율 옵션

일반적으로 주식옵션에 익숙하므로 주식옵션과 비교하여 이자율 옵션을 이해해보자. 아래 그림은 주식옵션과 이자율옵션의 대응관계를 보여준다.

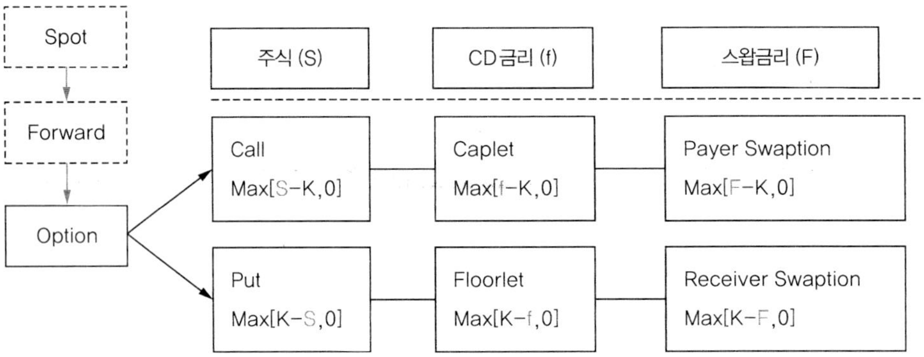

위에서 S는 주식의 가격, f는 선도이자율, F는 선도스왑금리이다. K는 공통적으로 행사가격을 의미하는데, 대응하는 기초자산에 맞게 해석해야한다. 예를 들어 기초자산이 주식이라면 K도 주식가격의 개념에 해당한다. 예를 들어 삼성전자 주식가격에 대한 행사가격이라면 K는 100만원 정도 수준의 값이 된다. 반면 기초자산이 선도이자율이나 선도스왑금리라면 K는 이자율에 해당한다. 따라서 K는 2%나 5% 수준의 값으로 해석된다.

기본적으로 콜옵션과 풋옵션이라는 개념은 주식옵션이나 이자율 옵션이나 동일하다. 기초자산이 주식에서 이자율로 바뀌는 것 뿐이다. 그런데 주식의 경우 손익산식(Max[S-K,0]과 Max[K-S,0])이 바로 결제해야할 금액(돈)을 의미하지만 금리옵션은 위 손익산식이 바로 결제해야 할 금액(돈)을 의미하지는 않는다. 손익산식이 의미하는 것은 이자율차이이기 때문이다. 이자율을 돈으로 환산하기 위해서는 이자율에 원금과 계산기간 등을 반영한 전환요소(Conversion Factor: CV)를 곱해주어야 한다. 전환요소가 구체적으로 무엇인지는 뒤에서 살펴보기로 하고 우선 CV가 주어졌을 때 옵션가격을 계산해보자.

CD금리에 대한 콜 옵션(Caplet)을 생각해보자(Floorlet이나 Swaption의 경우도 비슷한 과정이므로 여기서는 Caplet만 살펴보자). 만기시점에 결제해야할 금액은 다음과 같다.

$$PL = N \times CV \times \max[f-K,0]$$

여기서, PL은 만기결제금액, N은 계산원금, CV는 전환요소(Conversion Factor)를 의미한다. 표기를 간단히 하기위해 계산원금은 1이라고 가정하자.

만기결제금액의 (위험중립) 기대값을 무위험이자율로 할인한 것이 현재가치이므로 Caplet의 현재가격은 다음과 같다.

$$
\begin{aligned}
P_{caplet} &= e^{-rt}\, E^{Q}[CV(t)\max(f-K,0)] \\
&= CV(0)\ \underline{e^{-rt}\, E^{Q}[\max(f-K,0)]}
\end{aligned}
$$

그런데, 위 식의 마지막 줄, 우변의 밑줄부분은 Black 76공식[2]에 해당하므로, caplet의 가격공식은 Black 76공식에 CV를 곱한 것으로 이해할 수 있다. 즉 금리옵션은 Black 76공식과 CV로 구성된 것으로 볼 수 있다.

$$P_{caplet} = CV(0) \times \mathit{Black76}$$

연습

Black 76 공식에 $F = Se^{rt}$ 관계를 대입하여 Black-Scholes 공식을 도출해보자.

CV로서의 PV01

이제 CV를 생각해보자 CV는 위 만기결제금액 공식에서 살펴보면 금리차이에 곱하는 수에 해당한다. 만약 금리차이가 1%라면 caplet 매입자는 얼마를 받을까? 다음을 받을 것이다.

$$\text{원금} \times \text{날짜수}/365 \times 1\%$$

즉 캡릿의 경우 CV는 (원금이 1원일 경우) 날짜수/365이다. 그런데 이 값은 CD의 듀레이션과 유사한 값이다. 자세히 살펴보면 PV01과 같음을 알 수 있다. 이와 유사하게 스왑션도 CV가 PV01임을 도출할 수 있다. 따라서 CV를 살펴보는 것은 PV01을 살펴보는 것과 같다.

PV01은 금리상품에 따라 다음 두 가지 경우로 나누어 생각해보자.

(1) CD의 PV01

이자가 단리로 표시되고, 원금과 이자를 만기에 일시지급하는 금융상품을 단순금리상품(Simple Interest Rate Instrument)이라고 하자. 대표적인 상품이 CD(양도성 정기예금)이다. 원금이 1(원)이고 이자 계산 날수가 days, 이자율이 R로 주어졌을 때 만기에 받게되는 이자금액은 다음과 같다(CD는 할인방식으로 발행되므로 만기에 명시적으로 이자를 받지는 않지만 최초원금과 만기수취금액의 차이를 이자로 볼 수 있다).

---

[1]Black(1976)이 제시한 공식을 간단히 Black 76 공식이라고 표현했다.

Black76 옵션 공식은 기초자산이 선도(또는 선물)일 때 옵션의 가격계산 공식이다. 기본적으로 만기 손익구조(payoff)를 위험중립확률 아래에서 평균을 구하고 할인한 결과로 볼 수 있다.

예를 들어 콜옵션의 가격은 다음과 같이 도출된다.

$$
\begin{aligned}
P_{call} &= e^{-rt}\, E^{Q}[\max[S_T - K, 0]] \\
&= e^{-rt}\,(FN(d_1) - KN(d_2))
\end{aligned}
$$

$d_1 = \left[\log\left(\frac{F}{X}\right) + \sigma^2 \frac{T}{2}\right] / \sigma\sqrt{T},\ d_2 = d_1 - \sigma\sqrt{T}$

$$\frac{\text{days}}{365} \times \text{R}$$

따라서 금리가 1bp 상승할 경우 추가로 받게 되는 이자는 days/365×1bp가 될 것이다. 따라서 PV01은 대략 days/365가 된다.

(2) 이표채권 또는 이자율 스왑의 PV01

매 3개월마다 이자를 교환하는 이자율 스왑을 생각해보자. n번 이자를 교환하는 스왑의 만기는 n/4년이 될 것이다. 이 스왑의 PV01은 매기마다 연 1bp를 n번 지급하는 연금의 현재가치와 같다. 즉 n/4년 만기 이자율 스왑의 PV01은 다음과 같이 표현할 수 있다.

$$\begin{aligned}\text{PV01} &= \left(\frac{1}{m}bp\right)d_1 + \left(\frac{1}{m}bp\right)d_2 + \cdots + \left(\frac{1}{m}bp\right)d_n \\ &= \left(\frac{1}{m}bp\right)\sum_{i=1}^{n} d_i\end{aligned}$$

연습

채권 또는 이자율 스왑이 액면가(Par) 상태라면 연 1*bp* 현금흐름의 현재가치와 금리민감도가 유사함을 보이자.

그런데 위 공식은 모든 시점의 할인계수를 각각 구해야 계산할 수 있어 불편하다. 채권의 만기수익률(YTM) 또는 스왑금리를 이용하면 보다 간단히 PV01을 계산할 수 있는데, 그 과정은 다음과 같다.

1년에 m번 이자를 지급하고, 매기 지급하는 이자금액이 c, 만기원금이 F인 채권의 만기수익률(Yield to maturity; YTM)이 y일 때 채권의 가격은 다음과 같다(n은 총 지급회수이다).

$$\left(\frac{1}{1+y/m}\right)c + \left(\frac{1}{1+y/m}\right)^2 c + \cdots + \left(\frac{1}{1+y/m}\right)^n (c+F)$$

만약 우리가 할인계수를 가지고 있다면 다음식을 통해서도 채권의 가격을 구할 수 있을 것이다.

$$d_1 c + d_2 c + \ldots + d_n(c + F)$$

이 식과 위의 식을 항별로 비교해보면 다음이 성립한다(위 두 식의 값이 일치한다고 해서 반드시 각 항별로 일치하지는 않을 수 있지만 대략 비슷하다고 볼 수 있다.)

$$d_i = \left(\frac{1}{1+y/m}\right)^i$$

위 관계를 이용할 경우 액면가 스왑금리(Par Swap Rate)만 알면 간단히 PV01을 계산할 수 있다. 즉 다음이 성립한다.

$$\text{PV01} = \left(\frac{1}{m}bp\right)\sum_{i=1}^{n}\left(\frac{1}{1+y/m}\right)^i = \left(1 - \left(\frac{1}{1+y/m}\right)^n\right)/y$$

이제 이 결과를 구체적으로 개별 금리옵션에 적용해보자.

8.3.1 캡/플로어

캡/플로어는 캡릿과 플로어릿의 모음이다. 따라서 각 캡릿과 플로어릿을 계산해서 더하면 캡/플로어의 가격을 구할 수 있다. 원금이 1(원)이고 만기가 T, 이자계산 날짜가 days, 연간날수가 basis, 행사가격이 X, 변동성이 σ, 옵션만기까지 이자율이 r인 캡릿과 플로어릿의 가격은 다음과 같다.

캡릿

$$\frac{1}{1+\mathrm{F}\times \mathrm{days/basis}}\times\frac{\mathrm{days}}{\mathrm{basis}}\times e^{-rT}\left[\mathrm{FN}(d_1)-\mathrm{XN}(d_2)\right]$$

플로어릿

$$\frac{1}{1+\mathrm{F}\times \mathrm{days/basis}}\times\frac{\mathrm{days}}{\mathrm{basis}}\times e^{-rT}\left[\mathrm{XN}(-d_2)-\mathrm{FN}(-d_1)\right]$$

$$d_1=\left[\log\left(\frac{F}{X}\right)+\sigma^2\frac{T}{2}\right]\Big/\sigma\sqrt{T},\quad d_2=d_1-\sigma\sqrt{T}$$

위 공식의 첫번째 항은 캡릿/플로어릿이 옵션만기시점에 결제되는 것이 아니라 "days"만큼 경과한 뒤에 결제되기 때문에 옵션만기시점으로 할인해주기 위해 붙은 항이다. 위 공식을 코딩해보자.

```
caplet<-function(f,k,r,v,t,days,basis){
  d1<-(log(f/k)+0.5*v*v*t)/(v*sqrt(t))
  d2<-d1-v*sqrt(t)
  nd1<-pnorm(d1)
  nd2<-pnorm(d2)
  tmp<-exp(-r*t)*(f*nd1-k*nd2)
  ans<-days/basis/(1+f*days/basis)*tmp
  return(ans)
}
```

숫자예를 사용해서 실행해보면 다음과 같다.

```
01  > source('test.r')
02  > x<-caplet(0.08,0.08,0.07,0.28,0.5,182,360)
03  > x*100000000
04  [1] 295994.7
```

2줄: 현재 선도이자율이 8%, 행사가격이 8%, 무위험 이자율이 7%, 변동성이 28%, 만기가 6개월, 이자계산 날수가 182일, 1년의 날수가 360일인 캡릿의 가격을 계산한다.

3줄: 계산원금은 1억(원)이다.

4줄: 캡릿의 가격은 295,994(원)이다

8.3.2 스왑션(Swaption)

앞에서 살펴본 바와 같이 현물 -> 선도/선물 -> 옵션으로 모든 금융상품이 발전하듯이, 이자율상품도 그 단계에 따라, 현물상품으로서 IRS(Interest Rate Swap)가 있고, 그 선도 상품으로 Forward IRS가 있다. 옵션상품으로는 스왑션(Swaption) 또는 Option on Swap(또는 Option on IRS)을 생각해볼 수 있다. 구체적으로 스왑션을 살펴보자.

구체적인 예로, 1년 뒤에 잔존만기 3년이고, 고정금리 지급 조건의 스왑을 체결할 수 있는 권리를 생각해보자. 권리이기 때문에 불리한 상황에서는 포기할 수도 있다. 이러한 조건의 스왑을 고정지급스왑션(payer swaption)이라고 한다. 만약 고정금리를 수취하는 스왑을 체결키로 했다면 고정수취 스왑션(receiver swaption)이라고 한다. 앞의 개요부분의 설명에서 보았듯이 기초자산을 이자율 스왑(금리)로 본다면 고정지급 스왑션은 콜옵션에, 고정수취 스왑션은 풋옵션에 해당한다. 따라서 기본적으로 Black 76공식을 적용해서 가격을 계산할 수 있다. 단, 이미 살펴본 바와 같이 PV01을 곱해주는 부분이 추가로 필요하다.

원금이 1(원)이고, 옵션만기가 T_{opt}, 스왑기간이 T_{swap}, 연간 이자교환횟수가 m, 행사가격이 X, 옵션만기까지 이자율이 r, 변동성이 σ인 스왑션의 가격은 다음과 같다.

고정지급 스왑션(Payer(Call) swaption)

$$\left(1-\left(\frac{1}{1+F/m}\right)^{mT_{swap}}\right)/F \times e^{-rt}\left[\mathrm{FN}(d_1)-\mathrm{XN}(d_2)\right]$$

고정수취 스왑션(Receiver (Put) swaption)

$$\left(1-\left(\frac{1}{1+F/m}\right)^{mT_{swap}}\right)/F \times e^{-rt}\left[\mathrm{XN}(-d_2)-\mathrm{FN}(-d_1)\right]$$

$$d_1=\left[\log\left(\frac{F}{X}\right)+\sigma^2\frac{T_{opt}}{2}\right]/\sigma\sqrt{T_{opt}},\ d_2=d_1-\sigma\sqrt{T_{opt}}$$

여기서, F는 선도이자율스왑금리, m 년간 이자지급회수, $T_{_swap}$은 스왑의 만기, r은 무위험 이자율, T_{opt}는 옵션의 만기, σ는 변동성이다.

스왑션 가격계산 함수를 코딩해보자.

```
swaption.price<-function(rate,f,payrec,Topt,Tswap,strike,v,m=4){
  part.a<-(1-1/(1+f/m)^(Tswap*m))/f
  d1<-(log(f/strike)+v*v/2*Topt)/(v*sqrt(Topt))
  d2<-d1-v*sqrt(Topt)
  if (payrec=="pay"){
```

```
    nd1<-pnorm(d1)
    nd2<-pnorm(d2)
    part.b<-f*nd1-strike*nd2
  }
  else{
    nd1<-pnorm(-d1)
    nd2<-pnorm(-d2)
    part.b<--f*nd1+strike*nd2
  }
  disc<-exp(-rate*Topt)
  ans<-disc*part.a*part.b
  return(ans)
}
```

이 결과를 이용해서 행사금리가 높아짐에 따라 고정수취 스왑션(receiver swaption)의 가치가 어떻게 변하는지 그래프를 그려보자.

콘솔

```
> source('swaption.r')
> x<-seq(0.01,0.1,0.01)
> curve(swaption.price(0.05,0.05,"rec",1,3,x,0.05),0.01,0.1)
> points(x,swaption.price(0.05,0.05,"rec",1,3,x,0.05))
```

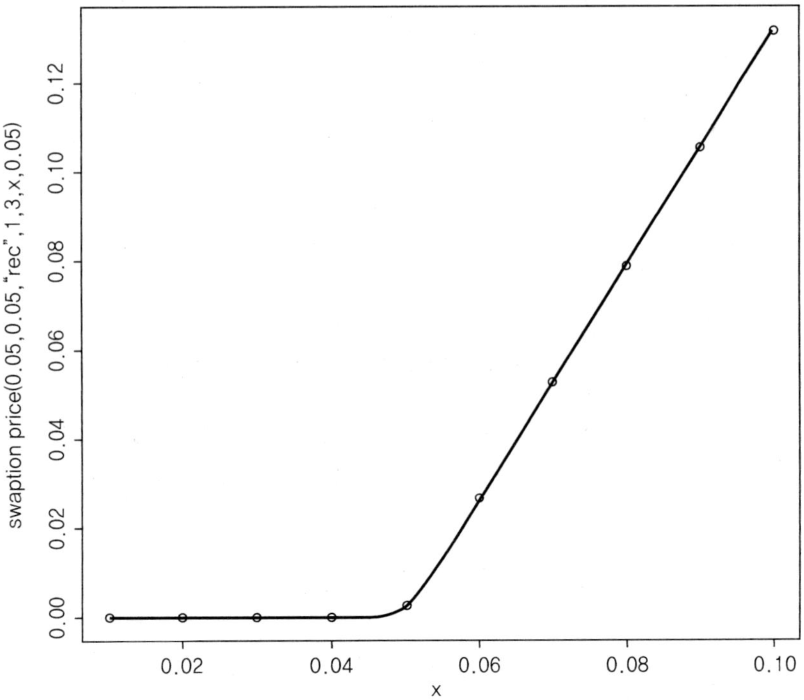

연습

위 스왑션 가격함수를 이용하여 f가 1bp 상승 때 스왑의 가치는 얼마나 변하는지 알아보자. 이 개념을 이용하여 스왑션의 금리민감도(델타)함수를 만들어 보자.

8.4

이자율 모형

블랙(Black) 모형을 이용한 이자율 옵션 분석은 표준적인 옵션(European-style options)만 분석 가능하다는 한계가 있다. 미국형 옵션(American option)을 포함한 이색옵션 조건이 부여된 이자율 옵션을 분석하기 위해서는 여기서 설명하는 이자율 모형을 도입하는 것이 필요하다.

이자율 모형은 어떤 이자율을 모형화하느냐에 따라 단기이자율 모형과 선도이자율 모형으로 나누어 볼 수 있는데 여기서는 단기이자율 모형을 살펴보자.

이자율 모형의 최종 목표는 이색이자율옵션(Exotic Interest Rate Option)의 가격을 계산하는 것이다. 전체적인 흐름은 다음 그림과 같다.

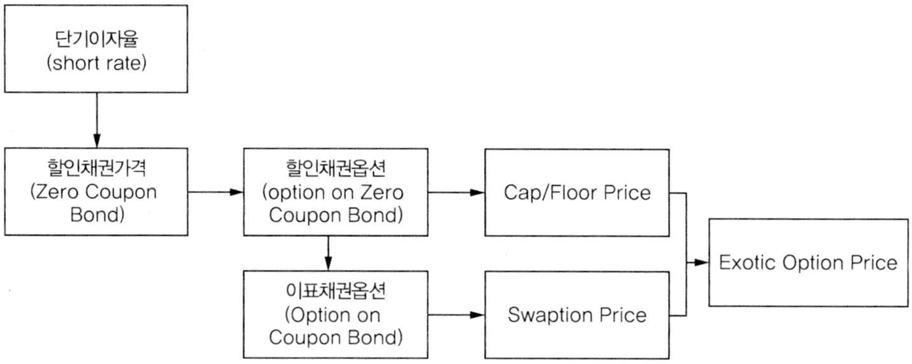

8.4.1 단기이자율 과정(short rate process)

단기 이자율 모형(Short rate model) 중에서 실무에서 많이 사용되는 Hull and White 모형을 살펴보자. 이 모형에서 초단기 금리(instantaneously short rate) r은 다음 확률과정을 따른다.

$$dr = a(\phi(t) - r_t)dt + \sigma dW_t$$

$$\phi(t) = \frac{\partial F(0,t)}{\partial t} + aF(0,t) + \frac{\sigma^2}{2a}(1 - e^{-2at})$$

여기서 $F(0,t)$는 순간선도이자율(instantaneous forward rate for a maturity t as seen at time zero)이고, ϕ, a와 σ는 주어진 값(모수)이다.

8.4.2. 채권가격

단기이자율과정이 주어지면, 만기시점에 1(원)을 주는 할인채권의 가격 P는 다음과 같이 정해진다.

$$P(t,T) = E^{Q}\left[\exp\left(-\int_{t}^{T} r_u du\right)\right]$$

여기서 E^Q는 위험중립확률에서의 기대값을 의미한다.

시뮬레이션을 이용한 가격계산

위 식은 시뮬레이션을 이용해서 계산할 수 있다. 다음 관계를 이용하자.

$$P(t,T) = E^{Q}\left[\exp\left(-\int_{t}^{T} r_u du\right)\right] \approx \frac{1}{ns}\sum_{i=1}^{ns}\sum_{j=1}^{nt}\exp(-r_{ij}\Delta t)$$

$$\Delta t = \frac{T-t}{nt}$$

여기서 nt는 시간 간격 수 ns는 시뮬레이션 시행회수이다.

이 결과를 이용하여 현재시점 채권가격을 구해보자. 현재 수익률곡선은 전기간 5%로 일정하다고 가정하자.

```
r0<-0.05;phi.t<-0.05;a<-0.02;v<-0.03
nt<-11;ns<-10

set.seed(1)
z<-rnorm(nt*ns)
w<-matrix(z,nt,ns)
t<-1
dt<-t/(nt-1)
t.seq<-seq(0,t,dt)

r<-matrix(NA,nt,ns)
r[1,]<-r0
for(it in 2:nt)
     r[it,]<-r[it-1,]+a*(phi.t-r[it-1,])*dt+v*w[it,]*sqrt(dt)
par(mfrow=c(1,2))
matplot(t.seq,r,type='l')

p<-matrix(0,nt,ns)
p[nt,]<-1
for(it in (nt-1):1) p[it,]<-p[it+1,]/(1+r[it,]*dt)
matplot(t.seq,p,type='l')
px<-mean(p[1,])
```

20줄: $\exp(-r_{ij}\Delta t) \approx 1/(1 + r_{ij}\Delta t)$를 이용해서 지수꼴이 아닌 분수꼴을 사용했다.

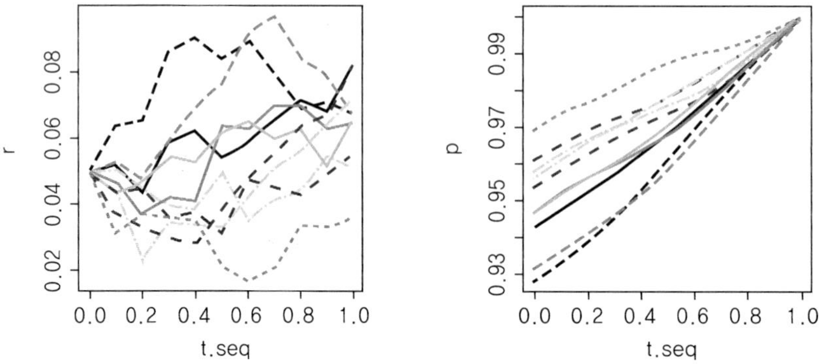

왼쪽은 단기이자율 시뮬레이션 결과이고, 오른쪽은 채권가격 시뮬레이션 결과이다. 단기이자율이 낮게 생성되었을 경우(연한 점선) 채권의 가격은 높게 유지되는 반면, 단기이자율이 높게 생성되었을 경우(진한 점선) 채권 가격은 낮아진다(수익률과 채권의 반비례 관계). 하지만 채권의 본질상 만기시점에는 모두 액면금액에 수렴해야 하는데, 오른쪽 시뮬레이션 결과를 보면 이를 확인할 수 있다.

```
> source('test.r')
> px
[1] 0.9495234
```

참고로 이론가격은 다음과 같다(현재시점 채권가격은 모수(parameter)에 상관없이 일정해야 한다).

```
> exp(-0.05*1)
[1] 0.9512294
```

이제 미래시점 채권가격을 구해보자.

공식을 이용한 가격계산

미래 t 시점의 채권가격은 다음과 같이 정해진다.

$$P(t,T) = E^{Q}\left[\exp\left(-\int_t^T r_u \, du\right)\right] = A(t,T)e^{-B(t,T)r(t)}$$

$$B(t,T) = \frac{1 - e^{-a(T-t)}}{a}$$

$$\log(A(t,T)) = \log\left(\frac{P(0,T)}{P(0,t)}\right) + B(t,T)F(0,t) - \frac{1}{4a^3}\sigma^2(e^{-at} - a^{-at})(e^{2at} - 1)$$

위 공식을 구현하면 다음과 같다.

```
zcb<-function(t1,t2,p1,p2,a,sigma,fmt,rt){
 B<-1/a*(1-exp(-a*(t2-t1)))
 A<-p2/p1*exp(B*fmt-sigma^2/(4*a)*(1-exp(-2*a*t1))*B^2)
 ans<-A*exp(-B*rt)
}
```

위 공식을 이용해서 1년만기 채권의 현재시점 가격을 구하면 다음과 같다.

```
> source('tmp1.r')
> rt<-0.05;fmt<-0.05;a<-0.02;sigma<-0.03
> p2<-exp(-0.05*1)
> p1<-1
> x<-zcb(0,1,p1,p2,a,sigma,fmt,rt)
> x
[1] 0.9512294
```

당연한 결과이지만 앞에서 구한 결과와 일치한다.

8.4.3. 옵션가격(할인채권에 대한 옵션)

할인채권에 대한 콜옵션가격 P_{call}은 다음과 같이 구할 수 있다.

$$P_{call} = E^{Q}\left[\exp\left(-\int_0^t r_u du\right)\max(P(t,T) - X, 0)\right]$$

옵션만기는 t, 채권만기는 T, 채권의 액면가격은 L, 행사가격은 X이다. 구체적인 함수꼴은 다음과 같다.

$$P_{call} = LP(0,T)N(h) - XP(0,t)N(h - \sigma_p)$$

$$h = \frac{1}{\sigma_p}\log\left(\frac{LP(0,T)}{XP(0,t)}\right) + \frac{\sigma_p}{2}$$

$$\sigma_p = \frac{\sigma}{a}(1 - e^{-a(T-t)})\sqrt{\frac{1 - e^{-2at}}{2a}} = \sigma\sqrt{\frac{1 - e^{-2at}}{2a}}B(t,T)$$

동일 조건의 풋옵션가격은 다음과 같다.

$$P_{put} = XP(0,t)N(-h + \sigma_p) - LP(0,T)N(-h)$$

공식을 이용한 콜옵션가격은 다음과 같다.

스크립트

```
p1<-1;p2<-exp(-0.05*1);Tbond<-1;Topt<-0.5;L<-1;K<-0.95
t2<-Tbond
t1<-Topt
vp<-sigma/a*(1-exp(-a*(t2-t1)))*sqrt((1-exp(-2*a*t1))/(2*a))
```

```
h<-1/vp*log(L*p2/(p1*K))+vp/2
ans<-L*p2*pnorm(h)-K*p1*pnorm(h-vp)
```

결과

```
> source('tmp1.r')
> ans
[1] 0.004627335
```

시뮬레이션을 이용한 콜옵션가격은 다음과 같다.

스크립트

```
r0<-0.05;phi.t<-0.05;a<-0.02;v<-0.03
nt<-11;ns<-100
set.seed(1)
z<-rnorm(nt*ns)
w<-matrix(z,nt,ns)
t<-0.5
dt<-t/(nt-1)
t.seq<-seq(0,t,dt)
r<-matrix(NA,nt,ns)
r[1,]<-r0
for(it in 2:nt)
    r[it,]<-r[it-1,]+a*(phi.t-r[it-1,])*dt+v*w[it,]*sqrt(dt)
zcb.dist<-zcb(t1,t2,p1,p2,a,sigma,fmt,r[nt,])
ans<-mean(pmax(zcb.dist-K,0))*p1
print(ans)
hist(zcb.dist,main="zcb dist'n")
abline(v=0.95,col='red')
```

결과

```
> source('tmp1.r')
[1] 0.004510416
```

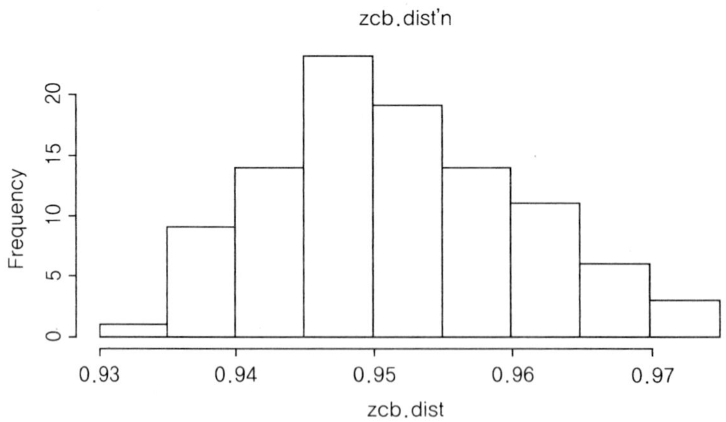

풋옵션 계산함수는 다음과 같다.

```
Pput<-function(p1,p2,Topt,Tbond,L,K){
  t2<-Tbond
  t1<-Topt
  vp<-sigma/a*(1-exp(-a*(t2-t1)))*sqrt((1-exp(-2*a*t1))/(2*a))
  h<-1/vp*log(L*p2/(p1*K))+vp/2
  ans<-K*p1*pnorm(-h+vp)-L*p2*pnorm(-h)
}
```

8.4.4. 캡릿가격

캡릿의 가격 P_{caplet}은 다음과 같이 표현할 수 있다.

$$P_{caplet} = (T - t)E^{Q}\left[\exp\left(-\int_0^t r_u du\right)P(t,T)\max(R(t,T) - X,0)\right]$$

$R(t,T)$은 (t,T)기간 동안 단리(simple interest rate)이다. $R(t,T)$는 다음과 같이 쓸 수 있다.

$$R(t,T) = \left(\frac{1}{P(t,T)} - 1\right) / \Delta$$
$$\Delta = T - t$$

위 결과를 캡릿가격식에 대입하고 정리하면 다음을 얻는다.

$$P_{caplet} = \Delta E^{Q}\left[\exp\left(-\int_0^t r_u du\right)P(t,T)\max(R(t,T) - X,0)\right]$$
$$P_{caplet} = (1 + x\Delta)E^{Q}\left[\exp\left(-\int_0^t r_u du\right)\max(X' - P(t,T),0)\right]$$
$$P_{caplet} = (1 + x\Delta)P_{put}(t,T,X')$$
$$X' = \frac{1}{1 + X\Delta}$$

즉 캡릿은 채권에 대한 풋옵션임을 알 수 있다. 따라서 캡릿 가격은 앞에서 구한 풋옵션 공식을 이용해서 구할 수 있다. 마찬가지로 플로어릿은 채권에 대한 콜옵션이고 그 가격은 앞서 구한 공식을 이용해 계산할 수 있다.

8.4.5. 유럽형 스왑션가격

Hull and White 모형 아래에서 이표채권에 대한 옵션이나 스왑션 가격은 Jamshidian의 방법(Jamshidian's trick/decomposition: https://en.wikipedia.org/wiki/Jamshidian's trick 참조)을 이용해서 공식을 구할 수 있다.[2] 기본적인 아이디어는 이표채권에 대한 풋

[2]근사적 방법이기는 하나 보다 간단한 방법으로 freezing 방법이 있는데, 자세한 내용은 Gurrieri (2009)를 참조하자.

옵션은 할인채에 대한 풋옵션의 가중평균으로 표현가능하다는 점을 이용한 것이다. 또한 이표채권에 대한 풋옵션과 이자율스왑에 대한 옵션의 관계로 부터 다음 관계가 성립한다.

$$P_{pay}(K, T_{opt}, T_{swap}) = \sum_{i=1}^{n} w_i P_{put}(T_{opt}, T_i, X_i)$$

$$w_i = K\Delta_i$$

$$w_n = 1 + K\Delta_n$$

$$\Delta_i = T_i - T_{i-1}$$

$$X_i = A(T_{opt}, T_i)\exp(-B(T_{opt}, T_i)r^*)$$

$$r^* \text{ such that } \sum_{i=1}^{n} w_i A(T_{opt}, T_i)\exp(-B(T_{opt}, T_i)r^*) = 1$$

P_{pay} = Payer swaption 가격

K = 행사가격, T_{opt} = 옵션만기, T_{swap} = 스왑만기(tenor),

$P_{put}(T_{opt}, T_i, X_i)$ = 옵션만기가 T_{opt} 이고, 채권만기가 T_i인 할인채권에 대한 행사가격 X_i인 풋옵션 가격

$\{T_i\}_{i=1,\cdots,n}$ = swap 결제시점

이 방법은 r*가 명시적으로(explicitly) 표현되지 못하는 단점이 있다. 이는 Newton 방법 등을 이용해서 수치적으로 찾아야 한다.

연습

r*를 찾기위한 목적함수를 정의하고 그 모양을 그려보자.

위 결과를 살펴보기 위해, 구체적으로 3년 뒤 1년 만기, 고정금리 K 지급 스왑에 들어가는 옵션을 생각해보자. 우선 풋옵션을 정의한다.

```
Pput<-function(p1,p2,Topt,Tbond,L,K){
 t2<-Tbond
 t1<-Topt
 vp<-sigma/a*(1-exp(-a*(t2-t1)))*sqrt((1-exp(-2*a*t1))/(2*a))
 h<-1/vp*log(L*p2/(p1*K))+vp/2
 ans<-K*p1*pnorm(-h+vp)-L*p2*pnorm(-h)
}
B<-function(t1,t2) 1/a*(1-exp(-a*(t2-t1)))
A<-function(t1,t2,p1,p2){
 p2/p1*exp(B(t1,t2)*fmt-sigma^2/(4*a)*(1-exp(-2*a*t1))*B(t1,t2)^2)}
```

다음으로 입력값을 투입하고 r*를 찾는다.

```
rt<-0.05;fmt<-0.05;a<-0.02;sigma<-0.03
Topt<-3;Tswap<-1;K<-0.05

f<-function(r){
 tmp<-rep(0,Tswap*4)
 for(i in 1:(Tswap*4)){
   wi<-K*0.25
   if(i==Tswap*4) wi<-1+K*0.25
   t1<-Topt
   t2<-Topt+i*0.25
   p1<-exp(-0.05*t1)
   p2<-exp(-0.05*t2)
   tmp[i]<-wi*A(t1,t2,p1,p2)*exp(-B(t1,t2)*r)
 }
 ans<-(sum(tmp)-1)^2
}

ans.optim<-optim(0,f,method="SANN")
r.star<-ans.optim$par
```

마지막으로 스왑션가격을 계산한다.

```
tmp<-rep(0,Tswap*4)
for(i in 1:(Tswap*4)){
   wi<-K*0.25
   if(i==Tswap*4) wi<-1+K*0.25
   t1<-Topt
   t2<-Topt+i*0.25
   p1<-exp(-0.05*t1)
   p2<-exp(-0.05*t2)
   Xi<-A(t1,t2,p1,p2)*exp(-B(t1,t2)*r.star)
   tmp[i]<-wi*Pput(p1,p2,t1,t2,1,Xi)
}
Ppay<-sum(tmp)
```

계산결과는 다음과 같다.

```
> source('hw.r')
> Ppay
[1] 0.01682928
```

연습

동일조건의 고정금리수취 스왑션(Receiver Swaption)의 가격을 계산해보자.

공식을 이용한 결과와 시뮬레이션을 이용한 결과가 일치하는지 확인해보기위해 시뮬레이션으로 스왑션 가격을 계산해보자. 계산절차는 다음과 같다.

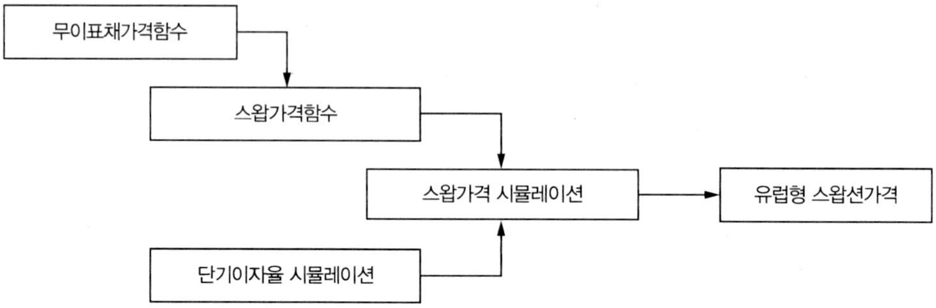

코드는 다음과 같다.

```
zcb<-function(t1,t2,p1,p2,a,sigma,fmt,rt){
 B<-1/a*(1-exp(-a*(t2-t1)))
 A<-p2/p1*exp(B*fmt-sigma^2/(4*a)*(1-exp(-2*a*t1))*B^2)
 ans<-A*exp(-B*rt)
}
p.swap<-function(rt,Teff,Tswap,fix,payrec){
  t1<-Teff;t2<-Teff+Tswap
  p1<-exp(-0.05*t1)
  p2<-exp(-0.05*t2)
  floatleg<-1-zcb(t1,t2,p1,p2,a,v,fmt,rt)
  fixedleg<-0
  for(i in 1:(Tswap*4)){
   t1<-Teff;t2<-Teff+i/4
   p1<-exp(-0.05*t1)
   p2<-exp(-0.05*t2)
   df<-zcb(t1,t2,p1,p2,a,v,fmt,rt)
   fixedleg<-fixedleg+df*fix/4
  }
  ans<-(fixedleg-floatleg)*payrec
}
r0<-0.05;phi.t<-0.05;a<-0.02;v<-0.03;fmt<-0.05
Tswap<-1
Topt<-3

ns<-100
nt<-Topt*4
set.seed(1)
```

```
z<-rnorm(nt*ns)
w<-matrix(z,nt,ns)
dt<-0.25
r<-matrix(NA,nt,ns)

fix<-0.05
payrec<-(-1)

for(it in 1:nt){
  if(it==1) r_prev<-r0
  else r_prev<-r[it-1,]
  r[it,]<-r_prev+a*(phi.t-r_prev)*dt+v*w[it,]*sqrt(dt)
}
sdf<-rep(0,ns)
for(is in 1:ns){
  f<-function(x) p.swap(x,Topt,Tswap,fix,payrec)
  cf_no_opt<-sapply(r[it,],f)
  cf_opt<-pmax(cf_no_opt,0) #early exercise
  sdf<-prod(exp(-r[1:it,is]*dt)) #stochastic discount factor
}
ans<-mean(cf_opt*sdf)
```

결과는 다음과 같다. 위에서 공식으로 계산한 결과와 유사함을 알 수 있다.

```
> source('euro.r')
> ans
[1] 0.01531777
```

그래프를 그려보면 다음과 같다. 옵션조건을 반영하지 않은 스왑가치의 분포는 왼쪽과 같고, 옵션의 가치 분포는 오른쪽과 같다.

```
hist(cf_no_opt)
hist(cf_opt)
```

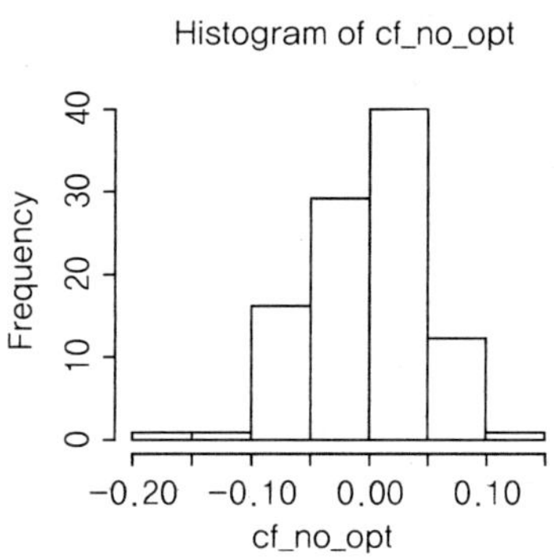

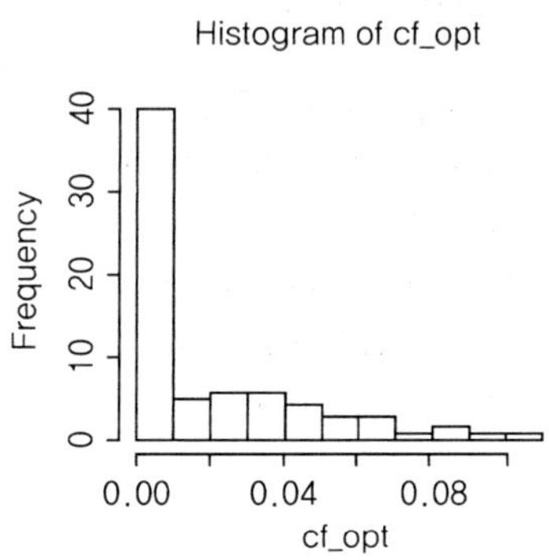

행사가격 K에 따른 옵션가격을 그려보자. 스왑션 가격공식은 다음과 같다.

```
Pswaption<-function(K){
 f<-function(r){
  tmp<-rep(0,Tswap*4)
  for(i in 1:(Tswap*4)){
   wi<-K*0.25
   if(i==Tswap*4) wi<-1+K*0.25
   t1<-Topt
   t2<-Topt+i*0.25
   p1<-exp(-0.05*t1)
   p2<-exp(-0.05*t2)
   tmp[i]<-wi*A(t1,t2,p1,p2)*exp(-B(t1,t2)*r)
  }
  ans<-(sum(tmp)-1)^2
 }
 set.seed(1)
 ans.optim<-optim(0.1,f,method="SANN")
 r.star<-ans.optim$par
 tmp<-rep(0,Tswap*4)
 for(i in 1:(Tswap*4)){
   wi<-K*0.25
   if(i==Tswap*4) wi<-1+K*0.25
   t1<-Topt
   t2<-Topt+i*0.25
   p1<-exp(-0.05*t1)
   p2<-exp(-0.05*t2)
   Xi<-A(t1,t2,p1,p2)*exp(-B(t1,t2)*r.star)
   tmp[i]<-wi*Pput(p1,p2,t1,t2,1,Xi)
 }
 Ppay<-sum(tmp)
}
```

위 공식을 이용하여, 행사가격에 따른 옵션가격 그래프를 그려보면 다음과 같다.

```
kseq<-seq(0,0.2,0.01)
y<-rep(0,length(kseq))
for(i in 1:length(kseq)){
  y[i]<-Pswaption(kseq[i])
  print(c(kseq[i],y[i]))
}
```

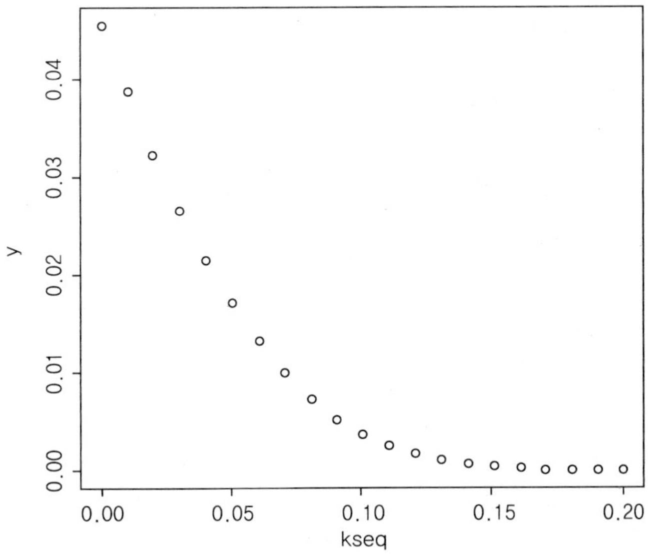

8.4.5. 캘리브레이션

시장에서 거래되는 상품의 가격정보로부터 모형의 모수를 찾는 과정을 캘리브레이션(Calibration)이라고 한다. 시장에서 거래되는 주식옵션의 가격으로부터 블랙숄즈 공식의 입력변수인 변동성(내재변동성)을 찾는 과정도 캘리브레이션의 일종이다. Hull and White 모형의 모수는 a, σ, r_0, $\phi(t)$ 등이다. 이 중 $\phi(t)$는 시장금리정보로부터 수식을 통해 바로 계산되므로 추가적 캘리브레이션과정이 필요없고, a, σ만 추가적인 캘리브레이션이 필요하다(r_0는 보통 가장 짧은 만기의 시장금리를 사용한다).

캘리브레이션은 모형가격 p^{model}과 시장가격 p^{market}의 차이를 최소로 하는 모수를 찾는 것으로 정의할 수 있다.

$$\text{Min}_{\gamma} \sum_{i=1}^{n} \left(\mathrm{P}_i^{\text{model}}(\gamma) - \mathrm{P}_i^{\text{market}} \right)^2$$
$$\gamma = \{a, \sigma\}$$

(1) 캘리브레이션 상품의 선정

어떤 상품(옵션)을 이용해서 캘리브레이션을 할 것인가에 대해서는 일관된 기준은 없다. 계산하고자 하는 상품(보통 이색옵션(Exotic Option) 또는 구조화 상품)의 특성을 고려해서 선정하는 것이 일반적이다. 따라서 계산하고자 하는 상품에 따라 캘리브레이션 상품도 달라진다. 캘리브레이션 상품은 옵션의 종류(Cap/Floor 또는 Swaption 등), 옵션의 만기, 옵션의 행사가격 등에 따라 다양하게 선택할 수 있다.

버뮤단 스왑션(Bermudan Swaption)의 경우 옵션 종류로는 스왑션을, 만기로는 공통만기

스왑션(Coterminal Swaption)[2], 행사가격으로는 등가격(ATM) 옵션을 주로 사용한다.

캘리브레이션 예시: 버뮤단 스왑션

5년만기 매년 행사가능 버뮤단 스왑션을 생각해보자. 캘리브레이션 상품으로는 1y4y, 2y3y, 3y2, 4y1y 등가격(At-The-Money) 스왑션을 사용하는 것이 합리적일 것이다(n년 뒤에 잔존 만기 m년인 스왑을 체결할 수 있는 옵션을 nymy라고 표현한다). 실제로 계산해보자.

시장정보로 우선 변동성은 다음과 같다.

스왑션	1y4y	2y3y	3y2y	4y1y
변동성	0.10	0.15	0.20	0.25

수익률곡선은 전기간 5%인 것으로 가정하자.

스왑션 가격공식(블랙공식)을 계산하기 위한 코드는 다음과 같다.

```
swaption.price<-function(payrec,Topt,Tswap,strike,v,fwd,r){
  m<-4
  part.a<-(1-1/(1+fwd/m)^(Tswap*m))/fwd
  d1<-(log(fwd/strike)+v*v/2*Topt)/(v*sqrt(Topt))
  d2<-d1-v*sqrt(Topt)
  if (payrec=="pay"){
    nd1<-pnorm(d1)
    nd2<-pnorm(d2)
    part.b<-fwd*nd1-strike*nd2
  }
  else{
    nd1<-pnorm(-d1)
    nd2<-pnorm(-d2)
    part.b<--fwd*nd1+strike*nd2
  }
  disc<-exp(-r*Topt)
  ans<-disc*part.a*part.b
  return(ans)
}
```

이제 모형가격을 계산하는 부분을 만들어 보자.

```
Pswaption<-function(Topt,Tswap,K,a,sigma){
 B<-function(t1,t2) 1/a*(1-exp(-a*(t2-t1)))
 A<-function(t1,t2,p1,p2){
```

[3]옵션만기와 스왑만기를 합한 전체만기가 동일한 스왑션을 말한다. 예를 들어 1y9y, 2y8y, 3y7y swaption 등등은 coterminal swaption이다.

```
    p2/p1*exp(B(t1,t2)*fmt-sigma^2/(4*a)*(1-exp(-2*a*t1))*B(t1,t2)^2)}
  f<-function(r){
   tmp<-rep(0,Tswap*4)
   for(i in 1:(Tswap*4)){
     wi<-K*0.25
     if(i==Tswap*4) wi<-1+K*0.25
     t1<-Topt
     t2<-Topt+i*0.25
     p1<-exp(-0.05*t1)
     p2<-exp(-0.05*t2)
     tmp[i]<-wi*A(t1,t2,p1,p2)*exp(-B(t1,t2)*r)
   }
   ans<-(sum(tmp)-1)^2
  }
  set.seed(1)
  ans.optim<-optim(0.1,f,method="SANN")
  r.star<-ans.optim$par
  tmp<-rep(0,Tswap*4)
  for(i in 1:(Tswap*4)){
    wi<-K*0.25
    if(i==Tswap*4) wi<-1+K*0.25
    t1<-Topt
    t2<-Topt+i*0.25
    p1<-exp(-0.05*t1)
    p2<-exp(-0.05*t2)
    Xi<-A(t1,t2,p1,p2)*exp(-B(t1,t2)*r.star)
    tmp[i]<-wi*Pput(p1,p2,t1,t2,1,Xi)
  }
  Ppay<-sum(tmp)
 }
```

시장가격과 모형가격의 차이를 최소화하는 최적화과정은 다음과 같다.

```
vol<-c(0.1,0.15,0.2,0.25)
Topt<-c(1,2,3,4)
Tswap<-c(4,3,2,1)

f<-function(a,v){
for(i in 1:length(vol)){
  p_market[i]<-swaption.price("pay",1,4,0.05,0.1,0.05,0.05)
  p_model[i]<-swaption.price("pay",1,4,0.05,0.1,0.05,0.05)
  tmp[i]<-(p_market-p_model)^2
}
```

```
ans<-sum(tmp)
}

para<-optim(c(0.1,0.1),f)
```

위 각 부분코드를 합쳐서 최종 완성된 코드는 다음과 같다.

```
swaption.price<-function(payrec,Topt,Tswap,strike,v,fwd,r){
  m<-4
  part.a<-(1-1/(1+fwd/m)^(Tswap*m))/fwd
  d1<-(log(fwd/strike)+v*v/2*Topt)/(v*sqrt(Topt))
  d2<-d1-v*sqrt(Topt)
  if (payrec=="pay"){
    nd1<-pnorm(d1)
    nd2<-pnorm(d2)
    part.b<-fwd*nd1-strike*nd2
  }
  else{
    nd1<-pnorm(-d1)
    nd2<-pnorm(-d2)
    part.b<--fwd*nd1+strike*nd2
  }
  disc<-exp(-r*Topt)
  ans<-disc*part.a*part.b
  return(ans)
}
Pput<-function(p1,p2,Topt,Tbond,L,K,a,sigma){
 t2<-Tbond
 t1<-Topt
 vp<-sigma/a*(1-exp(-a*(t2-t1)))*sqrt((1-exp(-2*a*t1))/(2*a))
 h<-1/vp*log(L*p2/(p1*K))+vp/2
 ans<-K*p1*pnorm(-h+vp)-L*p2*pnorm(-h)
}
B<-function(t1,t2,a) 1/a*(1-exp(-a*(t2-t1)))
A<-function(t1,t2,p1,p2,a,sigma){
   p2/p1*exp(B(t1,t2,a)*fmt
   -sigma^2/(4*a)*(1-exp(-2*a*t1))*B(t1,t2,a)^2)}

Pswaption<-function(Topt,Tswap,K,a,sigma){
 f<-function(r){
  tmp<-rep(0,Tswap*4)
  for(i in 1:(Tswap*4)){
    wi<-K*0.25
```

```
    if(i==Tswap*4) wi<-1+K*0.25
    t1<-Topt
    t2<-Topt+i*0.25
    p1<-exp(-0.05*t1)
    p2<-exp(-0.05*t2)
    tmp[i]<-wi*A(t1,t2,p1,p2,a,sigma)*exp(-B(t1,t2,a)*r)
  }
  ans<-(sum(tmp)-1)^2
 }
 set.seed(1)
 ans.optim<-optim(0.1,f,method="SANN")
 r.star<-ans.optim$par
 tmp<-rep(0,Tswap*4)
 for(i in 1:(Tswap*4)){
   wi<-K*0.25
   if(i==Tswap*4) wi<-1+K*0.25
   t1<-Topt
   t2<-Topt+i*0.25
   p1<-exp(-0.05*t1)
   p2<-exp(-0.05*t2)
   Xi<-A(t1,t2,p1,p2,a,sigma)*exp(-B(t1,t2,a)*r.star)
   tmp[i]<-wi*Pput(p1,p2,t1,t2,1,Xi,a,sigma)
 }
 Ppay<-sum(tmp)
}

fmt<-0.05;
vol<-c(0.1,0.15,0.2,0.25)
Topt<-c(1,2,3,4)
Tswap<-c(4,3,2,1)
nmb<-length(vol)
tmp<-rep(0,nmb)
calib<-function(x){
  for(i in 1:nmb){
    p_market<
-swaption.price("pay",Topt[i],Tswap[i],0.05,vol[i],0.05,0.05)
    p_model<-Pswaption(Topt[i],Tswap[i],0.05,x[1],x[2])
    tmp[i]<-(p_market-p_model)^2
  }
  ans<-sum(tmp)
}

para<-optim(c(1,1),calib)
```

실행결과는 다음과 같다.

```
> para
$par
[1] 1.82855560 0.09303909

$value
[1] 1.697477e-05

$counts
function gradient
      67       NA

$convergence
[1] 0

$message
NULL
```

8.4.6. 버뮤단 스왑션가격

위에서 계산된 캘리브레이션 결과를 이용하여 버뮤단 스왑션 가격을 계산할 수 있다. 계산 숫자의 일관성을 위해 캘리브레이션된 모수대신 앞에서 사용하던 모수를 계속 사용해 보자. 계산절차는 다음과 같다.

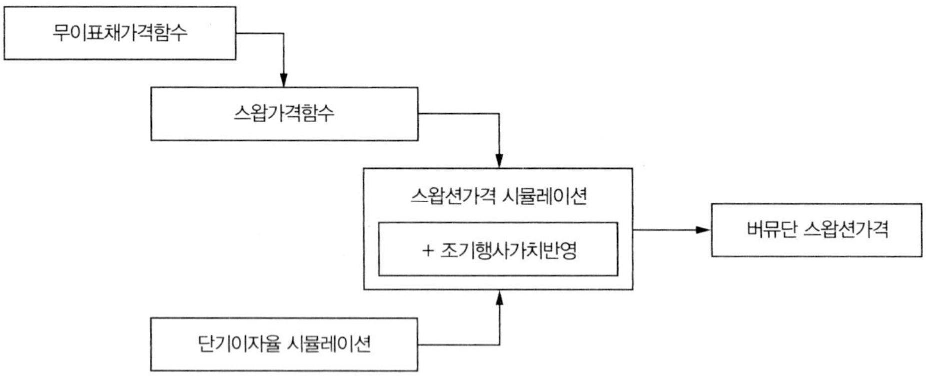

우선 무이표채 가격함수를 만들자.

```
zcb<-function(t1,t2,p1,p2,a,sigma,fmt,rt){
 B<-1/a*(1-exp(-a*(t2-t1)))
 A<-p2/p1*exp(B*fmt-sigma^2/(4*a)*(1-exp(-2*a*t1))*B^2)
 ans<-A*exp(-B*rt)
}
```

다음으로 무이표채 가격함수를 이용해서 스왑가격함수를 만들자.

```
p.swap<-function(rt,Teff,Tswap,fix,payrec){
  t1<-Teff;t2<-Teff+Tswap
  p1<-exp(-0.05*t1)
  p2<-exp(-0.05*t2)
  floatleg<-1-zcb(t1,t2,p1,p2,a,v,fmt,rt)
  fixedleg<-0
  for(i in 1:(Tswap*4)){
   t1<-Teff;t2<-Teff+i/4
   p1<-exp(-0.05*t1)
   p2<-exp(-0.05*t2)
   df<-zcb(t1,t2,p1,p2,a,v,fmt,rt)
   fixedleg<-fixedleg+df*fix/4
  }
  ans<-(fixedleg-floatleg)*payrec
}
```

난수를 이용해서 단기이자율을 생성한다.

```
r0<-0.05;phi.t<-0.05;a<-0.02;v<-0.03;fmt<-0.05
Tswap<-3
Topt<-seq(0.25,2.75,0.25)

ns<-10
nt<-length(Topt)
set.seed(1)
z<-rnorm(nt*ns)
w<-matrix(z,nt,ns)
dt<-Topt[2]-Topt[1]
r<-matrix(NA,nt,ns)

for(it in 1:nt){
  if(it==1) r_prev<-r0
  else r_prev<-r[it-1,]
  r[it,]<-r_prev+a*(phi.t-r_prev)*dt+v*w[it,]*sqrt(dt)
}

fix<-0.05
payrec<-(-1)

cf_next<-NULL
```

위 난수를 이용하여 스왑션가격을 계산한다. 이 때 조기종결옵션 조건을 추가로 반영하여 버뮤단 스왑션의 가격을 계산한다.

```
43  m.ex.rule<-matrix(0,nt,ns)
44  m.cf_next<-matrix(0,nt,ns)
45  m.cf_no_opt<-matrix(0,nt,ns)
46  
47  for(it in nt:1){
48    Teff<-Topt[it]
49    Tswap_remain<-Tswap-Teff
50    f<-function(x) p.swap(x,Teff,Tswap_remain,fix,payrec)
51    cf_no_opt<-sapply(r[it,],f)
52    m.cf_no_opt[it,]<-cf_no_opt
53  
54    cf_opt<-pmax(cf_no_opt,0) #early exercise
55    if(it==length(Topt)) cf_next<-cf_opt
56    if(it!=length(Topt)){
57      idx<-(1:ns)[cf_opt>0]
58      y<-cf_next[idx]*exp(-r[it,idx]*dt)
59      x1<-r[it,idx]
60      x2<-x1*x1
61      if(length(idx)>=3)coef<-lm(y~x1+x2)$coefficients
62      else coef<-c(1,1,1)
63      cont.est<-coef[1]+coef[2]*x1+coef[3]*x2
64      ex.rule<-rep(0,ns)
65      ex.rule[idx]<-(cf_opt[idx]>cont.est)
66      cf_next<-(ex.rule==0)*cf_next*exp(-r[it,]*dt)
67               +(ex.rule==1)*cf_opt
68      m.ex.rule[it,]<-ex.rule
69      m.cf_next[it,]<-cf_next
70    }
71  }
72  
73  ans<-mean(cf_next)
```

44~46줄: 그래프 출력(plotting)과 디버깅을 위해서 매 경로별 시점별 행사여부, 옵션반영한 가치, 옵션을 반영하지 않은 가치를 저장한다.

48줄: 여기서 nt는 11(2.75년)이다.

49줄: 조기행사조건을 반영한다.

56줄: 최종 옵션행사시점에는 ITM상태면 무조건 행사한다.

57줄: 최종 옵션행사시점이 아니라면 옵션을 행사하지 않을 경우와 행사할 때의 가치를 비교해야 한다.

62~63줄: 데이터 개수가 3개 미만이면 회귀분석이 되지 않는다.

67~68줄: 만약 옵션을 행사하지 않으면(ex.rule==0) 다음기 가치를 할인해서 저장하고, 옵션을 행사하면(ex.rule==1) 행사가치를 저장한다.

계산결과는 다음과 같다.

```
> source('calib.r')
> ans
[1] 0.02486298
```

위 결과를 그래프로 그려보면 다음과 같다.

```
par(mfrow=c(1,2))
t.seq<-seq(0,Topt[nt],dt)
rates<-rbind(r0*rep(1,ns),r)
matplot(t.seq,rates,type='b')
price<-rbind(ans*rep(1,ns),m.cf_next)
matplot(t.seq,price,type='b')

for(is in 1:ns){
 idx<-(1:nt)[m.ex.rule[,is]==1]
 points(idx,m.cf_next[idx,is],lwd=2)
}
```

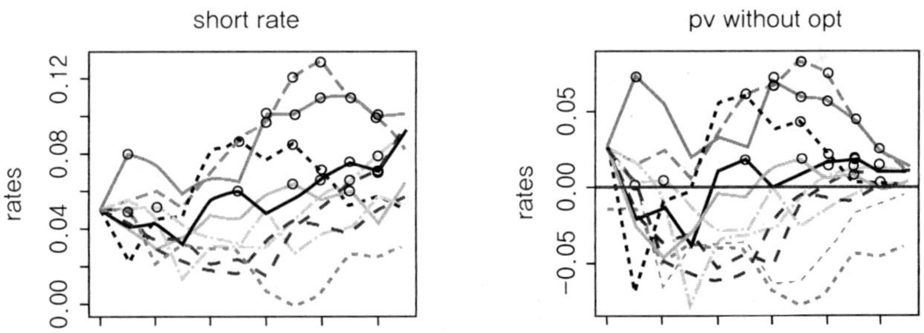

위 그림에서 동그라미(○)로 표시된 지점이 조기행사 시점이다.
직관적으로 보면 옵션이 충분히 내가격상태(In-The-Money)일 때 행사되어야 한다(스왑이 생성되어야 한다). 위 그림을 보면 대부분 금리가 높은 상태 즉 고정지급 이자율스왑의 가치가 커지는 상태에서 조기행사되는 것을 볼 수 있다. 즉 예상된 결과와 일치한다.

연습

계산결과를 비교하기 해 1년 뒤 2년 고정지급 스왑을 체결할 수 있는 권리(1 year into 2 year payer swaption)의 가격을 계산해보자.

8.5 구조화 상품

여기서는 실제 거래되는 주식, 외환, 금리연계 구조화 상품 사례를 하나씩 분석하고자 한다.

8.5.1 주가지수연계증권(ELS)

주식연계증권(Equity Linked Security; ELS)은 증권의 손익이 주식의 가격에 연계된 모든 증권을 일컫는 보통명사이지만 우리나라 금융시장에서는 관행적으로 풋옵션형태(Reverse Convertible; RC 또는 역 전환사채)의 손익구조를 가진 증권을 특정하는 표현으로 사용된다. 여기서도 후자를 따르고자 한다. 대표적인 ELS로 두 개의 주식에 연계된 ELS(Two Stock ELS; 여기서는 줄여서 TS-ELS라고 하자)에 대해 살펴보자.

구체적 상품내역은 다음과 같다.

상품내역

- 기초자산1 : 삼성전자(S1), 기초자산2 : 현대차(S2)
- 최종만기 : 3년
- 매 6개월마다 설정일대비 수익률이 낮은 기초자산의 수익률을 기준으로 수익률이 60%이하가 되면 Knock In(KI)이 된다.
- 매 6개월마다 설정일대비 수익률이 낮은 기초자산의 수익률을 기준으로 수익률이 100%이상이면 Knock Out(KO)이 된다.
- KO가 되면 연 9%의 수익률을 지급하고 계약은 종결된다.
- 최종만기까지 KO이 발생하지 않고 (i)KI도 발생하지 않으면 연 6%의 수익률을 지급한다. (ii)KI이 발생하였으면 최종만기에 설정일 대비 수익률이 낮은 기초자산의 수익률을 지급한다.

이상의 상품의 가격을 시뮬레이션을 통해 계산해보자. 기초자산이 2개이므로 우선 상관관계가 있는 정규분포 난수를 생성해야 한다. 촐레스키 분해(Cholesky Decomposition)을 이용하면 서로 상관된 정규분포 난수를 생성할 수 있다. 방법은 다음과 같다.

- 독립된 두 개의 정규분포 난수 z_1, z_2를 생성한다.
- 두 난수를 이용해서 제3의 난수를 다음과 같이 생성한다.

$$z_3 = \rho z_1 + \sqrt{1-\rho^2} z_2$$

- 이렇게 생성된 난수 z_3는 z_1과 상관계수가 ρ를 갖게되고 표준정규분포를 따른다.

연습

위 방법으로 생성된 새로운 난수 z_3과 기존난수 z_1의 상관계수가 ρ인지 수식으로 확인해보자.

이렇게 생성된 두 확률변수를 이용해서 시뮬레이션을 하는 방법은 다음과 같다.

주식가격이 기하브라운과정(Geometric Brownina Motion)을 따른다는 블랙-숄즈 가정을 도입하면 주식은 다음 확률과정을 따른다.

$$\frac{dS_t}{S_t} = \mu dt + \sigma dWt$$

그런데, 우리는 2개의 주식이 있으므로 위 확률과정도 2개가 필요하고, 두 주식의 움직임이 상관관계를 유지하며 움직여야 하므로, 시뮬레이션해야 할 주가 프로세스는 다음과 같다.

$$\frac{dS_t(1)}{S_t(1)} = \mu(1)dt + \sigma(1)\, dW_t(1)$$

$$\frac{dS_t(2)}{S_t(2)} = \mu(2)dt + \sigma(2)\, dW_t(2)$$

여기서, $dW_t(1)dW_t(2)=\rho\ dt$ 이다. 위너과정은 $dW_t=\sqrt{dt}\,z$, $z\sim N(0,1)$으로 표현할 수 있으므로 위 시뮬레이션에 필요한 두 위너과정은 다음과 같이 쓸 수 있다.

$$dW_t(1)=\sqrt{dt}\,z(1),\ z(1)\sim N(0,1)$$

$$dW_t(2)=\sqrt{dt}\,z(2),\ z(2)\sim N(0,1)$$

단, $corr(z(1),z(2))=\rho$

이제 실제 사례를 구현해보자.

코드는 다음과 같다.

```
mu1<-0.04;vol1<-0.2;t<-3;ntime<-6;nsim<-10
mu2<-0.03;vol2<-0.3;rho<-0.5;r<-0.04
KO<-100
KI<-60
coupon<-0.1

dt<-t/ntime
nt<-ntime+1
s1<-matrix(0,ncol=nsim,nrow=nt)
s2<-matrix(0,ncol=nsim,nrow=nt)
s1[1,]<-100
s2[1,]<-100

set.seed(1)
z1<-rnorm(nsim*nt)
z2<-rnorm(nsim*nt)
w1<-matrix(z1,nt,nsim)
w2<-matrix(z2,nt,nsim)
ko.flag<-matrix(0,nt,nsim)
```

```
ki.flag<-matrix(0,nt,nsim)

for(i in 2:nt){
  s1[i,]<-s1[i-1,]*exp((mu1-0.5*vol1^2)*dt+vol1*sqrt(dt)*w1[i-1,])
  z1<-rho*w1[i-1,]+sqrt(1-rho^2)*w2[i-1,]
  s2[i,]<-s2[i-1,]*exp((mu1-0.5*vol2^2)*dt+vol2*sqrt(dt)*z1)
  und<-pmin(s1[i,],s2[i,])
  print(KO<und)
  print(KI>und)

  if(sum(KO<und)>0) ko.flag[i,]<-KO<und
  if(sum(KI>und)>0) ki.flag[i,]<-KI>und
}
ret<-rep(0,nsim)
ko.count<-rep(0,nsim)
for(is in 1:nsim){
  check<-match(TRUE,ko.flag[,is])
  if(is.na(check)){ #not KO
    check<-6
    ki.check<-match(TRUE,ki.flag[,is])
    if(is.na(ki.check)) ret[is]<-(coupon*t+1)*exp(-r*t) #not KI
    else ret[is]<-pmin(s1[nt,is],s1[nt,is])/100*exp(-r*t)
  }else{
    ko.time<-(check-1)*dt
    ret[is]<-(ko.time*coupon+1)*exp(-r*ko.time)   #KO
  }
  ko.count[is]<-(check-1)*dt
}
ans<-mean(ret)
```

실행결과를 그래프를 살펴보기 위해 코드를 작성해보자.

그래프 코드는 다음과 같다.

```
par(mfrow=c(1,2))
matplot(tseq,pmin(s1,s2),type='b')
abline(h=KI,col='red')
abline(h=KO,col='blue')
tmp<-hist(ko.count,breaks=seq(0,3.5,0.5),right=F,xaxt='n')
axis(1,at=tmp$mids,labels=seq(0,3,0.5))
```

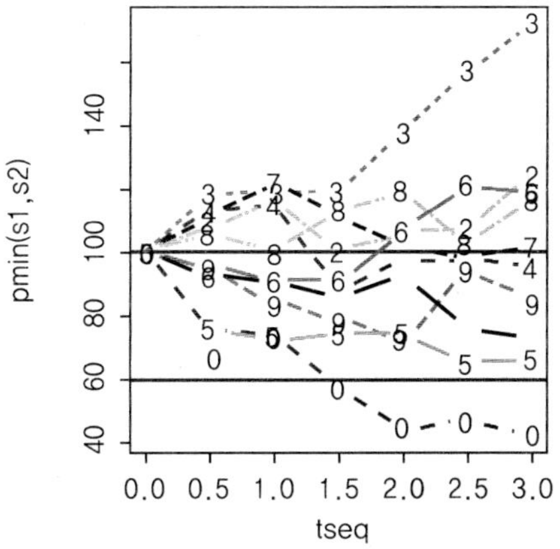

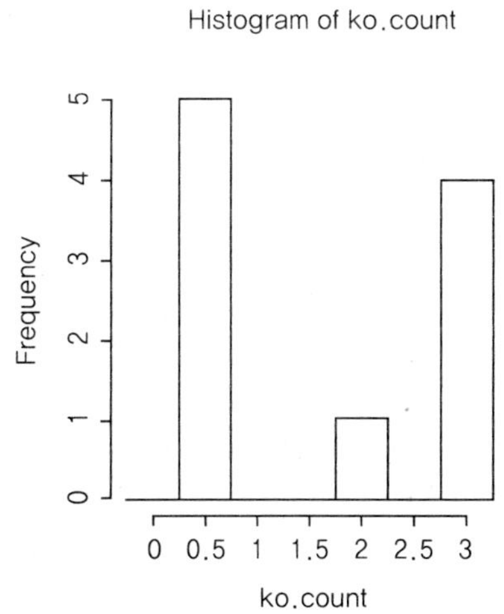

50%정도는 첫 조기종결일(0.5년 뒤)에 조기종결되고, 40%정도는 최종만기(3년 뒤)까지 지속된다. 최종계산결과는 다음과 같다.

```
> source('els.r')
> ans
[1] 1.056425
```

8.5.2 목표수익선물환(TRF)

목표수익선물환(Target Return Forward) 또는 목표상환 선물환(Target Redemption Forward; TRF)은 외환시장에서 거래되는 변형된 선물환의 일종으로 KIKO(Knock-In Knock-Out) 옵션의 일종으로 알려져있다. 투자자가 미리 정한 수준의 수익을 달성하면 선물환 계약이 종결된다. 반면 손실은 제한이 없기 때문에 투자자 입장에서 이익은 제한되어 있고 손실은 제한되지 않은 것이 특징이다(일부에서는 이점을 두고 위험한 상품이 아닌가라는 문제를 제기할 수 있지만 사실 일반적인 옵션의 매도 포지션도 이와 동일하다는 점에서 특별히 위험하다고 말할 수는 없다). 예를 들어 다음 상품을 살펴보자.

상품내역

- 계약금액: USD 12백만
- 계약환율: 1060원/달러 (현물환율 1050원/달러)
- 목표이익: 200원/달러
- 향후 12개월동안 매달 (계약환율−시장현물환율)×1,000,000 원을 고객에게 지급(고객매도 포지션)
- 누적이익이 목표를 초과하는 때 잔여거래는 소멸되고 그 시점의 이익은 지급하지 않는다.
- 투자자의 손실은 누적이익에 산정되지 않는다.

가격계산을 위한 코드는 다음과 같다.

```
rd<-0.04;rf<-0.02;vol<-0.1;t<-1;ntime<-12;nsim<-10
t.profit<-200;K<-1100
dt<-t/ntime
nt<-ntime+1
s<-matrix(0,ncol=nsim,nrow=nt)
s[1,]<-1050
set.seed(1)
z<-rnorm(nt*nsim)
w<-matrix(z,nt,nsim)
profit<-matrix(0,nt,nsim)
pl<-matrix(0,nt,nsim)
for(i in 2:nt){
  s[i,]<-s[i-1,]*exp((rd-rf-0.5*vol^2)*dt+vol*sqrt(dt)*w[i-1,])
  pl[i,]<-K-s[i,]
  profit[i,]<-pmax(pl[i,],0)
}
cumprofit<-matrix(0,nt,nsim)
ret<-rep(0,nsim)
for(is in 1:nsim){
 cumprofit[,is]<-cumsum(profit[,is])
 idx<-cumprofit[,is]<=t.profit
 times<-(1:nt)[idx]
 ret[is]<-sum(pl[idx,is]*exp(-rd*times*dt))
}
ans<-mean(ret)

par(mfrow=c(1,2))
matplot(s,type='b')
abline(h=K,col='red',lwd=2)
matplot(cumprofit,type='b')
abline(h=t.profit,col='red',lwd=2)
```

그래프를 이용하여 각 경로에 대해서 분석해보자. 그래프 코드는 다음과 같다.

```
par(mfrow=c(1,2))
matplot(s,type='b')
abline(h=K,col='red',lwd=2)
matplot(cumprofit,type='b')
abline(h=t.profit,col='red',lwd=2)
```

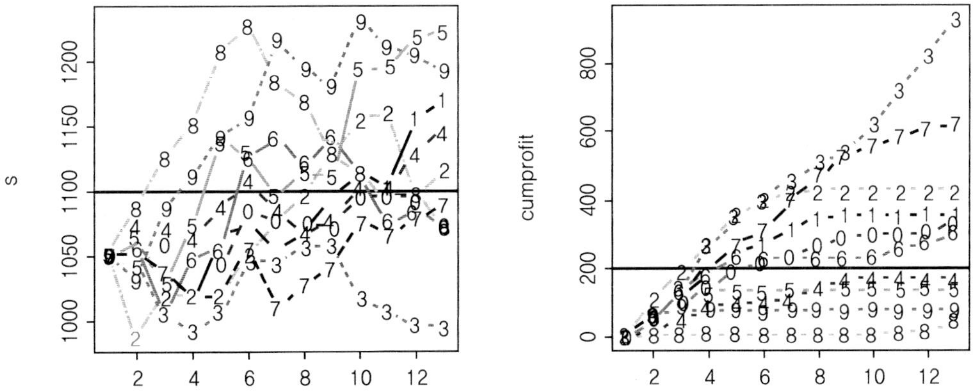

4,8,9번 경로는 누적수익금액이 목표수익금액에 도달하지 못하며 따라서 최종만기까지 거래가 지속된다. 반면 2,3,7번 등의 경로는 최종만기이전에 조기종결조건을 만족하여 조기종결됨을 알 수 있다.

가격 계산결과는 다음과 같다.

```
> source('trf.r')
> ans
[1] -48.56142
```

8.5.3 구조화 채권

구조화 채권의 구조화 방법은 크게 두 가지로 구분할 수 있다.

- 이자금액의 구조화
- 채권만기의 구조화

채권만기의 구조화는 전형적으로 조기종결옵션을 부여하는 방법이 사용된다. 옵션조건이 아닐 경우라면 (배리어 옵션의 Knock Out 조건과 같은) 자동조기종결조건을 부여할 수도 있다.

이자금액의 구조화는 고정이자율로 지급되는 이자를 특정 지수에 연동시키는 것이 일반적이다. 지수로는 주식가격, 주가지수, 상품(commodity, 원유, 곡물, 금속 등)가격 등 제한이 없으나 주로 이자율(금리)을 많이 사용한다.

이는 발행되는 채권의 만기는 10년이상 장기인데 비해, 주가지수나 상품의 경우 가격정보 추출에 필요한 선물 또는 선도거래의 만기가 짧기 때문에 가격계산이나 헤지가 어렵기 때문이다. 이데 반해 이자율 파생상품(대표적으로 이자율 스왑)은 원화의 경우 20년 이상 만기도 거래되므로 채권의 기초자산으로 사용하기에 적당하다.

연동되는 지수의 개수에 따라 단일지수형과 복수지수형으로 나눌 수 있고 복수지수형일 경우 지수가 하나의 수익률곡선에서 산출되는 경우와 둘 이상의 수익률곡선에서 산출되는 경우로 다시 분류할 수 있다. 추가적으로, 연동되는 지수의 기준통화가 채권의 기준통화와 다를 경우 콴토(Quanto) 구조라고 한다.

지수연동방식은 옵션형과 그렇지 않은 경우(일반형)가 있다. 일반형일 경우 지수수준이 바로 수익률을 결정하는데 비해 옵션형은 지수는 기초자산(underlying asset)역할만 하고 수익률은 그로부터 파생된 손익구조를 갖게 된다.

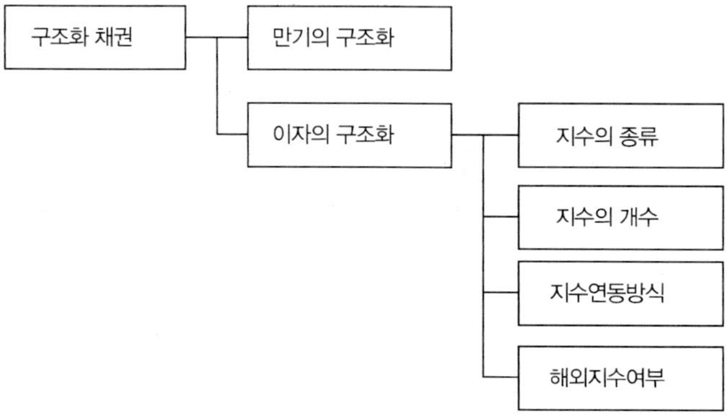

가장 간단한 구조화 채권으로는 고정채권에 조기종결 옵션을 부여한 조기상환옵션부 채권(Callable Bond)이 있다. 옵션이 1회만 부여되는 유럽형보다는 연단위 또는 분기단위로 부여되는 버뮤단형이 주로 발행된다. 버뮤단형 조기상환옵션부 채권은 앞에서 살펴본 버뮤단 스왑션을 이용해서 가격을 계산할 수 있다. 다음을 살펴보자.

조기상환옵션부 채권의 분해

조기상환옵션부 채권은 고정금리채권과 스왑션으로 분해할 수 있다. 예를 들어 채권의 만기가 2년이고 1년차에 조기상환옵션이 부여된 가장 간단한 경우를 생각해보자. 채권은 1년에 한번 이자를 지급한다고 하자. 투자자 입장에서는 아래와 같은 두가지 상황이 가능하다.

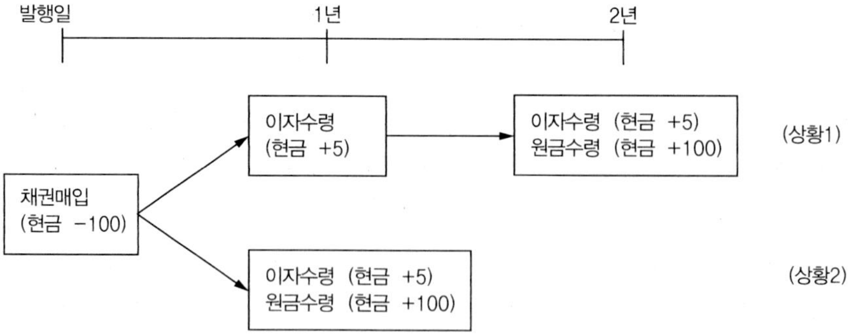

상황1은 채권이 조기종결되지 않고 원래 만기까지 지속되는 경우이고, 상황2는 채권이 1년차에 조기종결되는 경우이다.

위와 동일한 현금흐름을 2년만기 고정금리채권을 매입하고 1년 뒤 고정금리를 수취할 수 있는 스왑션(Receiver Swaption)을 매도하여 구성해보자.

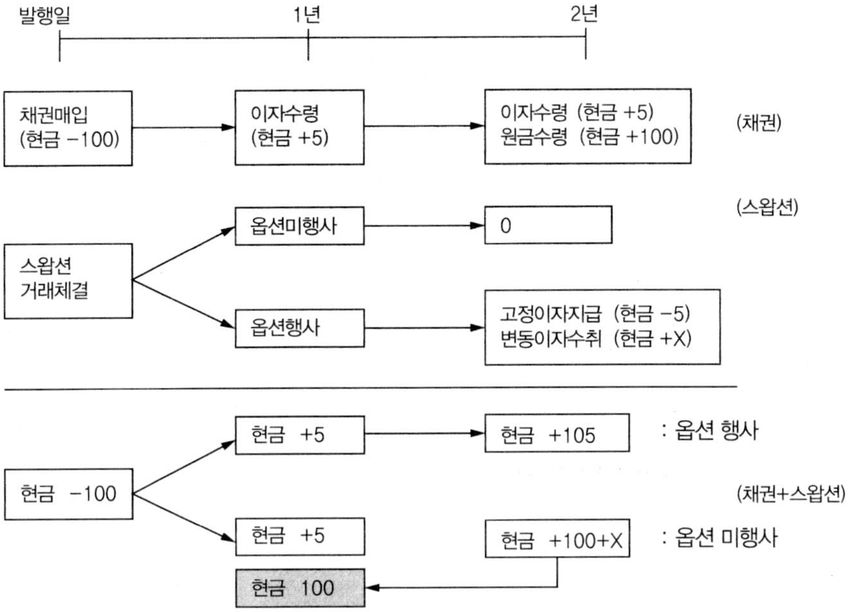

위에서 X는 1년차에 확정되는 1년동안의 금리(변동금리)이다. 위 그림의 윗부분은 고정금리채권과 스왑션 각각의 현금흐름을 나타낸 것이고 아랫부분은 두 현금흐름을 합쳐서 보여주는 것이다. 합쳐진 현금흐름을 보면, 스왑션이 행사되지 않을 경우 고정금리채권과 동일한 현금흐름이 발생함을 알 수 있다. 반면 스왑션이 행사되면 1년차에 +5의 현금흐름과 2년차에 100+X의 현금흐름이 발생하는데 이는 조기종결옵션부 채권이 조기종결되었을 때와 현금흐름이 달라보인다. 하지만 변동금리채권의 발행시점 가격은 항상 액면가액인 점을 고려하면 2년차 현금흐름 100+X은 1년차 현금흐름 100과 같다(음영표시된 부분). 따라서 2년차 현금흐름 100+X를 1년차 현금 100으로 전환해도 이 거래의 가치는 변하지 않는다. 이렇게 전환하고 보면 조기상환옵션부 채권 매입시의 현금흐름과 고정금리 매입 및 고정금리수취 스왑션 매도의 현금흐름이 일치한다.

주의

위 그림에서 고정금리 수취 스왑션 매도의 현금흐름이 혼란을 줄 수 있는데, 고정금리 수취 스왑션을 매도한 사람은 매입한 사람이 그 옵션을 행사하면, 고정금리를 지급하게 된다. 즉 옵션이 행사되면 매도자 입장에서는 고정금리 지급 스왑이 발생한다.

연습

명목만기기 3년이고, 발행일 이후 매 3개월마다 발행자가 액면가로 채권을 조기상환할 수 있는 권리가 부여된 채권의 가격을 계산해보자.

구조화 채권의 투자의도

일반적인 채권 대신 구조화 채권을 투자하는 이유는 투기적 거래목적과 차익거래목적으로 크게 나누어 볼 수 있다. 투자자는 투자한 구조화 채권에 대해 헤지를 하지않기 때문에 실제로는 투기적 거래목적이 대부분이다. 구조에 따라 채권의 수익이 결정되므로 구조에 대한 전망에 따라 투기적 포지션을 취하는 것이다.

예를 들어 조기상환옵션부 채권에 투자하는 경우, 시장금리가 상승하면 조기종결옵션이 행사되지 않고 시장금리가 하락하면 행사되게 된다. 투자자는 옵션을 매도한 상황이므로 시장금리가 크게 변하지 않으면 유리하다. 따라서 향후 시장금리가 안정적일 것으로 전망된다면 조기상환옵션부 채권에 투자하게 되는 것이다.

구조화 채권의 발행의도

발행자는 투자자와 반대로 차익거래가 주요 발행목적이다. 즉 시장위험없이 조달비용을 낮추고자하는 것이 주요 목적이다. 따라서 대부분의 발행자가 채권 발행과 동시에 구조화 채권을 헤지하는 거래를 동시에 수행한다. 구조화 채권은 일반적으로 발행자가 옵션을 매입하는 상황이므로 헤지를 한다는 것은 옵션매도 포지션을 만든다는 것을 의미한다. 채권에 내재된 옵션[2]을 직접 매도하는 것도 가능하겠지만 실무적으로는 구조화스왑을 이용하여 매도한다. 채권옵션을 직접 거래하는 경우 옵션을 매입한 거래자가 헤지(델타헤지)를 하기위해서는 기초자산인 채권의 유동성이 높아야하는데, 일반적으로 국고채권이 아닌 경우 채권의 유동성이 낮다. 따라서 델타헤지 등이 어렵기 때문에 스왑형태의 헤지가 대부분이다(스왑은 유동성이 높은 편이다). 두 방법의 차이는 다음과 같다.

참고

> 구조화 채권을 투자하는 경우는 헤지를 하지 않으므로 시장위험에 노출된다는 점에서 투기적 거래목적이고, 구조화 채권을 발행하는 경우에는 헤지 거래를 하므로 시장위험에 노출되지 않는다는 점에서 차익거래가 주요 거래목적이라고 볼 수 있다.

직접 채권옵션을 매도하는 경우

채권 발행시

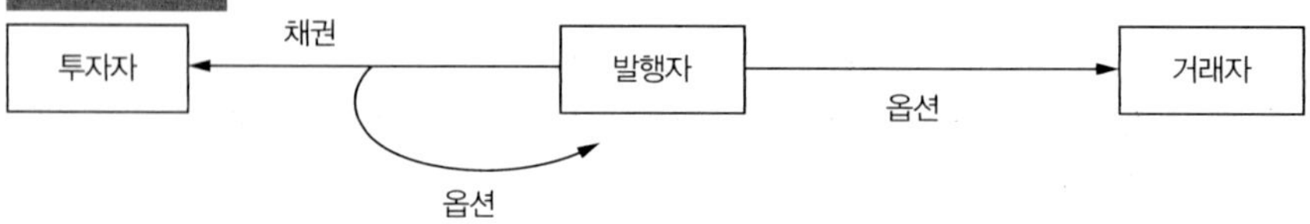

채권을 발행할 때 발행자는 투자자에게 채권을 넘겨주지만 실제로는 채권에 내재된 옵션을 되가져오게 된다(옵션 매입상태). 이 옵션을 옵션거래자에게 매도하여 옵션포지션을 헤지할 수 있다. 이때 매도하는 옵션은 채권옵션(option on bond)이다.

[4]구조화 채권의 종류에 따라 내재옵션은 다양하겠지만, 가장 간단한 조기상환옵션부의 경우 내재옵션은 채권옵션(bond option, option on bond)이다.

옵션 행사시

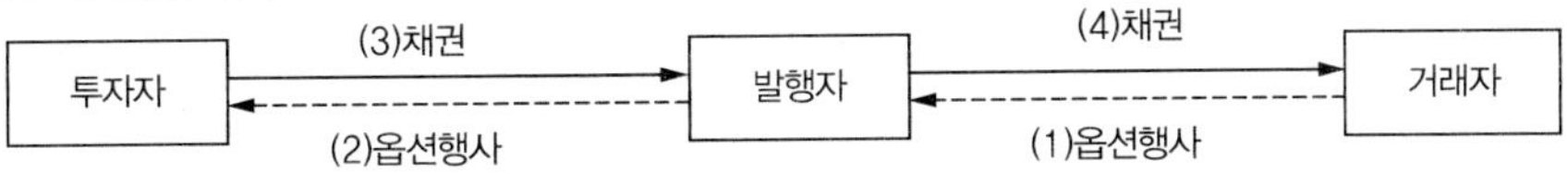

옵션거래자가 옵션을 행사하면(1), 발행자는 투자자에게 동일한 옵션을 행사하여(2) 채권을 받아온다(3). 이 채권을 거래자에게 넘겨주면(4), 발행자는 채권 발행상태를 그대로 유지할 수 있다.

구조화 스왑을 이용하는 경우

채권 발행시

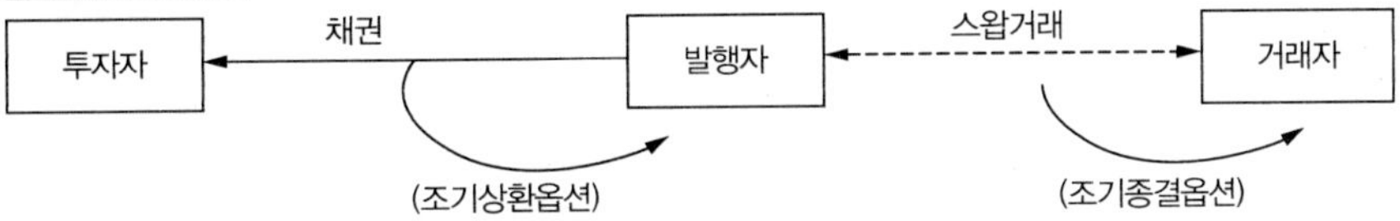

구조화 스왑을 이용하는 경우에도 발행자는 옵션이 내재된 채권을 투자자에게 넘겨준다. 이번에는 거래자에게 채권옵션(조기상환옵션)을 넘기는 것이 아니라 조기종결옵션이 부여된 스왑(cancelable swap)을 거래자와 체결한다. 조기종결옵션은 거래자가 보유한다.

이자지급시

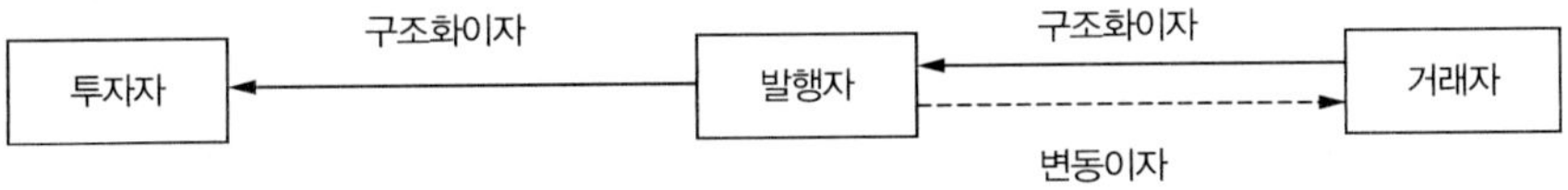

위 그림에서 보듯이 구조화 스왑으로 헤지할 경우 발행자는 변동금리채권(Floating Rate Note)을 발행한 것과 동일한 상태가 된다. 투자자에게 지급해야할 구조화 이자는 스왑에서 받기 때문에 상쇄되고, 스왑에서 지급할 변동금리 이자만 남기 때문이다.

옵션 행사시

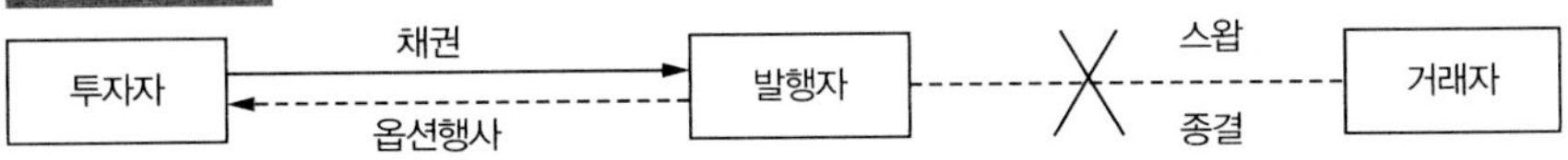

거래자가 옵션을 행사하여 스왑이 조기종결되면, 발행자는 투자자에게 조기상환옵션을 행사하여 채권거래를 없앤다.

9 기타

9.1

여가활용

R이 할 수 있는 일 중에 이런 것도 있다. 시간이 나면 한 번 실행해보자.

9.1.1 R 수도쿠

```
> library("sudoku", lib.loc="C:/Program Files/R/R-3.0.2/library")
> Q2<-fetchSudokuUK()

> playSudoku(Q2)
Solving...done!
 ?      -- this help
1-9    -- insert digit
0,' ' -- clear cell
r      -- replot the puzzle
q      -- quit
h      -- hint/help
c      -- correct wrong entries (show in red)
u      -- undo last entry
s      -- show number in cell
a      -- show all (solve the puzzle)
```

			6			3		
	8		3	5				
	6	4				8	5	
		2	5		4		9	
		8				2		
	1		7		3			
	5	3				6		
				6	5		4	
		1			9			

9.1.2 워드클라우드(word cloud)

비정형 데이터(필드와 레코드 등 데이터베이스처럼 정리되지 않은 자료, 대표적으로 게 시판의 글, 인터넷의 검색 결과 등)를 시각화하는 방법 중에 워드 클라우드를 사용해보자. 우선 필요한 패키지를 설치한다.

```
> install.packages("KoNLP")
> install.packages("wordcloud")
> install.packages('tm')
```

필요한 패키지를 로드하자.

```
> library(KoNLP)
> library(wordcloud)
```

그리고 구글 등의 뉴스페이지로 가서 텍스트를 복사해서 txt파일로 저장해 두자(여기서는 text.txt로 저장한다).

아래 코드를 실행보자.

```
> txt<-readLines('text.txt')
> txt2<-table(txt)
> wordcloud(names(txt2))
```

다음과 같은 결과를 얻을 수 있다. 자세한 사용법은 wordcloud 도움말을 찾아보자.

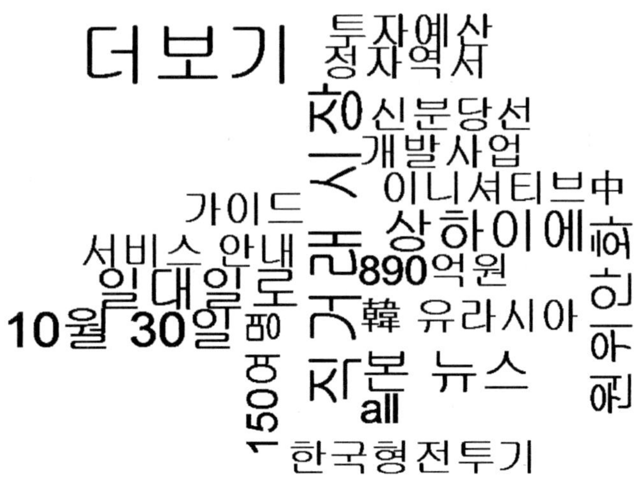

9.2

오류 사례 모음

다음은 R을 사용하면서 겪은 몇가지 오류 사례들이다. 문법적 오류가 있을 경우 R 해석기가 이해를 하지 못하므로 오류가 있음을 알려준다. 반면 논리적 오류는 R 입장에서는 틀린 것이 없으므로 실행은 된다. 다만 결과가 엉터리로 나올 뿐이다. 코딩하는 사람 입장에서는 더욱 치명적이다. 결과를 매번 확인하고 조심하는 수 밖에 없어 보인다.

(1) 벡터와는 달리 (2차원) 행렬은 초기화한 뒤 인덱스를 이용해서 값을 추가할 수 없다.

예를 들어 다음은 가능하지만

```
> x<-NULL
> x[1]<-1
```

다음은 불가능하다.

```
> x<-NULL
> x[1,1]<-1
Error in x[1, 1] <- 1 : incorrect number of subscripts on matrix
```

(2) Windows Vista에서 Rstudio를 이용해 package를 설치하고자 할 때 다음과 같은 오류가 발생할 수 있다.

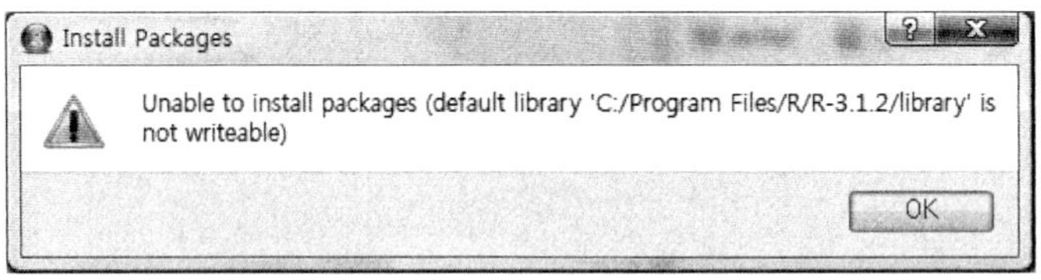

이유는 폴더 쓰기권한이 없어서 패키지 설치가 안되는 것이다. 이 문제는 단순히 해당 폴더의 속성을 변경해서는 해결되지 않고,

마우스 오른쪽 버튼 클릭 후 나오는 대화창의 탭으로 가서 해당폴더의 권한을 변경해주어야 한다.

(3) R의 벡터는 인덱스가 1부터 시작한다.

따라서 인덱스에 0을 사용하면 오류가 발생한다.

(4) 하나의 인수를 받는 함수에 복수 인수를 투입하면 안된다.

다음 코드를 살펴보자.

```
> mean(1,2,3)
[1] 1
```

희망하기로는 아마 결과값으로 2(= (1 + 2 + 3)/3)를 생각했을 것이다. 하지만 결과는 1이다. mean함수는 하나의 벡터인수만을 받기 때문에 두번째, 세번째 인수는 연산에 사용되지 않는다. 다음과 같이 했어야 원하는 결과를 얻는다.

```
> mean(c(1,2,3))
[1] 2
```

이와 유사하게 print함수는 하나의 인수만 받는다. 따라위 위와 비슷하게 2개이상의 인수를 투입하면 나머지 인수는 무시된다.

```
> x<-"hello"
> y<-1:3
> print(x,y)
```

```
04 [1] "hello"
```

3~4줄: print함수는 인수를 하나만 받으므로 두번째 인수는 무시되었다.

이를 해결하려면 복수 인수를 처리하는 cat함수를 사용하거나 print의 입력값을 c(x,y)와 같이 묶어주어야 한다.

```
> cat(x,y)
hello 1 2 3>
```

9.3

몇 가지 팁 모음

(1) 내장데이터

R에는 데모(또는 시연) 용도로 사용되는 데이터가 내장되어 있다. data함수를 실행하면 사용가능한 데이터 목록을 볼 수 있다.

```
> data()
```

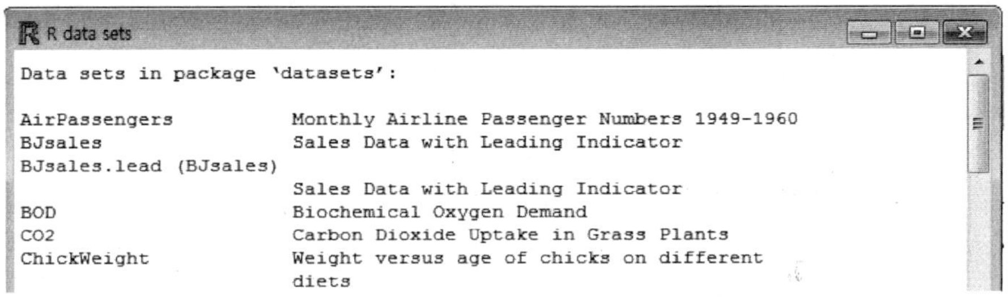

(2) 코드 시간재기

system.time함수를 이용하면 실행하려는 코드에 소요되는 시간을 측정할 수 있다.

```
01  > system.time(for(i in 1:1000) mad(runif(1000)))
02     user  system elapsed
03     0.12    0.02    0.17
```

3줄: user는 R에서 소모한 CPU 시간, system은 운영체제가 소모한 CPU시간, elapsed는 총 실제 소요된 시간이다.

(3) 이항연산자 정의하기

%% 연산자를 이용하면 더하기(+), 곱하기(*)와 같은 연산자를 사용자가 정의할 수 있다. 다음 코드를 참조하자.

```
> '%xx%'<-function(x,y) x+y+1
> 3%xx%4
[1] 8
```

(4) 폴더 또는 파일이 존재하는지 확인하기

폴더(directory)가 존재하는지 확인하고 존재하지 않으면 만들어 주고 싶은 경우를 생각해보자. 이 경우에 file.exists함수를 사용하면 파일의 존재여부를 알 수 있고, 만약 파일 없어서 만들어야 한다면 dir.create함수를 사용한다.

c:/Users/aaa/Documents 경로에 아래 스크립트를 작성하고 test.R로 저장하자.

```
mainDir<-"c:/Temp"
subDir<-"output_folder"
if(file.exists(subDir)){
    setwd(file.path(mainDir,subDir))
} else {
    dir.create(file.path(mainDir,subDir))
    setwd(file.path(mainDir,subDir))
}
```

다음을 실행해보자.

```
> setwd("c:/Users/aaa/Documents/")
> source("test.R")
```

(5) 단어만으로 파일경로만들기

file.path함수를 사용하면 운영체계(Operating System)에 상관없이(OS에 따라 경로구분에 역슬래쉬를 쓰거나 다른 문자를 사용할 수 있다), 단어만으로 파일경로를 만들 수 있다.

```
> file.path("C:","Temp","update","test.txt")
[1] "C:/Temp/update/test.txt"
```

(6) 오브젝트 또는 변수가 존재하는지 알고싶다

exists함수를 이용하면 된다. exists 함수는 주어진 이름을 가진 R 개체(Object)를 찾아서 가능하면 되돌려 준다.

```
01  > exists("something")
02  [1] FALSE
03  > something<-1
04  > exists("something")
05  [1] TRUE
```

1줄: 오브젝트 이름은 꼭 큰따옴표로 둘러싸야 한다.

이를 응용하면 R 프로그램 실행할 때 한번만 수행되는 코드를 만들 수 있다. 예를 들어 R

프로그램 최초 실행시에 한번만 데이터를 엑셀에서 읽어오고자 한다면 다음과 같이 코딩할 수 있다.

```
01  if (exists("isSourced")==FALSE)
02  {
03    library("XLConnect")
04    fx<-file.path("C:/Users/aaa.xlsm")
05    dx<-readWorksheetFromFile(fx,sheet=1)
06  }
07  isSourced<-TRUE
08
09  do something...
```

1줄: 최초 실행시에 조건문은 TRUE이므로 IF가 실행된다.

7줄: 이후 실행시에는 isSourced가 값을 가지므로 1줄의 조건문은 FALSE가 된다.

(7) 같은 명령을 콘솔에 입력하기 귀찮다

이 경우에는 스크립트 파일을 열고 반복실행할 명령문을 입력한 뒤에, 매번 이 명령문을 실행할 때가 되면 이 스크립트의 해당 범위를 선택(마우스 등을 이용해서)한 뒤 [Ctrl]+R를 누르면 콘솔에 해당 명령어가 입력되고 실행된다.

(8) 평균보다 큰 원소만 추출하기

```
01  > set.seed(1)
02  > x<-rnorm(5)
03  > x
04  [1] -0.6264538  0.1836433 -0.8356286  1.5952808  0.3295078
05  > y<-x[x>mean(x)]
06  > y
07  [1] 0.1836433 1.5952808 0.3295078
```

1줄: 난수를 생성하는데, 매번 동일한 난수를 생성하기 위해 초기값(seed)를 지정한다.

2줄: 5개의 정규분포 난수를 생성한다.

3줄: 난수를 출력한다.

5줄: 난수 중 평균보다 큰 것만 y에 담는다.

7줄: 결과를 출력해본다

연습

1표준편차안에 있는 원소만 추출하는 방법은 무엇일까?

(9) NA인 원소 제외하기

```
01  > x<-c(2,NA,3,4,NA)
02  > x
03  [1]  2 NA  3  4 NA
04  > y<-x[!is.na(x)]
05  > y
06  [1] 2 3 4
```

1줄: NA를 2개 포함한 벡터를 생성한다.

4줄: is.na함수를 이용해서 NA값을 추출한다.

참고문헌

박건엽, 장기천 (2008) 엑셀 VBA를 이용한 금융공학 실습, 서울경제경영

Barndorff–Nielsen, Ole E. Processes of normal inverse Gaussian type. Finance and Stochastics 2.1 (1997): 41–68.

Benninga, Simon (2008) Financial modeling. MIT Press Books 1

Bick, Avi (1995) Quadratic–Variation–Based Dynamic Strategies. MANAGEMENT SCIENCE 41, no. 4: 722–732.

Black, F. (1976). The pricing of commodity contracts. Journal of financial economics, 3(1), 167–179.

Black, F. (1976) Stuedies of stock price volatility changes In Proceedings of the 1976 Meetings of the American Statistical Association, Business and Economics Section , pp. 177–181

Black, F., & Jones, R. W. (1987). Simplifying portfolio insurance. The Journal of Portfolio Management, 14(1), 48–51.

Black, F., & Litterman, R. B. (1991). Asset allocation: combining investor views with market equilibrium. The Journal of Fixed Income, 1(2), 7–18.

Black, Fischer. The pricing of commodity contracts. Journal of Financial Economics 3.1 (1976): 167–179.

Bollerslev, T. (1986). Generalized autoregressive conditional heteroskedasticity. Journal of Econometrics, 31(3), 307–327.

Britten–Jones, M., & Neuberger, A. (2000). Option prices, implied price processes, and stochastic volatility. The Journal of Finance, 55(2), 839–866.

Christie, A. A. (1982). The stochastic behavior of common stock variances: Value, leverage and interest rate effects. Journal of Financial Economics, 10(4), 407–432.

Cox, J. C., Ross, S. A., & Rubinstein, M. (1979). Option pricing: A simplified approach. Journal of Financial Economics, 7(3), 229–263.

Dobson, A. J. (1983) An Introduction to Statistical Modelling. London: Chapman and Hall.

Engle, R. F. (1982). Autoregressive conditional heteroscedasticity with estimates of the variance of United Kingdom inflation. Econometrica: Journal of the Econometric Society, 987–1007.

Engle, R. F., & Ng, V. K. (1993). Measuring and testing the impact of news on volatility. The Journal of Finance, 48(5), 1749−1778.

Fama, E. F., & French, K. R. (1992). The cross-section of expected stock returns. the Journal of Finance, 47(2), 427−465.

Fama, E. F., & French, K. R. (2000). Forecasting Profitability and Earnings. The Journal of Business, 73(2), 161−175.

French, K. R., Schwert, G. W., & Stambaugh, R. F. (1987). Expected stock returns and volatility. Journal of Financial Economics, 19(1), 3−29.

Glosten, L. R., Jagannathan, R., & Runkle, D. E. (1993). On the relation between the expected value and the volatility of the nominal excess return on stocks. The Journal of Finance, 48(5), 1779−1801.

Gurrieri, S. (2009). Calibration Methods of Hull−White Model. SSRN Electronic …. http://doi.org/10.2139/ssrn.1514192

Heston, Steven L. (1993) A closed−form solution for options with stochastic volatility with applications to bond and currency options. Review of financial studies 6.2: 327−343.

Jiang, G. J., & Tian, Y. S. (2005). The model−free implied volatility and its information content. Review of Financial Studies, 18(4), 1305−1342.

Lintner, J. (1965). The valuation of risk assets and the selection of risky investments in stock portfolios and capital budgets. The Review of Economics and Statistics, 13−37.

Longstaff, Francis A., and Eduardo S. Schwartz. (2001) "Valuing American options by simulation: a simple least−squares approach." Review of Financial Studies 14.1: 113−147.

Macaulay, F. R. (1938). Some theoretical problems suggested by the movements of interest rates, bond yields and stock prices in the United States since 1856. NBER Books.

Markowitz, H. (1952). Portfolio selection. The Journal of Finance, 7(1), 77−91.

McCulloch, J. H. (1971). Measuring the term structure of interest rates. Journal of Business, 19−31.

McCulloch, J. H. (1975). The tax−adjusted yield curve. Journal of Finance, 811−830.

Merton, R. C. (1973). An intertemporal capital asset pricing model. Econometrica: Journal of the Econometric Society, 867−887.

Mossin, J. (1966). Equilibrium in a capital asset market. Econometrica: Journal of the

Econometric Society, 768−783.

Nelson, C. R., & Siegel, A. F. (1987). Parsimonious modeling of yield curves. Journal of Business, 473−489.

Pindyck, R. S. (1984). Risk, Inflation, and the Stock Market. American Economic Review, 74(3), 335−51.

Sharpe, W. F. (1964). Capital asset prices: A theory of market equilibrium under conditions of risk. The Journal of Finance, 19(3), 425−442.

Stefano, M. I. (2011). Option Pricing and Estimation of Financial Models with R.

Stefano M. Iacus (2011) Option Pricing and Estimation of Financial Models with R, Wilely.

Svensson, L. E. (1994). Estimating and interpreting forward interest rates: Sweden 1992−1994 (No. w4871). National Bureau of Economic Research.

Vasicek, O. A., & Fong, H. G. (1982). Term structure modeling using exponential splines. Journal of Finance, 339−348.

찾아보기

〈저자 약력〉

장기천

- **학력**

  한양대학교 경제학과 (1998, 학사)

  KAIST 경영공학전공 (2000, 공학석사)

  KAIST 경영공학부 (2015, 공학박사)

- **경력**

  산업은행 (2000~현재)

  KDB금융대학교 겸임교수 (2013~현재)

- **저서**

  엑셀 VBA를 이용한 금융공학실습, 2008, 서울경제경영

- **논문**

  KOSPI200의 확률과정에 관한 실증연구 (선물연구 제8권, 2000)

  Volatility Risk Premium in the Interest Rate Market (International Review of Financial Analysis, 2015)

  Overreactions in the Foreign Currency Options Market(Asia-Pacific Journal of Financial Studies, 2015)

강병진

- **학력**

  KAIST 산업경영학과 (1998, 공학사)

  KAIST 경영공학 (2000, 공학석사)

  KAIST 경영공학 (2006, 공학박사)

- **경력**

  숭실대학교 금융학부 부교수 (2012 ~ 현재)

  서울여자대학교 경영학과, 한림대학교 재무금융학과 조교수 (2007 ~ 2012)

  신한은행 금융공학센터 (2006 ~ 2007)

- **논문**

  "옵션 투자의 효용 – 포트폴리오 관점" (금융연구, 2014)

  "Option Implied Preference with Model Uncertainty" (Journal of Futures Markets, 2014)

  "Information Content of Volatility Spreads" (Journal of Futures Markets, 2010)

  "Option Implied Risk Preferences – An Extension to Wider Classes of Utility Functions" (Journal of Financial Markets, 2006)

  그 외 다수

R 언어로 짜는 금융프로그래밍

2015년 12월 24일 | 초판 1쇄 인쇄
2015년 12월 30일 | 초판 1쇄 발행

지은이 | 장기천 • 강병진
발행인 | 김은중
발행처 | (주)서울경제경영출판사
편집디자인 | (주)우일미디어디지텍

주 소 | 03767 서울특별시 서대문구 대현동 67-7
전 화 | 02)313-2682
팩 스 | 02)313-8860

등 록 | 1998년 1월 22일 제5-63호

ISBN 978-89-97937-39-4 93320 정가 25,000원

※ 파본은 바꾸어 드립니다.